भगत सिंह को फाँसी

[सम्पूर्ण निर्णय एवं अन्य दस्तावेज़]

1

सम्पादक

प्रो. मलविन्दरजीत सिंह वढ़ैच

डॉ. गुरदेवसिंह सिद्धू

अनुवाद

कमलेश जैन

राजकमल पेपरबैक्स

मूल कृति *The Hanging of Bhagat Singh* का हिन्दी अनुवाद

पहला पुस्तकालय संस्करण
राजकमल प्रकाशन प्राइवेट लिमिटेड द्वारा
2010 में प्रकाशित

राजकमल पेपरबैक्स में
पहला संस्करण : 2010
चौथा संस्करण : 2022

राजकमल पेपरबैक्स : उत्कृष्ट साहित्य के जनसुलभ संस्करण

राजकमल प्रकाशन प्रा.लि.
1-बी, नेताजी सुभाष मार्ग, दरियागंज
नई दिल्ली-110 002
द्वारा प्रकाशित

शाखाएँ : अशोक राजपथ, साइंस कॉलेज के सामने, पटना-800 006
पहली मंजिल, दरबारी बिल्डिंग, महात्मा गांधी मार्ग, प्रयागराज-211 001
वेबसाइट : www.rajkamalprakashan.com
ई-मेल : info@rajkamalprakashan.com

बी.के. ऑफसेट
नवीन शाहदरा, दिल्ली-110 032
द्वारा मुद्रित

चित्र एवं दस्तावेज : सीताराम बंसल के संग्रहालय से प्राप्त

मूल्य : ₹299

BHAGAT SINGH KO FANSI
Edited by Prof. Malwinderjit Singh Waraich, Dr. Gurudev Singh Siddu
Translated in Hindi by Kamlesh Jain

ISBN : 978-81-267-1907-5

प्रो. मलविन्दरजीत सिंह वढ़ैच

मलविन्दरजीत सिंह वढ़ैच का जन्म 1929 में गाँव लाधेवाला वढ़ैच, जिला गुजराँवाला में हुआ।

आपने इतिहास, राजनीति विज्ञान, अर्थशास्त्र व समाजशास्त्र में एम.ए. तथा कानून में स्नातक की डिग्री प्राप्त की। गुरुनानक इंजीनियरिंग कॉलेज, लुधियाना से सीनियर लेक्चरर के रूप में सेवानिवृत्त। वर्तमान में चंडीगढ़ हाईकोर्ट में आपराधिक मामलों पर वकालत कर रहे हैं।

आत्मबलिदानी मदनलाल धींगरा और गदर विद्रोहियों के खिलाफ लिए गए दो फैसलों पर आधारित पुस्तक *वॉर अगेंस्ट किंग एम्प्रेरर-गदर ऑफ 1914-15* के आप सह-लेखक हैं, इसके साथ-साथ आपने प्रसिद्ध छह गदर विद्रोहियों की आत्मकथाओं को भी सम्पादित किया तथा इससे संबंधित विषयों पर शोध कर रहे हैं।

डॉ. गुरदेवसिंह सिद्दू

डॉ. गुरदेवसिंह सिद्दू का जन्म 1941 में खाई ग्राम, जिला मोगा में हुआ।

35 वर्षों तक क्रमशः लेक्चरर, प्रिंसिपल, डिप्टी डायरेक्टर और वाइस चेयरमैन के रूप में कार्य करते हुए पंजाब एज्यूकेशन बोर्ड से सेवानिवृत्त हुए। पंजाबी में डॉक्टरेट की उपाधि ग्रहण की तथा स्वतंत्रता संग्राम से संबंधित पंजाबी साहित्य में शोध के साथ पुस्तकों को संपादित कर रहे हैं। जलियाँवाला हत्याकांड, भगतसिंह व हरि किशन की शहादत, गुरुद्वारा सुधार समिति व गांधी से संबंधित कविताओं के वृहत् संकलनों के साथ पंजाबी संस्कृति और साहित्य की दर्जन भर पुस्तकों में योगदान।

मलविन्दरजीत सिंह वढ़ैच और डॉ. गुर देव सिंह सिद्दू ने *कोमागाता मारु—ए चैलेंज टू कोलोनियलिज़्म—की डाक्यूमेंट* का भी सह-सम्पादन किया जिसका व्यापक स्वागत हुआ था।

कमलेश जैन

शिक्षा : एम.ए. (अंग्रेज़ी), एल.एल.बी.।

पटना उच्च न्यायालय में 13 मई, 1975 से दीवानी, फ़ौजदारी एवं संवैधानिक मामले की वकालत की शुरुआत। चार जनहित याचिकाएँ दायर कर चुकी हैं। बोका ठाकुर एवं रूदल साहा के मुकदमों में सफलता प्राप्त की पर डॉ. संध्या दास के मुक़दमे में बुरी तरह हार का सामना करना पड़ा। इस मुक़दमे में उन्होंने मुवक्किल के एक विचित्र बीमारी से ग्रसित होकर बिस्तर पर पड़े रहने के कारण उसके स्वेच्छा अवकाश प्राप्त कर पेंशन आदि की माँग की थी।

प्रकाशन : यदा-कदा सामाजिक-क़ानूनी सम्बन्धी लेख पत्र-पत्रिकाओं में।

पहली पुस्तक अंग्रेज़ी में *ज्यूडिशियरी आन ट्रायल*। इसका हिन्दी अनुवाद 'न्यायपालिका कसौटी पर' शीर्षक से प्रकाशित।

सम्प्रति : उच्च न्यायालय, पटना में वकालत।

सेशन अदालत दिल्ली के समक्ष भगत सिंह और दत्त का बयान

हम लोगों पर कुछ गम्भीर अपराध करने के आरोप लगाए गए हैं। अतः इस चरण पर यह उचित होगा कि हम अपने आचरण के बारे में अपना स्पष्टीकरण दें।

इस सम्बन्ध में, ये सवाल उभरते हैं–

1. क्या कक्ष में बम फेंके गए थे? यदि हाँ, तो क्यों?
2. क्या निचली अदालत द्वारा गठित किये गए आरोप सही हैं या बात कुछ और है?

पहले सवाल के पहले आधे हिस्से का जवाब 'हाँ' में है। पर चूँकि कुछ तथाकथित 'आँखों देखे गवाहों' ने जानबूझकर अदालत को भरमाया है और चूँकि उस हद तक हम आरोपों को नकारते भी नहीं हैं अतः हमारा बयान उसी तरह परखा जाए जिसके लायक वह है। एक उदाहरण से उपरोक्त कथन को हम समझा दें। जैसे कि सार्जेंट टेरी ने कहा है कि हममें से एक के हाथों में पिस्तौल थी। यह जानबूझकर बोला गया झूठ है; कारण, हममें से किसी के हाथ में पिस्तौल उस समय थी ही नहीं जब हमने गिरफ्तारी दी थी। दूसरे गवाहों ने भी, जिन्होंने यह कहा कि उन्होंने हमें बम फेंकते देखा था, झूठ बोलने में कोई संकोच नहीं किया। यह तथ्य उन लोगों के लिए एक सबक है जो न्यायिक पवित्रता एवं ईमानदारी में विश्वास करते हैं।

साथ ही सरकारी वकील के एवं अदालत के अब तक के न्यायोचित व्यवहार को हम स्वीकार करते हैं।

पहले सवाल के दूसरे हिस्से के जवाब में हम कुछ विस्तार से जाने के लिए बाध्य हैं। जिससे कि हम अपने उन उद्देश्यों एवं परिस्थितियों के बारे में पूरे तौर पर सच्चाई से स्पष्टीकरण दे पाएँ जिनकी वजह से हमने वह किया जो आज एक ऐतिहासिक घटना बन चुकी है।

जब हमसे जेल में मिलने आए कुछ पुलिस अधिकारियों ने कहा कि लॉर्ड इरविन ने दोनों सदनों की संयुक्त बैठक को संबोधित करते हुए कहा है कि यह आक्रमण किसी व्यक्ति पर नहीं वरन् संस्था पर ही था तो हम समझ गए कि इस घटना के पीछे छिपे उद्देश्य का सही मूल्यांकन कर लिया गया है।

जहाँ तक मानवीयता को प्यार करने का प्रश्न है हम किसी से कम नहीं हैं। किसी व्यक्ति के खिलाफ विद्वेष की बात तो अलग हम मानवीय जीवन को इतना पवित्र मानते हैं जिसे शब्दों में बयान करना मुश्किल है।

ना ही हम किसी कायरतापूर्ण गुस्से का इजहार करने वाले हैं कि हमें देश के लिए शर्मनाक कहा जाए जैसा कि छद्म समाजवादी दीवान चमनलाल ने हमें कहा है और ना ही हम पागल हैं जैसा कि हमें 'द ट्रीब्यून ऑफ लाहौर' ने कहा है या जैसा कि कुछ और लोग शायद हमें समझते हैं।

हम बड़ी ही विनम्रता से कहते हैं कि हम इतिहास, अपने देश की अवस्था एवं इसकी आशाओं के गम्भीर विद्यार्थी हैं; हम ढोंग से घृणा करते हैं। हमारा व्यावहारिक प्रतिरोध संस्था के विरुद्ध था जो आरम्भ से ही अपनी व्यर्थता एवं इसके दूरगामी दुष्ट प्रभावों को परिलक्षित करता रहा है। हमने जितनी गहराई से इस बारे में सोचा उतनी ही शिद्दत से हमारा विश्वास मजबूत हुआ कि यह संस्था सिर्फ दुनिया में भारत को अपमानित करने एवं इसकी लाचारगी को दर्शाने के लिए यहाँ टिकी हुई है और यह हम पर एक गैरजिम्मेदार एवं तानाशाही शासन बनाए रखने की प्रतीक है। बार-बार जन प्रतिनिधियों ने राष्ट्र की माँग इनके सामने रखी है पर उसे सिर्फ रद्दी की टोकरी में डाल दिया गया है।

सरकार द्वारा अपनाए गए दमनकारी एवं मनचाहे तरीकों से बनाए गए नियमों पर लिए गए संकल्पों की शानदार तरीके से

अवमानना की गई है। सरकार ने उन उपायों एवं प्रस्तावों को, जिन्हें विधायिका के चुने हुए सदस्यों ने अस्वीकार्य कह कर खारिज कर दिया था, कलम की नोंक से उन्हें पुनः प्रतिष्ठित कर दिया गया है। संक्षिप्त में, हम इस संस्था के अस्तित्व में रह पाने का कोई औचित्य नहीं ढूँढ़ पाए हैं भले ही यह अपनी शान-शौकत में बरकरार है जो करोड़ों भारतीयों के खून-पसीने पर बनी है। यह सिर्फ एक खोखला दिखावा है तथा शैतानी से भरा एक कपटपूर्ण ढोंग। साथ ही, हम उन लोक नेताओं की मनोवृत्ति को भी समझने में असक्षम हैं जिनकी मदद से यह सरकार जनता के पैसे एवं समय को लुटा कर भारत की दयनीय गुलामी का प्रदर्शन करती है।

हम सब इन विषयों पर तथा श्रम आन्दोलन से जुड़े नेताओं की एकमुश्त गिरफ्तारी पर चिन्तन करते रहे हैं। जब हम 'ट्रेड डिस्प्यूट्स बिल' की प्रारम्भिक बहस का जायजा लेने विधानमंडल पहुँचे तो हमने पाया कि वहाँ हो रही बहस हमारे उपरोक्त विश्वास (भय) को ही मजबूती प्रदान करती है। हम समझ गए कि भारत के करोड़ों श्रमशील लोगों को इस संस्था से कुछ नहीं मिलने वाला जो असहायों के लिए दम घोंटने वाले शोषक की प्रतीक भर है।

अन्ततः जैसा कि हम समझते हैं सम्पूर्ण राष्ट्र के जनप्रतिनिधियों के माथे पर इसके द्वारा अमानवीयता एवं नृशंसता थोप दी गई है और करोड़ों भूखे एवं संघर्षशील लोगों को प्राथमिक अधिकार से वंचित कर दिया गया है, उनके आर्थिक कल्याण के रास्ते बन्द कर दिए गए हैं। जिसने भी इन गूँगे, असहाय श्रमिकों के बारे में हमारी तरह महसूस किया होगा वे शायद इस दृश्य को इतना धीरज रख नहीं देख पाए होंगे। जिसका भी हृदय उनके लिए रोता है, जिन्होंने चुपचाप अपना खून, जीवन इनके आर्थिक ढाँचे को खड़ा करने में लगाया है, इस बेदर्द आघात को पाकर अपनी रूलाई नहीं रोक पाएगा।

परिणामतः गर्वनर जनरल एक्जीक्यूटिव काउंसिल के कानून मन्त्री श्री एस.आर. दास के शब्दों में, जैसा कि उन्होंने अपने विख्यात पत्र में अपने पुत्र को सम्बोधित करते हुए कहा था–**'बम**

इंग्लैंड की निद्रा तोड़ने के लिए आवश्यक था।' हमने विधानसभा के फर्श पर बम इसलिए गिराया था कि हमारे पास उन लोगों के हृदय द्रावक दुःखों को जताने की कोई और राह नहीं बची थी। हमारा एकमात्र उद्देश्य था–**'बहरों को सुनाना'**, बुद्धिरहित लोगों को एक चेतावनी देना। दूसरों ने भी उतनी ही गहराई से महसूस किया जितना कि हमने। **भारतीय मानवता के ऊपर से नजर आनेवाले शान्ति पटल के नीचे से तूफान उठने को है। हमने तो सिर्फ उनके लिए खतरे का बिगुल बजाया है जो आगे आने वाले खतरे को बिना महसूस किए अन्धाधुन्ध भागे जा रहे हैं।** हमने सिर्फ आदर्शवादी अहिंसा युग की समाप्ति को रेखांकित किया है–जिसकी व्यर्थता के बारे में आज की पीढ़ी आश्वस्त है।

हमने आगे आनेवाले पैराग्राफ में आदर्शवादी अहिंसा शब्दों का इस्तेमाल किया है अतः इनकी व्याख्या करना आवश्यक है। हिंसा का अर्थ है वह ताकत जो आक्रामक तरीके से इस्तेमाल की जाए–अतः नैतिक तौर पर यह भले ही अनुचित है पर जब यह एक सही उद्देश्य के लिए इस्तेमाल की जाए तो यह नैतिक रूप से उचित है। **किसी भी रूप में ताकत का इस्तेमाल न करना आदर्शवाद है और जो नया आन्दोलन भारत में उठ खड़ा हुआ है, और जिसकी समाप्ति की सूचना हमने दी है, उसकी प्रेरणा हमें गुरु गोविन्द सिंह, शिवाजी, कमाल पाशा, रिजा खान, वाशिंगटन, गारबाल्डी, लेफेती एवं लेनिन से मिली है।**

जिस प्रकार इस विदेशी सरकार एवं भारतीय जनता के नेतागण दोनों ने ही इस आन्दोलन के अस्तित्व की उपस्थिति से आँखें मूँद ली हैं, हमने महसूस किया कि यह हमारा कर्तव्य है कि हम ऐसी रणभेरी बजाएँ जिसे इनके लिए न सुन पाना नामुमकिन हो जाए।

अब तक हमने इस घटना पर इसके पीछे के उद्देश्यों के बारे में बताया। अब हम यह बताएँगे कि हमारे उद्देश्य किस प्रकार थे।

जिन लोगों को भी सदन में थोड़ी-सी चोट पहुँची है उनके प्रति हमारा कोई व्यक्तिगत विद्वेष या शिकायत नहीं है। इसके विपरीत, **हम दोहराते हैं कि मानव जीवन हमारे लिए इतना पवित्र है जिसे**

शब्दों में बयान नहीं किया जा सकता। हम तो जल्द ही अपने जीवन की आहुति मानवता की सेवा में दे देंगे बजाय इसके कि हम किसी को चोट भी पहुँचाएँ, साम्राज्यवादी सेना के भाड़े के लोलुप सिपाहियों के विपरीत जो निर्दयतापूर्वक हत्या करने के लिए अनुशासित किए जाते हैं, हम, जहाँ तक यह हमारी शक्ति में है, मानव जीवन, जिसका हम आदर करते हैं, की रक्षा करने की कोशिश करते हैं। फिर भी, हम इस बात को स्वीकार करते हैं कि हमने जान-बूझकर, सदन में बम फेंके। हालाँकि, तथ्य खुद भी वही कहते हैं और हमारे इरादे का पता हमारे कार्य के परिणाम से जाहिर होता है बिना किसी काल्पनिक आदर्शवादी परिस्थितियों एवं सम्भावनों को बीच में लाए। सरकारी विशेषज्ञ के साक्ष्य को बिना देखे भी, सदन में फेंके गए बम ने थोड़ी-सी क्षति खाली बेंच को पहुँचाई और करीब छः लोगों को मामूली चमड़ी छीलने वाली चोटें आईं। **हालाँकि सारे सरकारी वैज्ञानिक एवं विशेषज्ञ इसे मात्र एक चमत्कार समझते हैं पर हम इसे एक वैज्ञानिक प्रक्रिया का नतीजा ही समझते हैं।** प्रथमतः, दो बम काठ के बैरियर के खाली जगहों पर डेस्क एवं बेंच के बीच फटे। दूसरे ये दोनों धमाके 2 फीट के बीच ही हुए। उदाहरण के लिए मि. पी. राव, मि. शंकर राव एवं सर जार्ज शुजर को या तो चोट नहीं आई या आई तो मात्र खरोंचें। सरकारी विशेषज्ञों के अनुसार जितने शक्तिशाली बम थे—जैसा कि उन्होंने बताया—(हालाँकि उनका अनुमान काल्पनिक एवं बढ़ा-चढ़ा कर कहा गया था।) इस कदर पोटाशियम क्लोरेट तथा संवेदनशील (ज्वलनशील) पिकरेट से भरे थे कि वे सारे बैरियर को तोड़ देते और फटने की जगह से कुछ गज तक कई मानव जीवन को हताहत कर देते। फिर यदि वे बम वाकई काफी ज्वलनशील होते जिनमें नष्ट करनेवाले छर्रे एवं डार्टस होते तो वे विधायिका के ज्यादातर सदस्यों को साफ कर देने के लिए काफी होते। इसके अलावा हमने उन्हें काफी दूर यानी आफिसियल बॉक्स में फेंका होता जहाँ कुछ महत्त्वपूर्ण व्यक्ति बैठे थे। और अन्त में, **हमने सर जॉन साइमन को ही ढेर किया होता जिनकी दुर्भाग्यशाली कमीशन को सभी जिम्मेदार नागरिकों द्वारा नापसन्द किया गया था और जो उस समय प्रेसिडेन्ट गैलरी में बैठे थे।** ये सब बातें, हालाँकि हमारा

उद्देश्य नहीं थीं–और बमों ने भी उतना ही प्रभाव दिखाया जिसके इरादे से उनका इस्तेमाल किया गया था और चमत्कार बस इतना ही था कि उन्हें जान-बूझकर वहाँ फेंका गया था जो सुरक्षित थीं। **और तब हमने खुद अपने आपको उस बात की सजा भोगने के लिए खुद को समर्पित कर दिया, साम्राज्यवादी शोषकों को यह जताने के लिए भी कि वे कुछ लोगों को कुचल कर विचारों को नहीं मार सकते। दो गैर महत्त्वपूर्ण इकाइयों को कुचल देने मात्र से एक राष्ट्र को नहीं कुचला जा सकता।** हम उस ऐतिहासिक पाठ पर जोर देना चाहते हैं कि 'लेटर्ज दें कैसेट्स एवं बैस्टिलस' फ्रांस के क्रान्तिकारी आन्दोलन को नहीं कुचल पाए थे। फाँसी के फन्दे एवं साइबेरियन खानें रूसी क्रान्ति को नहीं समाप्त कर पाए। 'खूनी रविवार', 'ब्लैक' एवं 'टैन्स' आइरिश स्वतन्त्रता का गला घोंट पाने में असक्षम रहे।

क्या अध्यादेश एवं पब्लिक सेफ्टी बिल भारतीय स्वतन्त्रता की लपटों को बुझा सकते हैं। गढ़े गए या उजागर हुए षड्यन्त्र के मुकदमे और उन सब युवा लोगों को, जो एक उच्च आदर्श का सपना देख रहे हैं, को जेल में डाल देने से क्या आन्दोलन का कारवाँ रोका जा सकेगा। पर समय पर दी गई एक चेतावनी, यदि इसे अनदेखा न किया जाए तो, बहुत लोगों की जान एवं आम दुख-दर्द को बचा सकती है।

हमने इस चेतावनी को देने की जिम्मेदारी खुद पर ओढ़ी और हमने अपना कर्तव्य निभाया।

मुझसे (भगत सिंह से) निचली अदालत ने पूछा था कि 'क्रान्ति' से हमारा तात्पर्य क्या है? इस प्रश्न के जवाब में मैं कहूँगा कि **'क्रान्ति' से हमारा तात्पर्य रक्तरंजित संघर्ष नहीं और न ही इसमें व्यक्तिगत बदला लेने की कोई जगह है। यह बम एवं पिस्तौल की पूजा नहीं है। 'क्रान्ति' से हमारा मतलब है कि वर्तमान चीजें जो जाहिर तौर पर अन्याय पर आधारित हैं, अवश्य बदलनी चाहिए।** उत्पादक या श्रमिक समाज के अत्यंत ही महत्त्वपूर्ण अंग हैं पर उनके श्रम का फल उनके शासकों द्वारा लूट लिया जाता है और उन्हें उनके प्राथमिक अधिकारों से वंचित कर दिया जाता है। जो किसान सबके लिए अन्न उपजाता है वह अपने

परिवार के साथ भूखों मरता है, जुलाहा जो पूरी दुनिया को कपड़े मुहैय्या करता है उसके पास अपना और अपने बच्चों के तन ढकने के लिए कपड़े नहीं हैं, मिस्त्री, लुहार, बढ़ई जो भव्य महल बनाते हैं वे झोंपड़ियों में दरिद्र की तरह रहते हैं, पूँजीवादी, शोषक, समाज के परजीवी अपनी सनक पूरी करने के लिए करोड़ों रुपए लुटा देते हैं। यह भयानक असमानता और अवसर पाने में बलात् किया गया भेदभाव आगे जाकर उथल-पुथल पैदा करेगा ही। यह स्थिति बहुत दिनों तक नहीं रह सकती और यह स्पष्ट है कि यह मौज-मस्ती करने वाला समाज ज्वालामुखी के मुहाने पर बैठकर जश्न मना रहा है।

इस सभ्यता की तमाम नींव यदि समय पर बचाई न गई तो ढह जाएगी। अतः एक आमूल-चूल परिवर्तन आवश्यक है और यह कर्त्तव्य उनका है जो यह सोचते हैं कि **समाज का पुनर्निर्माण समाजवादी ढाँचे पर करना है। जब तक यह नहीं होता और मनुष्यों का मनुष्यों द्वारा, राष्ट्रों का राष्ट्रों द्वारा शोषण बन्द नहीं होता तकलीफें एवं हत्याकांड जिसका कि मानव समाज को आज खतरा है, नहीं रोके जा सकते। युद्ध की समाप्ति एवं वैश्विक शान्ति के युग में प्रवेश करने की बातें खुले तौर पर ढोंग के सिवा कुछ नहीं हैं।**

'क्रान्ति' से हमारा मतलब है समाज का अन्ततः एक ऐसा निर्माण जो इस तरह जवाब न दे जाए। जिसमें 'प्रोलितेरियत' का प्रभुत्व स्वीकार किया जाए और एक विश्व फेडरेशन हो जो मानवता को पूँजीवाद एवं साम्राज्यवाद के युद्धों से राहत दिला सके।

यही हमारा आदर्श है और इसी आदर्शवाद के प्रेरणास्वरूप हमने एक उचित एवं कर्मभेदी चेतावनी दी है।

अब यदि इस पर कोई ध्यान नहीं दिया जाता और वर्तमान सरकार बनी रहती है और जो प्राकृतिक ताकतें उभर रही हैं, उनके लिए रुकावट पैदा करती है तो एक निष्ठुर संघर्ष उठ खड़ा होगा जो सारी बाधाओं को उखाड़ फेंकेगा और श्रमहारा का शासन क्रान्ति के आदर्श की भूख मिटाने का रास्ता तय करेगा। **क्रान्ति सबका एक अहस्तान्तरित अधिकार है। श्रम ही समाज का भरण**

पोषण करने वाला है। जनता का प्रभुत्व ही श्रमिकों की अन्तिम किस्मत है।

इन आदर्शों के लिए और इस विश्वास के लिए हम कोई भी तकलीफ सह लेंगे, जो हमें दी जाएँगी। क्रान्ति की इस वेदी पर हम अपनी जवानी को जलाते हैं क्योंकि इतने भव्य कारण के लिए कोई भी त्याग ज्यादा नहीं है। हम क्रान्ति के आह्वान का इन्तजार करने मात्र से सन्तुष्ट हैं।

इन्कलाब जिन्दाबाद।''

(नोट–जून 9, 1929 को इस व्यक्तव्य के 'कुछ अंश' रेकर्ड से 'असंबद्ध' कहकर निकाल दिए गए थे।)

अनुक्रम

भूमिका : सेशन अदालत दिल्ली के समक्ष भगत सिंह और दत्त का बयान *5*

असेंबली में फेंका गया परचा 17

निर्णय 19

उच्च न्यायालय में पाई गई अपील का निर्णय 55

लाहौर षड्यन्त्र मुकदमे की अदालत 61

संलग्न

सांडर्स की हत्या के बाद हिन्दुस्तान
सोसलिस्ट रिपब्लिक आर्मी द्वारा 'सूचना' 201

द रिवोल्यूशनरी (क्रान्तिकारी)
(इस मुकदमे के अभियुक्त से प्राप्त) 203

एक विशेष गवाह 207

लाहौर षड्यन्त्र मुकदमे में अभियोजन पक्ष के गवाहों की सूची 213

उपसंहार

फैसले से फाँसी तक 223

परिशिष्ट

प्रिवी काउंसिल द्वारा गठित की गई न्यायिक कमेटी का निर्णय 249

भगत सिंह को फाँसी

[सम्पूर्ण निर्णय एवं अन्य दस्तावेज़]

भगत सिंह - फांसी

शिवराम राजगुरु - फांसी

सुखदेव - फांसी

किशोरी लाल - आजीवन कारावास

महावीर सिंह - आजीवन कारावास,
सेल्यूलर जेल अण्डमान में अनशन समय
14.5.1933 को बलिदान

विजय कुमार सिन्हा - आजीवन कारावास

शिव वर्मा - आजीवन कारावास

गया प्रसाद - आजीवन कारावास

जयदेव कपूर - आजीवन कारावास

कंवल नाथ तिवारी - आजीवन कारावास

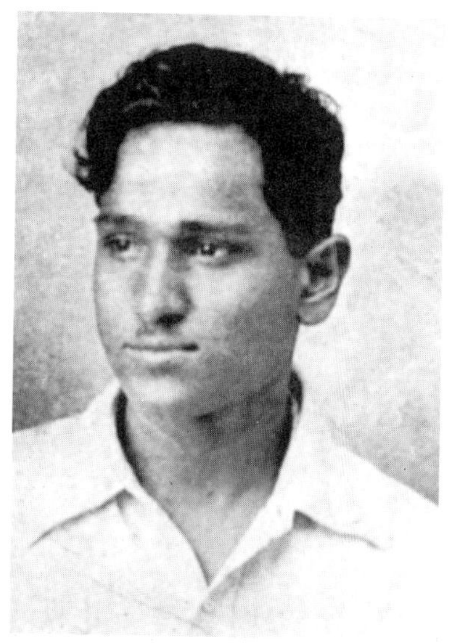

बटुकेश्वर दत्त - दिल्ली असैंबली बम्ब केस में आजीवन कारावास

प्रेम दत्त - पांच वर्ष सश्रम कारावास

जतिन्द्र नाथ दास - 13 सितंबर, 1929 को 63 दिन की भूख हड़ताल से मृत्यु

श्री चन्द्रशेखर आजाद हिन्दुस्तान समाजवादी प्रजातंत्र सेना के सुप्रीम कमांडर

भगवती चरण वोहरा - 28 मई, 1930 को लाहौर में बम्ब टैस्ट करते हुए मृत्यु

दुर्गा देवी वोहरा उर्फ दुर्गा भाभी - क्रांतिकारी दल की प्रमुख कार्यकर्त्ता

देशराज - रिहा

अजय कुमार घोष - रिहा

जतिन्द्र नाथ सान्याल - रिहा

सदाशिव राव मलकापुरकर - भुसावल बम्ब केस में आजीवन कारावास

भगवान दास माहौर - भुसावल बम्ब केस में आजीवन कारावास

आज्ञा राम - 10 जुलाई, 1930 को छोड़ दिया

सुरिन्द्र नाथ पाण्डे - 10 जुलाई, 1930 को छोड़ दिया

यशपाल - फरार

भगत सिंह - कालेज छात्र

भगत सिंह - पहली गिरफ्तारी (29 मई से 4 जुलाई, 1927)

'डेली मिलाप' लाहौर द्वारा 9 अक्टूबर 1930 को प्रकाशित पोस्टर (श्री रोहित जिंदल, सुनाम, (पंजाब) से प्रो. प्रमिंदर सिंह के सहयोग से प्राप्त।

भगत सिंह पर डाक टिकट 19.10.1968

फिरोजपुर के तूड़ी बाज़ार में क्रांतिकारी दल का चौबारा
छायाकार : प्रो. सुभाष परिहार

भगत सिंह का मौत का वारंट

भगत सिंह की मौत का प्रमाण-पत्र

879.

Telegram XX No. Nil., dated (and recd.)18th March 1931.
From . . . .Home Secretary, Punjab.
To . . . . .Home Department,New Delhi.

CLEAR LINE.

Your telegram of the 17th instant No. 797-S.
Bhagat Singh Rajguru and Sukh Dev will be executed at 7 on evening of March 23rd. The news will be made known in Lahore on early morning of March 24th. Ends.

भगत सिंह, राजगुरु, सुखदेव को फांसी देने संबंधित टेलीग्राम

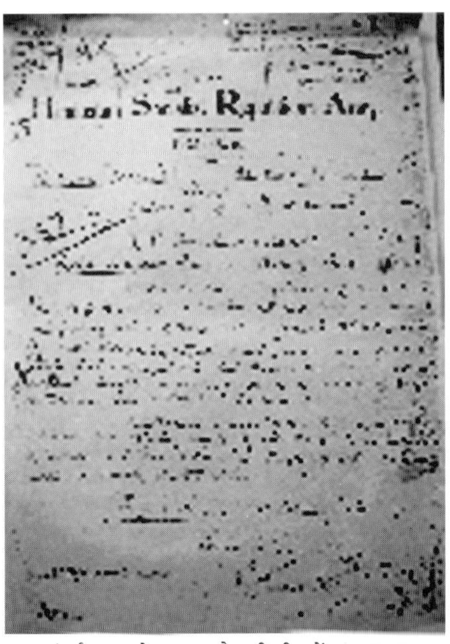

सांडर्स हत्या के बाद लाहौर की दीवारों पर लगाया गया नोटिस

दिल्ली जेल जिसमें भगत सिंह व बटुकेश्वर दत्त को रखा गया

1929 में क्रांतिकारियों के अनशन के समय प्रकाशित पोस्टर

'दी ट्रिबियून' में भगत सिंह, राजगुरु, सुखदेव को फांसी का समाचार

असेंबली में फेंका गया परचा

"बहरों को सुनाने के लिए महाघोष चाहिए।" ऐसे ही एक अवसर पर ये अमर शब्द वेलिएंट, एक फ्रेंच अराजकतावादी शहीद ने कहे थे। आज हम भी अपने कृत्यों को पुरजोर तरीके से सही ठहराते हुए इन शब्दों को दोहराते हैं।

"रिफार्मस (मोंटेग्यू-चेम्सफोर्ड रिफार्मस) के कार्यकाल के पिछले 10 वर्षों के अपमान भरे इतिहास को दोहराये बिना और बिना इस सदन, तथाकथित भारतीय संसद द्वारा भारत के अपमान का वर्णन किए, हम ध्यान दिलाना चाहते हैं कि जब लोग साइमन कमिशन से सुधार के कुछ टुकड़ों की आस लगाए बैठे हैं और शायद कुछ हड्डियों के वितरण पर झगड़ते रहे हैं, सरकार हम पर नये-नये दमनकारी कानून जैसे 'पब्लिक सेफ्टी' एवं 'ट्रेड डिस्प्यूट्स बिल' थोपे जा रही है और 'प्रेस सिडिसन बिल' को अगले सत्र के लिए सुरक्षित रख रही है। श्रम नेताओं की अन्धाधुन्ध गिरफ्तारियाँ साफ-साफ बताती है कि हवा का रूख किधर है।

इन अत्यन्त ही भड़काऊ परिस्थितियों में, हिन्दुस्तान सोसलिस्ट रिपब्लिकन ऐसोसिएशन ने, पूरी गम्भीरता के साथ, अपनी जिम्मेदारियों को समझते हुए, यह निश्चित किया है एवं अपनी सेना को आदेश दिया है कि वह यह काम करे जिससे इस अपमानजनक ढोंग पर रोक लगे और इन विदेशी नौकरशाह शासकों को मनमानी करने दें पर उनकी करतूतें अपने नंगे रूप में जनता के सामने तो आएँ।

"जनप्रतिनिधि अपने चुनाव क्षेत्र में लौटें एवं जनता को आने वाले आन्दोलन के लिए तैयार करें जिससे सरकार को मालूम हो कि पब्लिक सेप्टी एवं ट्रेड डिस्प्यूट्स बिल एवं लाला लाजपत राय की बेदर्द हत्या का प्रतिरोध करते हुए, हम लाचार भारतीय जनता की तरफ से इतिहास द्वारा बहुत बार दोहराया गया पाठ फिर दोहराते हैं कि **व्यक्तियों को मारना आसान है पर विचारों को नहीं**। बड़े-बड़े साम्राज्य ढह गए पर विचार जीवित रहे। बोर्बनस एवं जार चले गए।

"हमें यह स्वीकार करते हुए अफसोस होता है कि हम जो मानव जीवन को इतना पवित्र मानते हैं, हम जो यशस्वी भविष्य का स्वप्न देखते हैं कि जब मनुष्य

पूर्ण शान्ति एवं सम्पूर्ण स्वतन्त्रतता का आस्वाद करेगा, को मानव रक्त बहाने के लिए मजबूर किया जा रहा है। पर 'महान् क्रान्ति' की बलिवेदी पर कुछ लोगों का बलिदान अवश्यम्भावी है कारण इससे सबको स्वतन्त्रतता मिलेगी और मानव द्वारा मानव का शोषण असम्भव हो जाएगा।

"क्रान्ति अमर रहे।"

हस्ताक्षर

बलराज*

कमाण्डर-इन-चीफ

---

* 'बलराज', आजाद का उपनाम था

निर्णय

सेसन ट्रायल नं. 9 ऑफ 1929
राज्य बनाम भगत सिंह एवं बटुकेश्वर दत्त
आरोप–धारा 307-भारतीय दंड संहिता एवं धारा-3 विस्फोटक पदार्थ कानून, 1908

अनुच्छेद की सूची

1. आरोप एवं ट्रायल के लिए मंजूरी
2. अभियुक्तों के विरुद्ध आरोप
3. तथाकथित घटना के समय एसेम्बली चैम्बर की स्थिति
4. उन व्यक्तियों का, घटनाओं के बारे में साक्ष्य, जिन्होंने अभियुक्तों को नहीं देखा
5. वे साक्ष्य जो अभियुक्तों को घटनाओं से जोड़ते हैं
   A. पहला बम
   B. दूसरा बम
   C. पिस्तौल से फायर करना एवं परचों का बिखेरना
   D. गिरफ्तारी एवं तलाशी
   E. पहचान
6. अभियुक्तों के विरुद्ध प्रत्यक्ष साक्ष्य का सार
7. दोनों धमाकों का परिणाम–
   7A. लोगों को चोट आना
   7B. एसेम्बली चैम्बर के कपड़े एवं फर्नीचर का नुकसान
8. फेंके गए बम के प्रकार एवं प्रकृति

9. अभियोजन साक्ष्य के छोटे बिन्दु
10. अभियुक्तों के बयान
11. बचाव पक्ष का साक्ष्य
12. निर्धारकों (ऐसेसर्स) का मत
13. अभियुक्तों की तरफ से मुख्य बहस
14. प्रत्यक्षदर्शी गवाहों के बयानों की आलोचना
15. बमों की प्रकृति
16. अभियुक्तों की नीयत
17. वे तथ्य जो साबित हो गए और जिनसे अपराध निर्धारित हो गया
18. दंड

परिशिष्ट

1. आरोप एवं ट्रायल के लिए मंजूरी

लाहौर के भगत सिंह एवं बर्दवान के बी.के. दत्त को भारतीय दंड संहिता की धारा 307 एवं विस्फोटक पदार्थ कानून की धारा 3 के अन्तर्गत लगाए आरोपों के लिए इस न्यायालय में ट्रायल हेतु सुपुर्द किया गया है। विस्फोटक पदार्थ कानून की धारा तीन के अन्तर्गत ट्रायल शुरू करने के लिए भारत सरकार या स्थानीय सरकार की अनुमति आवश्यक है। दिल्ली पुलिस के अधीक्षक मि. जैफरी ने, जो अभियोजन गवाह संख्या 25 हैं, साबित किया है कि इस मामले की सूचना स्थानीय सरकार को उन्होंने दी थी और उन्हें मौखिक एवं लिखित दोनों प्रकार की अनुमति ट्रायल करने हेतु मिल चुकी है। दो बार लिखित अनुमति भी प्राप्त हो चुकी है। मूल दस्तावेज जिनके द्वारा अनुमति दी गई थी वे प्रस्तुत किए गए हैं। वे प्रदर्श अ. सा. 25/1 एवं अ. सा. B हैं। इन पर मुख्य आयुक्त के हस्ताक्षर हैं जिनकी पहचान मि. जैफरी ने की है। यह न्यायालय भारतीय साक्ष्य अधिनियम की धारा 57 के तहत इसका न्यायिक नोटिस लेता है।

बहस में कहा गया है कि अनुमति देनेवाले दस्तावेज अधूरे हैं। इनमें कोई कारण नहीं दर्शाया गया है कि किन वजहों से ट्रायल करने की अनुमति प्रदान की जा रही है। पर इस बहस का कोई तर्कसंगत आधार नहीं है। मैं यह स्थापना देता हूँ कि धारा 7 के अन्तर्गत दी गई आवश्यक अनुमति भली-भाँति दी गई है।

2. अभियुक्तों के विरुद्ध आरोप

प्रदर्श पी.ए. 1 एसेम्बली चैम्बर का नक्शा है जो बैठने के इंतजाम के बारे में बतलाता है। इसकी मूल प्रति जमील अहमद नक्शानवीश द्वारा तैयार की गई थी। वह अ. सा. नं. 20 है और नक्शे को सही कहता है। यह नक्शा 'सदन' एवं गैलरी में हर व्यक्ति के बैठने की व्यक्तिगत जगह, डेस्क एवं उन कुर्सियों को दर्शाता है जो जमीन में गड़ी थीं।

इस गवाह ने बतलाया कि यह नक्शा आठ फीट के लिए एक इंच की स्केल पर था, पर वास्तव में इसका अध्ययन करने पर पाया गया कि यह तीन फीट के लिए एक इंच की स्केल पर था। यह गलती ट्रायल के लिए महत्त्वपूर्ण नहीं है।

इस नक्शे में रेखांकित की गई जगह वह जगह है जहाँ से बम फेंका गया। यह प्रविष्टि प्रमाणित नहीं है अतः इसे साक्ष्य नहीं माना जा सकता। अभिलेख पर जो साक्ष्य है वह यह है कि दोनों अभियुक्त इस रेखांकित जगह के पीछे अन्तिम कुर्सियों की कतार के बीच या पीछे थे।

आरोप है कि भगत सिंह एवं दत्त दोनों 8 अप्रैल, 1929 को करीब 12.30 बजे साथ-साथ थे। जब अध्यक्ष निर्णय देने हेतु खड़े हुए ही थे कि भगत सिंह ने एक बम फेंका जो हाउस के फर्श पर वहाँ गिरा जहाँ सीट नं. 4B, 5, 33 एवं 34 थीं। बम फट गया जिससे बहुत से लोगों को चोट आई और फर्नीचर का नुकसान हो गया। इसके बाद दत्त ने दूसरा बम फेंका जो सीट संख्या 146 के नीचे गिरा जिसने उस कतार की सीटों को तथा सामने की कतार की सीटों को काफी नुकसान पहुँचाया। इससे ऊपर ऑफिशियल गैलरी एवं उसके बाईं ओर की सीटों पर बैठे लोगों को चोट आई। इसके बाद भगत सिंह ने स्वचालित पिस्तौल निकाली और दो फायर किए। तत्पश्चात् पिस्तौल जाम हो गई; इसी बीच दत्त ने राजद्रोहात्मक परचों को बिखेरना शुरू कर दिया जिस काम में भगत सिंह ने भी, पिस्तौल के काम न करने के बाद, हिस्सा लेना शुरू कर दिया।

इसके बाद दोनों व्यक्तियों को गिरफ्तार कर लिया गया। दत्त के पास परचे एवं अखबार बरामद हुए जबकि भगत सिंह के पास पिस्तौल की एक और लोडेड मैगजीन मिली।

अभियोजन ने किस प्रकार इन आरोपों को साबित किया है इसे बाद में बताया जाएगा। अभी यही बताया जा रहा है कि ट्रायल में अभियुक्तों ने लिखित बयान दिए हैं। इन बयानों में वे स्वीकार करते हैं कि उन्होंने बम फेंके। पर वे यह स्वीकार नहीं करते कि उनके पास पिस्तौल भी थी।

3. तथाकथित घटना के समय एसेम्बली चैम्बर की स्थिति

बहुत से गवाहों के बयानों, जिन्हें विस्तार से बताना आवश्यक है, से ऐसा प्रतीत होता है कि 8 अप्रैल, 1929 को दोपहर या उसके कुछ देर बाद 'ट्रेड्स डिस्प्यूट्स बिल' पर विरोध होने, उसका परिणाम घोषित करने तथा प्रेसिडेंट के खड़े होने पर, गवाहों द्वारा यह समझा गया कि वे अब 'पब्लिक सेप्टी बिल' पर अपना निर्णय देनेवाले हैं। बयानों से ऐसा लगता है कि यह व्यवस्था काफी महत्त्वपूर्ण समझी जा रही थी, स्वाभाविक तौर पर ज्यादातर लोगों का ध्यान उस समय प्रेसिडेंट पर केन्द्रित हो गया था। पहला बम इसी अवसर पर फटा।

ऐसे मौके पर यह शायद ही हो पाया होगा कि लोग इधर-उधर देख रहे होंगे। सरदार सोभा सिंह* (अ. सा. 7) बस पहुँचे ही थे और उन्होंने गैलरी के पास, नक्शे में चिन्हित जगह 'जी' के पास स्थान ग्रहण किया। उन्होंने अपने उन मित्रों के साथ दोपहर का भोजन लेने की व्यवस्था की थी जो सदन में ही मिलनेवाले थे। उनकी प्रमुख चिन्ता उन्हें ढूँढ़ निकालने की थी। उन्होंने गैलरी के दूसरे तरफ उन्हें उस स्थान के सामने बैठे हुए देख लिया जहाँ नक्शे के अनुसार अभियुक्त खड़े थे। इसलिए उस अवसर विशेष पर उनकी निगाह अभियुक्तों की तरफ थी।

दूसरे लोगों के स्थान, जहाँ ये प्रासंगिक हैं, साक्ष्य द्वारा दर्शाए गए हैं। यह निम्नांकित हैं–

(क) व्यक्ति जो घायल हुए

सर जॉर्ज सुएस्टर–आसन संख्या 4 बी

सर बोमन जी दलाल–स्थान सन्तोषजनक तरीके से साबित नहीं हो पाया।

श्री पी.आर. राव (अ. सा. 6)–आसन संख्या 33

श्री शंकर राव–आसन संख्या 34

श्री एस.एन. राव (अ. सा. 4) एवं राय बहादुर ए.पी. दुबे–प्रेसिडेंट के दाहिने, पीछे ऑफिशियल बॉक्स में।

(ख) दूसरे व्यक्ति जो गवाह के तौर पर पेश हुए

सरदार सोभा सिंह (अ. सा. 7)–नक्शे में चिन्हित स्थान 'जी' पब्लिक गैलरी में (सीट सं. 119 के पीछे से थोड़ा ऊपर)

---

* प्रसिद्ध लेखक खुशवंत सिंह के पिता, केवल एक ही गवाह जिसका कहना था कि उसने अभियुक्तों को बम फेंकते हुए देखा।

श्री पसरीचा (अ. सा. 8), डिपुटि डॉयरेक्टर, टेलीग्राफ–पब्लिक गैलरी में, नक्शे में चिन्हित स्थान 'सी' के पास। (सीट सं. 137 के ऊपर, पीछे एवं उस स्थान के सामने दाहिनी ओर जो कि अभियुक्तों का बैठे होना बताया गया है।)

श्री सी.वी.ओ. ब्रायन (अ. सा. 9) मैनेजर, वुडलैंड होटल, दिल्ली–पब्लिक गैलरी की दूसरी कतार में, नक्शे में चिन्हित 'ए' स्थान के पास थे। (अभियुक्तों द्वारा दखल किए गए स्थान के सामने तथा जरा सा बाईं ओर)

मि. जी.ई.ओ. ब्रायन (अ. सा. 10)–अपने भाई सी.वी. ओ. ब्रायन के पीछे, नक्शे में चिन्हित स्थान 'बी' के पास थे।

सार्जेन्ट टेरी, (अ. सा. 11) दिल्ली पुलिस तथा ट्रैफिक इंस्पेक्टर जॉनसन (अ. सा. 12), दिल्ली पुलिस–लेडीज गैलरी के प्रवेश स्थल के पास, पीछे की ओर (प्रेसिडेंट के दाहिनी तरफ, नक्शे में चिन्हित जगह 'एच' के पास)।

मि. डब्लू. एच. डेविस (अ. सा. 14), रॉयल इन्स्योरेंस कम्पनी, कलकत्ता–पब्लिक गैलरी में, नक्शे में चिन्हित 'ओ' के पास (आसन सं. 134 के पीछे थोड़ा ऊपर)।

मि. एस. कलिफ (अ. सा. 15), धर्मतल्ला स्ट्रीट, कलकत्ता–पब्लिक गैलरी में, बिलकुल बाईं ओर, दूसरी कतार में, नक्शे में चिन्हित स्थान 'जेड' के पास थे।

4. उन व्यक्तियों का, घटनाओं के बारे में साक्ष्य, जिन्होंने अभियुक्तों को नहीं देखा

श्री एस.एन. राय (अ. सा. 4) ने अपनी सीट (जो कि ऑफिशियल बॉक्स की दूसरी कतार में थी) से देखा कि सर जॉर्ज सुस्टर के दाहिनी ओर से फर्श से धुआँ उठ रहा था। उन्हें ये आभास हो गया था कि वहाँ कुछ गिरा है, पर उन्हें याद नहीं है कि कोई धमाके की आवाज हुई थी। वे अगली कतार में चले आए जिससे कि वे साफ-साफ देख सकें। फिर उन्होंने अपना हाथ एक खम्बे के सहारे टिकाया। तब कुछ और गिरा और उन्हें आभास हुआ कि उनके हाथ में चोट लगी है। उन्होंने यह नहीं देखा कि दूसरी चीज कहाँ गिरी पर बाद में उन्हें वह स्थान दिखलाया गया।

राय बहादुर ए.पी. दुबे (अ. सा. 5) भी ऑफिशियल बॉक्स की दूसरी कतार में थे। उन्होंने एक के बाद दूसरे धमाके की आवाज सुनी और ऑफिशियल बेंचों

की तरफ से धुआँ उठता देखा। उन्होंने दोनों धमाकों की वास्तविक जगहें नहीं देखीं पर दूसरे धमाके के समय उन्होंने पीठ में एक धक्का एवं थोड़ी सी चोट दाहिने नितम्ब पर महसूस की। उन्होंने ये चोटें शाम तक नहीं देखीं पर जब वे कपड़े बदल रहे थे तो उन्हें खून दिखा और तब वे डॉक्टर के पास गए।

श्री पी.आर. राव (अ. सा. 6) सीट नं. 33 पर बैठे थे और जब प्रेसिडेंट निर्णय देने उठ खड़े हुए, उन्होंने कुछ अपने पास गिरते सुना जो बड़े धमाके के साथ फट गया और धुआँ निकलने लगा। उन्होंने अपने चेहरे पर कुछ महसूस किया। रूमाल से पोछते वक्त उन्होंने पाया कि खून निकल रहा था। तब उन्होंने अपने पीछे एक धमाका सुना। वे अपना स्थान छोड़ हाउस की अगली सीट की तरफ बढ़े। तब उन्होंने गैलरी में कुछ लाल कागजों को फड़फड़ाते पाया। इन घटनाओं के बाद उन्होंने सर बोमन जी दलाल को लॉबी में अर्द्धमूर्च्छित अवस्था में पाया। उन्होंने पहले धमाके की जगह को नक्शे में चिन्हित किया है और बताया है कि वह उनकी जगह से 12 इंच बाईं तरफ थी। उन्होंने इस चिह्न को अपनी सीट से बाईं ओर सीधी तरफ तथा सीट नं. 5 से पीछे बताया है। वे इस बारे में निश्चित तौर पर नहीं बता सकते कि सीट नं. 5 (जिसे वे सर देन्या की बताते हैं) पर उस वक्त कोई बैठा था या नहीं।

5. वे साक्ष्य जो अभियुक्तों को घटनाओं से जोड़ते हैं

अब मैं उन साक्ष्यों की ओर रुख करता हूँ जो यह बतलाते हैं कि उन्होंने एक या दोनों अभियुक्तों को इन घटनाओं के समय या तुरन्त बाद देखा। ऐसा करने में उन साक्ष्यों का वर्णन समय के क्रमानुसार होगा।

5A. पहला बम

सरदार सोभा सिंह (अ. सा. 7)–जैसा कि पहले ही कहा जा चुका है, वे सामने की ओर, उस दिशा में अपने दोस्तों को देख रहे थे जहाँ कि कथित तौर पर अभियुक्त खड़े थे। उन्होंने भगत सिंह को अपने उन दोस्तों के पीछे गैलरी में खड़े और एक ऐसी चीज फेंकते देखा जो सिगरेट केस की तरह दिखाई दे रही थी। इसके बाद ही एक धमाके की आवाज आई और धुआँ निकलने लगा।

मि. पसरीचा (अ. सा. 8) ने चमक और धुआँ देखा, पहले धमाके की आवाज सुनी और सहज बोध से अपने चारों तरफ देखा, यह सोचते हुए कि उनके पीछे

से कुछ फेंका गया है। वे यह नहीं कह सकते कि उन्हें ऐसा ख्याल क्यों आया पर उनके साथ ऐसा ही हुआ। वे पीछे घूमे, दोनों अभियुक्तों को एक साथ खड़े देखा और गौर किया कि भगत सिंह अपनी जेब से कुछ निकाल रहे थे। चूँकि उन्होंने दूसरा धमाका नहीं सुना था, यह नहीं कहा जा सकता कि आखिर कब वे पीछे घूमे और अभियुक्तों को देखा।

मि. सी.वी.ओ. ब्रायन (अ. सा. 9) कहते हैं कि उन्होंने वास्तव में अपने पीछे कोई चीज हवा में उड़ते देखी जो सरकारी बेंचों के बीच गिरी और फूट गई। उसके भाई (अ. सा. 10) ने भी बिलकुल यही देखा।

मि. दविया (अ. सा. 14) एवं मि. कलिफ (अ. सा. 15) ने भी गैलरी से सरकारी बेंचों की तरफ कुछ उड़ते देखा, जहाँ वह चीज फट गई। कलिफ ने वर्णन करते हुए कहा--ऐसा लगा जैसे कोई गौरेया हवा में उड़ रही हो।

सरजेंट टेरी (अ. सा. 11) एवं इंस्पेक्टर जॉनसन (अ. सा. 12) दोनों ने पहले धमाके की आवाज सुनी। दोनों ही महिलाओं की गैलरी की तरफ यह देखने के लिए बढ़े कि क्या हुआ है।

5B. दूसरा बम

पहले बम ने, जैसा कि स्वाभाविक है, काफी शोरगुल मचाया। साक्ष्य बताते हैं कि सदन के फर्श पर, जहाँ हालाँकि सदस्य अपने आसनों से उठ खड़े हुए थे, ज्यादा उत्तेजना नहीं थी। पर पब्लिक गैलरी के दर्शकों में बाहर निकलने के लिए अफरातफरी मच गई। बहुत से गवाहों से हमने सुना कि यह गैलरी पहला बम फटने तक पूरी भरी हुई थी पर दूसरा बम फटने तक तेजी से खाली हो रही थी और उसके बाद थोड़े से ही लोग रह गये थे।

मैं पहले, बताए गए हर एक गवाह के बयानों की ओर लौटता हूँ जो पहले बम के फटने से लेकर दूसरे बम तक अपने अनुभव एवं कार्यवाही के बारे में बताते हैं।

सरदार सोभा सिंह ने आम गतिविधियाँ देखीं और अपनी चिन्तित निगाहें अपने दोस्तों पर डाली। तब उसने दूसरे व्यक्ति को देखा (जिसे उसने दत्त के रूप में पहचाना) जिसने दूसरी मिसाइल फेंकी जो सीट नं. 144 के पास गिरी और फट गई।

मि. पसरीचा घूमे। उन्होंने दोनों अभियुक्तों को देखा और भगत सिंह को अपनी जेब से कुछ निकालते देखा। वे गैलरी के पास लौटने के लिए व्याकुल थे

अतः उन्होंने घटनाओं को करीब से नहीं देखा और दूसरे बम का धमाका भी नहीं सुना।

सी.वी.ओ. ब्रायन पहले धमाके पर पीछे घूमे और दत्त को हाथों से किसी चीज को कुछ करते और उस चीज को सरकारी बेंचों की तरफ फेंकते देखा। उस चीज ने धमाका भी किया और धुआँ भी उगला। जो कि, लगता है तब हुआ जब यह गवाह अपनी माँ के साथ अपनी सीट से गैलरी के पीछे की तरफ जा रहा था।

जी.ई.ओ. ब्रायन अपनी सीट पर बैठा रहा और सदन में पहला बम फटने के बाद नीचे की ओर तब तक देखता रहा जब तक दूसरा धमाका न हुआ। उसने इस बीच अपने पीछे होते कुछ नहीं देखा।

डब्लू.एच. डेविस ने, लगता है कि, पहले धमाके के बाद घूमकर देखा पर चूँकि उसके आस-पास सभी लोग खड़े हुए थे और बाहर निकलने की कशमकश कर रहे थे, वह कुछ देख नहीं पाया। पर उसने दूसरे धमाके की चमक देखी थी।

मि. कलिफ पहले धमाके के बाद, गैलरी के पीछे एक महिला को कॉरिडर से निकलने में मदद कर रहे थे। उन्होंने दूसरे धमाके की आवाज सुनने से पहले कुछ खास नहीं देखा।

सरजेंट टेरी एवं इंस्पेक्टर जॉनसन वास्तविक घटनाओं के क्रम के प्रति कुछ उलझन में हैं। ऐसा लगता है दोनों पहले धमाके के बाद एक साथ बढ़े और तुरन्त महिलाओं की गैलरी की कुर्सियों के पीछे पहुँचे। तभी दूसरा धमाका हुआ। जॉनसन ने टेरी को आदेश दिया कि वे दरवाजा बन्द करें जिससे कि लोग बिल्डिंग से बाहर न जा सकें। वह खुद जल्दी से प्रमुख द्वार की तरफ पब्लिक गैलरी के बीचों बीच पहुँचा पर उसने पाया कि उसने भीड़ को बाहर जाने से रोकने में देर कर दी थी। फिर वह महिलाओं की गैलरी की तरफ लौट आया।

5C. पिस्तौल से फायर करना एवं परचों का बिखेरना

मैं अब उन घटनाओं की ओर आता हूँ जो दूसरे बम धमाके के बाद हुईं। यह घटना भगत सिंह द्वारा पिस्तौल से कथित फायर एवं दत्त द्वारा परचों को फेंकने तथा बाद में भगत सिंह द्वारा भी परचे बिखेरने की है।

सरदार सोभा सिंह ने दूसरे धमाके के बाद अपना आसन छोड़ दिया था। वे जब गैलरी के पीछे की तरफ जा रहे थे उन्होंने दो फायरों की आवाज सुनी।

गैलरी के पीछे आने पर उन्होंने दो पुलिसकर्मियों को देखा जिन्हें उन्होंने उस जगह भेजा था जहाँ अभियुक्त खड़े थे। वे खुद धीरे-धीरे उस तरफ ही जा रहे थे।

मि. पसरीचा (जिन्होंने दूसरा बम धमाका नहीं सुना था) ने पिस्तौल द्वारा कोई फायर नहीं सुना। वे एक सुरक्षित जगह पहुँच पीछे की ओर मुड़े और उन दो व्यक्तियों को देखा जिन्हें उन्होंने पहले धमाके के बाद अपने पीछे देखा था। उन्होंने देखा कि वे दोनों परचों को मोड़-मोड़ कर नीचे सदन में फेंक रहे थे।

सी.वी.ओ. ब्रायन ने किसी रिवाल्वर की आवाज तब सुनी जब वह अपनी माँ को गैलरी के पीछे की ओर ले जा रहा था।

सी.वी.ओ. ब्रायन जो दूसरा धमाका होने तक अपने आसन पर बैठा रहा था, जब पीछे घूमा तो उसने भगत सिंह को नीचे चैम्बर में स्वचालित पिस्तौल के साथ देखा। तब वह अपनी माँ को खम्बे की तरफ ले गया जहाँ उसने देखा कि उसका भाई पहले ही वहाँ पहुँच चुका था। उसने अभियुक्तों की तरफ जाना चाहा पर उसकी माँ ने उसे रोक दिया।

मि. डेविस दूसरे धमाके के बाद साफ-साफ देख पा रहे थे, क्योंकि उनके आस-पास वाले लोग चले गए थे। उन्होंने दो लोगों को गैलरी के पीछेवाली सीट के पास खड़े देखा। एक की पीठ गवाह की तरफ थी और वह परचे फेंक रहा था, दूसरा भगत सिंह था जिसके पास स्वचालित पिस्तौल थी जिसे उसने दो बार बिना कोई निशाना लिए चलाया। इसके बाद पिस्तौल जाम हो गई। अब यह गवाह गैलरी के पीछे की तरफ गया।

मि. कलिफ महिला को कॉरीडोर तक ले जाने में मदद करने के बाद खम्बे के पीछे खड़े हो गए जहाँ से उन्होंने भगत सिंह को एक पिस्तौल से दो फायर करते और फिर पिस्तौल को एक कुर्सी पर छोड़ते देखा। इस बीच दत्त भगत सिंह के पास खड़े थे और परचे फेंक रहे थे। भगत सिंह भी अपनी पिस्तौल फेंककर इस काम में जुट गए।

टेरी ने दूसरे धमाके के बाद ही पिस्तौल से दो फायरों की आवाज सुनी और बहुत से लोगों को आम गैलरी की तरफ इशारा करते देखा, जिस जगह वे बाद में गए।

इंस्पेक्टर जॉनसन भी पिस्तौल के दो फायर सुनने की बात करता है। उसके अनुसार उसने वह आवाज महिला गैलरी तक पहुँचने के पहले सुनी थी और इसके बाद ही वह केन्द्रीय दरवाजे पर पहुँचा था और लौट आया था।

इस तरह सात गवाहों द्वारा फायर की आवाज सुनी गई जबकि प्रत्यक्ष साक्ष्य जी.ई.ओ. ब्रायन, डेविस एवं कलिफ का है। उनके अनुसार ये फायर भगत सिंह द्वारा किए गए थे।

पसरीचा, डेविस एवं कलिफ का प्रत्यक्ष साक्ष्य है कि परचे फेंके गए थे।

5D. गिरफ्तारी एवं तलाशी

हमने देखा है कि सरदार सोभा सिंह ने दो पुलिसकर्मियों को पब्लिक गैलरी की दूसरी तरफ से अभियुक्तों की दिशा में भेजा था और खुद उनके पीछे गया था। इसके बाद वह उन दो पुलिस मैन एवं गिरफ्तार किए गए अभियुक्तों से मिला जो उसकी तरफ ही आ रहे थे। प्रति परीक्षण के दौरान वह चार पुलिसवालों का जिक्र करता है—दो भारतीय तथा दो यूरोपियन। वह पुलिस के पास किसी चीज को लिए होने की बात नहीं करता।

पसरीचा ऐसा आभास देता है कि उसके द्वारा परचे फेंके जाने को देखने एवं पुलिस के आने के बीच अच्छा खासा समय गुजर गया था। वह पुलिस अधिकारियों की संख्या का जिक्र किये बिना उनके आने का जिक्र करता है और प्रसंगवश वह इस बात का जिक्र करता है कि एक यूरोपियन सार्जेन्ट ने गिरफ्तारी में हिस्सा लिया था। वह समझता है कि उसने गिरफ्तारी के समय भगत सिंह को अपने हाथ सर से ऊपर उठाते देखा था।

सी.वी.ओ. ब्रायन ने वास्तविक गिरफ्तारी होते नहीं देखी। खम्बे के पीछे जाने के बाद जो पहली बात वह निश्चित तौर पर देखता है वह है दोनों अभियुक्तों को जॉनसन एवं टेरी की हिरासत में देखना। वह सोचता है कि उन पुलिस मैन ने शायद उसे वहाँ खड़े देखा था। वह दो या तीन भारतीय तथा दो यूरोपियन पुलिस की उपस्थिति के बारे में बताता है, जिनके नाम भी वह बताता है। उसने तलाशी लेते नहीं देखा। उसे खुद, अपने भाई और माँ के अलावा किसी और सिविलियन की उपस्थिति के बारे में याद नहीं है।

जी.ई.ओ. बरायन का कहना है कि उसकी माँ ने उसे अभियुक्तों के पास जाने से रोका था। उसने गिरफ्तारी होते नहीं देखी। पर उसने देखा कि सार्जेन्ट टेरी दो व्यक्तियों को गिरफ्तार किए हुए थे। वह उनकी ओर बढ़ा और जब वह ऐसा कर ही रहा था कि इंस्पेक्टर जॉनसन आ गया। उसने सार्जेन्ट टेरी के हाथों में एक पिस्तौल देखी और पुलिस को सूचना दी कि वह भगत सिंह ही थे जिन्होंने पिस्तौल से फायर किया था। उसने जॉनसन तथा टेरी को गिरफ्तारी के तुरन्त

बाद भगत सिंह की जेब की तलाशी लेते और टेरी द्वारा भगत सिंह की जेब से एक अतिरिक्त मैगजीन बरामद करते देखा। उसने देखा कि वह लोडेड थी चूँकि कार्टिज के ऊपर एक बुलेट थी। उसने इसके अलावा और कुछ बरामद होते नहीं देखा।

वह सोचता है कि तलाशी के वक्त वह अकेला दर्शक था पर इस बिन्दु पर वह निश्चित तौर पर कुछ कह नहीं सकता।

डेविस, भगत सिंह को पिस्तौल से फायर करते देखने के बाद, गैलरी के पीछे की तरफ गया जहाँ वह एक यूरोपियन पुलिस ऑफिसर से मिला। उसने उन दो व्यक्तियों के बारे में इस ऑफिसर को बताया और उसके साथ उन दोनों की तरफ गया। वह एक पुलिस दल से मिला जो उन्हें पहले ही गिरफ्तार कर चुका था।

यह बात साफ है कि यह गवाह कुछ दूर निकल गया होगा और उस समय उपस्थित नहीं होगा जब वास्तव में गिरफ्तारी हो रही होगी। वह गिरफ्तारी के बाद पिस्तौल की बरामदगी का जिक्र नहीं करता।

कलिफ कहता है कि भगत सिंह ने पिस्तौल गिरा दी थी और परचों को फेंकना शुरू कर दिया था। एक यूरोपियन पुलिस सार्जेन्ट लेडीज गैलरी की तरफ से आया और उसने भगत सिंह को पकड़कर गिरफ्तार किया। सार्जेंट ने कुर्सी से पिस्तौल उठाई जिस पर वह पड़ी हुई थी। इसके बाद भगत सिंह ने अपना हैट माँगा जो वहीं पड़ा हुआ था। इस गवाह ने उसे उठाया और उन्हें दे दिया। ऐसा लगता है कि इस गवाह ने अपना ध्यान गैलरी के फर्श पर पड़े परचों को उठाने और उन्हें नीचे उन सदस्यों तक फेंकने में लगाया जो उन्हें देखना चाहते थे। पर ऐसा करने से कुछ पहले उसने भगत सिंह को अपने हाथ ऊपर उठाते एवं यह कहते सुना, **"मेरी तलाशी लो।"** वह तलाशी के बारे में इससे ज्यादा कुछ नहीं कहता कि उस समय बहुत सारे लोग चारों तरफ खड़े थे।

टेरी दो फायर की आवाज सुनने के बाद जल्दी से आम गैलरी की तरफ गया जहाँ उसने दो व्यक्तियों को खड़े होकर चिल्लाते हुए सुना। उसने कहा कि भगत सिंह अपने हाथ में पिस्तौल लेकर इशारा कर रहे थे। इस गवाह ने उन्हें गिरफ्तार कर लिया। उसके बाद इंस्पेक्टर जॉनसन उससे आ मिले। उसने और जॉनसन दोनों ने संयुक्त रूप से तलाशी ली और ऐसा करते समय उसने जी.ई.ओ. ब्रायन को पास ही खड़े देखा। उसने सिवाय जी.ई.ओ. ब्रायन के किसी ओर सिविलियन को वहाँ नहीं देखा। जॉनसन सेन्ट्रल एक्जिट से लौटकर फिर लेडीज गैलरी तक आया। कुछ महिलाओं ने उसे अभियुक्तों को दिखाया। वह उसी दिशा में गया जहाँ उसने पाया कि टेरी पहले ही दो व्यक्तियों को गिरफ्तार कर चुका था। टेरी

ने उसे एक पिस्तौल दी और तब उसने दोनों व्यक्तियों की तलाशी ली। भगत सिंह के पास से एक लोडेड मैगजीन तथा दत्त से कुछ अखबार एवं दो परचे बरामद हुए।

सभी गवाहों ने जिन्होंने गिरफ्तारी देखी थी स्वीकारा कि दोनों अभियुक्तों ने गिरफ्तारी का विरोध नहीं किया था।

इसके बाद दोनों अभियुक्त और उनके पास पाई गई चीजें एक कमरे में ले जाए गए, जो मि. कॉलिन का कमरा बयान किया गया है।

5E. पहचान

सरदार अब्दुल समद खान (अ. सा. 19), मैजिस्ट्रेट, प्रथम श्रेणी दिल्ली, बयान करते हैं कि किस प्रकार उन्होंने दो पहचान परेड, 13 अप्रैल, 1929 को की थीं। पहली परेड नई दिल्ली पुलिस स्टेशन में हुई थी जिसमें सरदार सोभा सिंह, पसरीचा, सी.वी.ओ. ब्रायन, जी.ई.ओ. ब्रायन, जॉनसन एवं टेरी ने दत्त को पहचाना। दूसरी परेड कोतवाली, दिल्ली में हुई जिसमें स. सोभा सिंह, पसरीचा, सी.वी.ओ. ब्रायन, जी.ई.ओ. ब्रायन एवं जॉनसन ने दत्त को पहचाना।

ऐसा लगता है कि टेरी दूसरी परेड में उपस्थित नहीं था। डेविस एवं कलिफ ने कहा कि उन्होंने तुरन्त बाद 8 अप्रैल को दिल्ली छोड़ दी और वे तभी आए जब उन्हें ट्रायल में बतौर गवाह बुलाया गया।

मैजिस्ट्रेट के द्वारा परेडों में जो तरीका अपनाया गया वह उसके वर्णनानुसार जाहिर करता है कि ठीक था और इस बात में कोई सन्देह नहीं है कि सभी गवाहों ने अभियुक्तों को बहुत से लोगों के बीच में से चुना था।

जो भी हो, महत्त्वपूर्ण बात यह है कि गवाहों ने अभियुक्तों को किस रूप में पहचाना।

स. सोभा सिंह ने दोनों अभियुक्तों को बम फेंकते देखा। बाद में उसने दोनों को गिरफ्तार हुआ देखा। जब तक वह इस तथ्य के बारे में आश्वस्त न हो कि उसने दो लोगों को बम फेंकते हुए पहचाना, परेड में उसकी सफलता सिर्फ यही इंगित करेगी कि उसने उन्हें चुना जिन्हें उसने गिरफ्तार हुए देखा था। उसने स्वीकार किया कि उसके सामने बम फेंकनेवाले व्यक्तियों की आकृति साफ नहीं थी। गिरफ्तार हुए व्यक्तियों के कपड़े उनके समान थे और तब उसने उनके चेहरे देखे थे। यह साफ है कि इस गवाह का साक्ष्य त्रुटिकर है और इससे गलत पहचान सम्भव है। यह माना जा सकता है कि वह इन दो व्यक्तियों को इस रूप में

पहचानता है कि वे गिरफ्तार हुए थे पर **इस तथ्य में सन्देह रह ही जाता है कि ये वही व्यक्ति थे जिन्होंने बम फेंके थे।***

पसरीचा इन दोनों व्यक्तियों को गिरफ्तार होने के वक्त तक देखता रहा था और इसके मामले में उपरोक्त सन्देह नहीं है। इस व्यक्ति की अभियुक्तों के बारे में पहचान इस रूप में है कि वे परचे फेंक रहे थे।

सी.वी.ओ. ब्रायन ने दोनों व्यक्तियों को गिरफ्तार होने के बाद देखा था पर दत्त के बारे में उसकी पहचान हमें गिरफ्तारी से पहले की ओर ले जाती है।

इसी प्रकार जी.ई.ओ. ब्रायन यह बात साफ करता है कि ये दोनों वे व्यक्ति है जो उस समय गिरफ्तार हुए थे और इस तरह वह सिर्फ भगत सिंह को तथाकथित घटना के साथ जोड़ता है। टेरी और जॉनसन की पहचान भी सिर्फ इस बात का साक्ष्य है कि ये ही वे दो व्यक्ति थे जो गिरफ्तार हुए थे।

डेविस दोनों व्यक्तियों की पहचान अदालत में इस रूप में करता है कि वे गिरफ्तार हुए थे। वह इस बारे में निश्चित रूप से कहता है कि भगत सिंह ही वह व्यक्ति थे जिसने पिस्तौल से फायर किया था। उसने परचे फेंकनेवाले की सिर्फ पीठ देखी थी और अदालत में उसकी पहचान इस बात की संभावना को समाप्त नहीं करती कि वह व्यक्ति जिसे उसने गिरफ्तार पाया था शायद वह न हो जिसे उसने देखा था।

कलिफ ने दोनों व्यक्तियों को अदालत में इस रूप में पहचाना कि ये वही व्यक्ति थे जिनको उसने गिरफ्तारी से पहले देखा था, उनमें से भगत सिंह के हाथ में पिस्तौल था।

संक्षेप में, यह देखा गया है कि अदालत या परेड में गवाहों की अभियुक्तों को पहचानने की क्षमता शायद इस बात से आई कि उन्होंने उन्हें गिरफ्तारी के बाद देखा था। यह हमें करीब-करीब उस अपरिवर्तनीय सूक्ति की ओर ले जाता है कि परेड में पहचान अदालत में दिए गए साक्ष्य को मजबूती प्रदान नहीं करती हालाँकि यह प्रक्रिया अदालत में बेकार के साक्ष्य को लाने में महत्त्वपूर्ण रोक अवश्य लगाती है।

यह जानने के लिए कि गवाहों ने अभियुक्तों को अपराध करते देखा गवाहों के साक्ष्य को देखना आवश्यक है। यह तथ्य कि गवाहों ने अभियुक्तों को परेड में पहचाना उनके साक्ष्य को मजबूती नहीं प्रदान करता, हालाँकि वे यदि ऐसा न कर पाते तो यह उनके साक्ष्य को व्यर्थ कर देता।

---

* किसी विशेष बात को पाठक की नजर में लाने के लिए उसे बोल्ड रूप सम्पादकों द्वारा दिया गया है।

पहचान के सिलसिले में दूसरी जो बात महत्त्वपूर्ण है वह यह है कि उनके द्वारा दिया गया अभियुक्तों का वर्णन एवं उनके कपड़े, जो गवाहों ने विभिन्न अवसरों पर बताये हैं से मेल खाता है। स. सोभा सिंह कहते हैं कि गिरफ्तारी के बाद से उन्होंने दोनों अभियुक्तों के चित्र अखबार में देखे थे तथा उन्होंने भगत सिंह के हैट के बारे में भी किसी अखबार में पढ़ा था। यह साक्ष्य एक ऐसे सम्भाव्य स्रोत के बारे में बताता है जिसके द्वारा सभी गवाह अपनी याद ताजा कर सकते हैं, साथ ही यह एक ऐसी सम्भावना को जन्म देता है कि जिन गवाहों की याद किसी व्यक्ति के बारे में धुँधली हो वह अवचेतन रूप में चित्र से कुछ ऐसे तथ्य पैदा कर सकता है जिसके बारे में उसे पहले ख्याल न रहा हो।

6. अभियुक्तों के विरुद्ध प्रत्यक्ष साक्ष्य का सार

पूर्ववर्त्ती पैराग्राफ दोनों अभियुक्तों के विरुद्ध प्रत्यक्ष साक्ष्य को पूरा करता है।

साक्ष्य उन गवाहों के हैं जो उस समय वहाँ उपस्थित थे, पर जिस अपराध का निशाना वे नहीं थे। बल्कि उस अपराध का निशाना वे व्यक्ति थे जिन्हें वे घटना के पहले से जानते नहीं थे। यह ऐसा मुकदमा नहीं है जिसमें सन्देह करने की कोई वजह हो कि दुश्मनी या किसी और वजह से झूठे साक्ष्य जुटाए गए हों। दूसरी तरफ, यह साक्ष्य ऐसी घटनाओं से ताल्लुक रखता है जहाँ घटनाएँ अत्यन्त ही तीव्र उत्तेजना में घट रही थीं। गवाहों के पास यह सोचने का हर कारण था कि वे खुद खतरे में थे, और वे भी जो पब्लिक गैलरी में थे, भीड़-उत्तेजना के प्रभाव से ग्रस्त थे—उन सारे लोगों से अधिक जो जल्दी-जल्दी गैलरी से हट गए थे। ऐसे समय में याददाश्त का धुँधला या असम्बद्ध होना स्वाभाविक है। साफ-साफ याददाश्त भी हो सकती है पर यह याददाश्त कुछ ही घटनाओं की हो सकती है न कि घटनाओं के शृंखलाबद्ध रूप में। यह आश्चर्यजनक नहीं होगा कि ऐसे समय में घटनाओं के साक्ष्यों में भिन्नता हो और बहुत सी भिन्नताएँ गवाहों की सच्चाई पर ही सवाल उठा दे। कुछ एक प्रतिपरीक्षण का रुझान बताता है कि गवाहों से सच्चाई की उम्मीद नहीं की जा सकती पर मैं इस आरोप के पक्ष में कोई तथ्य नहीं पाता। फिर भी एक गवाह की विश्वसनीयता सिर्फ इस बात पर निर्भर नहीं करती कि उसकी हार्दिक इच्छा है कि वह सच बोले बल्कि इस बात पर भी है कि किसी चीज को देख पाने एवं याद कर पाने में कितना सक्षम है। जहाँ साक्ष्य में परस्पर विरोधी भिन्नताएँ मौजूद हों वहाँ यह सोचना बेमानी है कि इसकी वजह झूठ है या देख पाने की क्षमता में कमी—नतीजा तो एक ही आता है। अतः इस बिन्दु पर एक या दूसरा गवाह विश्वसनीय नहीं माना जा सकता। फिर भी झूठ

की वजह से आई भिन्नता एवं गौर नहीं कर पाने की क्षमता से उपजी भिन्नता में काफी बड़ा फर्क है क्योंकि पहली बात गवाह के सम्पूर्ण साक्ष्य को दूषित कर देती है जबकि दूसरी बात गवाह के साक्ष्य के कुछ बिन्दुओं को ही दूषित करती है। एक सच्चा गवाह यह प्रकट कर देता है कि वह किसी खास बिन्दु पर ठीक से गौर नहीं कर पाया था अतः उस गवाह का साक्ष्य दूसरे बिन्दु पर अविश्वसनीय नहीं हो जाता जिस पर उसे ठीक से याद है।

इन बातों को देखते हुए मैंने बयानों का मिलान ध्यानपूर्वक किया है जिसकी चर्चा मैंने कुछ विस्तृत रूप से ऊपर की है। मैं इस नतीजे पर पहुँचता हूँ कि गवाहों के बयानों से ऐसा कोई आभास नहीं होता कि उन्होंने जान-बूझकर किसी बिन्दु पर झूठ बोला है। मैं सिर्फ यह पाता हूँ कि याददाश्त एवं घटना की छाप ने कुछ गवाहों को अभियुक्तों की गिरफ्तारी एवं तलाशी की बारीकी के बारे में भटका दिया है। **साक्ष्य की सबसे बड़ी भिन्नता तो पिस्तौल की बरामदगी के बारे में है।** टेरी ने कहा कि उसने भगत सिंह को पिस्तौल के साथ संकेत करते पाया। कलिफ कहता है भगत सिंह ने उसे एक आसन पर गिरा दिया और टेरी ने उसे उस आसन से उठा लिया। ये दोनों बयान परस्पर विरोधी हैं, जिसका परिणाम यह है कि दोनों में से किसी एक गवाह की याददाश्त इस बिन्दु पर दोषपूर्ण है। यह इससे ज्यादा नहीं है और न ही यह बात यह दर्शाती है कि पिस्तौल से फायरिंग वाले साक्ष्य झूठे हैं, या पुलिस ने कहीं से पिस्तौल ला कर गिरफ्तारी के समय रख दी।

अभियुक्तों ने बम फेंकनेवाली बात स्वीकार कर ली है, उनके विरुद्ध लगाए गए अभियोगों में पिस्तौल कोई बिन्दु नहीं है। एक तरह से पिस्तौल के बारे में साक्ष्य प्रत्यक्ष रूप से महत्त्वपूर्ण नहीं है। यह सिर्फ इसलिए महत्त्वपूर्ण है कि इससे गवाहों के सम्पूर्ण साक्ष्य की विश्वसनीयता को जाँचा जा सकता है।

मैं इस बात को पाता हूँ कि अभियुक्तों के बयानों के अलावा भी काफी एवं अकाट्य साक्ष्य हैं जो बताते हैं कि उन दोनों ने एसेम्बली चैम्बर में ऐसी चीजें फेंकी जो टकरा कर फट गईं और यह भी कि भगत सिंह ने पिस्तौल से फायर किया जो पिस्तौल गिरफ्तारी के समय बरामद हो गई।

7. दोनों धमाकों का परिणाम

7A. लोगों को चोट आना

इस निर्णय के पाराग्राफ नं. 2 में, छह व्यक्तियों को इन दो धमाकों की वजह से कहाँ-कहाँ चोट आई, बताया गया है। आँखों देखे गवाहों के बयानों एवं तस्वीरों

के आधार पर यह मालूम होता है कि ये धमाके किन जगहों पर हुए। इसके अलावा अन्य साक्ष्य भी है जिनका वर्णन अगले पाराग्राफ में होगा।

दो व्यक्ति जो गम्भीर रूप से घायल हुए वे हैं सर बोमनजी दलाल एवं सर जॉर्ज सुस्टर। दोनों में से कोई भी बतौर गवाह पेश नहीं हुआ अतः इस बात का कोई प्रयत्क्ष साक्ष्य नहीं है कि कौन से धमाके से उन्हें चोट पहुँची। इन चोटों का वर्णन कर्नल रेनहोल्ड, आई.एम.एस. (साक्षी संख्या 1) द्वारा किया गया है। सर बोमनजी का एक घाव छीलता हुआ था जो 2"×1" था। दाहिनी जाँघ के सामने की तरफ, पाँच छोटी-छोटी छीलती हुई चोटें जाँघ के बीचोबीच और दाहिने पाँव के घुटने पर, दो मामूली चोटें पेट में, जाँघ एवं घुटने के जोड़ पर छोटा सा धातु का टुकड़ा पाया गया। वे 20 अप्रैल तक अस्पताल में रहे हालाँकि उन्हें उतने दिनों तक वहाँ रहने की जरूरत नहीं थी पर अस्पताल छोड़ने तक वे पूरी तौर पर ठीक भी नहीं हो पाए थे। सर जॉर्ज सुस्टर की दाहिनी बाँह पर ऊपर की ओर, पीछे की तरफ एक 1/2" का छीलता घाव था जिसमें मैटल के 3 छोटे टुकड़े पाए गए।

मि. पी.आर. राव एवं मि. शंकर राव का परीक्षण डॉ. जे.के. सेन (अ. सा. 3) द्वारा किया गया था। उनकी चोटें अत्यन्त साधारण थीं, वे और सर जॉर्ज सुस्टर पहले धमाके की जगह साथ-साथ बैठे थे जो यह दर्शाता है कि ये चोटें उन्हें उसी वजह से लगी थीं। मि. पी.आर. राव के सम्बन्ध में, जो एक गवाह के तौर पर पेश हुए थे, प्रत्यक्ष साक्ष्य है कि उनकी चोटें पहले धमाके का परिणाम थीं।

डॉ. द्वारका दास (अ. सा.2) ने मि. एस.एन. राव एवं मि. दुबे का परीक्षण किया। दोनों को ही कई छोटी-छोटी खरोचें आई थीं। हमारे पास उनके अपने प्रत्यक्ष साक्ष्य हैं कि उन्हें तब चोट लगी जब वे 'ऑफिशियल बॉक्स' में थे और ये चोटें दूसरे धमाके की वजह से आईं।

साक्ष्य इस तथ्य के बारे में सन्देहजनक है कि सर बोमन जी दलाल की चोटें पहले धमाके से आई थीं या दूसरे से।

इस बारे में कोई सन्देह नहीं है कि दोनों ही धमाकों से चोटें आई थीं।

7B. एसेम्बली चैम्बर के कपड़े एवं फर्नीचर का नुकसान

इंस्पेक्टर हर्ष्ट (अ. सा. 17) अपनी ड्यूटी पर, एसेम्बली चैम्बर में 8 अप्रैल, 1929 को, धमाकों के बाद गए थे। उन्होंने दोनों धमाकों की जगह की तस्वीर उतारने

की अनुमति प्राप्त की। ये तस्वीरें प्रदर्श अ. सा. 17/A एवं अ.सा 17/B हैं जबकि उनके इन्लॉर्जमेंट प्रदर्श अ. सा. 17/C एवं अ. सा. 17/D हैं। पहली तस्वीर फर्श पर गढ़्ढा दिखलाती है जो सीट नं. 33 के ठीक बाएँ हैं। दूसरी तस्वीर बेंच नं. 87, 88, 89 एवं बेंच नं. 146, 147, 148 का एक हिस्सा दिखाती है। तीसरी तस्वीर बेंच नं. 87-88, 89 की पूरी साज सज्जा को दिखाती है जो फटी हुई, आगे की ओर सरकी हुई है। सीट नं. 146 की दाहिनी लकड़ी की बाँह उखड़ी हुई है।

मि. एच.एफ. विल्सन (अ. सा. 18) दिल्ली के पब्लिक वर्क्स डिपार्टमेंट के वुडवर्क ब्रांच में पदस्थापित हैं। उन्हें धमाके द्वारा किए गए नुकसान की मरम्मत करने के लिए बुलाया गया था। वे 8 अप्रैल को 3.30 बजे शाम को आए पर वे कोई काम नहीं कर पाए कारण पुलिस तब तक व्यस्त थी। फिर भी उन्होंने नुकसान देख लिया और दूसरी सुबह उसकी मरम्मत करने आए।

उनसे हम जानते हैं कि सरकारी बेंचों की सीटें एवं डेस्क बर्मा टीक से बने हुए हैं तथा उनका पैनल 1.4" मोटी लकड़ी के चार टुकड़ों से घिरा हुआ है (तकनीकी रूप से उन्हें दो पैड़ी या ऊपर तथा नीचे का घेरा कहा जाता है।) जो 1½" मोटा है, जबकि बेंच का बाँह रखनेवाला हिस्सा 2½" मोटा है। हम यह भी सुनते हैं कि फर्श भी बर्मा टीक का बना है जो 2" मोटा है।

सीट नं. 5 की बाईं तरफ जहाँ पहला धमाका हुआ था, उससे काठ का फर्श चिथड़े-चिथड़े हो गया, 18" × 18" का हिस्सा दब गया जिससे 1½" की ढलान बन गई। सीट नं. 5 के ऊपरवाले पैनल में दरार आ गई और यही हाल नीचे के घेरे एवं दो पैड़ियों का हो गया। इस गवाह ने चिथड़ी लकड़ी को उठाया जो कि प्रदर्श 19 है। उसे जोड़ते हुए दिखाया कि यह पैनल एवं उसके घेरे का बचा-खुचा टुकड़ा था। पैनल के तीन हिस्से थे और उसमें से एक टुकड़े में एक धातु घुसी हुई थी जिसे उसने सीट नं. 5 के बाएँ पैनल का हिस्सा बताया।

इस गवाह ने बताया कि नुकसान से यह बिलकुल साफ था कि धमाके का दूसरा बिन्दु फर्श पर सीट नं. 146 के नीचे की सीट थी। सीट का किनारा पीछे की तरफ, बाईं ओर फट गया था। सीट की दाहिनी ओर का पैनेल, निचली किनारी, दोनों ही फट गए थे तथा बाँह रखने की जगह पूरी तरह अपनी जगह से हट गई। पीछे की ओर की निचली किनारी तथा सीट नं. 146-147-148 के पिछले हिस्से फट गए थे तथा एक ऊपर की किनारी में दरार आ गई थी। बेंच के सामने (नं. 87-88-89) पीछेवाली किनारी फट गई थी और पूरी सीट की साज-सज्जा सामने से उड़ गई थी।

इस गवाह ने दोनों ही जगह की लकड़ियों में फँसे हुए धातु के टुकड़े निकाले जो उसने पुलिस को सौंप दिए।

इस गवाह ने फिर बताया कि महिलाओं की गैलरी की निचली कार्निस से एक मुड़ी हुई पैनल निकली जिसे 'कोव' (तीन ओर से घिरा स्थान) कहा जाता है–उसमें एक छेद हो गया था जो सीट नं. 144 एवं 146 के बीच था।

10 अप्रैल को यह गवाह एक एक्जिक्यूटिव इंजीनियर एवं अन्य के साथ निरीक्षण के दौरे पर गया था। वे काउंसिल चैम्बर की छत के ऊपर गए। वह छत फर्श से 40 फीट ऊँची है। इसके बीच में एक छेद पाया गया। इसी छेद के पास एक मैटल (धातु) पड़ा था। इस स्थिति से गवाह ने निष्कर्ष निकाला कि छत में यह छेद नीचे की तरफ से हुआ था और तब यह लोहे की एक कड़ी से टकराया (जो उसी दिशा में थी) तथा छत के ऊपरी हिस्से पर गिर पड़ा। प्रदर्श 17 एवं 19 से 26 तक काउंसिल चैम्बर से लिए गए क्षतिग्रस्त फर्नीचर के टुकड़े हैं जिसमें बुरी हालत में टूटे सागवान लकड़ी के हिस्से भी हैं।

तस्वीरें, ये प्रदर्श और मि. एच.एफ. विल्सन की गवाही इस बात की साफ-साफ तस्वीर प्रस्तुत करती है कि काउंसिल चैम्बर की चीजों का कितना और किस तरह का नुकसान धमाके की वजह से हुआ।

इस बात के काफी प्रमाण हैं कि दोनों ही धमाके एक-आध फुट के स्थान पर 1½" मोटी टीक में दरार डालने के लिए या चिथड़े उड़ा देने के लिए पर्याप्त थे। फिर धातु के टुकड़े इतनी गति से उड़े थे कि वे एक इंच पैनलवाली टीक जो करीब 13 फुट की दूरी पर थी, में धँस गए तथा 1/2 इंच मोटे प्लास्टर में 40 फीट ऊँची छत पर जाकर धँस गए।

8. फेंके गए बम के प्रकार एवं प्रकृति

8 अप्रैल की दोपहर को, सब इंस्पेक्टर चेत सिंह (अ. सा. 24) को, असैम्बली चैम्बर में बिखरे धातु के टुकड़े जो वहाँ धमाके की वजह से फैले हुए थे, को बीनने के लिए नियुक्त किया गया था। इस काम में उसकी मदद करने के लिए कांस्टेबल्स थे। उसने उन टुकड़ों को लिफाफे या किसी और वस्तु में रखा और उन पर उनके पाए जाने की जगह का उल्लेख किया। उसे तथा उसके सहायकों को कुल 117 टुकड़े मिले जिन्हें उसने 18 अलग-अलग लिफाफों में रखा। दूसरे दिन उसने फर्नीचर के अवशेषों को भी अपने कब्जे में लिया जिन्हें मि. विल्सन द्वारा बदला जाना था। अट्ठारह लिफाफे प्रदर्श 1 से 18 हैं तथा फर्नीचर के टुकड़े

प्रदर्श 19 से 26 हैं। इन 26 प्रदर्शों को कब्जे में लेने से लेकर ट्रायल होने तक सुरक्षित रूप से रखा गया है इसकी औपचारिक पुष्टि हो चुकी है, जिसे यहाँ कहना अनावश्यक होगा।

इन प्रदर्शों को, डॉ. डब्लू.पी. रॉबिन्सन (सीट नं. 16) जो भारत में आग्नेयास्त्रों के सरकारी चीफ इंस्पेक्टर हैं को 11 अप्रैल को दिल्ली में दिखलाया गया। एक सरसरी निगाह डालने के बाद उन्होंने सलाह दी कि उन्हें केमिकल एग्जामिनर के पास कलकत्ता भेजा जाना चाहिए; जहाँ भेजने पर उनकी परीक्षा केमिकल एग्जामिनर डॉ. राब्सन द्वारा की गई। केमिकल एग्जामिनर द्वारा एक रिपोर्ट तैयार की गई जो प्रदर्श अ. सा. है। यह बताती है कि विभिन्न प्रदर्शों के ऊपर कौन सा केमिकल पाया गया। डॉ. राबिन्सन ने इस रिपोर्ट और खुद के अवलोकन के आधार पर एक और रिपोर्ट तैयार की जो प्रदर्श पी. डी. है।

केमिकल एग्जामिनर की रिपोर्ट सिर्फ प्रदर्शों की एक सूची और टिप्पणी है जो बताती है कि हर प्रदर्श पर किस-किस केमिकल के असर का चिह्न था।

डॉ. राबिन्सन की रिपोर्ट निम्नलिखित मत का उल्लेख करती है–

(a) बम के खोखे निश्चित ही उसी डिजाइन एवं करीब-करीब उसी आकार के रहे होंगे जैसा कि तीन और कलकत्ते में हुई वारदातों के सिलसिले में कब्जे में लिये गए थे और जिनका नाम वह लेता है। इस बात की पुष्टि करने के लिए उसने एक बिना फटे बम का चित्र लगाया है जिसका सम्बन्ध मानिक तल्ला बम केस से था। एक और तस्वीर प्रदर्श 16 है, जिसमें उसी तरह के टुकड़े हैं जैसे कि पूरे बम में होते हैं।

(b) हर बम में ज्वलनशील पदार्थ था–पोटाशियम क्लोरेट का मिश्रण एवं पिकरिक एसिड। मिश्रण का वजन 4.5 आउंस से लेकर 5 आउंस तक था।

(c) हर बम में एक 'स्ट्राइकर' था जो 'कैप' से पकड़ा जाता था, और जिसमें रबड़ का फीता था। बम के खोखे ढले लोहे के थे। हर बम के आधार पर एक छेद था। शायद एक तुरन्त चलनेवाला फ्यूज (शायद शनकॉटन का बना) इस छेद के पार जाता था। वह एक 'डेटोनेटिंग कैप' से जुड़ा हुआ था जो स्ट्राइकर के छोड़ने पर अलग हो जाता था।

(d) टुकड़े बताते हैं कि बम भली-भाँति 'डेटोनेट' हो गया था और खोखा उतने ही टुकड़ों में विभाजित हो गया जितने की उससे आशा की जाती थी।

(e) रिपोर्ट निम्नलिखित वाक्यों के साथ समाप्त होती है–

"कैसे और भी नुकसान नहीं हुआ, यह मेरे लिए एक रहस्य है। यह एक जादू ही है कि कोई मरा नहीं। मैं यही कल्पना कर पाता हूँ कि बारूद पूरी तरह फट नहीं पाया चूँकि मिश्रण अपनी श्रेष्ठतम मात्रा में नहीं भरा गया था या उन्हें अच्छी तरह मिलाया नहीं गया था। ऐसा लगता है कि हर बम में मिश्रण के फटने की ताकत काफी हद तक इसलिए घट गई कि बम का खोखा ही टूट गया। इन बमों का प्रकार एवं प्रकृति देखते हुए मैं विश्वास के साथ कह सकता हूँ कि ये बम सिर्फ एक ही उद्‌देश्य से तैयार किए एवं फेंके गए और वह उद्देश्य था मार देना।"

ट्रायल कोर्ट में गवाही देते वक्त डॉ. राब्सन ने उपरोक्त मत को दोहराया और ऐसा करने की वजह को विस्तार से बताया। उनका लम्बा प्रतिपरीक्षण यह जाँचने के लिए किया गया कि उनके मत का मूल्य कितना है और उसका आधार क्या है।

लम्बे प्रतिपरीक्षण का आम असर यह दिखाना है कि केमिकल एग्जामिनर की रिपोर्ट कई मायनों में अस्पष्ट है, और इस बात पर सन्देह जगाती है कि आखिर कौन से पदार्थ जाँच में मिले।

कैलशियम एवं कैलशियम कार्बोनेट बहुत से पदार्थों में पाए गए। डॉ. राबिन्सन ने यह सोचते हुए कि यह एक विस्फोटक पदार्थ नहीं है यह सुझाव दिया कि यह शायद प्लास्टर एवं चूना लगी दवाओं के कारण हुआ। उसने स्वीकार किया कि कैलशियम कार्बोनेट को विस्फोटक मिश्रण में एक प्रतिरोधक की तरह इस्तेमाल किया जा सकता है। उसके साथ यह भी कहा कि ऐसा होना नहीं चाहिए, फिर भी यदि इसका इस्तेमाल किया गया है तो इससे विस्फोट का असर कम हो जाएगा।

डॉ. राबिन्सन से कई प्रकार से यह व्याख्या करने के लिए कहा गया कि केमिकल एग्जामिनर की रिपोर्ट, जिस पर वे विश्वास कर रहे थे, उसका आधार क्या था। उनके साक्ष्य से पता चलता है कि इसमें दिए गए आँकड़े नामुकम्मल थे और सम्भावनाओं के अनुसार नहीं थे, जिसका अर्थ है कि रिपोर्ट में किए गए कुछ कथन गोलमोल रूप में व्यवहृत किए गए थे।

संक्षेप में, जहाँ तक आरोप के सम्भाव्य चरित्र का सवाल है, ऐसा लगता है कि डॉ. राबिन्सन की राय आरोपों के चरित्र से प्रभावित एवं केमिकल एग्जामिनर

के द्वारा बताए गए लक्षणों से मिलाने की कोशिश है, न कि सिर्फ केमिकल एग्जामिनर के आधार पर ही किया गया पुनर्निर्माण है।

जहाँ तक प्रकार एवं आकार का सम्बन्ध है डॉ. राबिन्सन स्वीकार करते हैं कि उन्हें बता दिया गया था कि ये टुकड़े दो बमों के थे। उन्होंने बमों के अवशेषों को मिलाकर उन्हें जोड़ने की कोशिश नहीं की। उन्होंने मुख्यतया दूसरे बम जिनसे वे परिचित थे उनसे इन अवशेषों का मिलान किया।

जहाँ तक मैकेनिज्म की कुछ विशेषताओं का सवाल है राबिन्सन का मत ज्यादा पुख्ता आधार पर टिका हुआ है, खंडित नहीं हुआ है जिसे सिर्फ स्ट्राइकर, स्क्रू या प्लग की तरह जाना जा सके। डॉ. राबिन्सन इस बात पर एकमत हैं कि खोखों का पूरी तरह टूट जाना पाँवों के नीचे आकर कुचले जाने की वजह से नहीं है। हालाँकि उन्होंने यह जरूर अनुभव किया कि खोखों को यदि भारी हथोड़ों द्वारा काफी जोर से तोड़ा जाए तो यह सम्भव था।

टूटे हुए किनारों के जंग पकड़ने की बात पर ध्यान दिलाया गया तो डॉ. राबिन्सन ने कहा कि ऐसी कोई सम्भावना नहीं है कि ये टुकड़े तब के दिनों के थे जब वे ऑक्सिडाइज्ड नहीं हुए थे। यह ऑक्सिडाइजेशन (जंग) धमाके के बाद भी हो सकती है और इसका मतलब यह नहीं है कि धमाके के पहले खोखों में दरारें थी।

बम फटने की जगह और जहाँ कोई व्यक्ति बैठा हुआ था, उसके बीच में काठ की डेस्क एवं सीटों के होने से, उस व्यक्ति के खतरे निश्चय ही कम हुए होंगे।

बचाव पक्ष की ओर से अलीगढ़ मुस्लिम यूनिवर्सिटी के डॉ. सी.ए. मन्सूरी एनालिस्ट एक्सपर्ट के बतौर बुलाए गए हैं। वे कहते हैं कि बम का आकार जाँचने के लिए टुकड़ों के किनारों को देखना जरूरी था और यह जाँच डॉ. राबिन्सन ने नहीं की थी। वे बताते हैं कि मिश्रण के प्रकार और मात्रा के बगैर वजन का पता नहीं लग सकता। वह केमिकल एक्जामिनर की रिपोर्ट की आलोचना कर कहते हैं कि यह अनिश्चित है। **इस मायने में उनका साक्ष्य विश्वसनीय है क्योंकि रिपोर्ट में कुछ ऐसी शब्दावली का व्यवहार किया गया है जो स्पष्ट नहीं है और न ही उससे पूरा विश्लेषण हो पाता है।**

अन्त में उन्होंने सुझाव दिया कि अलग-अलग टुकड़ों पर जो केमिकल पाया गया उससे लगता है कि बम में तीन चैम्बर (खाने) रहे होंगे–जैसे एक फ्यूज पोटाशियम क्लोरेट एवं पिकरेट का मिश्रण, एक इग्निशन चैम्बर पोटाशियम पिकरेट से भरा तथा मुख्य चैम्बर जिसमें कैल्शियम कार्बोनेट एवं पिकरेट भरा होगा।

प्रतिपरीक्षण के दौरान उन्होंने कहा कि टुकड़ों का परीक्षण खुद किए बिना वे डॉ. राबिन्सन के इस वाक्य "ज्यादा नुकसान नहीं हुआ, यह मेरे लिए एक रहस्य है। यह आश्चर्यजनक है कि किसी की मौत नहीं हुई।" पर टिप्पणी नहीं कर सकते।

तब डॉ. मन्सूरी का प्रतिपरीक्षण इस बात पर किया गया कि डॉ. राब्सन का मत कहाँ तक ठीक है कि बम मारने के लिए बनाया गया था। इस पर उन्होंने कहा कि उनके पास जो मात्रा थी वह यह जानने के लिए पर्याप्त नहीं थी कि ऐसा हो सकता था या नहीं। डॉ. मन्सूरी ने अपना मत इस तथ्य पर भी बरकरार रखा कि कितना नुकसान सदन के फर्नीचर तथा कपड़ों का हो गया था। यहाँ यह याद रखना चाहिए कि डॉ. मन्सूरी के पास नुकसान का साक्ष्य एवं केमिकल एक्जामिनर की रिपोर्ट थी जबकि डॉ. राब्सन के सामने नुकसान का साक्ष्य नहीं था पर उनके सामने उनके व्यक्तिगत अवलोकन के लिए बम के टुकड़े थे, जिनकी संख्या प्रदर्श 1 से 18 थी। अतः दोनों ही विशेषज्ञों के सामने अपने मतों के लिए अलग-अलग सामग्री थी। अतः एक का मत दूसरे के विपरीत नहीं है।

जहाँ तक उनके इस मत का सवाल है कि लकड़ी पर बम का असर यह नहीं साबित कर सकता कि बम 'मारने के लिए' थे, डॉ. मन्सूरी ने स्वीकार किया कि यदि एक धमाका लकड़ी के चिथड़े उड़ा सकता है तो उतनी ही दूरी पर खड़े व्यक्ति की खोपड़ी के चिथड़े भी उड़ा सकते हैं। यह स्वीकृति निश्चित रूप से उनके मत के लिए थोड़े और स्पष्टीकरण की मुहताज है क्योंकि यहाँ ऐसे आधार की कमी है जो यह प्रमाणित करते हैं कि बम 'मारने के लिए' बनाए गए थे। अब डॉ. मन्सूरी ने बिना पूछे ही खुद-ब-खुद व्याख्या करते हुए कहा कि "ऐसा बम ज़ो मारने में सक्षम है" से तकनीकी रूप से मेरा मतलब है 50 से 100 फीट की दूरी से।" इसे मैं डॉ. राबिन्सन के मत का अन्तिम पैराग्राफ मानकर चलता हूँ। उनकी रिपोर्ट को तकनीकी रूप दिया जाता है जिस तकनीकी रूप को मैं इस तरह समझता हूँ–50 से 100 फीट की दूरी से मारना।"

यह स्पष्टीकरण डॉ. मन्सूरी को एक गवाह के तौर पर कुछ अविश्वसनीय बनाता है। मैं नहीं जानता कि बम से सम्बन्धित साहित्य में 'मारने के लिए' शब्दों ने कोई नकली या तकनीकी मतलब '50 से 100 फीट तक' भी अपने साथ जोड़ लिया है। मुझे डॉ. मन्सूर के वक्तव्य को स्वीकार कर लेना चाहिए पर यह स्पष्ट है कि यदि ऐसा नकली एवं तकनीकी स्पष्टीकरण मौजूद है तो एक विशेषज्ञ द्वारा इसे साक्ष्य देने के पहले बताना चाहिए था न कि बाद में।

डॉ. मन्सूरी जानते थे कि यह मुकदमा ऐसे बमों से सम्बन्धित था जो कि बिल्डिंग के अन्दर फटे थे अतः यह कहना कि 'मारने लायक' का अर्थ '50 से 100 फीट' है, वह भी पहले बिना किसी और व्याख्या के, तो इसे भ्रम उत्पन्न करनेवाला समझना चाहिए।

अदालत द्वारा यह इंगित किया गया था कि काठ पर हुई केमिकल प्रतिक्रिया जो धमाके के स्थान से कुछ फीट की दूरी पर थी (प्रदर्श 19 से 26) उसमें पोटाशियम क्लोरेट था पर कैल्शियम कार्बोनेट या कैल्शियम नहीं जिसका अर्थ है कि यदि डॉ. मन्सूरी का सुझाव सच है तो, और ऐसा बम फिर से बनाया जाए तो, वह सिर्फ बम के फ्यूज का हिस्सा था जो लकड़ी से टकराया था। डॉ. मन्सूरी के अनुसार इससे उसकी सम्भावना कम नहीं हो जाती, यह सिर्फ आकस्मिक नहीं था बल्कि कुछ अनजाने कारणों की वजह से था।

संक्षेप में, इन दो विशेषज्ञों के साक्ष्य से मैं इस निष्कर्ष पर पहुँचता हूँ कि इन दोनों में से किसी के पास पूरे विवरण नहीं थे जिससे कि वे बम के अन्दर की सामग्री और उसकी प्रवृत्ति के बारे में किसी निश्चित मत तक पहुँच जाते। मैं इस निष्कर्ष पर भी पहुँचता हूँ कि इन बमों की शक्ति या धमाका करने की ताकत का अन्दाजा इसके असर से भी देखा जा सकता है न कि अनुमान लगाए गए मिश्रण की मात्रा पर।

मेरे विचार में, डॉ. रॉब्सन के पास यह कहने के लिए ठोस आधार है कि बम खास प्रकार के थे और मैं इस मत को विश्वसनीय न मानने का कोई कारण नहीं देखता क्योंकि यह मत बम के खोखों के सारे टुकड़ों के ऊपर आधारित है।

निर्णय के इस पैराग्राफ से सम्बन्धित एक परिशिष्ट भी मैंने तैयार किया है जिसमें दिखाया गया है कि विभिन्न टुकड़ों पर कौन-कौन से केमिकल्स थे, वे टुकड़े किन स्थितियों में मिले और दोनों धमाकों से कितनी दूर मिले। इस परिशिष्ट में केमिकल एग्जामिनर की रिपोर्ट, लिफाफों पर सब इंस्पेक्टर चेत सिंह की प्रविष्टि (जो पूरी नहीं है) तथा नक्शे, प्रदर्श पी.ए. से उनकी दूरी है। यह परिशिष्ट साक्ष्यों का मिलान करने के लिए काफी उपयोगी है खासकर दोनों विशेषज्ञों--डॉ. राब्सन एवं डॉ. मन्सूरी के सम्बन्ध में।

उदाहरण के लिए डॉ. मन्सूरी ने अपने सुझाव इस आधार पर दिए कि मुख्य चैम्बर में कैल्शियम कार्बोनेट एवं एक पिकरेट था कारण ज्यादातर टुकड़ों पर इन केमिकल्स के अवशेष थे पर हम पाते हैं कि किसी भी रूप में, कैल्शियम 77 टुकड़ों पर पाया गया और किसी भी रूप में, पोटाशियम 69 टुकड़ों पर पाया गया।

दुर्भाग्यवश, प्रदर्श 15 एवं 16 वाले लिफाफे यह नहीं बताते कि वे किस स्थिति में पाए गए थे। ये वे दो पैकेट हैं जिनमें ज्यादातर टुकड़े थे। अतः यह एक स्वाभाविक तथ्य होगा कि ये दोनों धमाकों के नजदीक ही मिले होंगे। इन दोनों पैकेटों के टुकड़ों पर किसी भी प्रकार के पोटाशियम के अवशेष हैं जबकि पैकेट नं. 15 में कैल्शियम कार्बोनेट के अवशेष भी हैं।

एक और बिन्दु जो ध्यान देने योग्य है वह है धमाके की जगहों से प्राप्त फर्नीचर के अवशेषों पर कैल्शियम का न पाया जाना।

इस परिशिष्ट पर ज्यादा विश्वास नहीं करना चाहिए सिवाय विशेषज्ञों की रिपोर्ट जाँच करने के, क्योंकि यह स्पष्ट है कि टुकड़ों को जब्त करने के पहले वे उड़ चुके होंगे। अतः उन्हें किस जगह से जब्त किया गया इसका साक्ष्य मूल्य नहीं के बराबर है।

यह भी ध्यान देने लायक बात है कि जहाँ एक पैकेट में बहुत से टुकड़े हों वहाँ केमिकल एक्जामिनर की रिपोर्ट यह नहीं बताती कि जो केमिकल उन पर पाया गया वह हर एक टुकड़े पर था।

इस प्रकार परिशिष्ट साक्ष्य में कुछ जोड़ता नहीं, बल्कि यह विशेषज्ञों के सामने सामग्री की अपर्याप्त मात्रा के होने को ही जाहिर करता है।

9. अभियोजन साक्ष्य के छोटे बिन्दु

अब तक मैंने अभियोजन के ज्यादा महत्त्वपूर्ण साक्ष्यों की चर्चा की है। कुछ अतिरिक्त औपचारिक साक्ष्य हैं जिनका उल्लेख करना अभियोजन साक्ष्य को पूरा करने के लिए आवश्यक है पर उस पर टिप्पणी करना उतना जरूरी नहीं है। ऐसा ही साक्ष्य, सब इंस्पेक्टर मोहम्मद अमीन (अ. सा. 21) और सब इंस्पेक्टर हंसराज (अ. सा. 13) का प्रथम इत्तिला रिपोर्ट (एफ.आई.आर.) के बारे में है, जिसे पुलिस ने इस मुकदमे के बारे में रिकार्ड किया था। प्रदर्शों को सही सलामत रखने के बारे में सब इंस्पेक्टर अली शाह (अ. सा. 23) एवं सब इंस्पेक्टर राम सिंह (अ. सा. 23) के साक्ष्य हैं तथा विभिन्न प्रदर्शों की बरामदगी सूची को तैयार करने के बारे में सब इंस्पेक्टर अलीशाह (अ. सा. 23) का साक्ष्य है।

अन्तिम मद के बारे में यह कहना जरूरी है कि अभियुक्तों के पास से जो बरामदगी सूची प्राप्त हुई थी वह जब्ती के समय नहीं पर जरा देर बाद ही बनाई गई थी। यह तकनीकी अनियमितता कोई खास नहीं है। ऐसी आशा नहीं की जा

सकती कि दो व्यक्तियों जिन्होंने तुरन्त ही बम फेंकें हों उनकी तलाशी कागज एवं स्याही आने तक रोक दी जाए। परिस्थिति ऐसी थी कि उनकी तलाशी तुरन्त जरूरी थी यह देखने के लिए कि कहीं उनके पास और भी खतरनाक चीजें न हो जिन्हें हटा दिया जाता।

10. अभियुक्तों के बयान

6 जून को अभियोजन साक्ष्य के अन्तिम गवाह की गवाही के बाद अभियुक्तों का बयान लिया गया जिससे कि वे साक्ष्य में अपने खिलाफ उत्पन्न परिस्थितियों के बारे में सफाई दे पाएँ। उसके बाद उन दोनों ने हस्ताक्षरित लिखित बयान दिए जिसे उन्होंने अपने वकील द्वारा स्वीकारा कि ये उनके बयान हैं और उन्हें और कुछ नहीं कहना है। इसके बाद उनके वकील ने बयान पढ़कर सुनाया जिसे रिकॉर्ड में शामिल कर लिया गया।

प्रतिपक्ष के वकील को सुनने के बाद 9 जून के ऑर्डर पर विचार करते हुए मैंने निर्णय लिया कि इस लिखित बयान के कुछ हिस्से अप्रासंगिक एवं विषयेतर हैं जिन्हें मैंने काट दिया है। वह आदेश भी रिकॉर्ड में है।

काट दिए गए हिस्से अब रिकॉर्ड में नहीं हैं जिनका उल्लेख अब नहीं किया जा सकता कारण वे अप्रासंगिक हैं तथा वे मुकदमे को कहीं से भी प्रभावित नहीं करते।

जो हिस्से प्रासंगिक हैं उन्हें रिकॉर्ड में रखा गया है। उन्हें संक्षिप्त रूप में नीचे दिया जा रहा है, जो निम्नलिखित हैं–

अभियुक्त एसेम्बली चैम्बर में बम फेंकने की बात स्वीकार करते हैं। दोनों ही पिस्तौल से फायर करने से इनकार करते हैं। वे इस बात से भी इनकार करते हैं कि उनके पास से कोई पिस्तौल बरामद हुई थी। वे कहते हैं कि एक फायर हवा में किसी और के द्वारा किया गया था जिसका नाम वे नहीं जानते।

वे कहते हैं कि पिस्तौल बरामद करने के बारे में अभियोजन साक्ष्य झूठा है तथा बम फेंकने की बाबत भी कुछ साक्ष्य झूठे हैं।

वे स्वीकार करते हैं कि वे मानव जीवन को पवित्र मानते हैं और उन्होंने बम सिर्फ विरोध प्रकट करने तथा एक चेतावनी स्वरूप ही फेंका था। उन्हें, उनसे शिकायत या घृणा नहीं थी जिन्हें मामूली चोटें आई थीं–कारण उनका इरादा किसी को ज्यादा चोट पहुँचाने का था ही नहीं। उन्होंने बताया कि

शक्तिशाली बम ज्यादा नुकसान पहुँचा सकते थे और वे एसेम्बली की विभिन्न जगहों पर डाले जा सकते थे जहाँ वे ज्यादा चोटें या नुकसान कर सकते थे। वे जताते हैं कि जानबूझकर ही बम ऐसे बनाए गए थे जिनसे हल्का धमाका हो सकता था और वे गिरे भी वहीं जहाँ वे उन्हें गिराना चाहते थे—यानी उन जगहों पर जो ज्यादा सुरक्षित थीं।

11. बचाव पक्ष का साक्ष्य

डॉ. मन्सूरी का बयान पहले ही इस निर्णय के पैराग्राफ 8 में उल्लेखित किया जा चुका है। दूसरे बचाव पक्ष के गवाह पंडित मदन मोहन मालवीय (डी.डब्लू. 2) हैं। वे एसेम्बली चैम्बर की घटनाओं का आम विवरण देते हैं जो कि पहले दिए गए वर्णनों के अनुसार ही है। उन्होंने दो बम धमाकों को देखा, पिस्तौल द्वारा फायरिंग सुनी जो उनका ख्याल है दो थीं, तथा कुछ परचे दर्शक दीर्धा से नीचे उड़ते देखे। उन्होंने सुना कि उनमें से एक परचा कोई पढ़ रहा था जो प्रदर्श पी.एल. से मिलता-जुलता था, हालाँकि उन्हें सारे शब्द याद नहीं थे।

उन्होंने धमाके के बाद सर जॉर्ज सुस्टर एवं सर बोमनजी दलाल से बातचीत की और उनकी चोटों के बारे में जाना। सर बोमनजी पूरी तरह होश में थे और बातचीत कर पा रहे थे। हालाँकि दूसरे गवाहों को भी अभियुक्तों द्वारा समन किया गया था पर बाद में उन्हें छोड़ दिया गया था।

12. निर्धारकों (ऐसेसर्स) का मत

निर्धारकों द्वारा काफी अलग-अलग मत दर्ज किए गए हैं। एक निर्धारक के अनुसार दोनों अभियुक्तों ने हत्या करने की कोशिश की है तथा वे विस्फोटक पदार्थ कानून की धारा 3 के अन्तर्गत दोषी है। वे मानते हैं कि सभी लोग पहले बम से घायल हुए थे न कि दूसरे बम से। अतः उनका निर्णय है कि भगत सिंह ने मारने का प्रयास करने में चोट पहुँचाई जबकि दत्त ने नहीं।

दूसरे निर्धारक का मत है कि भगत सिंह ने दोनों बम फेंके थे और शायद दत्त ने कोई बम नहीं फेंका होगा। वह समझता है कि भगत सिंह जान से मारने का प्रयास करने का अपराधी है जिसमें उसने चोट पहुँचाई और वह विस्फोटक पदार्थ कानून की धारा 3 का दोषी है। उसके अनुसार दत्त किसी भी जुर्म का, जिसका उस पर आरोप लगा है, दोषी नहीं है।

एक तीसरे निर्धारक के अनुसार दोनों ही अभियुक्त विस्फोटक पदार्थ कानून की धारा 3 के अन्तर्गत दोषी हैं और कोई भी हत्या करने की कोशिश के लिए दोषी नहीं है। उनका मत है कि किसी का खून करने की नीयत नहीं थी और न ही ऐसी नियत या ज्ञान कि किसी का खून हो जाएगा।

चौथे निर्धारक सोचते हैं कि बम की प्रकृति ऐसी थी कि वे किसी को मार नहीं सकते थे और किसी भी अभियुक्त की मंशा एक आतंक फैलाने के सिवा कुछ और न थी। उनके अनुसार दोनों ने काफी जल्दबाजी की।

13. अभियुक्तों की तरफ से मुख्य बहस

यह बहस की गई कि यदि दोनों अभियुक्तों ने यह स्वीकार नहीं किया होता कि उन्होंने बम फेंके थे तो प्रत्यक्ष साक्ष्य से यह सन्देह ही रह जाता कि बम फेंकने वाले कौन थे और उन्हें बम फेंकने के किसी भी आरोप से मुक्ति मिल जाती।

इसके बाद बहस की गई कि बम फेंकने की बात स्वीकार करने से अभियुक्तों ने खुद-ब-खुद फँसानेवाले ऐसे तथ्य को मान लिया जिसे साबित कर पाना मुश्किल था और इस तरह अपने काम के बारे में ईमानदारी दिखाई तथा सभी बिन्दुओं पर सच कहने की सम्भावना है।

यह भी कहा गया कि कानूनी परिभाषा के अनुसार किसी को गहरी चोट नहीं पहुँची। सभी साधारण चोटें थीं—फर्नीचर एवं कपड़ों का नुकसान भी साधारण था तो इन सब बातों से यह साफ है कि अभियुक्तों का विश्वास किया जाना चाहिए जब वे कहते हैं कि बमों का व्यवहार थोड़ा-सा नुकसान करने के लिए ही किया गया था।

इस तथ्य पर लम्बी बहस की गई कि वे जगहें जहाँ बम गिरे थे वहाँ काफी सोचकर निशाना साधा गया था, जिनका प्रत्यक्ष इरादा किसी भी नुकसान को कम करना था और जिस पर कामयाबी और भी हल्के बमों द्वारा पाई जा सकती थी। इस सम्बन्ध में बयान के उन हिस्सों पर ध्यान आकर्षित कराया गया जो कहते हैं कि यदि उनका इरादा ज्यादा गहरी चोट या नुकसान पहुँचाना होता तो दूसरी कौन सी जगहें चुनी जा सकती थीं। काफी जोर इस बात पर दिया गया कि उनका काम 'चेतावनी' देना था। बहस की गई कि वास्तव में 'चेतावनी' एक दोस्ताना प्रदर्शन है भले ही इस जगह वह जरा जल्दीबाजी में बुरी सलाह के रूप में दी गई है पर इसमें किसी दुर्भावना का पुट नहीं है।

इन्हीं दिशाओं में बहस करते हुए अभियुक्तों के वकील ने सुझाव दिया कि इन तथ्यों पर सबसे बड़ा अपराध जो बनता है वह है भारतीय दंड संहिता की धारा 286 (Negligent conduct with respect to explosive substances) का या ज्यादा-से-ज्यादा भारतीय दंड संहिता की धारा 324 (Voluntarily causing hurt by dangerous weapon or means) का।

मूल बहस कि अभियुक्तों ने अपराध के अंशभूत हिस्से स्वीकार कर लिए हैं और कुछ नहीं तो इसे बिना किसी सवाल किए मान लेना चाहिए यह मुझे कुछ जँचता नहीं है, कारण इस मुकदमे में अभियुक्तों ने जो अंशभूत हिस्से स्वीकार किए हैं वे वही हैं जिनके बारे में उन पर आरोप लगाया गया है और जिन्हें प्रत्यक्ष साक्ष्य से साबित भी किया जा सकता है। उन्होंने वे हिस्से, जो नहीं स्वीकार किए हैं, उन्हें परिस्थितिजन्य साक्ष्यों से एवं अनुमानों से साबित किया जा सकता है। उन्होंने वास्तविक कृत्य, बम फेंकने को स्वीकार किया है। उन्होंने दुर्भावना से भरी नीयत को अस्वीकार किया है और यह भी नहीं माना कि बम खतरनाक प्रवृत्ति के थे। यह तो अभियोजन पर है कि वह अभियुक्तों पर लगे सभी आरोपों के तत्त्वों को साबित करे। नीयत पर अभियोजन द्वारा प्रस्तुत साक्ष्य पर्याप्त है या नहीं यही इस मुकदमे में एक सवाल है जैसा कि तब भी होता यदि अभियुक्तों ने बम फेंकने वाली बात को स्वीकार न किया होता।

बचाव पक्ष के वकील ने अभियुक्तों के अभिप्राय को अपने बहस का आधार बनाकर उनकी नीयत के बारे में बताया। सामान्यतया अभिप्राय एवं अपराध किसी अपराध के कानूनी पक्ष को प्रभावित नहीं करते। देश के कानून में अपराध की व्याख्या करते हुए, शायद ही कहीं अभिप्राय का हवाला दिया गया है। अभिप्राय अक्सर किसी भी अपराध की ट्रायल में अत्यन्त जरूरी है। यह इसलिए कि अभिप्राय का न होना या बहुत ही मजबूत अभिप्राय का होना एक ऐसा तत्त्व है जो इस बात पर असर डालता है कि अपराध उस व्यक्ति द्वारा किया गया था या नहीं—पर बहुत कम मामलों में यह प्रत्यक्ष रूप से एक मुद्दा होता है। ऐसे मुकदमों में जिनमें उकसाना शामिल है, इस उकसाने को अपराध की व्याख्या में अपवाद के तौर पर रखा जाता है। सिर्फ ऐसे मामलों में ही अभिप्राय प्रत्यक्ष रूप से कोई मुद्दा नहीं होता और शायद ही इसके न्यायोचित होने की वकालत की जा सकती है।

इस मुकदमे में अभियुक्तों का अभिप्राय एक चेतावनी देना था। इसके साथ ही जुड़ा है यह आरोप कि **उनका कृत्य एक संस्था के खिलाफ था न कि एक**

व्यक्ति के। प्रदर्श पी.एल. की विषयवस्तु और अभियुक्तों का आम रुख जिसमें अदालत के सामने खास तरह के शब्दों को चिल्ला-चिल्लाकर कहना (शब्द जो निश्चित रूप से अदालत के खिलाफ नहीं थे और न ही न्यायिक प्रक्रिया के, यही नहीं, **अभियुक्तों ने अदालत के सामने मिसाल देने लायक रुख अख्तियार किया** तथा प्रक्रिया को बिना किसी बाधा के एक बुद्धिमानी से भरी रुचि के साथ माना, उनके अभिप्राय की ओर इशारा करते हैं।

अभियुक्तों के लिखित प्रतिवेदन में निहित शब्दों 'चेतावनी' एवं 'खतरे का सिगनल' के आधार पर नीयत पर बहस करना मुझे शब्दों का दुरुपयोग करना लगता है। चेतावनी एक दोस्ताना कृत्य हो सकती है तथा इसके उलट भी। एक व्यक्ति यदि किसी दूसरे व्यक्ति को यह खबर करता है कि उसके दुश्मन उसके खिलाफ षड्यन्त्र रच रहे हैं, वह सावधान रहे, यह एक दोस्ताना काम है। एक व्यक्ति दूसरे के सामने यह घोषणा करता है—"मैं तुम्हारे आचरण का विरोध करता हूँ, यदि तुमने इसे जारी रखा तो मैं तुम्हारे खिलाफ कार्यवाही करूँगा और इसी नीयत को जाहिर करते हुए अब मैं अपनी कार्यवाही शुरू करता हूँ"—यह कोई दोस्ताना हरकत नहीं है हालाँकि वह एक चेतावनी दे रहा है। एक अपराधी जो फिरौती वसूलने के लिए किसी को बन्धक बनाता है और कहता है कि यदि फिरौती न मिली तो वह उसे मार डालेगा, टुकड़े-टुकड़े कर डालेगा तो यह किसी भी प्रकार से दोस्ताना भंगिमा नहीं है। इस मुकदमे में अभियुक्तों का बयान खुद ही इस बात को साबित करता है कि तथाकथित चेतावनी पहले उदाहरण की तरह नहीं बल्कि दूसरें उदाहरण की तरह थी जिसका अर्थ है हम इस संस्था का विरोध करते हैं, इसे बदलना चाहते हैं। हम एक खास काम करते हैं उसे बदलने के लिए, प्रभावित करने के लिए और यदि वह बदलता नहीं तो अपने इरादे को क्रियान्वित करते हुए फिर कोई काम करते हैं।

यह बात इस मुकदमे पर कोई असर नहीं डालती कि 'हम' शब्द का मतलब यहाँ 'भगत सिंह एवं बी.के. दत्त' है या नहीं या यह शब्द अपने में और भी लोगों को शामिल करता है। यह बिन्दु ट्रायल के लिए अप्रासंगिक है और इस पर कोई साक्ष्य भी नहीं है।

यह बहस करना सम्भव है कि **अभियुक्त जितनी ज्यादा हिंसक कार्यवाही कर सकते थे उतनी उन्होंने की नहीं,** पर यह एक उल्टा तर्क होगा कि जो कृत्य अपनी प्रकृति में दुश्मनी से भरा हुआ है उसे एक दोस्ताना हरकत बताया जाए और इस बहस को आगे बढ़ाते हुए कहा जाए और प्रार्थना की जाए कि चूँकि यह एक दोस्ताना हरकत थी अतः अभियुक्तों को इस बात का श्रेय दिया जाए

कि उन्होंने इसे हल्का बनाने की पूरी कोशिश की यह तर्क चतुराई से भरा हो सकता है पर इसका समर्थन नहीं किया जा सकता।

14. प्रत्यक्षदर्शी गवाहों के बयानों की आलोचना

मैंने इस साक्ष्य की पहले ही विस्तार से चर्चा की है। वकील द्वारा की गई सारी आलोचना एक ऐसी कल्पना पर आधारित है जो कि भ्रामक है। कल्पना यह है कि परिस्थितियाँ ऐसी थीं कि ज्यादातर लोग नहीं देख सकते थे कि अभियुक्तों ने क्या किया। अतः अभियुक्तों को कोई भी नहीं देख सकता था।

सरदार सोभा सिंह (अ. सा. 7) कहते हैं कि **वे अभियुक्तों की तरफ देख रहे थे जबकि ज्यादातर लोग अध्यक्ष की ओर देख रहे थे।** वकील का कहना है कि ऐसा होना असम्भव था कि वे ऐसा कर रहे थे। साक्ष्य है कि पब्लिक गैलरी में ही 400 से ज्यादा लोग थे। सदन में तो और भी ज्यादा लोग होंगे। वह क्षण कितना भी तनावपूर्ण रहा हो, मुझे ऐसा नहीं लगता कि यह एक उचित बहस है कि सैकड़ों व्यक्तियों में से एक भी अध्यक्ष के अलावा इधर-उधर न देख रहा हो। सदन के लोगों में से एक व्यक्ति आगे आया और उसने कहा कि वह कहीं और देख रहा था और उसने ऐसा करने का काफी ठोस कारण बताया है। वह अपने उन मित्रों की तरफ देख रहा था जिनके साथ उसे दोपहर का भोजन लेना था। **यह व्यक्ति अत्यन्त ही प्रतिष्ठित है, एक ऑनरेरी मैजिस्ट्रेट है।** मेरे पास यह सन्देह करने का कोई कारण नहीं है कि वह किसी खास दिशा में नहीं देख रहा था।

सर्वत्र इसी तरह की बहस हुई है। पहले तो बम के फटने के बाद निश्चय ही पब्लिक गैलरी से बाहर निकलने की अफरातफरी मच गई होगी। ऐसी परिस्थिति में कुछ लोगों ने कुछ देखा होगा तो दूसरों ने कुछ और। सिर्फ इसलिए कि ज्यादातर लोग ऐसा नहीं कर पाए, इसका मतलब यह नहीं कि कुछ लोग भी ऐसा नहीं कर पाए होंगे।

ऐसे उपद्रव एवं उत्तेजना में कुछ लोग अति साधारण सी चीजें भी देख पाए होंगे। यदि किसी ने रूमाल गिरा दिया होगा तो दूसरे ने उठा लिया होगा। यह सच है कि ज्यादातर लोगों ने रूमाल गिरते नहीं देखा होगा पर इसका अर्थ यह नहीं है कि एक या दो लोगों ने भी इसे नहीं देखा होगा।

और, अभियोजन के अनुसार ऐसा ही हुआ होगा। कुछ लोगों ने, जैसा कि हम जानते हैं, अभियुक्तों से सम्बन्धित चीजें देखी होंगी। इतने सारे लोगों में से

सिर्फ छह व्यक्ति आगे आए और उन्होंने कहा कि उन्होंने इस अभियुक्त को देखा या उस अभियुक्त को देखा और उन छह ने एक ही घटना नहीं देखी।

मैं इस बहस में कोई दम नहीं पाता कि चूँकि बहुत से लोगों का ध्यान कहीं और था अतः इन छह को विश्वसनीय नहीं माना जा सकता। जहाँ तक विरोधी बयानों की बात है तो यह एक अलग बात है। मैं एक गवाह को सिर्फ इसलिए अविश्वनीय नहीं मानता कि उसने एक घटना देखी जो बहुतों ने नहीं देखी। पर जो गवाह कहते हैं कि उन्होंने अलग-अलग चीजें देखीं–जो कि परस्पर अनमेल हैं तो उनमें से किसी एक पर विश्वास करना ही होगा। मैंने पहले ही साक्ष्य में सबसे ज्यादा गहरी विसंगति की तरफ ध्यान आकर्षित किया है और वह है पिस्तौल की बरामदगी। सार्जेंट टेरी ने कहा कि यह भगत सिंह के पास से बरामद हुई थी। कलिफ कहता है कि भगत सिंह ने इसे एक सीट पर गिरा दिया था और उसने टेरी को वहाँ से उठाते देखा। दोनों ही बयान सही नहीं हो सकते। मैं पहले ही कह चुका हूँ कि ऐसी गलतियाँ गलत अवलोकन का परिणाम हो सकती हैं। ऐसा सम्भव है कि जब पिस्तौल जाम हो गई थी तो भगत सिंह ने उसे गिरा दिया होगा और उसके बाद उठा लिया होगा। यदि कलिफ ऐसा सोचता है कि वह अभी तक वहीं पड़ी रही होगी और टेरी ने दो इस्तेमाल किए गए खोखे सीट से बरामद किए होंगे (जैसा कि वह कहता है कि उसने किया) तो उसके हाथ में पिस्तौल पहले से होगी और कलिफ ने ठीक से न देख पाने की वजह से उस बात का गलत मतलब निकाल लिया होगा। मैं इस तरह की सफाई को स्वीकार नहीं कर सकता। मैं इसका वर्णन यह दिखाने के लिए कर रहा हूँ कि जो विसंगति इतनी स्पष्ट है वह ऐसी नहीं है कि इससे गवाह झूठा हो जाए या जो बहुत साफ हो या कल्पना की बेसाख्ता उड़ान हो।

इस मुकदमे में मेरे लिए यह निर्णय देना जरूरी नहीं है कि टेरी को पिस्तौल सीट से मिली या भगत सिंह के हाथ से। यह एक ऐसा सवाल है जिसका जवाब मेरे सामने रखे साक्ष्य से करना मुश्किल है। पर यह तो कोई कारण नहीं कि मैं डेविस एवं कलिफ पर अविश्वास करूँ जब वे कहते हैं कि उन्होंने भगत सिंह को पिस्तौल से फायर करते देखा।

कई विसंगतियाँ जिन पर अभियुक्तों के वकील ने काफी जोर दिया वे अभियुक्तों द्वारा पहने गए कपड़ों के बारे में हैं।

सरदार सोभा सिंह सोचते हैं कि भगत सिंह ने मुलायम हैट पहन रखा था (कमिटमेंट प्रक्रिया के दौरान वह एक खाकी शर्ट एवं हॉफ पैंट के बारे में भी कहता है), जैसा कि ऊपर कहा जा चुका है कि जब इस गवाह का

बयान लिया जा रहा था मुलायम टोपी का जिक्र पुलिस द्वारा भी नोट किया गया था।

जी.वी.सी. ब्रायन सोचता है कि भगत सिंह ने मुलायम हैट पहन रखा था पर यह बात गिरफ्तार करने के बाद कही गई होगी क्योंकि उसने उन्हें पहले नहीं देखा था। जी.ई.ओ. ब्रायन कहता है कि भगत सिंह ने पिस्तौल से फायर करते वक्त मुलायम टोपी पहन रखी थी।

सार्जेंट टेरी जो कि सिर्फ गिरफ्तार होते वक्त या उसके बाद की बात कर सकता है, वह दोनों ही अभियुक्तों के खाकी शर्ट एवं हाफ पैंट पहनने की बात करता है। उसके अनुसार भगत सिंह ने नीले रंग का चौकोर धारियोंवाला कोट पहन रखा था और दत्त हल्के नीले रंग का कोट पहने हुआ था। उसने किसी के भी सिर पर कुछ भी नहीं देखा।

इंस्पेक्टर जॉनसन कहता है कि उसने गिरफ्तार होने के तुरन्त बाद भगत सिंह को एक फैल्ट हैट पहने देखा।

डेविस सोचता है कि दोनों ही अभियुक्त खाकी रंग के कपड़े पहने हुए थे, किसी और रंग के नहीं। वह भगत सिंह को एक भूरे रंग का फैल्ट हैट पहने बताता है। यह फायरिंग के वक्त की बात है या गिरफ्तार होने के बाद की यह स्पष्ट नहीं है।

कलिफ इस बात को भरोसे के साथ कहते हैं कि भगत सिंह ने जब पिस्तौल से फायर किया था उसने कोई हैट नहीं पहन रखा था। इस गवाह ने एक फैल्ट हैट जमीन से उठाया था और उसे गिरफ्तारी के बाद भगत सिंह को दे दिया था।

मैंने इन सभी विसंगतियों को विस्तार से दोहराया है कारण अभियुक्तों के वकील ने उन पर जोर देकर कहा है। पर मैं नहीं समझता कि इस वक्त इसका कोई खास महत्त्व है। मैं उन चार भद्रपुरुषों को पहचान सकता हूँ जो इस ट्रायल में निरीक्षक की तौर पर बैठे हैं पर अब मैं उन लोगों के कपड़े नहीं पहचानता। गवाह अभियुक्तों के कपड़ों के बारे में सन्देह में हैं पर मैं उनके शपथ लेने के बाद दिए गए बयानों को अविश्वसनीय नहीं मानता कारण वे उन्हें पहचानते हैं।

मैं अपने समक्ष प्रस्तुत किए गए प्रत्यक्ष एवं मौखिक साक्ष्य, कि भगत सिंह एवं दत्त दोनों ने एसेम्बली चैम्बर में बम फेंके थे; कि भगत सिंह ने पिस्तौल से फायर किया था एवं दत्त ने चैम्बर में परचे फेंके थे, को अकाट्य मानता हूँ।

आरोप के लिए जो तथ्य जरूरी हैं वे हैं कि दोनों अभियुक्तों ने बम फेंके और यह साबित होता है कि इन दोनों ही ने यह काम किया।

15. बमों की प्रकृति

मैं एस. चेत सिंह के मौखिक बयान से, इस मुकदमे के प्रदर्शों से तथा डॉ. राब्सन के साक्ष्य से यह निश्चय रूप से प्रमाणित पाता हूँ कि बम के खोखे ढले हुए लोहे के, स्क्रू प्लग लगे हुए और मशीनरी जिसमें स्ट्राइकर लगा था से बने थे। मैं इस बात के भी सबूत पाता हूँ कि बमों में किसी प्रकार का पोटाशियम डिराइवेटिव, किसी रूप में पिकरिक एसिड या इसके डिराइवेटिव थे। मेरा मत है कि साक्ष्यों का सन्तुलन इंगित करता है कि उनमें कुछ कैल्शियम एवं कैल्शियम कार्बोनेट भी था। मेरे मत में ऐसा नहीं हो सकता कि सभी जब्त टुकड़ों, जिन पर कैल्शियम लगा होगा, धमाके के बाद प्लास्टर किए दीवालों पर लगे चूने से टकराए होंगे। मुझे इस बात का दुख है कि मैंने किसी भी विशेषज्ञ गवाह से यह नहीं पूछा कि कैल्शियम का प्रयोग खोखे के बाहरी आवरण को बनाने में होता है या आन्तरिक। यह बिन्दु उस समय मेरे ख्याल में नहीं आया और मैं नहीं जानता कि यह सम्भव है या नहीं।

मैं इस बात का सबूत पाने में असमर्थ हूँ कि फटे हुए बमों की सामग्री क्या थी, कि वे विस्फोटक सामग्री से भरे थे। मैं इन्हें, साबित किए गए घटनाओं के क्रम से, साबित हुआ मानता हूँ। मि. विल्सन के साक्ष्य एवं प्रदर्श 17 एवं 19 से 26 तक से मैं इस बात के अकाट्य प्रमाण पाता हूँ कि बम में ऐसा मिश्रण भरा था जिनसे आस-पास काफी अच्छा विस्फोट हो सकता था।

वह शक्ति जो 1½ इंच की लकड़ी के चिथड़े उड़ा दे और टीक वुड में घुस जाए, निश्चय ही मनुष्य के किसी नाजुक अंग में यदि घुस जाए तो उसकी मौत हो सकती है। इसलिए मैं पाता हूँ कि बमों की प्रकृति ऐसी थी कि वे थोड़ी दूर पर किसी को जान से मार सकते थे और मैं इस निर्णय पर विशेषज्ञों के मत से नहीं वास्तविक घटनाओं के बल पर पहुँचता हूँ। मैं इस पर भी यकीन नहीं करता कि कोई मिश्रण ऐसी खूबी से भरा होगा कि वह ढले लोहे के तो टुकड़े-टुकड़े कर दे पर उसके टुकड़ों को उड़ने से रोक दे जिससे कि पास खड़ा कोई व्यक्ति मर न जाए।

मैं इस बात के अकाट्य प्रमाण पाता हूँ कि ये बम ऐसे थे जो साधारण परिस्थितियों में किसी व्यक्ति के पास गिरे होते और बीच में कोई बाधा न होती तो वे उसके शरीर के ऊपरी भाग पर प्रहार करते और उसकी मौत हो जाती।

इस निर्णय तक पहुँचने में मैंने खुद को बहुत छोटे से दायरे में सीमित रखा है।

इस निर्णय पर पहुँचने के लिए मैंने बचाव पक्ष के विद्वान अधिवक्ता के दो तर्कों को दरकिनार कर दिया है—वे हैं—इंस्पेक्टर हर्स्ट द्वारा काफी बाद में ली गईं तस्वीरें जिससे कि बम द्वारा किए गए नुकसान का बाद की घटनाओं से बढ़ जाना; एवं मि. विल्सन द्वारा पाया गया बम विस्फोट से किया गया, ऐसा नुकसान जो उनकी जाँच के पहले हुआ। मैं ऐसा न होने के लिए कोई कारण नहीं सोचता कि हर्स्ट द्वारा ली गई नुकसान की तस्वीरें एवं विल्सन द्वारा वर्णित नुकसान सिर्फ इन बमों का ही परिणाम था।

16. अभियुक्तों की नीयत

मैं इन बातों को साबित हुआ पाता हूँ कि जिन बमों का प्रयोग हुआ था वे इतने खतरनाक थे कि यदि वे एक असुरक्षित व्यक्ति के आस-पास गिरे होते तो पूरी सम्भावना थी कि वे उसे मार डालते। वे खाली जगहों पर गिरे—एक सीढ़ी के पास, एक ऐसी जगह जहाँ सीढ़ी चार फीट से लेकर 18 इंच तक चौड़ी है तथा दूसरा खाली सीट के नीचे। अभियुक्तों के अनुसार ये दोनों जगहें उन्होंने जानबूझकर सुरक्षित समझकर चुनी थीं।

इसे विश्वास कर पाना अत्यन्त ही मुश्किल है कि एक ऐसा व्यक्ति जो गैलरी में खड़ा हो जहाँ उसके कभी भी देखे जाने की सम्भावना है, जानबूझकर पहली वाली जगह चुनेगा। मैं इस पर भी विश्वास नहीं कर सकता कि जो व्यक्ति मानव जीवन को समाप्त नहीं करना चाहेगा वह एक जिन्दा बम लोगों से भरी इमारत में फेंकेगा।

अभियुक्तों का लक्ष्य उनके अपनाए रास्तों से मेल नहीं खाता। उनकी कथित नीयत उनके अभिप्राय पर आधारित है। उनके लक्ष्य के बारे में उनकी बात उनके द्वारा अपनाए गए रास्तों से झूठी हो जाती है। अतः इस नीयत का जो आधार है वह आधार ही गलत है।

जब एक व्यक्ति जिन्दा बम फेंकता है जो इतनी ताकत के साथ फट सकता है जितना एक लोगों से भरी इमारत में हुआ तो इसका एक ही मतलब है कि उसका इरादा जिन्दगी लेना था या ऐसी चोट पहुँचाना था जैसी कि वह जानता था कि पहुँच सकती थी या जान जा सकती थी।

मैं अभियुक्तों के बयान एवं विपक्ष के वकील की बहस को एक अवास्तविक ढाँचा मानता हूँ जो महज संयोग पर आधारित है कि दोनों बमों के असर उम्मीद से काफी कम खतरनाक हुए जितने कि वे हो सकते थे।

दूसरे बम के मामले में, सदन का फर्श पहले बम के धुएँ की वजह से अंशतः ढक जाने से और अभियुक्त के अगल-बगल खड़े लोगों के बाहर निकलने की जद्दोजहद की वजह से, यह नहीं कहा जा सकता कि वे जानबूझकर निशाने पर नहीं फेंके गए थे।

दोनों ही मामलों में मैं पाता हूँ कि बम फेंकने के पीछे अभियुक्तों की नीयत मार देना या ऐसी शारीरिक चोट पहुँचाना था जिससे जान जा सकती थी।

17. वे तथ्य जो साबित हो गए और जिनसे अपराध निर्धारित हो गया

मैं यह साबित हुआ पाता हूँ कि भगत सिंह ने पहला बम, जान लेने या ऐसी शारीरिक चोट पहुँचाने की नीयत से फेंका जिससे जान जा सकती थी। मैं पाता हूँ कि ऐसा करके उसने सर जॉर्ज सुस्टर, मि.पी. आर. राव तथा मि. शंकर राव को चोट पहुँचाई। ये तथ्य भारतीय दंड संहिता की धारा 307 के अन्तर्गत अपराध साबित करते हैं जिसमें आजीवन कारावास या उससे कम सजा मिलती है।

इन्हीं कामों में शामिल है बम फोड़ना जिससे गैर कानूनी तरीके और दुर्भावनावश जिन्दगी खतरे में पड़ सकती थी और इससे जो अपराध बनता है वह विस्फोटक पदार्थ कानून, 1908 की धारा 3 के अन्तर्गत आता है।

यह साबित होता है कि दत्त ने दूसरा बम फेंका जो कि समान नीयत से फेंका गया था और ऐसा कर उसने मि. एस.एन. राय तथा राय बहादुर ए.पी. दुबे को चोट पहुँचाई। उसने भी दोनों ही अपराध किए हैं जो भारतीय दंड संहिता की धारा 307 के अन्तर्गत आजीवन कारावास की सजा दिला सकते हैं तथा विस्फोटक पदार्थ कानून की धारा 3 के अन्तर्गत भी।

मैं दोनों ही अभियुक्तों को दोनों ही अपराधों के तहत, जिसके आरोप उन पर लगाए गए हैं दोषी मानता हूँ तथा दोनों के अन्तर्गत उन्हें सजा देता हूँ।

18. दंड

दोनों ही अभियुक्तों के कृत्य से दो विभिन्न कानूनों के अन्तर्गत किए गए अपराध बनते हैं। एक अपराध दूसरे में शामिल है। भारतीय दंड संहिता की धारा 71 के अन्तर्गत जो सजा दी जा सकती है वह उससे ज्यादा कड़ी नहीं होगी जो कि इन अपराधों के अन्तर्गत दी जा सकती है।

सजा प्रतिशोधात्मक, रोकनेवाली तथा भयभीत करनेवाली हो सकती है। इन मुकदमों में दोनों ही अभियुक्त इस बात के लिए बिलकुल हृदयहीन नजर आते हैं कि किसे तकलीफ होगी। उनके कृत्य एक ही नहीं कई व्यक्तियों की मौत का कारण बन सकते थे, उन व्यक्तियों के जिन्होंने उन्हें किसी प्रकार इसके लिए उकसाया नहीं था और जो उनकी उपस्थिति के बारे में जानते भी नहीं थे। यह अपराध विशेषतया जघन्य है और प्रतिशोधात्मक हो तो अत्यन्त कड़ा दंड पाने लायक है।

अभियुक्तों ने कहा कि वे मानवीय जीवन को पवित्र मानते हैं पर उनकी कथनी उनके कृत्य से झूठी साबित होती है। उनका रुख हमेशा ही यह रहा है कि उनका काम सही ठहराने योग्य है, न्यायोचित है। उनके ऐसे रुख से लगता है कि उनके कृत्य ऐसे नहीं हैं जो ऐसे व्यक्ति के हों जो क्षण भर में अपराध कर बैठा हो बल्कि उसके हैं जो सोच-समझकर कुचक्र रच रहा हो। ऐसे रुख से यह सम्भव है कि जो एक बार उन्होंने किया उसे दुबारा कर बैठें। अपराध रोकनेवाली दृष्टि से देखा जाए तो उनके अपराध कड़ी सजा की माँग करते हैं।

अभियुक्तों के कृत्य ऐसे हैं जिनसे ऐसा प्रचार हुआ कि अपराधी दिमाग के लोग ऐसे कृत्यों की पुनरावृत्ति कर सकें। अपराधों को रोकने की दिशा में इन्हें कड़ी सजा मिलनी चाहिए।

अभियुक्तगण युवा हैं पर उनके काम सोचे-समझे हुए थे और उन्होंने इस जटिल प्रकृति के काम के लिए तैयारी की थी। ऐसी परिस्थितियों में युवा होने की वजह से अपर्याप्त दंड नहीं दिया जा सकता।

मैं भगत सिंह एवं बी.के. दत्त को आजीवन कारावास की सजा देता हूँ।

सेसन जज, दिल्ली

12 जून, 1929

12 जून, 1929 को जिला जेल, दिल्ली में इनके समक्ष सुनाया गया–

उच्च न्यायालय में पाई गई अपील का निर्णय

फ्रोडे एवं एडिशन, न्यायाधीशगण,
भगत सिंह एवं अन्य–अभियुक्त अपीलकर्त्ता
बनाम
राजा–विरोधी पक्ष

दिल्ली के फैसले के बाद आपराधिक अपील नं. 748/1929–13 जनवरी, 1930 को दिया गया फैसला–मिती 12 जून, 1929

(अ) दंड संहिता, धारा 300 (4) एवं 307–अभियुक्त जानते थे कि उनका कार्य अत्यन्त ही खतरनाक था और इससे मौत हो सकती थी–अतः वे दोषी हैं–सिर्फ यह मान कर कि उनका जान-बूझकर किसी खास व्यक्ति को मारने का इरादा नहीं था। उनका मुकदमा क्ला. (4) धारा 300 से बाहर नहीं हो जाता।

क्ला. (4) धारा 300 की व्याख्या के अनुसार यदि कोई व्यक्ति इस धारा में वर्णित कार्य (अपराध) करता है तो वह हत्या करने का प्रयास करने का दोषी है (पृष्ठ 267 क्ला. 2)।

साधारण ज्ञान रखने वाला कोई भी व्यक्ति जानता है कि एक भीड़ भरे कमरे में बम का विस्फोट, कितनी भी सावधानी से वह फेंका गया हो, एक ऐसा खतरनाक कृत्य (अपराध) है जिसके बारे में उसके यह जानने की पूरी सम्भावना है कि इससे मौत हो सकती है, ऐसी शारीरिक चोट पहुँच सकती है जिससे मौत सम्भव है। अभियुक्त, जिनके बारे में अधिवक्ता ने कहा है कि वे असाधारण बुद्धि रखने वाले व्यक्ति हैं, अवश्य ही जानते होंगे कि उनका कृत्य खतरनाक था और इससे मौत होने की सम्भावना थी। यह तथ्य कि अभियुक्तों ने जान-बूझकर किसी खास व्यक्ति को मारने की नीयत से ऐसा काम नहीं किया था–इस मुकदमे को क्लाज (4), धारा 300 की परिधि से केवल इसलिए ही बाहर

नहीं ले जाता कि उन्हें किसी को जोखिम में डालने का इरादा नहीं था। उनका यह बहाना भी किसी काम का नहीं है कि वे बड़ी गम्भीरता एवं शिद्दत से मौजूदा हालात को बदलना चाहते थे; यह एक अराजक व्यक्ति का इस आरोप के खिलाफ ऐसा कोई बचाव नहीं है।

(ख) विस्फोटक पदार्थ कानून (1908) की धारा 3 में प्रयुक्त शब्द 'विद्वेषपूर्वक' का धारा 3 में कानूनी तौर पर प्रयोग–

कानून में 'द्वेष' शब्द का अर्थ लोगों के प्रति व्यक्तिगत द्वेष ही नहीं है बल्कि इसमें कानून का चेतनापूर्वक ऐसा उल्लंघन है जो दूसरों के अहित में है। कानून में इसका मतलब है एक गलत काम जो बिना किसी योग कारण या बहाने के जान-बूझकर किया गया। यहाँ 'विद्वेषपूर्ण' शब्द का कानूनी अर्थ लगाया गया है जैसा कि धारा 3 में है। ब्रोमेज बनाम प्रोसर, 4 B एवं C 247 (P268 C 2)।

(ग) आपराधिक ट्रायल–एक अपराध जो कानून के दो प्रावधानों के अन्तर्गत दंडनीय है–ऐसे में सिर्फ एक की सजा दी जा सकती है–दंड संहिता–धारा 71।

जहाँ एक अपराध की सजा कानून के दो प्रावधानों के अन्तर्गत दी जा सकती है, वहाँ काननून एक ही सजा दी जा सकती है।

अधिवक्तागण :

आसफ अली–अपीलकर्त्ता नं. 2 के लिए।

अब्दुल रशीद एवं सूरज नारायण–सरकार के लिए।

जस्टिस फोरडे–यह अपील भगत सिंह एवं बी. के. दत्त द्वारा सत्र न्यायाधीश के फैसले के खिलाफ दायर की गई है जिन्होंने उन्हें भा. द. सं. की धारा 307 के अन्तर्गत मारने की कोशिश के लिए एवं विस्फोटक पदार्थ कानून (6 ऑफ 1908) की धारा 3 के अर्न्तगत, जिसमें गैरकानूनी तरीके से लोगों की जिन्दगी एवं सम्पत्ति को नष्ट करने के लिए विस्फोट करना है–के अन्तर्गत दोषी पाया है और सजा दी है। संक्षेप में तथ्य इस प्रकार है :

8, अप्रैल, 1929 को करीब दोपहर में एक के बाद एक दो बम विधानसभा में उस समय फेंके गए जब अध्यक्ष पब्लिक सेप्टी बिल के बारे में घोषणा करने ही वाले थे पहला बम सीट नं. 4 B, 5 एवं 33 के नजदीक फटा। उसके तुरन्त बाद ही दूसरा बम सीट नं. 146 के पास फटा जो दर्शक दीर्घा के पास की एक सीट है। छह लोग इन बमों के छर्रों से घायल हुए। उनके नाम हैं–सर बोमनजी

दलाल जिन्हें 8 घाव लगे, सर जॉर्ज शुष्टर जिन्हें दाहिनी बाँह के ऊपरी भाग के पृष्ठ भाग में चोट लगी इनमें से 3 धातु के छर्रे उनकी त्वचा के अन्दर पाए गए। एस. एम. राव, ए. पी. दुबे, पी. आर. राव एवं शंकर राव को मामूली चोटें आईं। **बमों के विस्फोट के बाद ही पिस्तौल से दो फायरिंग की आवाज सुनी गई जिसे कथित तौर पर भगत सिंह ने फायर किया था—पर इस आरोप को गठित नहीं किया गया।**

सरकारी बेंचेज के ऊपर स्थित पब्लिक गैलरी से ये बम फेंके गए थे। ये बम अपीलकर्त्ताओं द्वारा फेंके गए थे। इस तथ्य को निःसन्देह साबित पाया गया है। दोनों ही अपीलकर्त्ताओं ने सत्र न्यायाधीश के समक्ष यह स्वीकार किया कि उन्होंने ये बम फेंके थे। और भगत सिंह जिसने किसी वकील के जरिए मुकदमा लड़ने से इनकार किया, ने अपने बयान में अदालत में इस बात को दोहराया। जहाँ तक दत्त का सवाल है, जिनकी पैरवी मि. आसफ अली कर रहे हैं, के अनुसार पहले तो यह साबित नहीं हो पाया कि उसने तथाकथित एक बम फेंका था और दूसरे यदि उसने वह फेंका भी था तो वह इस प्रकार बनाया गया था और इस तरीके से फेंका गया था जिससे किसी व्यक्ति को चोट न पहुँचे। यह दूसरा बचाव बिन्दु भगत सिंह द्वारा भी अपनाया गया। **उन दोनों का कहना है कि उन्हें दोषी करार नहीं दिया जा सकता है कारण उन्होंने जानबूझकर ऐसे बम बनाए थे जो किसी को न मार सके, न ही चोट पहुँचा सके, तथा उन्होंने जानबूझकर उन्हें खाली जगहों पर काठ के बैरियर के बीचोंबीच डेस्क एवं बेंच को बचाकर फेंका जहाँ सदस्यगण बैठे थे जिससे कि किसी सदस्य को चोट न पहुँचे। उनका कहना है कि उनके इस कृत्य के पीछे का उद्देश्य था उनके राजनीतिक विचारों के प्रति ध्यानाकर्षण करना जिसे सही तौर पर वे 'क्रान्ति' की संज्ञा देते हैं।**

पहला बम जो फट गया था वह भगत सिंह द्वारा फेंका गया था यह निःसन्देह साबित हो चुका है। इसी बम से सर जॉर्ज शुष्टर एवं मि. पी. आर. राव घायल हुए थे। यह भी पूरी तौर पर साबित हो चुका है कि दूसरे बम से, जिसे दत्त ने फेंका था, श्री एस. एन. राव, ऐ. पी. दुबे घायल हुए। **एस. सोभा सिंह** जो दर्शक दीर्घा के एक हिस्से में खड़े थे और जो उस जगह के ठीक सामने था जहाँ से बम फेंके गए थे, ने कहा कि घटना के समय वे गैलरी की विपरीत दिशा में अपने मित्रों को देख रहे थे जिनके साथ उन्हें दोपहर का भोजन लेना था। वे उन्हें गौर से देख रहे थे जिससे वे उन्हें भीड़ में देख पाएँ। उन्होंने वास्तव में भगत सिंह को पहला और दत्त को दूसरा बम फेंकते देखा। उस समय वे उनका चेहरा साफ तौर पर नहीं देख पाए जब वे बम फेंक रहे थे पर वे धमाके

के बाद तेजी से घूमे और उन्होंने उन्हें देखा जिन्होंने बम फेंके थे और जो पुलिस की हिरासत में थे। धमाके के बाद अपीलकर्त्ता कुछ अलग से खड़े थे और जरा भी विचलित नहीं थे।

मेरे विचार में, अपीलकर्त्ताओं की स्वीकारोक्ति के अलावा भी स्वतंन्त्र तौर पर, अभियोजन के साक्ष्य ने यह साबित कर दिया है कि भगत सिंह ने पहला बम फेंका था और दत्त ने दूसरा।

मि. आसफ अली ने दत्त की तरफ से बहस की है कि भा. दं. सं. की धारा 307 एवं विस्फोटक पदार्थ कानून की धारा 3 के अन्तर्गत सजाओं को बहाल नहीं किया जा सकता। उनकी बहस है, जो कि दोनों अपीलकर्त्ताओं पर लागू होती है, कि उनका इरादा किसी की जान लेना नहीं था अतः उन्हें भा. दं. सं. की धारा 307 के अन्तर्गत सजा नहीं दी जा सकती।

हालाँकि विद्वान अधिवक्ता अभी तक भा. दं. सं. की धारा 307 की व्याख्या से बाहर नहीं निकल पाए हैं, जिसके अनुसार आपराधिक मानव हत्या-खून है :

"यदि कृत्य (अपराध) करने वाला व्यक्ति जानता है कि यह काम इतना खतरनाक है कि यह सारी सम्भावनाओं के साथ मृत्यु में परिणत होगा या जिससे ऐसी चोट पहुँच सकती है जिससे मृत्यु हो सकती है, और तब वह ऐसा काम करता है जिससे यह खतरा है कि उपरोक्त तरीके से मृत्यु हो सकती है या ऐसी चोट पहुँच सकती है जिससे मौत हो सकती है।"

साथ ही, यदि कोई व्यक्ति उपरोक्त तरीके से कोई कृत्य (अपराध) करता है पर जिससे मौत नहीं होती, तो ऐसा व्यक्ति खून करने की चेष्टा करने का अपराधी है।

गम्भीरतापूर्वक इस बात को नहीं नकारा जा सकता कि अपीलकर्त्ता जानते थे कि इन बमों को फेंककर वे खतरनाक कृत्य को अंजाम दे रहे थे जिससे पूरी सम्भावना थी कि मृत्यु हो जाए या ऐसी शारीरिक चोट पहुँचे जिससे मौत हो सकती थी। इन बमों को खासे मोटे 'कॉस्ट आयरन' के खोल में ढाला गया था और उन्हें इस ताकत के साथ फेंका गया था कि इस खोल के 150 टुकड़े हो गए थे। एक टुकड़ा तो 40 फीट दूर तक गया था जिससे छत में छेद हो गया था और उसी में फँसकर रह गया था। सीट नं. 146, जिस पर दूसरा बम फटा था, टुकड़े-टुकड़े हो गई थी हालाँकि उसकी लकड़ी टीक की थी और डेढ़ इंच मोटी थी। अतः इस बात में कोई संदेह नहीं कि यदि कोई भारी मेटल (metal) का टुकड़ा किसी के सिर में लगा होता पूरी सम्भावना है कि उसकी जान चली गई होती। अतः सफाई पक्ष का यह कहना कि वे बम जानबूझकर कमजोर बनाए गए

थे और जानबूझकर ऐसी जगह फेंके गए थे जहाँ कोई चोट नहीं पहुँच सकती थी किसी तरह से भी साबित हो रहे तथ्यों एवं धमाके से मेल नहीं खाते। मि. आसफ अली द्वारा दोनों अपीलकर्त्ताओं को असाधारण बुद्धि वाला बताया गया है और इस तरह मेरी नजर में यह बात बिल्कुल साफ है कि किसी साधारण बुद्धि वाले व्यक्ति को भी यह जानकारी अवश्य होगी कि भीड़ भरे कमरे में इस तरह के विस्फोटक भले ही कितनी ही सावधानी से फेंके जाएँ अत्यन्त खतरनाक होंगे जो या तो किसी की मौत के लिए जिम्मेदार होंगे या उनसे ऐसी शारीरिक चोट पहुँचेगी जिससे मौत हो सकती है। यह तथ्य कि अपीलकर्त्ताओं ने जानबूझकर कोई इरादा नहीं किया था कि वे किसी खास व्यक्ति को मार दें या ऐसी चोट पहुँचा दे जिससे उसकी मौत हो जाए। यह तथ्य कि अपीलकर्त्ताओं का कोई इरादा किसी खास व्यक्ति को मारने का नहीं था इनके मुकदमे को भा. दं. सं. की धारा 300, क्लाज 4, 5 से बाहर नहीं ले जाता है। इनके पास यह कहने का कोई तर्क नहीं है कि इसमें खतरा नहीं था। यह भी कोई तर्क नहीं है कि वे कहें कि वे गम्भीर क्रान्तिकारी थे। मुझे इस बात में कोई सन्देह नही है कि वह गम्भीरता एवं शिद्दत से चाहता था कि आज की वस्तु स्थिति बदले। **मुझे इस बात में कोई सन्देह नहीं है कि भगत सिंह एक गम्भीर क्रान्तिकारी है।** वह गम्भीरतापूर्वक इस भ्रम में है कि इस शब्द (क्रांति) को वर्तमान सामाजिक ढाँचे को नष्ट कर, विस्तार दिया जा सकता है—तथा इसे एक व्यक्ति की अमर्यादित इच्छा के कानूनी विधान से बदला जा सकता है। यह तो हमेशा ही एक अराजकवादी का बचाव है। पर यह उसके और उसके साथी अपीलकर्त्ता के ऊपर लगाए हुए आरोपों का कोई बचाव नहीं है। मैं सन्तुष्ट हूँ कि दोनों अपीलकर्त्ताओं को भा. दं. सं. की धारा 307 के अन्तर्गत ठीक ही सजा मिली है।

मेरे विचार में यह भी बिल्कुल साफ है कि वे विस्फोटक पदार्थ कानून (6 ऑफ 1908) की धारा 3 के अन्तर्गत भी दोषी है। वह धारा यह है :

"कोई व्यक्ति जो गैरकानूनी एवं द्वेषपूर्ण तरीके से किसी विध्वंसक पदार्थ से ऐसा विस्फोट करता है जो जीवन या सम्पत्ति की सुरक्षा को खतरे में डालता है, भले ही किसी व्यक्ति या सम्पत्ति को वास्तव में क्षति पहुँचे या न पहुँचे, उसे आजीवन कारावास या उससे कम अवधि की सजा, जुर्माना या 10 वर्ष तक की सजा एवं जुर्माना हो सकते हैं।"

भगत सिंह ने एतराज़ किया है तथा दूसरे अपीलकर्त्ता के अधिवक्ता ने भी कहा है कि 'द्वेषपूर्ण' शब्द जो इस धारा में प्रयुक्त हुआ है इस मुकदमे में लागू नहीं होता कारण उनका विधानसभा में उपस्थित किसी व्यक्ति से कोई द्वेष नहीं

था। यह हो सकता है कि वे उस अर्थ में द्वेषपूर्ण नहीं थे जिस अर्थ में साधारणतया इस शब्द को समझा जाता है, कहने का अर्थ है, उनकी किसी खास व्यक्ति से दुश्मनी नहीं थी, पर जिन कृत्यों के लिए उन्हें सजा मिली है वे अवश्य ही कानूनन 'विद्वेषपूर्ण' थे। लार्ड कैम्पबेल के अनुसार 'विद्वेष' का अर्थ है–"कानूनी व्याख्या के अनुसार इस शब्द का अर्थ किसी व्यक्ति के प्रति व्यक्तिगत घृणा नहीं है बल्कि इसमें दूसरे के विरुद्ध चैतन्यतापूर्वक कानून का उल्लंघन है।"

तथा जस्टिस बैले ने ब्रोमेग्स बनाम प्रोसर (1) (पृ. सं. 255) में कहा है–

"साधारण अर्थों में विद्वेष का अर्थ है किसी व्यक्ति के प्रति दुर्भावना, पर कानूनी अर्थानुसार इसका मतलब ऐसा गलत कृत्य है जो जानबूझकर बिना किसी उचित कारण या बहाने के किया जाता है। यदि मैं किसी नितान्त अपरिचित व्यक्ति को एक ऐसा घूँसा मारूँ जिससे उसकी मौत हो जाए तो मैं ऐसा द्वेष के साथ करता हूँ कारण मैं इसे जानबूझकर बिना किसी उचित कारण या बहाने से करता हूँ।"

विस्फोटक पदार्थ कानून की धारा 3 के अन्तर्गत 'द्वेषपूर्ण' शब्द का कानूनी अर्थ यही है।

मेरे विचार में अपीलकर्त्ताओं के कृत्य (अपराध) साफ-साफ अधिनियम, 1908 की धारा 3 के अन्तर्गत आते हैं।

विद्वान सत्र न्यायाधीश ने दोनों अपीलकर्त्ताओं को इन दोनों दंड प्रावधानों के अन्तर्गत सजा दी है और हर एक को आजीवन कारावास दिया है। जहाँ एक अपराध दो प्रावधानों के अन्तर्गत दंडनीय हैं दंड एक ही प्रावधान के अन्तर्गत दिया जा सकता है और इस मुकदमे में एक ही सजा दी गई है। यह सच है कि इन प्रावधानों में सजा अधिकतम दी गई है पर यह सिर्फ भाग्यवश ही था कि इन विस्फोटों से कोई मरा नहीं।

मैं यह ठहरा (कह) पाने में असमर्थ हूँ कि विद्वान् सत्र न्यायाधीश ने उपरोक्त परिस्थितियों में ज्यादा सजा दी है अतः मैं दोनों अपीलकर्त्ताओं की अपील खारिज करता हूँ।

जस्टिस एडिशन–मैं सहमत हूँ।

अपील खारिज की जाती है।

लाहौर षड्यन्त्र मुकदमे की अदालत

विशेष ट्रिब्यूनल का गठन

विशेष ट्रिब्यूनल की स्थापना पर गवर्नर जनरल को लिखा गया पत्र

गवर्नर जनरल, भारत, शिमला (पंजाब) 2 मई, 1930

श्रीमान,

हमारे मुकदमे को जल्द निबटाने के लिए जारी किए ऑर्डिनेंस की पूरी कॉपी पढ़कर सुनाई जा चुकी है। इसके लिए पंजाब हाईकोर्ट के अधिकार-क्षेत्र में एक ट्रिब्यूनल की नियुक्ति की गई है। अगर इस सम्बन्ध में अपनाए गए व्यवहार का उल्लेख न किया होता और इसकी सारी जवाबदेही हमारे सिर पर न मढ़ी होती तो हम शायद अपनी जबान बन्द रखते, परन्तु वर्तमान स्थितियों में इसके सम्बन्ध में हम अपना बयान देना आवश्यक समझते हैं।

हम आरम्भ से ही जानते हैं कि सरकार जान-बूझकर हमारे बारे में गलतफहमी पैदा कर रही है। आखिरकार यह एक लड़ाई है और हम भली प्रकार जानते हैं कि अपने दुश्मनों का मुकाबला करने के लिए गलतफहमियों का जाल बनाना सरकार का सबसे बड़ा हथकंडा है। इस घृणित कार्य को रोकने का हमारे पास कोई साधन नहीं, लेकिन कुछ ऐसी बातें हैं जिन्हें ध्यान में रखते हुए हम कुछ कहने के लिए मजबूर हैं।

आपने लाहौर साजिश केस के बारे में जारी अध्यादेश में हमारी भूख हड़ताल के बारे में अपना स्पष्टीकरण शामिल किया है। आपने स्वयं स्वीकारा है कि हममें से दो ने इस मुकदमे के सम्बन्ध में स्पेशल मजिस्ट्रेट पंडित श्रीकृष्ण की अदालत में होने वाली जांच-पड़ताल से पहले भूख हड़ताल शुरू कर दी थी। सामान्य समझ वाले साधारण व्यक्ति की समझ में भी यह बात आ सकती है कि इस मुकदमे का भूख हड़ताल से कोई सम्बन्ध नहीं है। भूख हड़ताल आरम्भ करने के कुछ विशेष कारण थे, इस स्थिति में सरकार को उन कारणों के बारे में स्पष्टीकरण

देना था जिसके आधार पर भूख हड़ताल की गई थी। जब सरकार ने इस समस्या को सुलझाने के लिए कुछ प्रबन्ध करने की स्वीकृति दी और जेल जांच कमेटी स्थापित की तब हमने भूख हड़ताल समाप्त की थी। लेकिन पहले हमें यह बताया गया था कि यह समस्या नवम्बर तक सुलझा दी जाएगी लेकिन उसमें दिसम्बर तक विलम्ब किया गया। जनदरी भी बीत गई लेकिन इस बात का कोई संकेत नहीं मिल रहा था कि सरकार वास्तव में इस सम्बन्ध में कुछ करेगी भी या नहीं। हमें लगा कि मामला समाप्त कर दिया गया है। इन स्थितियों में हमने पूरे एक हफ्ते का नोटिस देकर 4 फरवरी, 1930 से पुनः भूख हड़ताल आरम्भ कर दी। इसके बाद ही सरकार ने इस समस्या को अन्तिम रूप से हल करने के लिए कुछ कदम उठाए।

इस आशय का एक विज्ञापन फिर सरकार ने समाचार-पत्रों में जारी किया। तब हमने भूख हड़ताल समाप्त कर दी। यहां तक कि हमने इस बात का इन्तजार भी नहीं किया कि सरकार अपने अन्तिम निर्णय लागू करती भी है या नहीं? लेकिन आज ही हमने यह महसूस किया है कि अंग्रेज सरकार ऐसे साधारण मामलों में भी झूठ और फरेब का सहारा लेने से बाज नहीं आई। वह विज्ञापन खास निश्चित और निर्णय निकालने वाले आधार पर निर्धारित थे, लेकिन हमने देखा कि उस पर भी विपरीत अमल किया गया। जो भी हो, इस विषय पर बहस करने का यह उचित अवसर नहीं। अगर यह मामला पुनः कभी उठा तो हम इसका अवश्य निर्णय करेंगे। लेकिन हम पुरजोर कहना चाहते हैं कि भूख हड़ताल का उद्देश्य इस्तगासा की कार्रवाई के विरुद्ध कोई कदम नहीं था, ऐसे साधारण कारणों से हमने इतनी यातनाएँ नहीं सही थीं। यतीन्द्रनाथ दास ने इतने सामान्य कारण के लिए अपने जीवन का बलिदान नहीं दिया। राजगुरु और सुखदेव ने भी इस बचाव के लिए ही अपने जीवन संकट में नहीं डाले थे।

आप स्वयं हमारे मुकदमे के सन्दर्भ में यह अच्छी तरह जानते थे कि अध्यादेश जारी करने की वजह भूख हड़ताल नहीं थी। लेकिन असल कारण तो कुछ और हैं, जिनके बारे में सोचकर आपकी सरकार के होश-हवास गुम हो गए। न तो वह इस मुकदमे में विलम्ब के कारण हुए और न ही कोई ऐसी संकटमय स्थिति पैदा हुई, जिसके कारण इस बेकानून के कानून के ऊपर हस्ताक्षर किए। जरूर ही इसके पीछे कुछ और है।

लेकिन हम यह बता देना चाहते हैं कि उन अध्यादेशों से हमारी भावनाओं को कुचला नहीं जा सकता। भले ही आप कुछ इनसानों को कुचल देने में

सफलता हासिल कर लें, लेकिन याद रहे, आप इस राष्ट्र को नहीं कुचल सकते। जहाँ तक इस अध्यादेश का सन्दर्भ है, हम इसे अपनी शानदार सफलता मानते हैं। हम आरम्भ से ही यह बताने का प्रयास करते रहे हैं कि आपका यह कानून एक खूबसूरत फरेब है। यह न्याय नहीं दे सकता। लेकिन अफसोस है कि जेल में जो सुविधाएँ कानूनन और इनसाफ करके अपराधियों को मिलती हैं और साधारण बन्दियों को भी दी जाती हैं, वह सुविधाएँ भी हम राजनीतिक बन्दियों को नहीं दी जातीं। हम चाहते थे कि सरकार पर्दे से बाहर आए और स्पष्ट कहे कि राजनीतिक बन्दियों को बचाव का कोई अवसर नहीं दिया जा सकता।

हमें लगता है कि सरकार ने यही बात स्पष्ट रूप से स्वीकारी है। हम आपको और आपकी सरकार को इस साफगोई के लिए धन्यवाद देते हैं और अध्यादेश का स्वागत करते हैं।

आपके प्रतिनिधि स्पेशल मजिस्ट्रेट और इस्तगासा के सरकारी वकील द्वारा लगातार हमारे उचित व्यवहार को साफ-साफ स्वीकारने के बावजूद सिर्फ हमारे मुकदमे के वजूद के बारे में सोचते ही आपके मस्तिष्क में भयंकर खलबली मची हुई है। हमारे इस संघर्ष की शानदार सफलता का इससे बढ़कर भरोसा और क्या हो सकता है?

आपके आदि-आदि

भगत सिंह

अदालत एक ढकोसला है

छह साथियों का ऐलान

5 मई, 1930

कमिश्नर,
विशेष ट्रिब्यूनल,
लाहौर षड्यन्त्र केस, लाहौर
जनाब,

अपने छह साथियों की ओर से, जिनमें कि मैं भी शामिल हूँ, निम्नलिखित स्पष्टीकरण इस सुनवाई के शुरू में ही देना आवश्यक है। हम चाहते हैं कि यह दर्ज किया जाए।

हम मुकदमे की कार्रवाई में किसी भी प्रकार भाग नहीं लेना चाहते, क्योंकि हम इस सरकार को न तो न्याय पर आधारित समझते हैं और न ही कानूनी तौर

पर स्थापित। हम अपने विश्वास से यह घोषणा करते हैं कि 'समस्त शक्ति का आधार मनुष्य है। कोई व्यक्ति या सरकार किसी भी ऐसी शक्ति की हकदार नहीं है, जो जनता ने उसको न दी हो।' क्योंकि यह सरकार इन सिद्धान्तों के विपरीत है, इसलिए इसका अस्तित्व ही उचित नहीं है। ऐसी सरकारें, जो राष्ट्रों को लूटने के लिए एकजुट हो जाती हैं, उनमें तलवार की शक्ति के अलावा कोई आधार कायम रहने के लिए नहीं होता। इसीलिए वे वहशी ताकत के साथ मुक्ति और आजादी के विचार और लोगों की उचित इच्छाओं को कुचलती हैं।

हमारा विश्वास है कि ऐसी सरकारें, विशेषकर अंग्रेजी सरकार, जो असहाय और असहमत भारतीय राष्ट्र पर थोपी गई है, गुंडों, डाकुओं का गिरोह और लुटेरों का टोला है, जिसने कत्लेआम करने और लोगों को विस्थापित करने के लिए सब प्रकार की शक्तियाँ जुटाई हुई हैं। शान्ति-व्यवस्था के नाम पर यह अपने विरोधियों या रहस्य खोलने वाले को कुचल देती है।

हमारा यह भी विश्वास है कि साम्राज्यवाद एक बड़ी डाकेजनी की साजिश के अलावा कुछ नहीं। साम्राज्यवाद मनुष्य के हाथों मनुष्य के और राष्ट्र के हाथों राष्ट्र के शोषण का चरम है। साम्राज्यवादी अपने हितों और लूटने की योजनाओं को पूरा करने के लिए न सिर्फ न्यायालयों एवं कानून को कत्ल करते हैं, बल्कि भयंकर हत्याकांड भी आयोजित करते हैं। अपने शोषण को पूरा करने के लिए जंग जैसे खौफनाक अपराध भी करते हैं। जहाँ कहीं लोग उनकी नादिरशाही शोषणकारी माँगों को स्वीकार न करें या चुपचाप उनकी ध्वस्त कर देनेवाली और घृणा योग्य साजिशों को मानने से इनकार कर दें तो वह निरपराधियों का खून बहाने से संकोच नहीं करते। शान्ति-व्यवस्था की आड़ में वे शान्ति-व्यवस्था भंग करते हैं। भगदड़ मचाते हुए लोगों की हत्या, अर्थात् हर सम्भव दमन करते हैं।

हम मानते हैं कि स्वतन्त्रता प्रत्येक मनुष्य का अमिट अधिकार है। हर मनुष्य को अपने श्रम का फल पाने जैसा सभी प्रकार का अधिकार है और प्रत्येक राष्ट्र अपने मूलभूत प्राकृतिक संसाधनों का पूर्ण स्वामी है। अगर कोई सरकार जनता को उसके इन मूलभूत अधिकारों से वंचित रखती है तो जनता का केवल यह अधिकार ही नहीं बल्कि आवश्यक कर्तव्य भी बन जाता है कि ऐसी सरकार को समाप्त कर दे। क्योंकि ब्रिटिश सरकार इन सिद्धान्तों, जिनके लिए हम लड़ रहे हैं, के बिलकुल विपरीत है, इसलिए हमारा दृढ़ विश्वास है कि जिस भी ढंग से देश में क्रान्ति लाई जा सके और इस सरकार का पूरी तरह खात्मा किया जा सके, इसके लिए हर प्रयास और अपनाए गए सभी ढंग नैतिक स्तर पर उचित हैं। हम वर्तमान ढाँचे के सामाजिक, आर्थिक और राजनीतिक क्षेत्रों में क्रान्तिकारी

परिवर्तन लाने के पक्ष में हैं। हम वर्तमान समाज को पूरे तौर पर एक नए सुगठित समाज में बदलना चाहते हैं। इस तरह मनुष्य के हाथों मनुष्य का शोषण असम्भव बनाकर सभी के लिए सब क्षेत्रों में पूरी स्वतन्त्रता विश्वसनीय बनाई जाए। जब तक सारा सामाजिक ढाँचा बदला नहीं जाता और उसके स्थान पर समाजवादी समाज स्थापित नहीं होता, हम महसूस करते हैं कि सारी दुनिया एक तबाह कर देने वाले प्रलय-संकट में है।

जहाँ तक शान्तिपूर्ण या अन्य तरीकों से क्रान्तिकारी आदर्शों की स्थापना का सम्बन्ध है, हम घोषणा करते हैं कि इसका चुनाव तत्कालीन शासकों की मर्जी पर निर्भर है। क्रान्तिकारी अपने मानवीय प्यार के गुणों के कारण मानवता के पुजारी हैं। हम शाश्वत और वास्तविक शान्ति चाहते हैं, जिसका आधार न्याय और समानता है। हम झूठी और दिखावटी शान्ति के समर्थक नहीं, जो बुजदिली से पैदा होती है और भालों और बन्दूकों के सहारे जीवित रहती है। क्रान्तिकारी अगर बम और पिस्तौल का सहारा लेता है तो यह उसकी चरम आवश्यकता में से पैदा होता है और आखिरी दाँव के तौर पर होता है। हमारा विश्वास है कि अमन और कानून मनुष्य के लिए है, न कि मनुष्य अमन और कानून के लिए।

फ्रांस के उच्च न्यायाधीश का यह कहना उचित है कि कानून की आन्तरिक भावना स्वतन्त्रता समाप्त करना या प्रतिबन्ध लगाना नहीं, वरन् स्वतन्त्रता को सुरक्षित रखना और उसे आगे बढ़ाना है। सरकार को कानूनी शक्ति बनाए गए उन उचित कानूनों से मिलेगी, जो केवल सामूहिक हितों के लिए बनाए गए हैं, और जो जनता की इच्छाओं पर आधारित हों, जिनके लिए यह बनाए गए हैं। इससे विधायकों समेत कोई भी बाहर नहीं हो सकता।

कानून की पवित्रता तभी तक रखी जा सकती है जब तक वह जनता के दिल यानी भावनाओं को प्रकट करता है। जब यह शोषणकारी समूह के हाथों में एक पुर्जा बन जाता है, तब अपनी पवित्रता और महत्त्व खो बैठता है। न्याय प्रदान करने के लिए मूल बात यह है कि हर तरह के लाभ या हित का खात्मा होना चाहिए। ज्यों ही कानून सामाजिक आवश्यकताओं को पूरा करना बन्द कर देता है, त्यों ही जुल्म और अन्याय को बढ़ाने का हथियार बन जाता है। ऐसे कानूनों को जारी रखना सामूहिक हितों पर विशेष हितों की दम्भपूर्ण जबर्दस्ती के सिवाय कुछ नहीं है।

वर्तमान सरकार के कानून विदेशी शासन के हितों के लिए चलते हैं और हम लोगों के हितों के विपरीत हैं। इसलिए इनकी हमारे ऊपर किसी भी प्रकार की सदाचारिता लागू नहीं होती।

अतः हर भारतीय की यह जिम्मेदारी बनती है कि इन कानूनों को चुनौती दे और इनका उल्लंघन करे। अंग्रेज न्यायालय, जो शोषण के पुर्जे हैं, न्याय नहीं दे सकते। विशेषकर राजनीतिक क्षेत्रों में, जहाँ सरकार और लोगों के हितों का टकराव है। हम जानते हैं कि ये न्यायालय सिवाय न्याय के ढकोसले के और कुछ नहीं हैं।

इन्हीं कारणों से हम इसमें भागीदारी करने से इनकार करते हैं और इस मुकदमे की कार्रवाई में भाग नहीं लेंगे।

1. भगत सिंह, 2. जीतेन्द्रनाथ सान्याल, 3. महावीर सिंह, 40 बटुकेश्वर दत्त, 5. गया प्रसाद और 6. कुन्दन लाल।

5-5-1930

जज ने नोट किया—यह रिकॉर्ड में तो रखा जाए लेकिन इसकी कॉपी न दी जाए, क्योंकि इसमें कुछ अनचाही बातें लिखी हैं।

विशेष ट्रिब्यूनल के पुनर्गठन पर

विशेष ट्रिब्यूनल के सदस्य थे—जस्टिस जे. कोल्डस्ट्रीम (अध्यक्ष), जस्टिस आगा हैदर व जस्टिस जी.सी. हिल्टन। 5 मई को कार्रवाई शुरू हुई। पुंछ हाउस को अदालत बनाया गया। क्रान्तिकारी युवक अदालत में क्रान्तिकारी गीत गाते और क्रान्तिकारी नारे लगाते आते। भगत सिंह ने माँग की कि उन्हें 15 दिन का समय दिया जाए, ताकि वे ट्रिब्यूनल के गैर-कानूनी होने सम्बन्धी तर्क पेश कर सकें। लेकिन यह माँग मानी नहीं गई। 24 क्रान्तिकारियों के नाम मुकदमे के लिए गए, जिनमें से 16 पर मुकदमा चलाया गया। बाद में बटुकेश्वर दत्त के खिलाफ केस वापस ले लिया गया। जिन पर मुकदमा शुरू किया गया, वे थे—सुखदेव, भगत सिंह, किशोरीलाल, देसराज, प्रेमदत्त, जयदेव कपूर, शिव वर्मा, महावीर सिंह, यतीन्द्रनाथ दास, अजय कुमार घोष, यतीन्द्र सान्याल, विजय कुमार सिन्हा, शिवराम राजगुरु, कुन्दनलाल और कमलनाथ तिवारी। भगत सिंह और उनके साथियों ने वकील करने से इनकार कर दिया। 12 मई, 1930 को भगत सिंह और उनके साथियों को हकड़ियों में अदालत में लाया गया। हथकड़ियाँ न खोलने के विरोध में उन्होंने बस से उतरने से इनकार कर दिया। ट्रिब्यूनल के अध्यक्ष ने उन्हें जबर्दस्ती उतारने का आदेश दिया। भगत सिंह और उनके साथियों ने अदालत का बायकाट कर दिया। यद्यपि उन लोगों की हथकड़ियाँ

दोपहर के खाने के लिए खोली गई, लेकिन खाने के बाद फिर लगाने का आदेश दिया गया, जिसका भगत सिंह और उनके साथियों ने विरोध किया। अध्यक्ष ने भारतीयों को गाली देते हुए भगत सिंह को लाठियों से पीटने का आदेश दिया।

अदालत में क्रान्तिकारियों, खासकर भगत सिंह को संवाददाताओं और जनता के सामने लाठियों और जूतों से मारा गया। भगत सिंह ने भारतीयों को गाली देने पर आपत्ति करते हुए जस्टिस आगा हैदर से भारतीय होने सम्बन्धी प्रश्न किया और पूछा कि ऐसी मानसिक स्थिति वाले जज न्याय कैसे करेंगे? जस्टिस आगा हैदर ने उस दिन की कार्रवाई पर हस्ताक्षर करने से इनकार कर दिया। इस घटना की दुनिया भर में चर्चा हुई। सारे भारत में भगत सिंह दिवस मनाया गया, जिसके फलस्वरूप जस्टिस कोल्डस्ट्रीम को लम्बी छुट्टी पर जाना पड़ा और 21 जून को ट्रिब्यूनल नए सिरे से गठित किया गया। अब जस्टिस जी.सी. हिल्टन को अध्यक्ष और जस्टिस जे.के. टैप और जस्टिस अब्दुल कादिर को सदस्य बनाया गया।

इस पर भगत सिंह और बटुकेश्वर दत्त ने निम्नलिखित पत्र में अपने विचार प्रकट किए। –सम्पादक

25 जून, 1930

कमिश्नर,
विशेष ट्रिब्यूनल,
लाहौर षड्यन्त्र केस, लाहौर

श्रीमान जी,

जबकि ट्रिब्यूनल के दो न्यायाधीशों को हटा दिया गया है या वे हट गए हैं और दो नए न्यायाधीश उनके स्थान पर नियुक्त कर दिए गए हैं, इसलिए हम अपना स्पष्टीकरण दर्ज कराना आवश्यक समझते हैं, ताकि हम अपना पक्ष स्पष्ट कर सकें और किसी भी प्रकार की शंकाएँ पैदा होने से बचा जा सके।

12 मई, 1930 को न्यायाधीश कोल्डस्ट्रीम ने, जो कि अध्यक्ष भी हैं, एक अदालती आदेश पास किया जिसके अन्तर्गत हमें अदालत में हथकड़ियाँ पहनाने का आदेश दिया गया। इस आदेश का पालन कराने के लिए पुलिस को बल-प्रयोग करने के लिए भी कहा गया।

इस अचानक और असाधारण आदेश का कारण जानने के लिए हमने इस अदालत से निवेदन किया था, जिसे सुनने की आवश्यकता महसूस नहीं की गई। ऐसी स्थितियों में पुलिस हमें जबरन हथकड़ियाँ लगाकर वापस जेल ले आई। अगले दिन तीन में से एक न्यायाधीश आगा हैदर ने अध्यक्ष के इस आदेश से अपने को अलग कर लिया। उस दिन से हम न्यायालय में नहीं जा रहे।

जिन शर्तों पर हम न्यायालय में आने को तैयार हैं, वे अगले दिन न्यायालय के समक्ष रखी गई थीं। शर्तें थीं कि या तो अध्यक्ष क्षमा मांगें या फिर उन्हें बदल दिया जाए। लेकिन इसका अर्थ यह नहीं था कि उनकी जगह पर एक ऐसे न्यायाधीश को बैठा दिया जाए, जो उस आदेश में भागीदार था।

पाँच हफ्ते तक तो अपराधियों की शिकायत को विचार योग्य ही नहीं समझा गया।

वर्तमान ट्रिब्यूनल के निर्माण में दोनों अध्यक्ष और दूसरे न्यायाधीश—जो उनके साथ सहमत नहीं हुए थे—को बदलकर दो नए न्यायाधीश लगाए गए हैं। इस तरह एक न्यायाधीश को, जो उस आदेश में भागीदार था, क्योंकि आदेश बहुमत के आधार पर दिया गया था, ट्रिब्यूनल का अध्यक्ष बनाया गया है। ऐसी स्थिति में हम पुरजोर यह कहना चाहते हैं कि न्यायाधीश कोल्डस्ट्रीम से व्यक्तिगत स्तर पर हमारा कोई शिकवा नहीं था और न ही शिकायत थी। हमारे विरोध का कारण तो न्यायाधीश कोल्डस्ट्रीम की ओर से पास किया बहुमत का आदेश और उसके बाद हमारे साथ हुआ दुर्व्यवहार था। न्यायाधीश कोल्डस्ट्रीम और न्यायाधीश हैमिल्टन का हम सम्मान करते हैं, जैसा कि एक मनुष्य द्वारा दूसरे मनुष्य का किया जाना चाहिए। हमारा रोष एक विशेष आदेश के विरोध में था, जिसके कारण ट्रिब्यूनल, जो कि उस आदेश के लिए जिम्मेदार है, के अध्यक्ष से क्षमा माँगने की माँग की गई थी। अध्यक्ष को हटा देने से कोई अन्तर नहीं पड़ता, क्योंकि अब जज हैमिल्टन, जो उस आदेश में शरीक थे, न्यायाधीश कोल्डस्ट्रीम के स्थान पर अध्यक्षता कर रहे हैं। हम तो केवल यह कह सकते हैं कि बदली हुई स्थितियों ने अब जख्म पर नमक छिड़कने का ही काम किया है।

आपके

भगत सिंह, बी.के. दत्त

25 जून, 1930

लाहौर ट्रिब्यूनल

(अध्यादेश नं. III, वर्ष 1930 के अन्तर्गत गठित)
सत्ता (क्राउन)–शिकायत कर्ता
बनाम
सुखदेव एवं अन्य–अभियुक्त गण

निर्णय

इस ट्रिब्यूनल का गठन, 1930 के अध्यादेश नं. III की धारा 4 के अन्तर्गत **लाहौर षड्यन्त्र कांड** के नाम से जाने वाले मुकदमे के अभियुक्तों की ट्रायल हेतु हुआ था। इस ट्रिब्यूनल की न्यायिक प्रक्रिया एवं शक्ति अध्यादेश में निर्देशित हैं एवं अभियुक्तों के नाम अनुसूची में दिए गए हैं।

अनुसूची में वर्णित चौबीस अभियुक्तों में से नं. 19, भगवान दास को ट्रायल के लिए नहीं भेजा गया जबकि नं. 20, चन्द्रशेखर आजाद उर्फ पंडित जी; नं. 21, कैलाशपति उर्फ काली चरण; नं. 22, भगवती चरण; नं. 23, यशपाल; नं. 24, सतगुरदयाल, हमारे द्वारा रिकार्ड किए गए साक्ष्यों के अनुसार, फरार हैं। बाकी 18 अभियुक्तों में से 2 जिनके नाम आज्ञा राम उर्फ मास्टर जी नं. 2, और न. 6 सुरिन्द्र नाथ पाण्डे उर्फ स्टोन, को आपराधिक प्रक्रिया संहिता की धारा 253 के तहत, ट्रिब्यूनल के आदेशानुसार दिनांक 10 जुलाई, 1930 को छोड़ दिया गया था। और एक तीसरे व्यक्ति भक्तेश्वर दत्त उर्फ बट्टु उर्फ मोहन को उसी तारीख को भारतीय प्रक्रिया संहिता की धारा 494 के अन्तर्गत छोड़ दिया गया। इस तरह 15 अभियुक्त बचे जिनके विरुद्ध आरोप गठित किए गए और जिनका मुकदमा इस फैसले द्वारा निस्पादित किया जाएगा।

इन अभियुक्तों के नाम हैं–

1. सुखदेव उर्फ दयाल उर्फ स्वामी उर्फ 'विलेजर'
2. ...

3. किशोरी लाल रत्तन उर्फ देव दत्त रत्तन उर्फ मस्त राम शास्त्री
4. देसराज
5. प्रेमदत्त उर्फ मास्टर उर्फ अमृत लाल
6. ...
7. जयदेव उर्फ हरीश चन्द्र
8. शिव वर्मा उर्फ प्रभात उर्फ हरनारायण उर्फ राम नारायण कपूर
9. गया प्रसाद उर्फ डॉ. बी.एस. निगम उर्फ रामलाल उर्फ राम नाथ उर्फ देश भारत
10. महावीर सिंह उर्फ प्रताप
11. भगत सिंह
12. ...
13. अजय कुमार घोष उर्फ निग्रो जेनरल
14. जतिन सान्याल (जतिन्द्र नाथ सन्याल)
15. विजय कुमार सिन्हा उर्फ बच्चू
16. शिवराम राजगुरु उर्फ 'एम'
17. कुन्दन लाल उर्फ प्रताप उर्फ नं. 1
18. कँवल नाथ त्रिवेदी उर्फ कँवल नाथ तिवारी

इस न्यायालय में 5 मई, 1930 को मि. हेमिल्टन हार्डिंग (आभियोजन साक्षी 1) द्वारा भारतीय दंड संहिता की धारा 121, 121 A, 122 एवं 123 के अन्तर्गत दायर एक (कम्पलेंट) परिवाद पर सभी अभियुक्तों के खिलाफ ट्रायल की शुरुआत हुई। इस परिवाद के अलावा हमने अभियुक्तों के खिलाफ पुलिस रिपोर्ट के आधार पर दायर मुकदमें भी सुने जो कानून की दूसरी अन्य धाराओं के अर्न्तगत दर्ज किए गए थे और जिनमें भारतीय दंड संहिता की धारा 302 एवं विस्फोटक पदार्थ कानून, 1908 की धारा 4,5 एवं 6 भी शामिल हैं। पंजाब सरकार द्वारा आवश्यक मंजूरी भारतीय दंड संहिता की धारा 121A, 122, 123 के अर्न्तगत ले ली गई है। और पंजाब सरकार एवं यूनाइटेड प्रोविन्स सरकार द्वारा भी विस्फोटक पदार्थ कानून, 1908 के अर्न्तगत आवश्यक मंजूरी ले ली गई है। साथ ही आपराधिक प्रक्रिया संहिता की धारा 527 के तहत कुछ अभियुक्तों के मुकदमे, जिनके ऊपर विस्फोटक पदार्थ कानून, 1908 के मुकदमे हैं, सहारनपुर एवं आगरा जिले से संयुक्त प्राप्त लाहौर की अदालत को हस्तान्तरित होने के आदेश प्राप्त कर लिए गए हैं, जो रिकार्ड में संलग्न हैं।

छह, सात एवं आठ मई 1930 तक ट्रायल चलने के बाद ट्रिब्यूनल ने मुकदमों को 12 मई, 1930 को सुनवाई के लिए रखा। 12 मई, 1930 को अभियुक्तों के उपद्रवी व्यवहार की वजह से मुकदमे को सुनवाई के लिए अगले दिन पर टाल दिया गया। 13 मई, 1930 को एक अभियुक्त के सिवा सभी अभियुक्त अदालत से अनुपस्थित रहे। उनमें से चार अभियुक्त वकीलों द्वारा उपस्थित थे। उस दिन ट्रिब्यूनल ने जेल अधिकारियों के बयान दर्ज किए कि बाकी अभियुक्तों ने अदालत आने से इनकार किया। उन्हें बलपूर्वक ही अदालत लाया जा सकता था। उस दिन कोई और कार्यवाही किए बगैर मुकदमे को 14 मई, 1930 के लिए स्थगित कर दिया गया। 14 मई, 1930 को सारे अभियुक्त अदालत से अनुपस्थित रहे, उनके वकील भी। उस दिन इस विषय पर साक्ष्य दर्ज कर ट्रिब्यूनल ने अध्यादेश की धारा (9) 1 के अन्तर्गत अभियुक्तों की उपस्थिति को अगले दिन तक के लिए अभिमुक्ति प्रदान की क्योंकि उन्होंने अदालत में खुद को लाए जाने का विरोध किया था। और उसके बाद कार्यवाही आगे चली। उसके बाद 15 मई, 1930 को तथा उसके बाद भी हर दिन सुनवाई के दौरान ऐसा ही चलता रहा। अभियुक्त अदालत में अपनी उपस्थिति का विरोध हर दिन करते रहे और अदालत धारा 9 के अर्न्तगत अभियुक्तों को उपस्थित होने से अभिमुक्त करती रही और अभियुक्तों को यह अवसर दिया जाता रहा कि वे कभी भी, किसी भी दिन, जब वे चाहें, अदालत की कार्यवाही में उपस्थित रहें।

25 अभियोजन साक्षियों की गवाही के बाद 21 जून, 1930 को अध्यादेश की धारा 5 के अर्न्तगत, ट्रिब्यूनल के प्रारम्भिक दो सदस्यों की जगह दो नए सदस्यों की बहाली की गई। उस दिन भी अभियुक्तगण अनुपस्थित रहे पर उनकी अभिमुक्ति के आदेश पारित नहीं किए गए और मुकदमा 23 जून, 1930 तक के लिए स्थगित कर दिया गया।

23 जून, 1930 को सभी अभियुक्तगण सिवाय एक के (आज्ञा राम) अदालत में उपस्थित हुए। आज्ञा राम ने अदालत में अपनी उपस्थिति का विरोध किया था, इस बाबत साक्ष्य दर्ज किया गया।

24 जून, 1930 को तीन अभियुक्त अनुपस्थित थे और 13 उपस्थित। फिर साक्ष्य दर्ज किए गए और अगले दिन तक के लिए 13 अभियुक्तों को अभिमुक्ति प्रदान की गई। 25 जून, 1930 को सभी अभियुक्त अनुपस्थित रहे। कारा के अधिकारियों के बयान दर्ज किए गए कि अभियुक्तों ने अदालत में उपस्थित होने का विरोध किया। अदालत ने अध्यादेश की धारा 9 के अर्न्तगत उन्हें अगली तारीख पर उपस्थित होने से अभिमुक्ति प्रदान की और **उनकी अनुपस्थिति में**

ट्रायल जारी रखा। अगली सुनवाइयों में भी यही प्रक्रिया अपनाई जाती रही और अभियुक्तों को उपस्थित होने से अभिमुक्ति प्रदान की जाती रही। जेल अधिकारियों के बयान इस बाबत लिए जाते रहे कि अभियुक्तों ने अदालत में हाजिर किए जाने का विरोध किया।

10 जुलाई, 1930 को अभियुक्तगण गैरहाजिर रहे। उनको अगली तारीख तक उपस्थित होने से अभिमुक्ति प्रदान की गई जैसा कि पहले ही ऊपर कहा जा चुका है। तब तक 48 अभियोजन साक्षियों का बयान हो चुका था। ऊपर कहे अनुसार तीन अभियुक्तों को विमुक्त कर दिया गया था और 15 अभियुक्तों के विरुद्ध 10 अपराधों के अन्तर्गत आरोप गठित किए गए। ये आरोप भारतीय दंड संहिता की धारा 121, 121 A, 122, 123 और 302, तथा विस्फोटक पदार्थ कानून, 1908 की धारा 4(a), 4(b), 5 एवं 6, साथ ही भारतीय दंड संहिता की धारा 120B 109 114, 115 एवं 116, भारतीय दंड संहिता की धारा 120B, एवं 109 के तहत षड्यन्त्र एवं दुष्प्रेरण के आरोप भी गठित किए गए। उसी दिन, ट्रिब्यूनल के आदेशानुसार आरोपों की प्रतिलिपि, अभियुक्तों को, जेलों में, दी गई। उसके साथ ही इस आदेश की प्रति भी दी गई कि अगले दिन इन आरोपों पर उनके जवाब लिए जाएँगे। उनकी अनुपस्थिति की वजह से आरोपों पर उनके जवाब नहीं लिए जा सके जैसा कि साधारणतया आपराधिक प्रक्रिया संहिता की धारा 256 के अन्तर्गत किया जाता है एवं तदानुसार अध्यादेश की धारा 9, उप धारा (2) के अन्तर्गत ट्रिब्यूनल ने निर्देश दिया कि यह समझा जाएगा कि सभी 15 अभियुक्त विभिन्न शीर्षों (हेड्स) के अन्तर्गत गठित आरोपों के बनिस्बत खुद को दोषी नहीं बताते हैं।

उसी दिन 11 जुलाई, 1930 को मुकदमे को स्थगित करते हुए आदेश पारित किया गया कि अगले दिन सभी अभियुक्त सुनवाई के दौरान उपस्थित रहें और अपनी इच्छा जाहिर करें कि वे अब तक बयान देनेवाले अभियोजन साक्षियों में से किनकी जिरह करना चाहते हैं। उसी दिन कारावास में, हर अभियुक्त पर, इस आदेश की प्रति तामील की गई। अगले दिन 12 जुलाई, 1930 को भी सभी अभियुक्तों ने अदालत में उपस्थित होने का विरोध किया। उन्हें उपस्थित होने से वैसे ही अभिमुक्त किया गया जैसा कि ऊपर कहा जा चुका है। अभियुक्तों के उपस्थित न होने की वजह से, ट्रिब्यूनल ने आदेश दर्ज किया कि अभियुक्तों ने किसी भी गवाह की जिरह करने की इच्छा व्यक्त नहीं की अतः किसी भी गवाह को जिरह के लिए दुबारा बुलाना आवश्यक नहीं है और सरकारी वकील को बचे हुए अभियोजन-साक्षियों को गवाही के लिए उपस्थित करने का आदेश पारित किया।

12 जुलाई, 1930 से 4 अगस्त, 1930 तक ट्रायल की कार्यवाही इसी तरह चलती रही। प्रत्येक सुनवाई पर जेल अधिकारियों के बयान के बाद अभियुक्तों ने अदालत में उपस्थित होने का विरोध किया, अभियुक्तों को उपस्थित रहने से अभिमुक्त किया गया।

14 अगस्त, 1930 को चिकित्सा पदाधिकारियों का साक्ष्य दर्ज हुआ कि अभियुक्त प्रेमदत्त एवं कुन्दन लाल के सिवा बाकी **सभी अभियुक्तों ने स्वैच्छिक ढंग से लगातार भूख हड़तालकर अपना स्वास्थ्य इस कदर खराब कर लिया था कि वे उस तारीख को अदालत के समक्ष हाजिर नहीं हो सकते थे।** अतः अध्यादेश की धारा 9 के तहत उपर्युक्त दो के सिवा सभी अभियुक्तों को उपस्थित होने से एक सप्ताह के लिए अभिमुक्ति दे दी गई और बाकी जिन दो ने अदालत में आने का विरोध किया था, उनकी उपस्थिति भी अगली पेशी तक के लिए अभिमुक्त कर दी। ट्रिब्यूनल सप्ताह में सिर्फ तीन दिन बैठती थी और उन दिनों में अधिकांश अभियुक्तों की उपस्थिति अभिमुक्त कर दी जाती थी।

4 अगस्त से 11 अगस्त, 1930 तक प्रेमदत्त एवं कुन्दन लाल को हर सुनवाई पर उपस्थित होने से अभिमुक्त किया जाता रहा। 11 अगस्त को ट्रिब्यूनल ने साक्ष्य दर्ज किया कि सिवाय सुखदेव, विजय कुमार सिन्हा एवं भगत सिंह के सभी अदालत में उपस्थित होने के लिए स्वस्थ थे पर उन्होंने अदालत में उपस्थित होने का विरोध किया था। **चिकित्सक का साक्ष्य बतलाता था कि सुखदेव, विजय कुमार सिन्हा एवं भगत सिंह अदालत लाए जाने के लायक न थे क्योंकि वे लगातार भूख हड़ताल की वजह से अत्यन्त कमजोर हो गए थे।** साक्ष्य यह भी था कि विजय कुमार सिन्हा एवं सुखदेव ने शायद भूख हड़ताल तोड़ दी थी जिससे कि वे दो दिनों में अदालत आने लायक हो पाएँ। उनको भी उपस्थित होने से 13 अगस्त तक के लिए अभिमुक्ति दे दी गई थी। भगत सिंह को भी उपस्थित होने से 18 अगस्त तक के लिए अभिमुक्ति दी गई थी हालाँकि उन्होंने अभी अपनी हड़ताल नहीं तोड़ी थी। बाकी बारह लोगों की उपस्थिति अगली तारीख तक के लिए माफ कर दी गई थी।

11 से 22 अगस्त, 1930 तक, हर तारीख पर 14 अभियुक्तों को इस बयान के बाद कि उन्होंने अदालत में लाए जाने का विरोध किया उपस्थित होने से अभिमुक्त कर दिया गया था। पन्द्रहवें अभियुक्त भगत सिंह को 11 अगस्त से 18 अगस्त तक उपस्थित होने से अभिमुक्त कर दिया गया। अगले दिन साक्ष्य आया कि वे अभी तक भूख हड़ताल पर थे और शारीरिक रूप से अदालत आने में सक्षम नहीं थे। उन्हें 22 अगस्त तक अदालत में उपस्थित होने से अभिमुक्त कर दिया गया था।

22 अगस्त को चिकित्सक की गवाही बतलाती है कि भगत सिंह अदालत में हाजिर होने में सक्षम थे। यह भी साबित किया गया कि उन्होंने तथा अन्य अभियुक्तों ने उस दिन भी अदालत में उपस्थित कराए जाने का विरोध किया था। सभी अभियुक्तों को अगली तारीख तक के लिए उपस्थित होने से अभिमुक्त कर दिया गया था। 23, 25 एवं 26 अगस्त, 1930 तक वही आदेश पारित किए गए जो 22 अगस्त, 1930 को पारित किए गए थे।

26 अगस्त, 1930 तक 457 अभियोजन साक्षियों के बयान हो चुके थे। उसके बाद सरकारी वकील ने अभियोजन साक्ष्यों का साक्ष्य लेना खत्म किया और इस तरह अभियोजन की गवाही बन्द हो गई।

ट्रिब्यूनल ने तब अगली तारीख तक के लिए मुकदमा स्थगित किया जिससे कि सफाई पेश करने से पहले उनसे आपराधिक प्रक्रिया संहिता की धारा 342 के तहत उनके विषय में दिए गए साक्ष्यों पर आमतौर पर सवाल किए जा सकें। इस आदेश की प्रति हर एक अभियुक्त को जेल में दी गई।

27 अगस्त, 1930 को भी अभियुक्तों ने अदालत में उपस्थित होने से इनकार किया और तब अदालत ने अगले आदेश तक के लिए उन्हें अभिमुक्त किया। फिर ट्रिब्यूनल ने यह आदेश दर्ज किया–

"अभियुक्तों की अदालत में अनुपस्थिति के कारण उनसे सामान्य तौर पर आपराधिक प्रक्रिया संहिता की धारा 342 के अन्तर्गत मुकदमे में लगाए गए अभियोगों के बाबत सवाल नहीं किए।

अध्यादेश (1930 III) की धारा 6 के अनुसार हमें आपराधिक प्रक्रिया संहिता के चैप्टर XXI का पालन उस सीमा तक करना है जहाँ तक उसमें एवं अध्यादेश में दिए गए निर्देशों में कोई विरोध नहीं है। अतः हम आपराधिक प्रक्रिया संहिता की धारा 342 के अन्तर्गत अभियुक्तों के बयान की दिशा में और कोई कदम उठाना जरूरी नहीं समझते क्योंकि अध्यादेश की धारा 9 के अन्तर्गत अभियुक्तों को उपस्थित रहने से अभिमुक्त कर दिए जाने से उनका बयान लेना स्वतः बाधित हो गया है।"

ट्रिब्यूनल ने तब आपराधिक प्रक्रिया संहिता की धारा 256 के अन्तर्गत एक अलग आदेश पारित करते हुए अभियुक्तों को अपने बचाव में साक्षियों को बयान देने के लिए लाने का आदेश दिया और मुकदमा अगली तारीख के लिए स्थगित कर दिया। उसी दिन इस आदेश की भी एक प्रति हर अभियुक्त को जेल में दी गई।

28 अगस्त, 1930 को भी अभियुक्तों ने अदालत में उपस्थित होने का विरोध किया और उन्हें अदालत ने अगली तारीख तक उपस्थित होने से अभिमुक्त कर दिया।

अभियुक्तों की तरफ से न तो कोई गवाह आया और न उन्होंने गवाहों की कोई सूची दी, जिससे उन्हें सम्मन भेजा जा सके। ट्रिब्यूनल ने अगली तारीख तक के लिए मुकदमा स्थगित कर दिया।

29 अगस्त, 1930 को अदालत ने 28 अगस्त, 1930 की ही प्रक्रिया को दोहराया। न तो अभियुक्त आए और न ही उनके गवाह। मुकदमा 30 अगस्त, 1930 के लिए स्थगित कर दिया गया।

पहली सितम्बर, 1930 को भी अभियुक्तों ने अदालत लाए जाने का विरोध किया। उनको उपस्थित होने से 5 सितम्बर तक अभिमुक्त किया गया। हालाँकि इस तारीख को दो अभियुक्तों विजय कुमार सिन्हा एवं अजय कुमार घोष की तरफ से (श्री अमोलक राम कपूर) उपस्थित हुए और उन्होंने अदालत से मौखिक प्रार्थना की कि अभियोजन के सभी 457 गवाहों को आपराधिक प्रक्रिया संहिता की धारा 257 के तहत दुबारा बुलाया जाए ताकि वे उनकी जिरह कर पाएँ। पाँच इक़बालिया गवाह, जयगोपाल (अभियोजन साक्ष्य 2), फणीन्द्रनाथ घोष (अभियोजन साक्ष्य 3), मनमोहन बनर्जी (अभियोजन साक्ष्य 4), हंसराज वोहरा (अभियोजन साक्ष्य 5), एवं ललित कुमार मुखर्जी (अभियोजन साक्ष्य 6), जो उस समय अदालत की हिरासत में थे और अदालत परिसर में उपस्थित थे, की जिरह करने की पेशकश उसी समय श्री अमोलक राम कपूर को की गई। बाकी 452 अभियोजन गवाहों को जिरह के लिए दुबारा बुलाए जाने के सवाल पर अदालत ने श्री अमोलक राम कपूर को कहा कि वे प्रत्येक गवाह की बाबत अदालत को अपराधिक प्रक्रिया संहिता की धारा 257 के अनुसार, सन्तुष्ट करें कि क्यों गवाहों का बुलाया जाना न्याय करने हेतु आवश्यक है। श्री अमोलक राम कपूर न तो अपने साथ बचाव पक्ष का कोई गवाह लेकर आए थे और न उनके पास बचाव पक्ष के गवाहों की कोई सूची थी जिन्हें सम्मन देकर बुलाया जा सकता, जैसा कि अदालत ने अपने पूर्ववर्ती आदेश दिनांक 30 अगस्त, 1930 या उससे पहले कहा था। तब इक़बालिया गवाहों में पहले गवाह जयगोपाल (अभियोजन गवाह 2) को गवाह के कटघरे में जिरह के लिए पेश किया गया पर अमोलक राम कपूर ने उसकी जिरह करने से यह कहते हुए इनकार कर दिया कि उनके मुवक्किल ने उन्हें किसी इक़बालिया गवाह की जिरह करने का निर्देश नहीं दिया था। उन्होंने अदालत से 2 बजे तक के लिए समय माँगा जिससे कि वे अपने मुवक्किलों से जेल में मिल लें। 11:45 बजे उनकी प्रार्थना स्वीकार की गई और उन्हें समय दे दिया गया। अपने लिखित प्रतिवेदन के पारा 6 में श्री अमोलक राम कपूर ने गलत लिखा था कि ट्रिब्यूनल ने सभी अभियोजन साक्षियों को जिरह के लिए दुबारा

बुलाए जाने की माँग ठुकरा दी थी। जबकि तथ्य यह था कि ट्रिब्यूनल ने पाँचों इक़बालिया गवाहों को बुलाने की प्रार्थना स्वीकार कर ली थी पर बाकी साक्षियों को बुलाने हेतु प्रार्थना पर अन्तिम आदेश पारित नहीं किया था क्योंकि श्री कपूर ने आपराधिक प्रक्रिया संहिता की धारा 257 के उपबन्ध के अनुसार अदालत को सन्तुष्ट नहीं किया था।

दो बजे अमोलक राम कपूर ट्रिब्यूनल के सामने फिर हाजिर हुए और विजय कुमार सिन्हा एवं अजय कुमार घोष द्वारा हस्ताक्षरित आवेदन देकर किसी भी साक्षी की जिरह को शुरू करने के लिए एक सप्ताह का समय माँगा। श्री अमोलक राम कपूर ने कहा कि उनके मुवक्किलों ने उन्हें निर्देश दिया था कि वे एक सप्ताह के समय के आवेदन का तो समर्थन करते हैं पर वे इक़बालिया गवाहों की जिरह या अपने बचाव में कोई भी कदम उठाने की सहमति नहीं देते। एक सप्ताह का समय माँगने को अदालत ने अनावश्यक देर करना माना और प्रार्थना को अस्वीकार कर दिया। फिर अमोलक राम कपूर मुकदमा छोड़कर चले गए। न तो कोई सफाई पक्ष का गवाह वहाँ मौजूद था, न ही अभियुक्तों की तरफ से कोई वकील था जो वहाँ अदालत परिसर में मौजूद अभियोजन गवाहों की जिरह करता, न ही सफाई पक्ष के अन्य गवाहों को बुलाने के लिए अदालत में कोई आवेदन दिया गया था। विजय कुमार सिन्हा एवं अजय कुमार घोष का प्रतिवाद पक्ष, (डिफेन्स) ट्रिब्यूनल ने बन्द कर दिया। उसी दिन सुबह में अभियुक्तों की उपस्थिति को 5 सितम्बर, 1930 तक के लिए अभिमुक्त करने के बाद ट्रिब्यूनल ने अभियुक्तों के प्रतिवाद पक्ष को बन्द कर दिया था क्योंकि चार बार मौका देने के बाद भी प्रतिवादपक्ष का कोई गवाह उपस्थित नहीं हुआ था। पहली सितम्बर 1930 को सुनवाई के अन्त में सरकारी वकील को अपनी बहस शुरू करने का आदेश दे दिया गया।

सरकारी वकील की बहस 10 सितम्बर, 1930 को खत्म हो गई। 5 सितम्बर, 1930 को फिर सभी अभियुक्तों ने अदालत लाए जाने का विरोध किया। उनको 9 सितम्बर तक उपस्थित होने से अभिमुक्त किया गया। और 9 सितम्बर को भी यही प्रक्रिया दोहराते हुए उन्हें 11 सितम्बर तक के लिए अभिमुक्ति प्रदान की। 10 सितम्बर, 1930 को अभियोजन पक्ष की बहस समाप्त होने के बाद मुकदमा अगली तारीख के लिए मुल्तवी कर दिया गया जिससे कि अभियुक्तगण चाहें तो उपस्थित होकर पूरे मुकदमे पर अपना पक्ष अदालत के सामने रख सकें। इस आशय के आदेश की प्रति हर अभियुक्त को जेल परिसर में दे दी गई। 11 सितम्बर, 1930 को अभियुक्तों को 8 अक्टूबर, 1930 तक के लिए

उपस्थित होने से अभिमुक्त कर दिया गया। इस बीच अदालत नहीं बैठी। उसी दिन 8 अक्टूबर, 1930 को निर्णय (फैसला) देने की तारीख भी तय कर दी गई।

ट्रायल में दी गई गवाही के रिकार्ड को आपराधिक प्रक्रिया संहिता की धारा 356 (1) के तहत ट्रिब्यूनल ने अपनी देखरेख एवं निर्देश के तहत उर्दू में करवाया गया है। सिवाय उस साक्ष्य के जो उसी धारा की उप-धारा (2) के अन्तर्गत अंग्रेजी में थे। इक़बालिया गवाहों हंसराज वोहरा (अभियोजन साक्ष्य संख्या 5) एवं ललित कुमार मुखर्जी (अभियोजन साक्ष्य संख्या 6) तथा दूसरे गवाहों ने आपराधिक प्रक्रिया संहिता ही धारा 356 (3) के तहत अपने बयान अंग्रेजी में दिये थे। ट्रिब्यूनल के अध्यक्ष द्वारा, ट्रायल के दौरान, देशी भाषा में दिए गए बयानों की सार वस्तु की विवरणिका भी तैयार की जाती रही।

उपर्युक्त अभिलेख कानून सम्मत एवं प्रामाणिक हैं जिनका हवाला सन्देह उपजने पर दिया जा सकता है। इन अभिलेखों के अलावा सभी साक्ष्यों के अतिरिक्त अभिलेख अंग्रेजी में भी उपलब्ध हैं। ये अभिलेख ट्रिब्यूनल के एक सदस्य द्वारा साक्ष्य लिए जाने के समय एक आशुलिपि टंकक को अंग्रेजी में लिखवाए गए हैं। अन्त में उल्लेखित अभिलेखों को छपवा लिया गया, जिस छपी पुस्तक में ट्रिब्यूनल द्वारा समय-समय पर दिए गए महत्त्वपूर्ण आदेश भी सम्मिलित हैं। हालाँकि यह छपी पुस्तक कोई प्रामाणिक अभिलेख नहीं है और किसी सन्देह की स्थिति पर मौलिक अभिलेखों को अवश्य देखा जाएगा।

बाकी बचे निर्णय की रूपरेखा ऐसी होगी

1. पहले तो अभियोजन साक्ष्य के सामान्य स्वरूप को संक्षेप में बताया जाएगा, जिसमें इक़बालिया गवाहों की विश्वसनीयता पर टिप्पणी भी सन्निहित होगी।
2. फैसले के इस चरण में अभियोजन गवाहों के बयानों का ब्योरेवार वर्णन दिया जाएगा। पर यहाँ उन तथ्यों के सबूतों पर चर्चा नहीं की जाएगी।
3. फैसले में उन साक्ष्यों का वर्णन किया जाएगा जो इक़बालिया गवाहों के बयानों के सामान्य स्वरूप की सम्पुष्टि करते हैं। साथ ही उन दूसरे साक्ष्यों पर भी विचार किया जाएगा जो व्यक्तिगत रूप से हर एक अभियुक्त को उन पर आरोपित गतिविधियों से सीधा जोड़ता है।
4. इसके बाद फैसले में साक्ष्य द्वारा प्रमाणित हर एक अभियुक्त के मुकदमे को अलग-अलग व्यक्तिगत तौर पर उठाया जाएगा और साथ ही

विस्तार से उन साक्ष्यों का वर्णन किया जाएगा, जो उसके अपराध साबित करते हैं।

5. तत्पश्चात इस सवाल पर विचार किया जाएगा कि एक ही षड्यन्त्र के तहत कैसे विभिन्न अभियुक्तों द्वारा विभिन्न घटनाओं को अंजाम दिया गया। साथ ही उन साक्ष्यों का हवाला भी दिया जाएगो जिनसे उपरोक्त बातें साबित होती हैं।
6. अन्त में, प्रयुक्त कानून के आलोक में अभियुक्तों की प्रमाणित गतिविधियों की समीक्षा की जाएगी और तब ट्रिब्यूनल प्रत्येक अभियुक्त पर अपना फैसला सुनाएगा।

1. अभियोजन साक्ष्य का सामान्य स्वरूप

अभियोजन साक्ष्य में मुख्यतया सात इक़बालिया गवाहों के बयान, तीन अभियुक्तों के स्वीकारोक्ति बयान, काफी बड़ी संख्या में उन गवाहों के बयान जिन्होंने दावा किया है कि उन्होंने विभिन्न अभियुक्तों को अलग-अलग जगहों एवं समय पर पहचाना; विशेषज्ञ गवाहों के बयान जिन्होंने अस्त्र-शस्त्र एवं आग्नेय सामग्री पर लिखी हस्तलिपी को पहचाना; पुलिस एवं मैजिस्ट्रेट के औपचारिक बयान जिन्होंने पहचान परेड कराए, घरों की तलाशी ली या बरामदगी की या जाँच के दौरान अन्य कार्यवाही की ऐसे बयान जो इक़बालिया गवाहों के बयानों को विभिन्न मुद्दों पर सम्पुष्ट करनेवाले हैं पर जो अभियुक्तों की पहचान से सम्बन्धित नहीं।

सात इक़बालिया गवाहों में से दो **राम सरण दास** (अभियोजन साक्ष्य संख्या 7) एवं **ब्रहम दत्त** (अ0 सा0 संख्या 441) ने इस अदालत में बयान दिए जो उनके माफी माँगने एवं माफी दिए जाने के बाद जाँच के दौरान दिए गए बयानों से अलग है, जिसे मैजिस्ट्रेट ने आपराधिक प्रक्रिया संहिता की धारा 164 के तहत दर्ज किया था। विभिन्न अवसरों पर बदलते बयानों की वजह से उनके बयानों पर विश्वास करना खतरनाक है अतः इस मुकदमे के फैसले में इन बयानों की उपेक्षा की जाती है।

बाकी बचे 5 **इक़बालिया गवाह हैं—जयगोपाल** (अ. सा. सं. 2); **फणिन्द्रनाथ घोष** (अ. सा. सं. 3); **मनमोहन बनर्जी** (अ. सा. सं.4); **हंसराज वोहरा** (अ. सा. सं. 5) एवं **ललित कुमार मुखर्जी** (अ. सा. सं. 6)। अभियोजन गवाहों के बयानों से जो मुकदमा बनता है वह है कि कैसे सत्ता के खिलाफ जेहाद छेड़ने का षड्यन्त्र विभिन्न तरीकों से किया गया जिसमें खून, डकैती के अलावा बम बनाना एवं

उनका इस्तेमाल करना भी था। यह षड्यन्त्र सितम्बर 1928 में अपने पूरे रूप में उभरकर सामने आया, वैसे उसकी शुरुआत पहले ही छोट-छोटे षड्यन्त्रों से हो गई थी और जिसका विस्तार पंजाब से बिहार एवं कलकत्ता तक था। गवाह फणिन्द्र नाथ घोष एवं मनमोहन बनर्जी ज्यादातर बिहार एवं कलकत्ता में विभिन्न चरणों में किये गए षड्यन्त्र के बारे में बताते हैं। पर फणिन्द्र नाथ घोष के बयानों में, युनाइटेड प्रोविन्स, दिल्ली एवं कुछ हद तक पंजाब में हुई गतिविधियाँ भी शामिल हैं। ललित कुमार का बयान पूरी तरह से इलाहाबाद एवं आगरा के बारे में है, बाकी बचे 2 इक़बालिया गवाह जयगोपाल एवं हंसराज वोहरा का बयान पूरी तरह से पंजाब में हुई गतिविधियों के बारे में है। हालाँकि फणिन्द्रनाथ घोष एवं मनमोहन बनर्जी के कार्य का आपस में गहरा सम्बन्ध था जैसा कि उन्होंने अपने बयानों में कहा है, पर यह बात महत्त्वपूर्ण है कि जयगोपाल एवं हंसराज वोहरा दोनों के बीच सम्बन्ध हल्का था जबकि ये इक़बालिया गवाह पंजाब से आते हैं। उनका आपस में मिलना यदा-कदा ही था और जैसा कि कटघरे में उनके बयान देने के हावभाव से जाहिर है उनके आचरण भी समान नहीं थे। हंसराज साहित्यिक रुचि एवं बौद्धिक गुणोंवाला व्यक्ति है और मुख्यतया प्रचार कार्य में ही रुचि रखता है; पर चूँकि वह इस मुकदमे में इक़बालिया गवाह बन गया है इसलिए यह निर्णय कर पाना कठिन है कि वह अपने हृदय में क्रान्तिकारी दलों के आदर्श रखता है। उसकी गवाही साफ सोच एवं यथार्थता के प्रति सम्मानजनक सावधानी दर्शाती है। दूसरी तरफ, जयगोपाल ज्यादा पढ़ा-लिखा व्यक्ति नहीं है। वह साधारणतया छोटे-मोटे कार्य के लिए लगाया गया था जैसे कि खबर इधर-उधर पहुँचाना, चिकित्सक के सहायक (कम्पाउंडर) की तरह काम करना, उन लोगों पर नजर रखना जिनकी तरफ षड्यन्त्रकारियों के इरादे शत्रुतापूर्ण थे। फिर भी जयगोपाल ने अपनी गवाही बहुत ही विश्वसनीय तरीके से दी और ब्यौरेबार वर्णन के लिए उसकी सचेष्ट परिशुद्धता उसके बयान देने एवं उसके द्वारा अपना बयान सुने जाने तथा उसकी सत्यता जाँचे जाने में दिखाई दी। ललित कुमार मुखर्जी के बयान फणिन्द्रनाथ घोष के बयान की तुलना में कम महत्त्व के हैं कारण फणिन्द्र नाथ घोष के साक्ष्य ज्यादा विस्तृत इलाके एवं समय से सम्बन्धित हैं। जो भी हो फणिन्द्रनाथ घोष अन्य इक़बालिया गवाहों से अलग एक षड्यन्त्रकारी नेता था। उसका साक्ष्य दूसरे किसी भी इक़बालिया गवाहों की अपेक्षा लम्बा है और वह ज्यादा तथ्यों एवं घटनाओं के बारे में बताता है। उसकी गवाही भी विश्वसनीय तरीके से दी गई है और उसने भी बयानों की परिशुद्धता पर पूरा ध्यान दिया है।

अन्त में, सभी इक़बालिया गवाहों के बारे में कहा जा सकता है, खासकर हंसराज वोहरा, जयगोपाल एवं फणिन्द्रनाथ घोष के लिए, कि उनके बयान कहीं से भी अतिशयोक्ति पूर्ण या सत्य के साथ तोड़-मरोड़ या किसी घटना के बदले दूसरे को झूठा फँसाने के लिए नहीं दिए गए हैं या जिस घटना में कम व्यक्ति हों उसमें ज्यादा व्यक्तियों को लपेटने की कोई कोशिश नहीं की गई है। जहाँ षड्यन्त्र की विस्तृत जानकारी नहीं है वहाँ कहानी को मजबूती प्रदान करने की कोशिश उनके बयान में नहीं दिखाई देती है, नहीं तो गवाही कमजोर होती। एक इक़बालिया गवाह के बयान का समर्थन दूसरे इक़बालिया गवाह से होना मात्र ही अभियुक्त को सजा दिलाने के लिए काफी नहीं है। सजा दिलाने के लिए कुछ बाहरी स्रोतों द्वारा भी उसका समर्थन होना आवश्यक है, फिर भी एक इक़बालिया गवाह का बयान यदि दूसरे इक़बालिया गवाह के बयान का समर्थन करता है तो यह एक दूसरे के बयान को मजबूती प्रदान करता है, खासकर जयगोपाल एवं हंसराज वोहरा जैसे लोगों के मामले में, जैसा कि ऊपर व्याख्यायित किया जा चुका है, कि वे भिन्न प्रकार के थे और एक दूसरे से जुड़े हुए भी नहीं थे। पुष्टिकरण के मामले में इस बात का तनिक भी संकेत नहीं मिलता कि पहले से उन्होंने आपस में तय कर लिया था। संक्षिप्त में कहा जाए तो उपरोक्त पाँचों इक़बालिया गवाहों के बारे में कहा जा सकता है कि उनकी गवाही अभियोजन के मुकदमे के लिए अत्यन्त ही मजबूत एवं विश्वसनीय नींव का काम करती है और ऐसा कोई प्रत्यक्ष कारण नहीं है कि उनके बयान में आए तथ्यों का विश्वास न किया जाए।

तीन अभियुक्त जिन्होंने स्वीकारोक्ति बयान दिए हैं उनमें प्रेम दत्त का स्वीकारोक्ति बयान 16 जून, 1929 को चौधरी मुश्ताक अहमद (अ. सा. 33) द्वारा; महावीर सिंह का बयान राय साहिब लाला नाथू राम (अ. सा. 24) द्वारा 24 जून, 1929 को और गया प्रसाद का स्वीकारोक्ति बयान चौधरी मुश्ताक अहमद (अ. सा. 33) द्वारा 1 जुलाई, 1929 को लिया कलमबद्ध किया। ये सभी स्वीकारोक्ति बयान आपराधिक प्रक्रिया संहिता की धारा 164 के अन्तर्गत लिए गए और सम्बन्धित मैजिस्ट्रेटों द्वारा इस धारा के सभी प्रावधानों का पालन किया गया था तथा दोनों का बयान भी इस बाबत ले लिया गया था। दूसरे मैजिस्ट्रेट एस. रुपिन्दर सिंह (अ. सा. 466) ने भी किशोरी लाल द्वारा अपने समक्ष दिए गए बयानों की बात 9 मई, 1929 को अपनी गवाही में कही। यह गवाह उस समय तृतीय श्रेणी का मैजिस्ट्रेट था जब उसके सामने उन्होंने बयान दिए थे और तब वह आपराधिक प्रक्रिया संहिता की धारा 164 के अन्तर्गत बयान लेने में सक्षम नहीं था और न ही उसने इस प्रावधान के तहत लागू होनेवाले नियमों का

पालन किया था। इस फैसले में निष्कर्ष पर पहुँचने के लिए इस गवाह द्वारा किशोरी लाल के द्वारा लिए गए बयानों पर विचार नहीं किया गया है।

जहाँ तक महावीर सिंह एवं प्रेमदत्त के इक़बालिया बयानों का प्रश्न है तो यह कहा जा सकता है कि ये बयान खुद को भी अपराध में शामिल करते हुए दिए गए बयान हैं जो इन अभियुक्तों के विरुद्ध तो पर्याप्त साक्ष्य हैं ही साथ ही भारतीय साक्ष्य अधिनियम की धारा 30 के अन्तर्गत उन उभियुक्तों के खिलाफ भी पर्याप्त हैं जिनके विरुद्ध उन्होंने बयान दिए हैं। जहाँ तक गया प्रसाद के स्वीकारोक्ति बयान का प्रश्न है तो यह बयान खुद को दोषी न बताते हुए दिया गया बयान है अतः यह न तो उसके द्वारा बयान किए गए किसी कार्य कलाप का साक्ष्य हो सकता है और न ही दूसरे अभियुक्तों के विरुद्ध जिनके बारे में वह कहता है। फिर भी इस साक्ष्य का कुछ मूल्य इक़बालिया गवाहों के उन साक्ष्यों को सम्पुष्ट करने के लिए तो है ही, जहाँ दोनों के साक्ष्य एक जैसे हैं, खासकर वहाँ जहाँ इक़बालिया गवाहों के बयान दूसरे बाहरी साक्ष्यों से मिलते-जुलते हैं।

फैसले के इस भाग में जिस दूसरी बात का उल्लेख आवश्यक है वह है **अभियुक्तों का गवाहों द्वारा पहचाना जाना**। यह पहचान भारतीय साक्ष्य अधिनियम की धारा 9 के तहत उन अभियुक्तों की पहचान को पक्का करने के लिए तो आवश्यक है ही, जिनके खिलाफ बयान में कहा गया है, साथ ही गवाहों की अवलोकन शक्ति की जाँच के लिए भी यह जरूरी है कि उन्होंने किसी खास घटना के दौरान उस अभियुक्त को पहचाना था। ट्रायल के अधिकांश समय में अभियुक्तों की गैर मौजूदगी के कारण, गवाहों से अदालत के अन्दर ट्रिब्यूनल द्वारा उनकी पहचान करवाना सम्भव नहीं था कि वे अपने बयानों में किसका जिक्र कर रहे हैं। इस कथन का एक अपवाद इक़बालिया गवाह जयगोपाल (अ. सा. 2) है जिसकी मुख्य गवाही उस समय हुई थी जब अभियुक्तों ने अदालत आना बन्द नहीं किया था। बाकी गवाहों के मामले में अभियोजक ने गवाहों द्वारा बताए गए अभियुक्तों की पंहचान को सत्यापित करने के लिए दो तरीकों को अपनाया था। इस ट्रिब्यूनल में ट्रायल शुरू होने के पहले आपराधिक प्रक्रिया संहिता के अध्याय 18 के तहत, स्पेशल मैजिस्ट्रेट, राय साहब पंडित श्री कृष्ण द्वारा अभियुक्तों के खिलाफ कार्यवाही शुरू हुई थी, जिन्होंने इस अदालत के सामने अभियोजन साक्षी संख्या 405 के तौर पर गवाही दी थी। इस ट्रीब्यूनल को गठित करनेवाले अध्यादेश की धारा 6, उपधारा (3) के अनुसार की गई सुनवाई मैजिस्ट्रेट द्वारा आपराधिक प्रक्रिया संहिता के अध्याय 18 के अन्तर्गत आती है, जिसके

तहत अभियुक्तों को ट्रिब्यूनल के समक्ष ट्रायल के लिए सुपुर्द किया गया है। अतः आपराधिक प्रक्रिया संहिता की धारा 288 तथा उपर्युक्त अध्यादेश की धारा 6 दोनों ही गवाहों द्वारा स्पेशल मैजिस्ट्रेट के समक्ष दी गई गवाही पर लागू होती है।

स्पेशल मैजिस्ट्रेट द्वारा इस प्रकार ली गई गवाही में, बड़ी संख्या में गवाहों ने उस समय अदालत में उपस्थित अभियुक्तों को पहचाना था और यह पहचान उस अदालत में दी गई गवाही का हिस्सा हो गई। अभियोजक की प्रार्थना पर आपराधिक प्रक्रिया संहिता की धारा 288 के तहत **इस ट्रिब्यूनल ने स्पेशल मैजिस्ट्रेट की अदालत में एक सौ लोगों द्वारा दी गई गवाही और उनमें अभियुक्तों के सामने गवाहों द्वारा अभियुक्तों की पहचान के साक्ष्य के अभिलेख को ट्रिब्यूनल के साक्ष्य में शामिल कर लिया।** अब वह इस अदालत के समक्ष ली गई ट्रायल के अभिलेख का ही एक हिस्सा है। अधिकांश मामलों में, सम्बन्धित गवाहों से ट्रिब्यूनल में हो रही गवाही के समय भी पूछा गया था कि क्या उन्होंने स्पेशल मैजिस्ट्रेट की अदालत में अभियुक्तों को पहचाना था? इस फैसले में जब भी अदालत के समक्ष इक़बालिया गवाहों के अलावा अन्य गवाहों द्वारा किसी की पहचान का जिक्र होगा, तो इसका अर्थ होगा स्पेशल मैजिस्ट्रेट के सामने की गई पहचान का, जिसकी पहचान के अभिलेख, आपराधिक प्रक्रिया संहिता की धारा 288 के अर्न्तगत इस अदालत के समक्ष हुए साक्ष्यों की तरह समझे जाएगें। इसके अलावा रीडर सन्त सिंह (अ.सा.सं. 35), जय दयाल (अ.सा.सं. 43) और अल्ला दित्ता (अ.सा.सं. 448) जिन्होंने अदालत में बयान लिखे थे के द्वारा स्पेशल मैजिस्ट्रेट के यहाँ की गई उपरोक्त पहचान का सत्यापन उनकी गवाही से प्रत्येक मामले में अलग-अलग लिया गया। पहचान के दौरान किस तरह की कार्यवाही की गई थी, इसके बाबत खुद स्पेशल मैजिस्ट्रेट (अ. सा. सं. 405) का बयान भी इस अदालत में लिया गया। इस तरह की पहचान स्पेशल मैजिस्ट्रेट के यहाँ की गई ऐसे साक्ष्य की अवधारणा भारतीय साक्ष्य अधिनियम की धारा 80 में भी है।

इसके अलावा उन गवाहों का सवाल है जिनके बयान ट्रिब्यूनल के सामने हुए और जिनकी गवाही (स्पेशल) मैजिस्ट्रेट के समक्ष नहीं हुई थी। अभियोजक द्वारा ऐसे मामलों में जो तरीका अपनाया गया वह था कि उन्हें ट्रिब्यूनल में गवाही देने के कुछ समय बाद ही, जिनका उन्होंने नाम लिया था, उनकी पहचान के लिए जेल भेजा गया जहाँ अभियुक्तगण बन्द थे। इन कारावासों में, जेल अधीक्षक या दूसरे ऑफिसरों ने, इन गवाहों का अभियुक्तों से मिलने का इंतजाम किया था जहाँ वे प्रत्येक अभियुक्त को नाम से या दूसरी तरह से पहचान सकें जिनके बारे में आगे शायद ट्रिब्यूनल में उन्हें अपनी गवाही में उनका उल्लेख करना पड़े। इसके

बाद ट्रिब्यूनल में गवाही देते समय, प्रत्येक गवाह को कहना होगा कि वे जिनका नाम ले रहे हैं उनकी पहचान जेल में उन्होंने जेल अधिकारियों के समक्ष की थी। अभियोजक तब उन कारा अधिकारियों की गवाही के विषय में कदम उठाते हैं जिनके सामने गवाहों ने अभियुक्त को पहचाना था। ऐसे जेल अधिकारी जिनके द्वारा ऐसी गवाही दी गई वे हैं, मेजर ब्रिग्स, आई.एस. (अ. सा. सं. 41) लाला काला राम (ब. सा. सं. 444), मुहम्मद अकबर (अ. सा. सं. 445), खान साहिब खैदद्दीन (अ. सा. सं. 456) एवं दौलत अली शाह (अ. सा. सं. 42) इस तथ्य (जेल अधिकारियों के सामने कराई गई परेड) का महत्त्व यह है कि इन्हीं जेल अधिकारियों के सामने परेड कराई गई थी और ये जेल अधिकारी हर एक उस अभियुक्त की पहचान से वाकिफ थे जिन्हें गवाहों ने पहचाना था, कारण ये अभियुक्त इन्हीं जेल अधिकारियों की कैद में थे।

उपरोक्त दो विधियों के अलावा अभियोजक ने गवाहों द्वारा पहचान किए गए अभियुक्तों की पहचान को पक्का करने के लिए जो विधि चुनी, वे कुछ और साक्ष्य परेड के बनिस्बत हैं, जो जाँच के दौरान मैजिस्ट्रेट द्वारा की गई थीं और जिनमें विभिन्न गवाहों ने विभिन्न अभियुक्तों को पहचाना था। ट्रिब्यूनल द्वारा दर्ज की गई उन मैजिस्ट्रेटों की गवाही, सम्बन्धित गवाहों के वक्तव्य के साथ कि किन विशेष अभियुक्तों की पहचान मैजिस्ट्रेट के समक्ष परेड में की गई थी, अभियुक्तों की पहचान के प्रमाण के तौर पर उपलब्ध है। उपरोक्त मैजिस्ट्रेटों के नाम यह हैं :

1. आर. एस. लाला नत्थू राम — अ. सा. सं. – 24
2. चौधरी रौशन लाल — अ. सा. सं. – 29
3. चौधरी मुश्ताक अहमद — अ. सा. सं. – 33
4. लाला रामलाल — अ. सा. सं. – 44
5. के. एस. मिर्जा मेंहदी हुसैन — अ. सा. सं. – 167
6. लेफ्टिनेंट बी. एल. भंडारी — अ. सा. सं. – 188
7. के. एस. रहमान बक्श कादरी — अ. सा. सं. – 204
8. मिर्जा वली बख्त — अ. सा. सं. – 233
9. मि. ई. इस लीविस — अ. सा. सं. – 266
10. ठाकुर सूरज नारायण सिंह — अ. सा. सं. – 279
11. खान आमीर नवाज खान — अ. सा. सं. – 303
12. मिंया जगदीश सिंह — अ. सा. सं. – 320

    एवं

13. लाला मुल्खराज — अ. सा. सं. – 414

यहाँ यह भी कहा जा सकता है कि साक्ष्य द्वारा परिलक्षित होता है कि मैजिस्ट्रेटों द्वारा कराई गई ज्यादातर परेडें काफी सावधानी बरतते हुए कराई गई है जिससे कोई मिलीभगत न हो।

2. अभियोजन साक्ष्य द्वारा बताए गए तथ्यों का, बगैर उन तथ्यों की प्रामाणिकता पर चर्चा के, सिलसिलेवार वर्णन

अभियोजन द्वारा पेश किया गया मुकदमा उस क्रान्तिकारी षड्यन्त्र का है जो अगस्त 1928 के आसपास शुरू हुआ। कई क्रान्तिकारी दल मिलकर एक बड़ा क्रान्तिकारी दल बन गए थे और जिसकी गतिविधियाँ उत्तर भारत में पंजाब से कलकत्ता तक फैली हुई थी। इन तथ्यों को सिलसिलेवार ढ़ंग से देखने के लिए 1928 से पहले की घटनाओं और उसके बाद की घटनाओं के बीच एक लकीर खींचने की जरूरत है।

इक़बालिया गवाह फणिन्द्रनाथ घोष (अ. सा. सं. 3) जो बिहार एवं उड़ीसा प्रान्त के बेतिया में रहता है, 1916 से ही क्रान्तिकारी गतिविधियों में रुचि रखने लगा था और बंगाल के एक क्रान्तिकारी दल अनुशीलन पार्टी से सम्बद्ध हो गया। 1918 में वह एक वर्ष के लिए डिफेंस ऑफ इंडिया एक्ट के अन्तर्गत नजरबन्द किया गया। 1919 में यह इक़बालिया गवाह मनमोहन बनर्जी के सम्पर्क में आ गया और अगले तीन वर्षों तक वह बेतिया में बिहार प्रान्त की एक क्रान्तिकारी पार्टी के गठन में संलग्न रहा। 1923 में उसने मनमोहन बनर्जी को इस पार्टी में भरती कर लिया। 1925 में उसने स्वयंसेवकों का एक दस्ता तैयार किया जिसका नाम राजनीतिक गतिविधियों हेतु 'हिन्दुस्तान सेवा दल' रखा गया। 1926 क शुरुआती दिनों में वह बनारस गया जहाँ वह संयुक्त प्रान्त क्रान्तिकारी दल के कुछ सदस्यों से मिला, जो उस समय तक काकोरी कांड की जाँचों के परिणामस्वरूप काफी कमजोर हो चुके थे; कारण तब तक इक़बालिया गवाहों के बयानों की वजह से उसके कई महत्त्वपूर्ण सदस्य गिरफ्तार हो चुके थे। काकोरी कांड में गिरफ्तार दो व्यक्ति एस.एन. सन्याल और बी. एन. सन्याल इस मुकदमे के अभियुक्त जतिन्द्र नाथ सन्याल के भाई थे। जतिन्द्र नाथ सन्याल एवं फणिन्द्रनाथ घोष, 1926 की शुरुआत में, इलाहाबाद में मिले थे। 1927 में फणिन्द्रनाथ घोष संयुक्त प्रान्त से रिवाल्वर तथा इस मुकदमे में संलग्न हथियार (प्रदर्श–122 में उल्लिखित हथियार) प्राप्त किया करते थे। इसी वर्ष उसने इस मुकदमे के एक अभियुक्त कँवल नाथ तिवारी को अपनी बिहार पार्टी में शामिल

किया है। कँवल नाथ तिवारी फणिन्द्रनाथ घोष के सम्पर्क में बेतिया हाई स्कूल में शिक्षा प्राप्त करते वक्त ही आ गया था और जिसने बाद में कलकत्ता को अपना घर बनाया। 1927 के आखिरी दिनों में अभियुक्त शिव वर्मा बेतिया आया। उसे जतिन्द्र नाथ सान्याल एवं विजय कुमार सिन्हा ने संयुक्त प्रान्त से, फणिन्द्रनाथ घोष के पास, कोई रिवाल्वर लाने भेजा था। फणिन्द्रनाथ घोष खुद वह रिवाल्वर लेकर बनारस पहुँचा जहाँ 13 फरवरी 1928 को इसका इस्तेमाल कर राय बहादुर जे.एन. बनर्जी (अ. सा. 26) की जान लेने का प्रयास किया गया। जनवरी से जून-जुलाई, 1928 तक फणिन्द्रनाथ घोष कलकत्ता में रहा जहाँ वह कँवल नाथ तिवारी से मिला पर वहाँ वह किसी महत्त्वपूर्ण क्रान्तिकारी गतिविधियों में शरीक नहीं हुआ। इस समय तक फणिन्द्रनाथ घोष की बिहार पार्टी एवं संयुक्त प्रान्त की क्रान्तिकारी पार्टी या किसी अन्य पार्टी के बीच कोई खास सम्बद्धता नहीं थी।

अब जरा पंजाब की तरफ रुख करें तो वहाँ अभियुक्त सुखदेव, जिनका मुख्यालय लाहौर में था 1926 में एक क्रान्तिकारी पार्टी के लिए स्वयंसेवक भर्ती कर रहे थे। इक़बालिया गवाह जयगोपाल (अ. सा. 2) 1926 में नेशनल स्कूल लाहौर में था, जो उस साल के अन्त में बन्द हो चुका था। जब वह स्कूल में था, वह स्कूल शिक्षक यशपाल (फरार) के जरिए जो उसी स्कूल में शिक्षक था, सुखदेव के सम्पर्क में आया। जयगोपाल नवम्बर, 1926 में सुखदेव की ग्रुप संस्था में शामिल होने के लिए तैयार हो गया। स्कूल बन्द होने से पहले, जयगोपाल ने सुखदेव के लिए, अपनी स्कूल लाइब्रेरी से 'मैनुफैक्चर एंड युजेज ऑफ एक्सप्लोसिव्स' नामक किताब (प्रदर्श संख्या 364) चुरा ली। उसने अपने स्कूल से ही थोड़ा सा पारा, दो थर्मामीटर एवं दो बैटरियाँ भी चुराकर सुखदेव को सौंप दीं। सुख़देव का दूसरा रंगरूट हंसराज वोहरा (अ. सा. 5) था जो सुखदेव का रिश्तेदार भी था और जिसके साथ सुखदेव ने अगस्त 1926 में राजनीतिक बातचीत शुरू कर दी थी। भर्ती के समय सुखदेव ने हंसराज वोहरा को प्रदर्श पी. इ.वी. से मिलता-जुलता एक पीला 'लीफलेट' दिखलाया था जिसमें हिन्दुस्तान रिपब्लिकन एसोसिएशन नामक दल के संविधान का विवरण था। सुखदेव भर्ती किए गए रंगरूटों को क्रान्तिकारी साहित्य भी मुहैया कराता था। 1927 तक सुखदेव की गतिविधियाँ पर्याप्त नहीं थीं। पर इस वर्ष सुखदेव अभियुक्त भगत सिंह के सम्पर्क में थे। 1927 के मई-जून महीने में जयगोपाल ने सुखदेव के कहने पर किसी कन्हैया लाल (सा. सं. 61) का मकान गोआलमंडी, लाहौर में किराए पर लिया था। जहाँ 1927 की गर्मियों में न केवल सुखदेव बल्कि भगत सिंह भी आया करते थे। सितम्बर महीने में इस मकान को छोड़ दिया गया एवं अक्टूबर

के महीने में दूसरा मकान लिया गया जिसका नाम 'सुन्दर निवास' था और जो लक्ष्मण गली गोआलमंडी, लाहौर में था। इस मकान को दिसम्बर, 1927 तक रखा गया। सुखदेव इस मकान में जयगोपाल के साथ रहा करते थे। 1927 के शुरुआती दिनों में हंसराज वोहरा लाहौर से दूर थे और जब वे अगस्त में यहाँ लौटे तो उन्होंने स्टूडेन्टस यूनियन का गठन शुरू किया जिसका उद्देश्य छात्रों के बीच राजनीतिक प्रचार करना एवं छात्रों को संगठित करना था। शायद हंसराज वोहरा इन दिनों सुखदेव की गतिविधियों से ज्यादा इस यूनियन को लेकर व्यस्त थे। 17 दिस्म्बर, 1927 को सुखदेव उन्हें लक्ष्मण गलीवाले मकान में लाए जहाँ वे जयगोपाल और भगत सिंह दोनों से मिले।

संयुक्त क्रान्तिकारी दल के गठन से पहले 1928 के पहले आठ महीनों में, विभिन्न प्रान्तीय क्रान्तिकारी दलों की गतिविधियाँ कोई खास महत्त्वपूर्ण नहीं थीं। फणिन्द्रनाथ घोष, जैसा कि पहले ही कहा जा चुका है, जून या जुलाई, 1928 तक कलकत्ते में ही था और जहाँ तक पता है, इस अवधि में वह किसी क्रान्तिकारी गतिविधि में संलग्न नहीं था। इन आठ महीनों में संयुक्त प्रान्त की गतिविधियों के बारे में कम ही जानकारी प्राप्त है। ऐसा लगता है कि ललित कुमार मुखर्जी (सा. सं. 6) क्रान्तिकारी विचारों में अभिरुचि रखने लगे थे तथा 1925 से सान्याल भाइयों से जान-पहचान की वजह से इन दिनों अभियुक्त अजय कुमार घोष और अभियुक्त जतिन्द्र नाथ सान्याल के साथ क्रान्तिकारी हित में सक्रियता लाने की सम्भावनाओं पर बातचीत कर रहे थे। हालाँकि यह सम्भव है कि काकोरी मुकदमे की वजह से, जो 1927 में समाप्त हो चुका था, 1928 के शुरुआती महीनों में संयुक्त प्रान्त में क्रान्तिकारी दल अच्छी तरह संगठित नहीं थे।

3 मार्च, 1928 को फतेहगढ़ जेल में शिव कुमार वर्मा और विजय कुमार सिन्हा अभियुक्तों द्वारा दो आवेदन पत्र इस आशय के दिये गए कि वे काकोरी मुकदमे के दो कैदियों से बातचीत करना चाहते थे जिनमें से एक जोगेशचन्द्र चटर्जी थे। जेल अधीक्षक द्वारा इस बातचीत की अनुमति प्रदान नहीं की गई कारण उन्हें सन्देह हो गया था कि जोगेशचन्द्र चटर्जी को जेल से रिहा करने का षड्यन्त्र किया जा सकता था। लेकिन दोनों व्यक्तियों का पीछा किया जाने लगा एवं शिव वर्मा का पीछा एक कांस्टेबल ने जलालाबाद तक किया जहाँ वह अभियुक्त गया प्रसाद से मिलने गया था। यह गया प्रसाद उस समय जलालाबाद में बतौर चिकित्सक का काम करते थे और शिव वर्मा के उनके यहाँ जाने के पहले ही उनकी जान-पहचान शिव वर्मा से कानपुर में हो गई थी जहाँ वे दवाएं खरीदने गए हुए थे। जुलाई, 1928 में गया प्रसाद, शिव वर्मा और सुखदेव के

बीच एक मीटिंग हुई थी जिसके परिणामस्वरूप गया प्रसाद को सुखदेव लाहौर ले आए थे और उन्हें कुछ दिनों के लिए अपने पास रखा था, जबकि शिव वर्मा उनसे बाद में आ मिले थे। सुखदेव के प्रस्ताव पर गया प्रसाद फिरोजपुर गए, जहाँ उन्होंने एक मकान किराए पर लिया। वहाँ उन्होंने डॉ. बी.एस. निगम के नाम से एक दवाखाना खोला। जयगोपाल ने अपने साक्ष्य में, फिरोजपुर में दवाखाना खोलने की वजह का खुलासा किया था। इसकी तीन वजहें थी (1) पार्टी के सदस्य जो पंजाब से पूरब या पूरब से पंजाब यात्रा कर रहे होते थे, उनके लिए जगह मुहैया करना, जहाँ वे कपड़े वगैरह बदलकर गन्तव्य स्थल के लिए प्रस्तुत हों। (2) चिकित्सक से आग्नेयास्त्रों के निर्माण के लिए जरूरी चीजों को लेना एवं (3) डॉक्टरी पेशा अच्छा चल जाने पर आर्थिक मदद देना।

शिव वर्मा के पूर्व परिचित महावीर सिंह जो सन् 1927 में डी.ए.वी. कॉलेज, कानपुर में उसके सहपाठी थे, को शिव वर्मा ने सुखदेव से 25 जून, 1928 को मिलवाया। विजय कुमार सिन्हा एवं गया प्रसाद से महावीर सिंह का पहले से परिचय था। 29 जून, 1928 को शिव वर्मा ने महावीर सिंह को काली चरण, (फरार) के साथ लाहौर भेजा। वहाँ सुखदेव-महावीर सिंह को यशपाल के घर ले गए जहाँ वे भगत सिंह से मिले। 8 जुलाई, 1928 को सुखदेव की सलाह पर महावीर सिंह भारत मोटर कम्पनी, लाहौर में प्रताप सिंह के नाम से नौकरी करने लगे ताकि वे गाड़ी चलाना सीख सकें। वे इस स्कूल में 10 अक्टूबर तक रहे एवं जुलाई, अगस्त एवं सितम्बर के महीनों में उन्होंने लक्ष्मण गली, सुन्दर निवास बिल्डिंग में, एक कमरा किराए पर लिया, जहाँ पिछले वर्ष जयगोपाल एवं सुखदेव रहे थे।

जहाँ तक पंजाब में दूसरी गतिविधियों का प्रश्न है तो 3 जनवरी, 1928 को सुखदेव ने हंसराज ब्होरा को अमृतसर में आज्ञा राम (उन्मुक्त अभियुक्त) के साथ रहने भेजा। 5 जनवरी को सुखदेव एवं भगत सिंह अमृतसर गए। भगत सिंह अपने साथ प्रदर्श-पी. 200 में वर्णित रिवाल्वर ले गए थे। यही रिवाल्वर जयगोपाल ने जनवरी की शुरुआत में सुखदेव के पास देखी। 9 जनवरी को सुखदेव ने हंसराज वोहरा को त्रिलोक नाथ या त्रिलोक चन्द के नाम से रावलपिंडी भेजा, जिससे कि वह वहाँ क्रान्तिकारी पार्टी का एक स्थानीय केन्द्र चला सके। 12 जनवरी को जयगोपाल ने किशनचन्द के नाम से भट्ठी गेट, लाहौर के बाहर मेला राम बिल्डिंग में एक कमरा किराए पर लिया।

इन कमरों में सुखदेव रहते थे जहाँ भगत सिंह का आना-जाना लगा रहता था। इन कमरों को पार्टी के लिए नौ फरवरी तक रखा गया था। इस बीच

जयगोपाल, जो पूर्ववर्ती छह महीनों में जुबली इंस्टीट्यूट एवं इम्पायर इंजीनियरिंग वर्क्स लहौर में ढलाई का काम सीख रहे थे, को सुखदेव ने हंसराज वोहरा की मदद करने के लिए हरबंश लाल के नाम से 25 जनवरी को रावलपिंडी भेज दिया। ट्रीब्यून अखबार में अपने पिता या पितामाह की इस आशय की चिट्ठी कि लौट आओ, पढ़कर हंसराज वोहरा 11 फरवरी को रावलपिंडी से लौट गए, पर जयगोपाल रावलपिंडी में ही अगस्त 1928 तक रहे। रावलपिंडी में पहले पहल पहुँचने पर हंसराज वोहरा एक व्यक्ति सतपाल के साथ आर्य समाज मन्दिर में रहे थे, जो अभियुक्त किशोरी लाल के भाई थे। 16 जनवरी को सुखदेव रावलपिंडी चले गए और उन्होंने वादा किया कि वे हंसराज वोहरा की मदद के लिए दूसरा व्यक्ति भेजेंगे। तदनुसार 20 जनवरी को हंसराज वोहरा ने हैमिल्टन बाजार, रावलपिंडी में एक घर लिया। 25 जनवरी को जयगोपाल के आने पर जिनके साथ भगत सिंह भी थे, वे इस घर में रहने लगे। भगत सिंह केवल 2-3 दिन रावलपिंडी में रहे। हंसराज वोहरा के 11 फरवरी को लाहौर लौट जाने पर जयगोपाल ने वह मकान चौदह फरवरी को छोड़ दिया और सतपाल के साथ आर्य समाज मन्दिर में रहने चले गए। 26 फरवरी को सुखदेव जयगोपाल से मिलने आए जो उस मौके पर रावलपिंडी से एक एयर पिस्तौल निशाना साधने के मनोरथ से लाए थे।

अप्रैल में जयगोपाल ने मार्टिन प्रेस में काम करना शुरू किया और मई में सतपाल के अफ्रीका चले जाने पर आर्य समाज मन्दिर छोड़ नवाँ मुहल्ले में एक मकान में रहने लगे। 24 अप्रैल एवं 5 मई को जयगोपाल को लाहौर से मनिआर्डर मिले जो उनके अनुसार सुखदेव द्वारा भेजे गए थे, और 24 मार्च को दूसरी एयर पिस्तौल खरीदी गई। जून या जुलाई में भगत सिंह रावलपिंडी आए और अगस्त में जैसा कि पहले ही कहा जा चुका है, जयगोपाल लाहौर लौट गए। लौटने के कुछ ही दिनों बाद वे सुखदेव द्वारा गया प्रसाद उर्फ डा. बी. एस. निगम अभियुक्त के नौकर सह कम्पाउंडर बनाकर फिरोजपुर भेजे गए। लाहौर से लौटने के बाद हंसराज वोहरा फरवरी में सुखदेव से यदाकदा मिलते रहे पर उस समय वे सुखदेव की पार्टी में कोई महत्त्वपूर्ण काम नहीं कर रहे थे। जुलाई में हंसराज वोहरा कश्मीर गए जहाँ वे सितम्बर, 1928 तक रहे।

ये घटनाएँ सिलसिलेवार वर्णन को उस जगह तक लाती हैं, जहाँ विभिन्न प्रान्तीय दलों के जुड़ाव से एकल क्रान्तिकारी पार्टी ने एक शक्ल लेनी शुरू कर दी थी। इस वक्त तक बिहार पार्टी थी जिसमें फणिन्द्रनाथ घोष, मनमोहन बनर्जी एवं कँवल नाथ तिवारी थे। यूनाइटेड प्रोविन्सेस पार्टी भी थी जिसमें शिव वर्मा एवं विजय कुमार सिन्हा थे और जिनके गया प्रसाद से निशिचित रूप से सम्बन्ध

थे और शायद ललित कुमार मुखर्जी, अजय कुमार घोष, जतिन्द्र नाथ सन्याल एवं फणिन्द्रनाथ घोष से भी। अन्त में, लाहौर पार्टी थी जिसमें सुखदेव, भगत सिंह, जयगोपाल, हंसराज वोहरा थे और 1928 की गर्मियों से इनके साथ गया प्रसाद, महावीर सिंह एवं शायद किशोरी लाल अभियुक्त का नाम भी जोड़ा जा सकता है। इस सिलसिलेवार वर्णन में अब तक जिन अभियुक्तों का नाम नहीं आया है, वे हैं–किशोरी लाल, प्रेम दत्त, कुन्दन लाल, शिवराम राजगुरु, जयदेव, देसराज एवं फरार चन्द्रशेखर आजाद उर्फ पंडित जी !

1928 के प्रथम छह महीनों में कुन्दन लाल एवं पंडित जी झांसी में थे जहाँ कुन्दन लाल रह रहे थे। किशोरी लाल एवं प्रेमदत्त डी.ए.वी. कॉलेज लाहौर में सहपाठी थे एवं गुरुदत्त भवन के एक छात्रावास में रहते थे। यह मालूम नहीं है कि शुरुआती दिनों में देसराज, जयदेव एवं शिवराम राजगुरु कहाँ थे पर शायद उस वक्त देसराज डी.ए.वी. कॉलेज, लाहौर में छात्र थे।

10 अगस्त, 1928 को गया प्रसाद ने सुखदेव द्वारा वहाँ भेजे जाने पर, जैसा कि पहले ही कहा जा चुका है, मुहल्ला शाहगंज, फिरोजपुर में, लेखराज (293) के मकान को किराए पर ले लिया था। कुछ दिनों बाद जय गोपाल उनके पास आ गए और एक पड़ोसी दीवान चन्द (अ. सा. सं. 200) के मारफत उन्होंने उनके यहाँ नौकरी कर ली। दीवान चन्द से मध्यस्थता का काम शायद यह छुपाने के लिए करवाया गया था कि गया प्रसाद एवं जयगोपाल पहले से ही एक ही संगठन से जुड़े थे। 16 अगस्त, 1928 को सुखदेव ने मुगल बाजार, अमृतसर में सुन्दर दास नाम से राम सहाय (अ. सा. सं. 197) से एक मकान पार्टी के काम के लिए किराए पर लिया। ये दोनों जगहें कुछ ही दिनों में पार्टी के मुलाकाती स्थल बन गए।

अगस्त, 1928 के आखिरी दिनों में विजय कुमार सिन्हा फणिन्द्रनाथ घोष से मिलने बेतिया आए जिनसे वे पहले नहीं मिले थे। विजय कुमार सिन्हा, फणिन्द्रनाथ घोष एवं उनके भाई, मनोरंजन घोष (अ. सा. सं. 374) की दुकान पर उनसे मिलने आए और उन्होंने मनोरंजन घोष एवं उनके पड़ोसी दुकानदार कपिल देव नारायण (सा. सं. 375) से फणिन्द्रनाथ घोष के पता ठिकाने के बारे में पूछा। यद्यपि मनोरंजन घोष ने उन्हें अपने यहाँ से भगा दिया पर कुछ समय बाद विजय कुमार सिन्हा एवं फणिन्द्रनाथ घोष की मुलाकात हुई और तब विजय कुमार सिन्हा ने फणिन्द्रनाथ घोष को नई पार्टी में सम्मिलित होने का निमंत्रण दिया जो कई प्रान्तीय दलों को मिलाकर बननेवाली थी। जैसे कि पंजाब, उत्तर प्रान्त, बिहार एवं बंगाल (जिनमें से बाद में बंगाल का नाम हटा दिया गया)।

उन्होंने 8 एवं 9 सितम्बर, 1928 को दिल्ली में एक गुप्त मीटिंग की प्रस्तावना दी जिसमें उन्होंने फणिन्द्रनाथ घोष के अलावा भगत सिंह एवं पंजाब के उनके अन्य साथी, शिव वर्मा और चन्द्रशेखर आजाद उर्फ पंडित जी को बुलाने की बात कही। उन्होंने यह भी बताया कि वे जतिन्द्र नाथ सन्याल के आदेश के तहत काम नहीं करना चाहते थे क्योंकि उनके अनुसार वे आलसी थे। फणिन्द्रनाथ घोष ने कहा कि वे पहले मनमोहन बनर्जी से सलाह करना चाहेंगे। तदनुसार दूसरे दिन फणिन्द्रनाथ घोष एवं विजय कुमार सिन्हा, मनमोहन बनर्जी से मिलने गए जहाँ उन्होंने एक व्यक्ति–इन्दर महतो नाम के व्यक्ति (अ. सा. सं. 373) को उन्हें उनके घर से बुला लाने को कहा। फणिन्द्रनाथ घोष, विजय कुमार सिन्हा एवं मनमोहन बनर्जी इस बात पर सहमत हुए कि दोनों व्यक्ति दिल्ली में आयोजित होने जा रही मीटिंग में हिस्सा लेंगे। विजय कुमार सिन्हा ने उन्हें मीटिंग स्थल, फिरोजशाह तुगलक फोर्ट, पहुँचने का रास्ता बताया।

4 सितम्बर, 1928 को फणिन्द्रनाथ घोष एवं मनमोहन बनर्जी इलाहाबाद होते हुए दिल्ली पहुँचे। फणिन्द्रनाथ घोष इलाहाबाद में जतिन्द्र नाथ सन्याल से मिले, विजय कुमार सिन्हा के चरित्र को लेकर पूछताछ की जिस पर जतिन्द्र नाथ सन्याल ने उन्हें इस बिन्दु पर सन्तुष्ट किया। 7 सितम्बर को फणिन्द्रनाथ घोष एवं मनमोहन बनर्जी ने इलाहाबाद से दिल्ली लौटने की साप्ताहांत की वापसी टिकट ली। 8 सितम्बर की सुबह वे निर्धारित मीटिंग स्थल पर पहुँचे जहाँ विजय कुमार सिन्हा के कहने पर कि मीटिंग कल के लिए स्थगित हो गई है, वे एक पेड़ के नीचे जा बैठे, जहाँ कुन्दन लाल (अभियुक्त) भी पहुँच गए, जिनका परिचय विजय कुमार सिन्हा ने क्रान्तिकारी पार्टी के एक सदस्य के तौर पर कराया।

वे जहाँ बैठे थे उससे कुछ ही दूर एक मीटिंग हो रही थी जिसमें अभियुक्त गण, मसलन भगत सिंह, सुखदेव, जयदेव, शिव वर्मा एवं विजय कुमार सिन्हा, इक़बालिया गवाह ब्रह्मदत्त, सुरिन्द्र नाथ पांडे (विमुक्त अभियुक्त) हिस्सा ले रहे थे। फणिन्द्रनाथ घोष पहले कभी भगत सिंह, सुखदेव या जयदेव से नहीं मिले थे पर अगले दिन उनका परिचय उनसे कराया गया। उस रात कुन्दन लाल ने फणिन्द्रनाथ घोष एवं मनमोहन बनर्जी के रहने एवं खाने की व्यवस्था की।

दूसरे दिन 9 सितम्बर की सुबह, करीब 8 बजे, पार्टी के सदस्य फिर फिरोजशाह तुग़लक फोर्ट पर मिले और इस बैठक में फणिन्द्रनाथ घोष, मनमोहन बनर्जी, कुन्दन लाल, विजय कुमार सिन्हा, सुखदेव, भगत सिंह, जयदेव और शिव वर्मा शामिल हुए। नव निर्मित क्रान्तिकारी पार्टी की एक सात सदस्योंवाली केन्द्रीय कमिटी बनी, जिसमें भगत सिंह, सुखदेव, विजय कुमार सिन्हा, शिव वर्मा,

फणिन्द्रनाथ घोष, कुन्दन लाल और चंद्रशेखर आजाद थे। आजाद उस बैठक में अनुपस्थित थे जब कि उपस्थित जयदेव एवं मनमोहन बनर्जी केन्द्रीय कमिटी में नहीं लिए गए। यह तय किया गया कि बंगाल क्रान्तिकारी दल को सम्मिलित नहीं किया जाएगा क्योंकि जैसी कि खबर थी वे आतंकवाद और हिंसा का विरोध करते थे जबकि गठित की जा रही नई पार्टी के सदस्यों ने इन तरीकों को स्वीकार किया था। सुखदेव को पंजाब का कार्यभार दिया गया तथा शिव वर्मा को संयुक्त प्रान्त का कार्य भार दिया गया। फणिन्द्रनाथ घोष को बिहार का, आजाद को सैन्य विभाग का प्रमुख बनाया गया और कुन्दन लाल को जो उस समय संभवतः झाँसी में थे, केन्द्रीय कार्यालय का कार्यभार दिया गया। यह केन्द्रीय कार्यालय झाँसी में बनाया गया। (नोट : यहाँ यह उल्लेख किया जा सकता है कि नवंबर, 1928 के बाद कुन्दन लाल ने केन्द्रीय कार्यालय की व्यवस्था में कोई सक्रिय भाग नहीं लिया और केन्द्रीय कार्यालय ज्यादा दिनों तक झाँसी में नहीं रह पाया और बाद में आगरा में स्थानान्तरित कर दिया गया।–सम्पादक)

केन्द्रीय कमिटी के दूसरे दो सदस्यों, भगत सिंह और विजय कुमार सिन्हा की नियुक्ति विभिन्न प्रान्तों के बीच 'कड़ी' के रूप में हुई। इस बैठक में लिए गए दूसरे निर्णय के तहत प्रदेशों के प्रमुखों को अपने–अपने प्रदेशों के सभी मामलों में निर्णय लेने के अधिकार दिए गए, सिवाय डकैती की तैयारी, हत्या एवं आतंकवादी गतिविधियों के जिनके लिए केन्द्रीय कमिटी की स्वीकृति आवश्यक मानी गई। केन्द्रीय कमिटी द्वारा की जानेवाली कारवाई, सम्बन्धित प्रदेश के प्रमुख के साथ परामर्श के बाद की जानी तय की गई। पार्टी के हथियार केन्द्रीय कमिटी के साथ ही रहने थे सिवाय तब के जब किसी (प्रान्त) का प्रमुख निश्चित काम के लिए माँगे, इसी प्रकार धनराशि केन्द्रीय कमिटी के पास ही होनी थी। आतंकवाद निश्चय ही पार्टी की नीति थी, इनमें डकैती, हत्या तथा अन्य हिंसा शामिल थी। नई पार्टी का नाम रखा गया था–'हिन्दुस्तान सोसलिस्ट रिपब्लिकन आर्मी'। 'आर्मी' शब्द का प्रयोग और आजाद के प्रभार में सैन्य विभाग का निर्माण पार्टी के उद्देश्य एवं तरीकों को दर्शाने के लिए काफी है।

कतिपय महत्त्वपूर्ण कार्यकलापों के बारे में भी दिल्ली बैठक में प्रस्ताव रखे गए और निर्णय लिए गए, जिनमें से एक काकोरी मुकदमे के कैदी जोगेशचन्द्र चटर्जी की रिहाई भी थी, जो उस समय आगरा जेल में थे और जिनका स्थानान्तरण कानपुर जेल में होनेवाला था। विजय कुमार सिन्हा ने बैठक में इस कैदी द्वारा लिखा गया एक पत्र पढ़ा। विजय कुमार सिन्हा को जोगेशचन्द्र चटर्जी से सम्बन्ध स्थापित कर जेल से बाहर निकालने का उचित मौका तलाशने का काम

सौंपा गया। दूसरा अभियान जो उन्हें करना था, वो था एस.एन. सान्याल को जेल से बाहर निकालना, पर इसके तहत शायद पार्टी ने कोई कदम नहीं उठाया। दूसरा प्रस्ताव जो पार्टी ने लिया, वह था साइमन कमीशन के खिलाफ कार्यवाही करना एवं बंगाल से बम बनानेवालों को बुलाना, जो पार्टी के सदस्यों को इस कार्य के लिए बम बनाने के तरीके सिखाते। भगत सिंह एवं फणिन्द्रनाथ घोष ने दिसम्बर, 1928 में कलकत्ते में मिलना तय किया जब इस प्रस्ताव को फलीभूत करने के लिए 'अधिवेशन' होता। दूसरा प्रस्ताव था काकोरी मुकदमे के इक़बालिया गवाहों की हत्या करना। पैसों के लिए डकैती करने के लिए उपयुक्त जगह की तलाश करना भी तय किया गया और इसके लिए बिहार को चुना गया। इस काम के लिए महीने के आखिर में फणिन्द्रनाथ घोष एवं भगत सिंह ने बेतिया में मिलने की तैयारी की। **यह निर्णय लिया गया कि भगत सिंह बिहार जाने के पहले अपने केश और दाढ़ी कटवा लें पर उस इलाके के फैशन के अनुसार अपनी मूँछें रखे रहे।** अन्ततः जो लोग बैठक में मौजूद थे उन्हें पार्टी के नाम दिए गए, आजाद को भी। जब मीटिंग चल रही थी उस वक्त बारा सिंह (अ. सा. सं. 420) की, जो फिरोजशाह तुगलक फोर्ट द्वारा नियुक्त एक चपरासी था, भगत सिंह एवं सुखदेव के साथ बात हुई। उसके सवाल कि वहाँ क्या हो रहा है के जवाब में बताया गया कि वे छात्र हैं और परीक्षा के लिए पढ़ाई कर रहे हैं। बैठक 4 बजे शाम को समाप्त हुई और उसके तुरंत बाद भगत सिंह दिल्ली से रवाना हो गए। सुखदेव ने फणिन्द्रनाथ घोष को पंजाब आने का निमंत्रण दिया। दल ने कुछ समय दिल्ली के स्थलों को देखने में लगाया। शिव वर्मा, कुन्दन लाल, मनमोहन बनर्जी और फणिन्द्रनाथ घोष ने एक होटल में साथ-साथ खाना खाया सिवाय शिव वर्मा के, जिन्होंने मराठी प्रेस में रात बिताई।

अगले दिन फणिन्द्रनाथ घोष एवं बनर्जी मेरठ की तरफ चले गए, जहाँ से फणिन्द्रनाथ घोष दिल्ली लौट गए एवं शिव वर्मा से मिले और दूसरे दिन उनके साथ अमृतसर गए। यह फणिन्द्रनाथ घोष की पहली पंजाब यात्रा थी। अमृतसर में वे मुग़ल बाज़ार के पार्टी हाउस में रुके, जिसका जिक्र पहले ही किया जा चुका है, जहाँ 13 सितम्बर को सुखदेव एक बम के खोखे एवं दो पुस्तकों 'मैनुफैक्चर एंड यूजेज ऑफ एक्सप्लोसिव्स' (प्रदर्श सं. 364) एवं 'स्माल आर्म्स ट्रेनिंग–' (प्रदर्श सं. 28) के साथ वहाँ आए। सुखदेव अमृतसर से अकेले चले पर दूसरे दिन शिव वर्मा एवं फणिन्द्रनाथ घोष उनके पीछे लाहौर गए और उनकी वहाँ रहने की व्यवस्था सुखदेव ने एडवर्ड हॉस्टल में काली चरण (फरार) के साथ की। वे एक दिन बाद अमृतसर लौट आए जहाँ भगत सिंह उनसे मिले। भगत सिंह के

जाने के बाद फणिन्द्रनाथ घोष अपने प्रान्त से अमृतसर के लिए रवाना हुए और बीच में इलाहाबाद में जतिन्द्र नाथ सन्याल से मिलते हुए अपने प्रान्त चले गए। उसने जतिन्द्र नाथ सन्याल से दिल्ली में हुई मीटिंग के बारे में कुछ नहीं कहा क्योंकि विजय कुमार सिन्हा ने उन्हें ऐसा करने से मना किया था।

मध्य सितम्बर में भगत सिंह और सुखदेव फिरोजपुर गए। इस अवसर पर भगत सिंह ने अपने केश और दाढ़ी कटवा लिए, जैसा कि दिल्ली मीटिंग में तय हुआ था। सितम्बर के अन्त में भगत सिंह बेतिया पहुँचे। उन्होंने फणिन्द्रनाथ घोष से वादा किया था कि वे वहाँ एक डकैती के सिलसिले में बातचीत करेंगे। शिव वर्मा सितम्बर के अन्त में गया प्रसाद से मिलने फिरोजपुर गए और वहाँ एक सप्ताह ठहरे। उनके पास प्रदर्श संख्या 364, पुस्तक थी। साथ ही वे 'चाँद' पत्रिका के लिए 'फाँसी' नाम से लेख लिखने में भी व्यस्त थे।

फिरोजपुर से वे अमृतसर के लिए चले। ऐसा प्रतीत होता है कि भगत सिंह फिरोजपुर से बेतिया जाने के रास्ते में इलाहाबाद रुके थे जहाँ वे ललित कुमार मुखर्जी एवं विजय कुमार सिन्हा से अजय कुमार घोष के कमरे में मिले थे। इस अवसर पर उनकी थोड़ी बातचीत ललित कुमार मुखर्जी से हुई जिसमें उन्होंने कहा कि एक क्रान्तिकारी पार्टी का गठन हो गया है, जिसमें दो ग्रुप हैं, जिसमें से एक में सक्रिय सदस्य रहेंगे जबकि दूसरे में सहानुभूति रखनेवाले।

बेतिया आने पर भगत सिंह, जो आजाद उर्फ पंडित जी के साथ थे, ने फणिन्द्रनाथ घोष एवं मनमोहन बनर्जी के साथ मुलाकात की। उस अवसर पर मनमोहन बनर्जी अपने घर से उनके लिए खाना लेकर आए थे। उनका नौकर रघुनी चमार (अ. सा. सं. 17) एक लालटेन लेकर और मनमोहन बनर्जी अपने हाथों में खाना लेकर आए। इस अवसर पर मनमोहन बनर्जी के इन तीनों साथियों को रघुनी ने देखा। उस समय बेतिया या बिहार प्रान्त में डकैती की योजना व्यर्थ थी पर भगत सिंह ने फणिन्द्रनाथ घोष से कुछ रिवाल्वर लीं और उन्हें आगरा भेजने का प्रबन्ध किया जिससे कि उनका इस्तेमाल जोगेशचन्द्र चटर्जी को जेल से छुड़ाने के समय हो पाए। अक्टूबर की शुरुआत में फणिन्द्रनाथ घोष ने (प्रदर्श सं. 122) रिवाल्वर भगत सिंह को दी जो बाद में ज्यादातर सुखदेव के पास रही।

सितम्बर के अन्त में विजय कुमार सिन्हा एवं पंडित जी झाँसी में थे। वे वहाँ राम दुलारे (अ. सा. सं. 288) द्वारा रखे गए थे। उनके साथ उस वक्त अभियुक्त कुन्दन लाल भी थे। यह गवाह कुन्दन का पुराना परिचित था और 1922 में उनके साथ किसी राजनीतिक कार्यकलाप की वजह से जेल में था। बाद में, झाँसी में इस गवाह का घर कुछ पार्टी सदस्यों के लिए एक आश्रम (शरण स्थली) बन गया।

1928 के अक्टूबर में पार्टी सदस्यों की गतिविधियाँ, जहाँ तक कि ज्ञात हैं, कोई खास नहीं थीं।

उस वक़्त प्रेमदत्त एवं किशोरी लाल लाहौर के गुरुदत्त भवन में रह रहे थे। पर प्रेमदत्त उस वक्त किसी भी तरह से पार्टी सदस्य नहीं थे।

हालाँकि उस समय किशोरी लाल से मिलने भगत सिंह एवं पंडित जी आए और उनके पास क्रान्तिकारी पुस्तकों की एक लाइब्रेरी भी थी जिन्हें वे छात्रों के बीच बाँटा करते थे।

किशोरी लाल एवं प्रेमदत्त से मिलने सुखदेव भी गुरुदत्त भवन जाया करते थे। 9 अक्टूबर को सुखदेव फिरोजपुर में थे जहाँ से उन्होंने जयगोपाल को एक सन्देश के साथ शिव वर्मा के पास अमृतसर भेजा। 10 अक्टूबर को महावीर सिंह ने लाहौर का भारत मोटर स्कूल छोड़ दिया और वे शिव वर्मा द्वारा गया प्रसाद उर्फ डॉ. निगम के पास इलाज के लिए फिरोजपुर भेजे गए कारण उस समय वे बीमार थे। उन्होंने फिरोजपुर में दो सप्ताह बिताए और जब वे वहीं थे, सुखदेव वहाँ उनसे मिलने आए।

फिरोजपुर में अपना इलाज करवाने के अलावा महावीर सिंह का एक और काम था। वह था संयुक्त प्रान्त से लाहौर भेजे जानेवाले कुछ व्यक्तियों की व्यवस्था करना।

नवम्बर की शुरुआत में महावीर सिंह लाहौर गए जहाँ किशोरी लाल उनसे मिले। वे सुखदेव से यह सन्देश लेकर आए थे कि महावीर सिंह पार्टी के लिए एक नया मकान किराए पर लें। तदनुसार, महावीर सिंह ने 9 नवम्बर को प्रताप सिंह के नाम से अराईं बिल्डिंग, मोजंग में कुछ कमरे किराए पर लिए। इस बीच भगत सिंह एवं पंडित जी फिरोजपुर गए जहाँ भगत सिंह संयुक्त प्रान्त से आनेवाले व्यक्तियों की तैयारियों में जुटे थे। 16 नवम्बर को जयगोपाल फिरोजपुर से लाहौर आए और तब सुखदेव ने महावीर सिंह को संयुक्त प्रान्त से लोगों को लाने में भगत सिंह की मदद करने के लिए भेजा। इस अवसर पर कपड़ों से भरा एक सूटकेस अभियुक्त प्रेमदत्त द्वारा दिया गया था। सुखदेव ने जयगोपाल को निर्देश दिया कि वे प्रेमदत्त से यह सूटकेस लेकर फिरोजपुर जाते वक़्त रास्ते में महावीर सिंह को रेलवे प्लेटफार्म पर देते जाएँ। इसी महीने में सुखदेव ने हंसराज वोहरा को किशोरी लाल से मिलवाया। हंसराज वोहरा किशोरी लाल के गुरुदत्त भवन स्थित कमरे में प्रेमदत्त से भी मिले। 17 नवम्बर को लाला लाजपत राय की मृत्यु हो गई। पंडित जी एवं महावीर सिंह फिरोजपुर से साथ-साथ लौटे और लाहौर केन्टोनेन्ट में जयगोपाल से मिले। पंडित जी अपने साथ सूटकेस में एक 'माउजर'

पिस्तौल एवं चार रिवाल्वर लेकर आए थे। उसी दिन संयुक्त प्रान्त से वे दोनों व्यक्ति जिनके आने की आशा थी यानी कुन्दन लाल एवं शिवराम राजगुरु उर्फ 'एम' भी पहुँच गए। वे जयगोपाल से मिले और मोजंग हाउस जहाँ महावीर सिंह ने उनके रहने की व्यवस्था की थी, ले जाए गए। उस रात मोजंग हाउस में सुखदेव, भगत सिंह, पंडित जी, महावीर सिंह, कुन्दन लाल, शिवराम राजगुरु और किशोरी लाल के रहने की व्यवस्था की गई। 18 नवम्बर को जयगोपाल वापस फिरोजपुर चले गए। 23 नवम्बर को भगत सिंह अपने साथ स्वचालित पिस्तौल (प्रदर्श सं. 480) लेकर फिरोजपुर गए और उसके अगले दिन वे और जयगोपाल लाहौर लौट गए। कुन्दन लाल, इसके बाद लाहौर चले गए और फिर शायद कभी नहीं लौटे। इस प्रकार, नवम्बर के अन्त में लाहौर में पार्टी के ये सदस्य रह गए–भगत सिंह, सुखदेव, पंडित जी, महावीर सिंह, शिवराम राजगुरु, किशोरी लाल, हंसराज वोहरा, जयगोपाल एवं फरार काली चरण। (प्रेमदत्त हालाँकि लाहौर में ही थे पर उस वक्त वे पार्टी के सदस्य नहीं थे।)

उस वक़्त ये सभी व्यक्ति मोजंग हाउस आया करते थे। कुछ ही दिनों बाद 7 सितम्बर, 1928 को विजय कुमार सिन्हा के आने पर केन्द्रीय समिति के 7 में से 4 सदस्य लाहौर में उपस्थित थे। बाकी 3 सदस्य जो अनुपस्थित थे, वे थे कुन्दन लाल जो कुछ दिन पहले चले गए थे, शिव वर्मा अमृतसर या आगरा में थे और फणिन्द्रनाथ घोष बिहार में थे। बहुत सारे नेताओं के साथ पार्टी के सदस्यों के लाहौर में जमावड़े का महत्त्व इसलिए है कि दिसम्बर महीने में लाहौर में हिंसा की सिलसिलेवार घटनाएँ घटी जिन्हें पार्टी अंजाम दे रही थी।

नवम्बर के महीने ही में 6 तारीख को अमृतसर के कमरों को जो सहाय के घर में थे, को छोड़ हीरा लाल के घर में आया गया जबकि 13 नवम्बर को शिव वर्मा ने अमीर चन्द के नाम से नूरी गेट, आगरा में किराए पर एक मकान ले लिया। लाहौर में पार्टी की गतिविधियों के तहत 9 नवम्बर को महावीर सिंह द्वारा मोजंग हाउस में किराए पर मकान लेने की बात पहले ही कही जा चुकी है। नवम्बर के मध्य में किशोरी लाल ने भी मोसमात पारवती (अ. सा. सं. 436) का सोहेल सिंह स्ट्रीट गोआल मंडी, लाहौर में स्थित मकान किराए पर लिया जबकि 5 नवम्बर को सुखदेव ने देवीदास के नाम से लाहौर में घोटा मल (अ. सा. सं. 62) का मकान किरपा राम स्ट्रीट में लिया। इसी दौरान पार्टी के कुछ सदस्यों द्वारा प्रेम गली में स्थित एक मकान का उपयोग किया गया जो कि लाल चन्द (अ. सा. सं. 128) का था और आज्ञा राम (छोड़ दिया गया अभियुक्त) दूवारा किराए पर लिया गया था। नवम्बर के अन्त में किशोरी लाल ने अपने मित्र प्रेमदत्त

(अभियुक्त) को बताया कि जल्दी ही उसके गिरफ्तार होने की सम्भावना थी। 28 नवम्बर को किशोरी लाल ने अपना सामान बाँध लिया और गुरुदत्त भवन छोड़ दिया।

दिसम्बर 1928 की पहली तारीख को सुखदेव हंसराज वोहरा को मोजंग हाउस ले गए जहाँ हंसराज वोहरा की मुलाक़ात भगत सिंह, पंडित जी, महावीर सिंह, शिवराम राजगुरु, किशोरी लाल, जयगोपाल एवं एक और व्यक्ति कालीचरण, जो फरार था, से हुई। उस वक़्त भी मोजंग हाउस में बातचीत हुई जिसमें उपरोक्त सभी के अलावा सुखदेव ने भी भाग लिया। इस मीटिंग में लाहौर स्थित पंजाब नेशनल बैंक में धावा बोलकर धन इकट्ठा करने की बात हुई। 3 दिसम्बर को भगत सिंह के आग्रह पर हंसराज वोहरा फिर मोजंग हाउस गए। उस अवसर पर पंडित जी ने रिवाल्वर एवं पिस्तौल से भरा एक बक्सा खोला इसमें वे हथियार भी थे जो प्रदर्श पी. 200, पी. 122, पी. 202, पी. 480 हैं। उन्होंने उपस्थित लोगों को इन हथियारों को लोड करने, खाली करने का तरीका भी बताया। उस अवसर पर जयगोपाल उपस्थित नहीं थे।

यह स्मरण किया जाना चाहिए कि दिल्ली की बैठक में पंडित जी को सैन्य विभाग का प्रमुख नियुक्त किया गया था और यह स्वाभाविक ही था कि पार्टी के हथियार उनके द्वारा लाहौर लाए जाएँ, जबकि 17 नवम्बर को इस आशा में आना हुआ था कि लाहौर में हिंसा की वारदातों में इनका प्रयोग होगा। पंजाब नेशनल बैंक पर धावा बोलने के तय दिन 4 दिसम्बर को भी पंडित जी के आग्रह पर हंसराज वोहरा फिर मोजंग हाउस गए थे। पंजाब नेशनल बैंक पर धावा बोलने की योजना को स्पष्ट करते हुए पंडित जी ने कहा कि दोपहर 3 बजे भगत सिंह एवं महावीर सिंह एक किराए की कार में बैंक पहुँचेंगे, जिसे हमले के बाद महावीर सिंह ड्राइव करते हुए वापस ले जायेंगे। दो सदस्य, जिनमें से एक हंसराज वोहरा भी थे, बैंक के सचिव के कमरे के बाहर बैठे चपरासी को कमरे के अन्दर ठेलेंगे एवं कालीचरण चाकू से टेलीफोन के तार को काटेंगे जबकि सुखदेव बैंक के चौकीदार की बन्दूक छीनेंगे एवं पंडित जी कैशियर को काबू में करेंगे। जयगोपाल एवं किशोरी लाल को एक-एक थैला दिया जाएगा और दोनों काउन्टर से रुपए लेकर थैलों में भरेंगे। यह कारवाई तीन चरणों पर कार्यान्वित होनेवाली थी और हर एक चरण पर पंडित जी को सीटी बजानी थी। पहले चरण में पार्टी के हर सदस्य को अपना-अपना स्थान लेना था, दूसरे चरण में उन्हें जो-जो काम करने को दिए गए थे, वे करने थे और तीसरे चरण में हर सदस्य को टैक्सी के पास इकट्ठा होना था। सारे सदस्य, जिन्हें यह काम अंजाम देना था, निश्चित समय पर बैंक के पास पहुँचे भी पर वे अपने काम को अंजाम नहीं दे पाए। यद्यपि भगत

सिंह और महावीर सिंह ने टैक्सी ली, और शालीमार गार्डेन तक गए पर वापसी में महावीर सिंह टैक्सी चला नहीं पाए और तब भगत सिंह और महावीर सिंह लॉरेन्स गार्डेन में रुक गए जहाँ से महावीर सिंह ताँगे पर पंजाब नेशनल बैंक पहुँचे और पंडित जी को बताया कि टैक्सी नहीं लाई जा सकी। अतः सभी मोजंग हाउस वापस लौट गए जहाँ हमले पर जाने के पहले साथियों के बीच हथियार बाँटे गए थे। उस वक़्त रिवाल्वर (प्र. सं. 122) हंसराज वोहरा के पास थी, भगत सिंह के पास पिस्तौल (प्र. सं. 480) थी और पंडित जी के पास माउजर पिस्तौल। सुखदेव एवं कालीचरण के पास रिवाल्वर थी।

5 दिसम्बर को भगत सिंह मोजंग हाउस से अनुपस्थित थे पर सुखदेव, पंडित जी, किशोरी लाल, शिवराम राजगुरु और हंसराज वोहरा वहाँ थे। भगत सिंह, भगवान दास (अभियुक्त संख्या 19, जो ट्रायल के लिए नहीं भेजे गए) एवं विजय कुमार सिन्हा के साथ 7 दिसम्बर को लौटे। पुलिस अधीक्षक स्कॉट की हत्या के सवाल पर 9 या 10 दिसम्बर को मोजंग हाउस में चर्चा हुई, जिनके ऊपर षड्यन्त्रकारियों के अनुसार, लाला लाजपत राय को मारने का आरोप था। इस मीटिंग में पंडित जी, सुखदेव, भगत सिंह, किशोरी लाल, शिवराम राजगुरु, महावीर सिंह एवं जयगोपाल उपस्थित थे। इनमें से तीन केन्द्रीय कमेटी के सदस्य थे। विजय कुमार सिन्हा, हालाँकि केन्द्रीय कमेटी के सदस्य थे, पर वे इस मीटिंग में उपस्थित नहीं थे, लेकिन यह तथ्य, कि वे दो दिन पहले लाहौर पहुँच चुके थे, महत्त्वपूर्ण है। जयगोपाल को स्कॉट की गतिविधियों पर नजर रखने की ज़िम्मेदारी दी गई थी और वे पुलिस दफ्तर के चक्कर 11, 12, 13, 14 एवं 15 दिसम्बर को इसी हेतु लगाया करते थे। उनके द्वारा 15 दिसम्बर को स्कॉट की गतिविधियों की खबर पंडित जी को देने के बाद पंडित जी ने 17 दिसम्बर का दिन स्कॉट की हत्या के लिए चुना। 15 दिसम्बर को 2 बजे दिन में मोजंग हाउस में एक मीटिंग हुई जिसमें पंडित जी, भगत सिंह, सुखदेव, शिवराम राजगुरु एवं जयगोपाल उपस्थित थे। इस मीटिंग में महावीर सिंह भी मोजंग हाउस में उपस्थित थे पर वे स्पष्टतः 17 दिसम्बर की मीटिंग में मौजूद नहीं थे। 15 दिसम्बर को जयगोपाल एवं हंसराज वोहरा (Vohra) दोनों को, मोजंग हाउस में, भगत सिंह ने कुछ गुलाबी पोस्टर दिखाए जिनके ऊपर 'हिन्दुस्तान सोशलिस्ट रिपब्लिकन आर्मी' एवं नीचे 'स्कॉट मर गया' लिखा था। इनके नीचे कुछ शब्द लिखे थे जिनमें स्कॉट को मारने की वजह बताई गई थी जो कि षड्यन्त्रकारियों द्वारा उस समय समझी गई थी। ये पोस्टर प्रदर्श पी. 442 और प्रदर्श संख्या P.A.X की तरह ही थे जो बाद में पकड़े गए थे और जिन्हें ट्रायल के समय प्रदर्शित किया गया है। अन्तर सिर्फ इतना

है कि तब जो पोस्टर दिखाए गए थे उनमें 'स्कॉट मर गया' की जगह शब्द थे– 'सान्डर्स मर गया।' 17 दिसम्बर को फिर भगत सिंह, मोजंग हाउस में, करीब 11 बजे इन पोस्टरों को लिख रहे थे। हंसराज वोहरा ने 3-4 पोस्टरों की अनुकृति उसी दिन की थी। किशोरी लाल दूसरे सदस्य थे जो उस दिन, उस समय उपस्थित थे। 17 दिसम्बर को करीब 12.30 बजे हंसराज वोहरा फिर मोजंग हाउस गए जहाँ पंडित जी ने उनसे स्कॉट की हत्या करने की विस्तृत योजना बताई। हालाँकि हंसराज वोहरा को इस योजना में हिस्सा नहीं लेना था पर वे उस दिन डेढ़ बजे से शाम 5 बजे तक मोजंग हाउस में ही रहे। हत्या करने की योजना को अन्तिम विस्तृत रूप 2 बजे की मीटिंग में दिया गया। उस दिन सुबह 10 बजे जयगोपाल रोज की तरह पुलिस कार्यालय गए, और उन्होंने उस दिन एक ब्रिटिश पुलिस ऑफिसर को, वर्दी में, मोटर साइकिल पर कार्यालय जाते देखा। उन्होंने इसका अर्थ निकाला कि उस दिन स्कॉट मोटर कार पर नहीं बल्कि मोटर साइकिल से दफ्तर गए थे। दोपहर के वक़्त उन्होंने यह बात पंडित जी को बताई। 2 बजे की मीटिंग में हथियार बाँटे गए। जयगोपाल को कोई हथियार शायद इस वजह से नहीं दिया गया कि उनका मुख्य काम हत्या करने की जगह के आस-पास रहना था और हत्या करनेवालों को उस ऑफिसर को दिखलाना था जिसकी हत्या की जानी थी। यदि वह खून के बाद गिरफ्तार हो भी जाता तो उसे दिखलाना था कि वह तो एक निर्दोष राही था। पंडित जी ने माउजर पिस्तौल ली थी और भगत सिंह के पास स्वचालित (ओटोमेटिक) पिस्तौल (प्रदर्श सं. पी. 480) थी जबकि शिवराम राजगुरु के पास रिवाल्वर थी। इन तीन व्यक्तियों पर क़त्ल करने की ज़िम्मेदारी थी।

महावीर सिंह को मोजंग हाउस में रहना था और हत्या करने के बाद हत्यारों का स्वागत करना था। सुखदेव यद्यपि मंत्रणा में शामिल थे पर उन्हें इस अपराध में कोई ज़िम्मेदरी नहीं सौंपी गई थी। शिवराम राजगुरु पुलिस कार्यालय के पड़ोस में पैदल पहुँचे जबकि पंडित जी, जयगोपाल एवं भगत सिंह साइकिलों पर पहुँचे। जयगोपाल ने अपनी साइकिल पुलिस कार्यालय के सामने स्थित डी.ए.वी. कॉलेज के कम्पाउंड्स से सटे बोर्डिंग हाउस के शौचालय के पास रखी। पंडित जी एवं भगत सिंह अपनी साइकिल उस कम्पाउंड में ले आए। उनमें से एक साइकिल जयगोपाल शौचालय के पास ले आए और वहीं रख दी जहाँ पहली साइकिल रखी थी। पुलिस कार्यालय के सामने कॉलेज कम्पाउंड की तरफ लौटते हुए उसने तीसरी साइकिल ली और रोड के किनारे जहाँ कोर्ट स्ट्रीट की शाखा समाप्त होती है, खुद उस पर टिक गए। जयगोपाल ने यह साइकिल अपने पास इसलिए रखी

कि यदि शिकार पर पहली गोली न लग पाए तो भगत सिंह साइकिल से उसका पीछा कर सकें; पंडित जी रोड से सटे पुलिस कार्यालय के सामने अवस्थित कॉलेज कम्पाउंड में रहें जबकि भगत सिंह एवं शिवराम पुलिस कार्यालय के पासवाले रोड पर पैदल टहलते रहें। शाम करीब 4 बजे सहायक पुलिस ऑफिसर सान्डर्स जिन्हें जयगोपाल ने सुबह 10 बजे लाल मोटर साइकिल पर पुलिस कार्यालय जाते देखा था और जिसे उन्होंने स्कॉट समझने की भूल की थी, पुलिस कार्यालय से बाहर आए। उनके पीछे हेड कांस्टेबल चानन सिंह भी था। सान्डर्स ने मोटर साइकिल स्टार्ट की और पुलिस कार्यालय के गेट से धीरे-धीरे निकलकर रोड पर आए। जयगोपाल ने तब इशारा किया जिस पर शिवराम राजगुरु ने अपनी रिवाल्वर निकाली और सान्डर्स की दिशा में आगे बढ़ने लगे और ज्योंही मोटर साइकिल नजदीक आई उन पर फायर कर दिया। सान्डर्स ने गोली लगने पर अपने हाथ ऊपर उठा दिए और वे मोटर साइकिल से रोड पर गिर पड़े जबकि उनका एक पाँव मोटर साइकिल के नीचे ही रहा। भगत सिंह तब दौड़े और अपनी स्वचालित पिस्तौल से उन पर गिरी हुई अवस्था में फायर किया।

तब भगत सिंह, शिवराम राजगुरु एवं जयगोपाल कोर्ट स्ट्रीट की तरफ दौड़े। उनका पीछा हेड कांस्टेबल चनन सिंह एवं यातायात निरीक्षक फर्न (अ. सा. सं. 46) ने किया। जब फायरिंग हो रही थी उसी समय एक गाड़ी, जिसे अबदुल्ला (अ. सा. सं 34) चला रहा था, आई और कोर्ट स्ट्रीट मोड़ पर रुक गई। जब फर्न कोर्ट स्ट्रीट पर भगत सिंह एवं शिवराम राजगुरु का पीछा कर रहा था तब उनमें से एक ने, सम्भवतः भगत सिंह ने फर्न पर गोली चलाई, जिस पर वह झुका और गिर गया। भगत सिंह कॉलेज कम्पाउंड और शिवराम राजगुरु तब कोर्ट स्ट्रीट से मुड़कर डी.ए.वी. कॉलेज में छोटे गेट से घुसे। हेड कांस्टेबल चनन सिंह तब भी उनके पीछे था, जबकि जयगोपाल अपनी साइकिल, जिस पर वे टिके थे, ठेलकर कोर्ट स्ट्रीट में ही चलते रहे। डी.ए.वी. कम्पाउंड में घुसने के बाद हेड कांस्टेबल चनन सिंह पर शायद पंडित जी ने अपनी माउजर पिस्तौल से गोली चलाई जो उसकी दाहिनी जाँघ पर लगी। वह एक घंटे बाद मेयो अस्पताल में मर गया। (बाद में चनन सिंह के शरीर से 30 माउजर पिस्तौल की बुलैट निकाली गई। जहाँ वह गोली खाकर गिरा था, उस जगह से 19 दिसम्बर, 1928 को 30 कैलिबर का खोखा सब इंस्पेक्टर अमर सिंह (अ. सा. 77) को मिला जो माउजर पिस्तौल में इस्तेमाल होता है)। भगत सिंह, पंडित जी और शिवराम राजगुरु डी.ए.वी. कॉलेज के पीछे से गुजरते हुए वालीबॉल ग्राउंड होकर बोटेनिकल के पश्चिम से डी.ए.वी. कॉलेज के छात्रावास की बिल्डिंग के ई. ब्लाक से होते हुए ब्लाक बी. की ऊपरी

मंजिल के पास आ गए जहाँ देसराज (अभियुक्त) कमरा न. 28 में रहता था। इस बीच जयगोपाल दूसरी तरफ से उसी जगह पहुँच गया। दो साइकिलों में से एक, जो जयगोपाल ने घटना स्थल के पास ही शौचालय के पास छोड़ी थी, इस बीच अभियुक्त देसराज द्वारा हटा दी गई थी और दूसरी साइकिल या तो देसराज द्वारा या उसके कहने पर किसी बावरची ने जिसका नाम मिल्खी (अ. सा. स. 261) था, उसी जगह के आस-पास रसोई घर के पास लगा दी। पंडित जी ने तब जयगोपाल की साइकिल ले ली, शिवराम राजगुरु उनके साथ ही साइकिल पर थे जबकि भगत सिंह ने रसोई घर के पास रखी साइकिल ले ली। भगत सिंह ने अपनी टोपी जयगोपाल की लुँगी से बदल ली जो वह पहने हुए थे। पर वे इसे अपने सिर पर बाँध नहीं पाए और वहीं छोड़ दी, जहाँ से बाद में वह हेड कांस्टेबल तलेह मुहम्मद (अ. सा. ज. 78) को उसी दोपहर में मिली। तब पंडित जी, शिवराम राजगुरु एवं भगत सिंह डी.ए.वी. कॉलेज के कम्पाउंड के छोटे गेट से देव समाज रोड की तरफ चले। यहाँ वे तीन छात्रों से मिले जिनमें से एक अजमेर सिंह (अ. सा. सं. 181) था जिससे उन्होंने उसकी साइकिल लेनी चाही पर उसके विरोध करने पर उन्होंने यह प्रयास छोड़ दिया और वे अता मुहम्मद (अ. सा. ज. 48) की साइकिल की दुकान की तरफ गए। उस दुकान से या तो पंडित जी या शिवराम राजगुरु जो उस वक़्त पैदल थे, ने एक साइकिल ली जबकि भगत सिंह अपनी साइकिल पर से उतरकर वहीं खड़े रहे। तब अता मुहम्मद (अ. सा. ज. 48) ने दूसरी साइकिल ली और अपराधियों का पीछा करने लगा जो स्वीमिंग बाथ के नज़दीक उसकी साइकिल छोड़ तार के बाड़े से निकल गए और चलते हुए सचिवालय की तरफ चल पड़े। तीनों अपराधी इस प्रकार निकल गए और अन्ततः मोजंग हाउस पहुँचे। इस बीच जयगोपाल वेटिनरी कॉलेज के ग्राउंड की दीवार पर चढ़ गए और चक्कर काटते हुए स्वीमिंग बाथ के बगल में आ गए जहाँ वे पुलिस उपाधीक्षक मोरिस (अ. सा. सं. 45) से मिले जो एक पुलिस दल के साथ अपराधियों की खोज में निकले थे। उन्होंने उनसे पूछा कि क्या उन्होंने किसी को साइकिल पर देखा है तो उन्होंने जवाब में कहा कि नहीं और अभिनय किया कि वे एक छात्र थे और किताब पढ़ रहे थे। वे तब शाम साढ़े पाँच बजे मोजंग हाउस पहुँचे जहाँ उन्होंने महावीर सिंह एवं तीनों क़ातिलों, पंडित जी, भगत सिंह एवं शिवराम राजगुरु को देखा। भगत सिंह ने तब उन्हें सूचित किया कि जिसकी हत्या हुई वह स्कॉट नहीं बल्कि सान्डर्स था। सुखदेव उस वक्त वहाँ नहीं थे, वे सारे हथियार किसी दूसरे घर में रखने गए थे। हत्या के बाद सान्डर्स का शव मोटर कार में ले जाया गया जिसे अब्दुल्ला (अ. सा. स. 34) चला रहा था, जो गोली

चलते वक़्त घटनास्थल पर पहुँच गया था। जयगोपाल उस शाम छह बजे सुखदेव से मिले जिनके साथ विजय कुमार सिन्हा एवं भगवान दास भी थे। ये लोग पहले से ही हत्या के बारे में विस्तृत रूप से जानते थे। हत्या के वक़्त विजय कुमार सिन्हा का लाहौर में होना इस मीटिंग की महत्त्वपूर्ण विशेषता है। जबकि जयगोपाल और महावीर सिंह यद्यपि उस रात मोजंग हाउस में रहे, लेकिन पंडित जी, भगत सिंह एवं शिवराम राजगुरु रात 9 बजे सुखदेव के साथ घर छोड़कर शायद कृपा राम स्ट्रीट के मकान में चले गए।

20 दिसम्बर, 1928 को भगत सिंह और उनका नौकर बन शिवराम राजगुरु द्वितीय श्रेणी में सवार होकर लाहौर से कानपुर चले गए। पंडित जी, किशोरी लाल के साथ 25 दिसम्बर को लाहौर छोड़ दिल्ली चले गए जहाँ किशोरी लाल ने उन्हें छोड़ दिया और लाहौर लौट आए। इस बीच महावीर सिंह और जयगोपाल 19 से 22 दिसम्बर के बीच लाहौर से फिरोजपुर चले गए और कुछ दिनों बाद विजय कुमार सिन्हा लाहौर से दिल्ली की यात्रा के बीच फिरोजपुर में रुके। 17 दिसम्बर की शाम हंसराज वोहरा को सन्देह के आधार पर सान्डर्स के खून के मुकदमे में गिरफ्तार कर लिया गया और तीन जनवरी 1929 को जमानत के आदेश प्राप्त होने तक जेल में रखा बिना इस ज़िक्र के कि इस कांड के बारे में उसे कोई जानकारी है। सान्डर्स के खून के बाद कई गुलाबी रंग के पोस्टर्स (प्रदर्श पी.ए. एक्स., पी. ए. एक्स/1, पी. ए. एक्स/2 और पी. ए. एक्स/3) जिन पर भगत सिंह की लिखावट में लिखा था 'सान्डर्स मर गया, लाला जी का बदला ले लिया' लाहौर की कई आम जगहों पर कई व्यक्तियों द्वारा चिपके हुए देखे गए।

30 या 31 दिसम्बर को जयगोपाल लाहौर गए और उसके अगले दिन जब वह, सुखदेव और किशोरी लाल फिरोजपुर रोड के पार कैनाल ब्रिज के पास थे वहाँ से स्कॉट की गाड़ी गुज़री जिसे उन्होंने देखा भी। यद्यपि उस वक़्त सुखदेव के पास एक रिवाल्वर थी पर उन्होंने खुद को स्कॉट पर फायर करने से यह कर रोका कि वह एक बार बच चुका है अतः उस पर दुबारा फायर करना बेकार है। सुखदेव उसके बाद जयगोपाल को कृपा राम स्ट्रीट हाउस ले गए जहाँ किशोरी लाल भी रह रहे थे। अगले दिन जयगोपाल और किशोरी लाल पार्टी की सम्पत्ति मोजंग हाउस से कृपा राम स्ट्रीट हाउस में ले आए। मोजंग हाउस उन्होंने छोड़ दिया। 2 जनवरी 1929 को जयगोपाल फिरोजपुर लौटे जहाँ उसने महावीर सिंह को छोड़ा था जबकि सुखदेव वहाँ 5 जनवरी को आए।

19 दिसम्बर 1928 को फणिन्द्रनाथ घोष और मनमोहन बनर्जी कलकत्ता में चल रहे अधिवेशन में गए। वहाँ उन्होंने कँवल नाथ तिवारी को ढूँढा जिसके पास

19 कर्निवालिस स्ट्रीट पर स्थित आर्य मन्दिर में कुछ कमरे थे। कलकत्ता में रह रहे कँवल नाथ तिवारी का पता पहले ही भगत सिंह को फणिन्द्रनाथ घोष ने दे दिया था, ताकि वे उसके ज़रिए फणिन्द्रनाथ घोष से सम्पर्क कर सके। भगत सिंह 20 दिसम्बर को ही लाहौर छोड़कर कानपुर निकल गए थे, जैसा कि पहले ही कहा जा चुका है। वे 25 दिसम्बर को कलकत्ता में थे और वहाँ वे उसी दिन फणिन्द्रनाथ घोष से कँवल नाथ तिवारी की मदद से मिले। भगत सिंह एवं फणिन्द्रनाथ घोष के बीच सान्डर्स हत्या के सिलसिले में कुछ बातचीत हुई। भगत सिंह ने स्पष्ट किया कि केन्द्रीय कमिटी ने हत्या पर अपनी सहमति दे दी थी और फणिन्द्रनाथ घोष से इस विषय पर पहले सलाह इसलिए नहीं ली जा सकी क्योंकि वे दूर थे और भगत सिंह को उनकी सहमति लेने की ज़िम्मेदारी दी गई थी। भगत सिंह ने तब एक ऐसे व्यक्ति की तलाश करने का सवाल उठाया जो पार्टी के सदस्यों को बम बनाने के तरीके बताता और तब वह और फणिन्द्रनाथ घोष कलकत्ते में जे.एन. दास के सम्पर्क में आए। (यह व्यक्ति जे.एन. दास शुरू में ट्रायल के लिए स्पेशल मैजिस्ट्रेट की अदालत में भेजा गया था पर वह मुकदमे की कार्यवाही के दौरान मर गया)।

ऐसा लगता है कि भगत सिंह दिसम्बर के अन्त में फणिन्द्रनाथ घोष एवं मनमोहन बनर्जी से यह कहकर कि वे जनवरी के अन्त में आगरा पहुँचेंगे, कलकत्ता से चले गए। लाहौर में अपनी गतिविधियों के बाद, पार्टी के नेता अब अपना ध्यान आग्नेयास्त्रों को बनाने में लगा रहे थे, और इस काम के लिए उन्होंने आगरा को अपना केन्द्र बनाया। 1929 की जनवरी में हुई घटनाएँ अपने आप में महत्त्वपूर्ण नहीं हैं पर इनकी प्रकृति भविष्य में बम बनाने की और उनका इन्तज़ाम करने की थी। मनमोहन बनर्जी ने 3 जनवरी 1929 को कलकत्ता छोड़ दिया पर वे फिर 20 जनवरी को लौट आए। इस बीच फणिन्द्रनाथ घोष कलकत्ता में जे.एन. दास से मिलते रहे थे और उनसे आगरा चलने और पार्टी सदस्यों को बम बनाने का गुर सिखाने की बातचीत करते रहे थे। जनवरी के अन्त तक सुखदेव इसी काम में व्यस्त रहे। उन्होंने जयगोपाल को अमृतसर कुछ रसायन लाने भेजा और फिर वे खुद वहाँ गए। जनवरी में भगत सिंह इलाहाबाद पहुँचे और अजय कुमार घोष के कमरे में ललित कुमार मुखर्जी से मिले। उनके पास स्वचालित पिस्तौल (प्रदर्श पी. 480) थी जिससे उन्होंने सान्डर्स पर फायर किया था। उन्होंने ललित कुमार मुखर्जी को विस्तार से समझाया कि इस क्रान्तिकारी पार्टी का चरित्र क्या है जिसका नाम हिन्दुस्तान सोशलिस्ट रिपब्लिकन आर्मी था। उन्होंने उनके साथ इलाहाबाद क्रिमिनल इन्वेस्टिगेसन डिपार्टमेंट के इंस्पेक्टर

बनर्जी के खिलाफ की जानेवाली कार्यवाही की सम्भावना पर बातचीत की। जनवरी में पंडित जी झाँसी गए। 20 जनवरी को वे और सदाशिव नाम के एक व्यक्ति ने, जो शायद पार्टी का ही था (पर जिसे ट्रायल के लिए नहीं भेजा गया था), पार्टी के सामानों से भरा एक सूटकेस राम दुलारे (अ. सा. 288) के पास छोड़ दिया।

22 जनवरी को भगत सिंह के साथ बनाई गई उनकी योजना के तहत फणिन्द्रनाथ घोष और मनमोहन बनर्जी कलकत्ता से आगरा गए। वे आगरा स्टेशन के पास धर्मशाला में रुके जहाँ फणिन्द्रनाथ घोष ने रजिस्टर में अपना नाम बड़ौदा प्रसाद लिखवाया; हालाँकि वे पार्टी के किसी सदस्य से नहीं मिले और 25 जनवरी को आगरा से चले गए। फणिन्द्रनाथ घोष अकेले इलाहाबाद चले गए और 26 जनवरी को वे जतिन्द्र नाथ सान्याल के कमरे में जे.एन. दास से मिले। जतिन्द्र नाथ सान्याल ने तब फणिन्द्रनाथ घोष को अजय कुमार घोष के लिए एक पत्र एवं सन्देश दिया कि जतिन्द्र नाथ सान्याल ललित कुमार मुखर्जी से मिलना चाहते थे जो इलाहाबाद में विज्ञान के विद्यार्थी थे, और बम बनाने के लिए जिनकी सहायता की ज़रूरत थी जिससे कि वे जे.एन. दास से बम बनाने की कला सीख लेने के बाद पार्टी के दूसरे सदस्यों को भी सिखा पाते क्योंकि जे.एन. दास के लिए यह सम्भव नहीं था कि वे बार-बार आगरा आ सकें।

27 जनवरी को जे.एन. दास जतिन्द्र नाथ सान्याल को बम बनाने के लिए आवश्यक उपकरणों, सामानों और तरीके की जानकारी लिखा रहे थे कि तभी ललित कुमार मुखर्जी वहाँ पहुँचे और उन्होंने जतिन्द्र नाथ सान्याल से लिखने का काम खुद ले लिया। इस मौक़े पर फणिन्द्रनाथ घोष उपस्थित थे। वहाँ यह निश्चित किया गया कि वे कलकत्ते से इस काम के लिए ज़रूरी सामान खरीद कर लाएँ। इलाहाबाद से फणिन्द्रनाथ घोष कलकत्ता चले गए और वहाँ 2 दिनों बाद वे भगत सिंह से मिले। उस अवसर पर भगत सिंह, फणिन्द्रनाथ घोष एवं जे.एन. दास के बीच एक बैठक हुई और इस बैठक के पश्चात, फरवरी की शुरुआत में कँवल नाथ तिवारी के कार्नवालिस स्ट्रीट के क्वार्टर में भगत सिंह, फणिन्द्रनाथ घोष एवं कँवल नाथ तिवारी को जे.एन. दास बम में प्रयुक्त होनेवाली गन काटन बनाने के तरीके सिखाने लगे। कलकत्ते की विभिन्न दुकानों से सस्ते दामों पर रसायन एवं अन्य चीजें खरीदने का काम फणिन्द्रनाथ घोष एवं कँवल नाथ तिवारी करने लगे। सामानों की सूची जे.एन. दास से और पैसे भगत सिंह से मिलते थे।

इस बीच लाहौर में खास कुछ नहीं हो रहा था पर जनवरी के अन्त में प्रेमदत्त को सुखदेव और किशोरी लाल ने निश्चय ही पार्टी में भर्ती कर लिया। सुखदेव

ने प्रेमदत्त को पीले पर्चे दिखाए, जो इ.पी.वी. की तरह ही थे, जैसेकि वे हर नए रंगरूट को दिखाया करते थे। जनवरी के अन्त में भी किशोरी लाल कहीं चले गए एवं प्रेमदत्त का सामान, गुआलमंडी, लाहौर में स्थित उत्तम निवास नाम के मकान में, भेज दिया गया जो उस समय अमलोक राम (अ. सा. सं. 455) से किशोरी लाल ने किराए पर लिया था। उसी समय कृपा राम स्ट्रीटवाला मकान छोड़ दिया गया। 9-10 फरवरी को जयगोपाल अमृतसर से लाहौर केमिकल लेकर आए और उसे सुखदेव को उत्तम निवास में सौंप दिया और यहीं वे किशोरी लाल और प्रेमदत्त से भी मिले।

12 फरवरी के आसपास जयगोपाल और सुखदेव अमृतसर गए और जब सुखदेव दिल्ली जाने लगे तो उन्होंने जयगोपाल को चिट्ठी देकर बालक राम के पास कोहट भेज दिया जो सुखदेव का रिश्तेदार था और जो चिकारकोट का स्टेशन मास्टर (अ. सा. सं. 162) था। जयगोपाल एक दो महीने चिकारकोट रुके और कोहट में उन्होंने 17 फरवरी, 1929 को राम दित्तामल (अ. सा. सं. 164) से मकान किराए पर लिया। मार्च की शुरुआत में, उनके पास सुखदेव छोटी-सी मुलाकात के लिए आए जो अपने साथ रिवाल्वर (प्रदर्श पी. 122) लेकर आए थे। जयगोपाल 13 अप्रैल तक लाहौर नहीं आए। जयगोपाल को सीमान्त प्रदेश भेजने का उद्देश्य बहुत स्पष्ट नहीं है पर सुखदेव ने उनसे कहा कि उनका उद्देश्य था, 'हिन्दुस्तान सोशलिस्ट रिपब्लिकन आर्मी' की तरह की किसी अफगानिस्तान की पार्टी से सम्बन्ध जोड़ना। जयगोपाल इस दिशा में, सीमान्त की यात्रा के दौरान कुछ कर नहीं पाए और ऐसा लगता है कि पार्टी के नेता वास्तव में चाहते रहे हों कि वे कुछ समय के लिए कहीं दूर रहें क्योंकि उन्हें सान्डर्स की हत्या के बावत जानकारी थी। पार्टी में हंसराज वोहरा से भी, जमानत पर जेल से रिहा होने के बाद, जनवरी और फरवरी महीने में उनसे कोई काम नहीं लिया गया।

इस अवधि में आगरा पार्टी की गतिविधियों का केन्द्र हो गया। जैसा कि पहले ही कहा जा चुका है, शिव वर्मा ने नवम्बर 1928 में नूरी गेट पर एक मकान लिया था पर जनवरी 1929 के अन्त में उन्होंने मकान छोड़ दिया। उसी समय हींग की मंडी में भरोसी लाल (अ. सा. सं. 238) का मकान पार्टी के किसी सदस्य ने किराए पर ले लिया। कुछ समय बाद ही गया प्रसाद 4 फरवरी, 1929 को फिरोजपुर में अपनी दवाएँ और अन्य सामग्री दूसरे डॉक्टर जिसका नाम दीवान सिंह (अ. सा. सं० 302) था को बेचकर आगरा आ गए और पार्टी के लिए रामलाल के नाम से दूसरा मकान नाई की मंडी में मकान मालिक नारायण प्रसाद

(अ. सा. सं. 248) से लिया। बाद में नाई की मंडीवाला यह मकान पार्टी के रिहायशी कामों के लिए इस्तेमाल किया गया और अधिकांशतया गया प्रसाद इस मकान के प्रभारी बने रहे, जब तक कि मार्च 1929 में इस मकान को छोड़ नहीं दिया गया। दूसरी तरफ, हींग की मंडीवाला मकान पार्टी द्वारा आग्नेयास्त्र बनाने के लिए इस्तेमाल होता रहा।

फरवरी 1929 के शुरुआती दिनों में ललित कुमार मुखर्जी पंडित जी से इलाहाबाद में अजय कुमार घोष के कमरे में मिले। फरवरी के मध्य में भगत सिंह ने शिवराम राजगुरु को इलाहाबाद से ललित कुमार मुखर्जी को आगरा लाने भेजा। जनवरी के अन्त में कलकत्ता छोड़ते समय भगत सिंह ने फणिन्द्रनाथ घोष को और जे.एन. दास को आगरा जाने का रेल भाड़ा दिया। 11 फरवरी को फणिन्द्रनाथ घोष आगरा के लिए कूच कर गए और उसके एक दिन बाद जे.एन. दास गए। फरवरी के मध्य में जे.एन. दास से, पार्टी के सदस्यों भगत सिंह, पंडित जी, फणिन्द्रनाथ घोष, सुखदेव, विजय कुमार सिन्हा, शिव वर्मा, सदाशिव एवं ललित कुमार मुखर्जी ने, बम बनाना सीखने का काम शुरू किया। पार्टी के दूसरे सदस्य जो उस समय आगरा में थे पर पहले हींग की मंडीवाले घर नहीं आते थे, वे थे–गया प्रसाद, भक्तेश्वर दत्त, भगवानदास एवं शिवराम राजगुरु। हींग की मंडीवाले मकान में 14 फरवरी की दोपहर से बम बनाना शुरू हो गया। उस वक़्त उस घर में विजय कुमार सिन्हा की उपस्थिति उनकी बम बनाना सीखने की इच्छा के तहत नहीं बल्कि उन्हें यह काम सौंपा गया था कि वे पता लगाएँ कि काकोरी कांड के कैदी जोगेशचन्द्र चटर्जी को कब आगरा से लखनऊ जेल हस्तान्तरित किया जाना था। वे इसी काम में व्यस्त रहते थे। 14 फरवरी को, बम बनाने के लिए रसायन तैयार होने के बाद, हींग की मंडी के घर में, जोगेशचन्द्र चटर्जी को छुड़वाने की योजना पर चर्चा हेतु, एक मीटिंग हुई जिसमें फणिन्द्रनाथ घोष, भगत सिंह, पंडित जी, शिव वर्मा, सुखदेव और विजय कुमार सिन्हा उपस्थित थे। दूसरे शब्दों में कहें तो केन्द्रीय कमिटी के 7 सदस्यों में से छह सदस्य थे, सातवें सदस्य कुन्दन लाल आगरा में नहीं थे और उस दौरान उन्होंने खुद को पार्टी की गतिविधियों से अलग कर लिया था।

इस मीटिंग में यह तय हुआ कि एक मुक्ति दल बनाया जाए जिसमें भगत सिंह, पंडित जी, विजय कुमार सिन्हा, शिव वर्मा, शिवराम राजगुरु, भगवान दास एवं भक्तेश्वर दत्त हों। 15 फरवरी को जे.एन. दास ने एक बम बनाया और उसी दिन विजय कुमार सिन्हा ने सूचना दी कि जोगेशचन्द्र चटर्जी को 15 या 16 फरवरी को लखनऊ जेल ले जाया जाएगा। बम बनाने के तरीकों की जानकारी

ललित कुमार मुखर्जी के बयान से मिलती है और फिर फणिन्द्रनाथ घोष के बयान से। पहले अमोनियम पाइरेट बनाने का प्रयास किया गया था जिस काम के लिए जे.एन. दास उपयुक्त व्यक्ति नहीं पाए गए क्योंकि पार्टी जिस स्टोव का प्रयोग कर रही थी उसमें कुछ कमी थी। इसी कारण फिर पिकरिक एसिड बनाई गई, उसे सुखाया गया, पोटाश क्लोरेट के साथ मिलाया गया और इस मिश्रण को बम के खोल में भरा गया। जनवरी के अन्त में भगत सिंह कलकत्ते से दो बम के खोल लाए थे जिन्हें मूलत जे.एन. दास ने दिया था। इसी दौरान भगत सिंह ने ललित कुमार मुखर्जी को प्रेरित किया कि वे पार्टी के सक्रिय ग्रुप में शामिल हों पर जब ललित कुमार मुखर्जी ने इनकार कर दिया तो भगत सिंह ने उन्हें इलाहाबाद वापस भेज दिया।

16 फरवरी को बम बनाने के लिए रसायन का मिश्रण तैयार करने की प्रक्रिया जे.एन. दास द्वारा चलती रही जबकि भक्तेश्वर दत्त को जोगेशचन्द्र चटर्जी की गतिविधियों के बारे में जानकारी लेने आगरा स्टेशन भेजा गया। छह बजे शाम को उन्होंने खबर दी कि जोगेशचन्द्र चटर्जी साढ़े पाँच बजे की ट्रेन से ही लखनऊ चले गए। तब नेताओं द्वारा यह निर्णय लिया गया कि कानपुर के लॉकअप, जहाँ जोगेशचन्द्र चटर्जी को उस रात रखा जानेवाला था, क्योंकि लखनऊ जानेवाली मेल उस समय उपलब्ध नहीं होती थी, पर हमला किया जाए। तदनुसार उस रात साढ़े आठ बजे की ट्रेन से, यह मुक्ति मोर्चा जिसके सदस्यों की चर्चा पहले ही की जा चुकी है, आगरा से कानपुर के लिए चल पड़ा। उनके साथ में पिस्तौल (Ex.-P-480) एवं रिवाल्वर (प्रदर्श पी. 122, पी. 200 एवं प्रदर्श पी 202) थे। पंडित जी अपने साथ वह बम ले गए थे जिसे जे.एन. दास ने एक दिन पहले बनाया था। उसी ट्रेन से जे.एन. दास आगरा से कलकत्ता चले गए।

सुखदेव एवं फणिन्द्रनाथ घोष ने हींग की मंडीवाला घर बन्द कर दिया। जोगेशचन्द्र चटर्जी की मुक्ति योजना विफल हो गई कारण (हालाँकि दल पूरी तरह हथियारों से लैस था) उन्हें कानपुर लॉक अप काफी मज़बूत नज़र आया। 17 फरवरी को दल के कुछ सदस्य आगरा लौट आए और उसी दिन सुखदेव बाकी बचे दो बम के खोखों के साथ लाहौर चले गए जिन्हें भगत सिंह कलकत्ते से लेकर आए थे। सुखदेव का इरादा इन बम खोखों को लाने का यह था कि लाहौर में भी ऐसे ही खोखों की नकल की जा सके।

18 एवं 19 फरवरी को मुक्ति दल के बाकी बचे सदस्य भी लौट आए पर शिव वर्मा फिर उनसे अलग हो गए। इन दिनों बम बनाने के लिए रसायनों की तैयारियाँ चलती रहीं। 19 फरवरी को केन्द्रीय कमिटी के सदस्य जो आगरा में

थे, वे थे–भगत सिंह, पंडित जी, विजय कुमार सिन्हा एवं फणिन्द्रनाथ घोष। उन्होंने एक बैठक की जिसमें यह निश्चित किया गया कि साइमन कमीशन पर बम फेंके जाएँ। भगत सिंह एवं पंडित जी इस काम के लिए धन इकट्टा करने चले गए। उन दिनों गया प्रसाद हींग की मंडीवाले घर में खाना बनाने एवं रसायन लाने का काम करते थे।

24 फरवरी के आस पास भगत सिंह लाहौर से आए। वे अपने साथ सुखदेव के पास से 5 बम के खोखे लेकर आए थे जबकि पंडित जी पैसे लेकर आए थे। पाँचों बम के खोखों को शिव वर्मा, भगत सिंह, पंडित जी, फणिन्द्रनाथ घोष, विजय कुमार सिन्हा, भक्तेश्वर दत्त, गया प्रसाद एवं शिवराम राजगुरु द्वारा भरा गया। इसी समय के आसपास केन्द्रीय कमिटी की एक मीटिंग हुई (सुखदेव और कुन्दन लाल अनुपस्थित थे) जिसमें साइमन कमिशन पर बम फेंकने की योजना को रद्द कर दिया गया क्योंकि इसमें काफी पैसा यात्रा करने में ही खर्च हो जाता। इसके बजाय यह निश्चित किया गया कि भगत सिंह एवं भक्तेश्वर दत्त दिल्ली में लेजिसलेटिव एसेम्बली हॉल में बम फेंके और बाद में उन्हें पंडित जी, जयदेव और सदाशिव मुक्त कराएँ। उस रात भगत सिंह, पंडित जी और फणिन्द्रनाथ घोष, जो पाँच बम बनाए गए थे उनमें से एक बम लेकर झाँसी के लिए चले। दूसरी सुबह वे झाँसी में राम दुलारे (अ. सा. स. 288) के घर गए और सदाशिव से मिले। वे सदाशिव के साथ, पर बिना राम दुलारे (अ. सा. स. 288) के चले। उन्होंने टैक्सी किराए पर ले ली जो देवका (अ. सा. सं. 286) की थी और जिसे रामानन्द (अ. सा. स. 290) चला रहे थे। झाँसी से करीब 20 मील बाहर निकल जाने पर उन लोगों ने टैक्सी सड़क किनारे रुकवा दी। उन्होंने टैक्सी ड्राइवर को कार में छोड़ दिया और चारों व्यक्ति बम की पेटी लेकर रोड से कुछ दूर एक पहाड़ी के पास, आबादी से काफी दूर पहुँचे। भगत सिंह ने बम पर एक टोपी लगा दी और उसे फेंककर फोड़ दिया। यह यात्रा उस बम की क्षमता को जानने के लिए की गई थी जिसे आगरे में बनाया गया था। दूसरे दिन भगत सिंह और फणिन्द्रनाथ घोष आगरा लौट गए। वहाँ आगरा स्टेशन पर भगत सिंह ने वह साइकिल छुड़ा ली जिसे सदाशिव ने झाँसी से बुक किया था। भगत सिंह और भक्तेशवर दत्त बाकी बचे चार बम और साइकिल लेकर दिल्ली के लिए रवाना हो गए। विजय कुमार सिन्हा, फणिन्द्रनाथ घोष एवं गया प्रसाद आगरा में ही रहे जबकि पंडित जी और शिवराम राजगुरु कुछ दिनों बाद दिल्ली चले गए। पंडित जी छह और बम के खोखों के साथ, जिन्हें वह दिल्ली में सुखदेव से लेकर आए थे, आगरा लौट आए। भगत सिंह और भक्तेश्वर दत्त द्वारा दिल्ली असेम्बली हॉल में बम

फेंकने के बाद छुड़ाने की योजना को त्याग दिया गया और यह भी निश्चित किया गया कि केन्द्रीय कमिटी का दफ्तर जो जोगेशचन्द्र चटर्जी को मुक्त कराने हेतु आगरा स्थापित किया गया था, को फिर कहीं और ले जाया जाए। फरवरी के अन्त में या मार्च की शुरुआत में पंडित जी झाँसी गए, जबकि सुखदेव आगरा चले गए और अपने साथ 'मैनुफेक्चर एंड यूजेज ऑफ एक्सपलोसिव्ज' किताब (प्रदर्श पी. 364) ले गए। उन्होंने यह सुझाव भी दिया कि आगरा की जगह सहारनपुर को नया केन्द्र बनाया जाए।

सुखदेव के प्रस्थान के पश्चात आगरा में गया प्रसाद, विजय कुमार सिन्हा एवं फणिन्द्रनाथ घोष रहे। ये लोग बम बनाने में लगे रहे। उनके पास एक छोटी सी मुलाकात के लिए भगत सिंह भी आए।

मार्च 1929 में फणिन्द्रनाथ घोष आगरा में बीमार पड़ गए। उन्हें छोटी चेचक निकल आई जिसका इलाज गया प्रसाद ने किया। विजय कुमार सिन्हा ने झाँसी के दो चक्कर लगाए। वे अपने साथ पार्टी के लिए जाड़ों के कपड़े ले गए थे जिसे उन्होंने पंडित जी के पास छोड़ दिया। झाँसी की इन यात्राओं के दौरान वहाँ ठहरने के लिए राम दुलारे के मकान का इस्तेमाल किया गया। 25 फरवरी को दिल्ली में एक मकान पार्टी सदस्यों के लिए किराए पर लिया गया। यह मकान राम शरण दास (अ. सा. सं. 172) का था और यह मार्च की समाप्ति तक के लिए था। मार्च एवं अप्रैल में दिल्ली में एक दूसरे मकान, जो मुसम्मात मुकुन्दी (अ. सा. सं. 169) का था, का उपयोग किया गया। इन महीनों में अभियुक्त जयदेव को एसेम्बली हॉल की कार्यवाही पर नजर रखने के लिए रखा गया। यह बम फेंकने की प्रारम्भिक तैयारी थी।

मार्च के अन्त में पार्टी ने आगरा छोड़ दिया। विजय कुमार सिन्हा ने गया प्रसाद को पहले सहारनपुर मकान लेने भेजा। उन्होंने रामलाल के नाम से रानी बाज़ार में रामचन्द (अ. सा. सं.332) से मकान लिया। गया प्रसाद के पीछे शिव वर्मा सहारनपुर गए पर रानी बाज़ार में उनके मकान में वे कुछ ही दिनों तक रहे। 2 अप्रैल, 1929 को गया प्रसाद ने राम नाथ के नाम से दूसरा मकान सहारनपुर के चोब फरोशन मुहल्ले में उसके मकान मालिक मुहम्मद हनीफ (अ. सा. 207) से लिया पर रानी बाज़ारवाला मकान उन्होंने कुछ ही दिनों के लिए रखा। आगरा में पार्टी की सम्पत्ति की पैकिंग गया प्रसाद एवं फणिन्द्रनाथ घोष ने की और इस सम्पत्ति को सहारनपुर से आगरा गया प्रसाद एवं शिव वर्मा ले गए। शिव वर्मा दिल्ली होते हुए गए। बहुत तरह का समान था जिनमें कपड़े, केमिकल्स, बम बनाने की सामग्री, आठ बम के खोखे, एक जीवित बम, एक माउजर पिस्तौल और

एक एयर पिस्तौल थी। 31 मार्च को फणिन्द्रनाथ घोष और विजय कुमार सिन्हा इलाहाबाद और झरिया में रुकते हुए कलकत्ता गए जहाँ वे सन्तोष कुमार मुखर्जी (अ. सा. सं. 377) से मिले।

पूरे मार्च सुखदेव एवं किशोरी लाल लाहौर में बम एवं बम के खोखे बनाने के काम में व्यस्त रहे। प्रेमदत्त बम बनाने के फार्मूले की नकलें बनाते रहे। हंसराज वोहरा मार्च के मध्य में उत्तम निवास गए जहाँ उन्होंने भगत सिंह को बहुत से खोखों के साथ पाया। उस समय किशोरी लाल भी बम बनाने के उपकरण खरीद रहे थे जिनमें से एक वाजिद अली शाह (अ. सा. सं. 93) से लिया गया 'फ्यूम होल्डर' भी था।

16 मार्च, 1929 में भगवती चरण (फरार) ने कश्मीर बिल्डिंग, लाहौर में बशीर बख्त (अ. सा. सं. 99) से कुछ कमरे किराए पर लिए जिन्हें बाद में सुखदेव और किशोरी लाल ने बम फैक्टरी के रूप में इस्तेमाल किया। इस दौरान सुखदेव एवं किशोरी लाल ने कई बढ़ई एवं साँचागारों से मुलाकात की जिनकी दुकानें ब्रान्दर्थ रोड, लाहौर में थीं, जिनमें से सिराजुद्दीन (अ. सा. 126), फिरोजुद्दीन (अ. सा. 127), सिराजुद्दीन (अ. सा. 128), गुलाम रसूल (अ. सा. 129) एवं इच्छरू राम (अ. सा. 148) थे और जिनसे उन्होंने लोहे के बम के खोखे एवं प्लग बनवाए थे। यह शायद मार्च या अप्रैल की बात है जब जयदेव ने दिल्ली छोड़ दी और शिव वर्मा एवं गया प्रसाद के पास सहारनपुर चले गए।

अप्रैल, 1929 की शुरुआत में पार्टी की मुख्य गतिविधियाँ दिल्ली, लाहौर एवं सहारनपुर में हुईं। हालाँकि फणिन्द्रनाथ घोष एवं विजय कुमार सिन्हा कलकत्ते में थे। 3 अप्रैल को फणिन्द्रनाथ घोष ने विजय कुमार सिन्हा को कँवल नाथ तिवारी से मिलवाया और 8 अप्रैल को कलकत्ते के मच्छु बाज़ार में विजय कुमार सिन्हा के लिए एक घर लिया। सन्तोष कुमार मुखर्जी (अ. सा. 377) कुछ समय के लिए विजय कुमार सिन्हा के साथ उस घर में रहा। 8 अप्रैल को दिल्ली असेम्बली हॉल में बम फेंके जाने के बाद, कलकत्ता में सदस्यों द्वारा यह तय किया गया कि बेतिया के पास बिहार में एक डकैती की जाए, जिससे बम फेंकनेवालों का मुकदमा लड़ने के लिए धन इकट्ठा किया जा सके और विजय कुमार सिन्हा, जिसकी गिरफ्तारी हो सकती थी उसकी सुरक्षा के लिए कदम उठाए जाएँ।

24 या 25 अप्रैल को विजय कुमार सिन्हा एवं कँवल नाथ तिवारी इस उद्देश्य को कार्यान्वित करने के लिए कलकत्ता से बेतिया गए। मई के मध्य तक फणिन्द्रनाथ घोष अपने रिश्तेदारों के साथ रहे, और मनमोहन बनर्जी भी बेतिया लौट गए।

12 अप्रैल को शिव वर्मा एवं जयदेव सहारनपुर से देहरादून गए और देहरादून में एक मकान मन्ना लाल (अ. सा. सं. 205) से किराए पर लिया। उन्होंने गया प्रसाद को सहारनपुर में छोड़ दिया, जहाँ वे खुद बाद में लौटे। यह मकान सम्भवतः पार्टी के इस्तेमाल के लिए लिया गया पर लगता है कि इसे इस्तेमाल नहीं किया गया।

8 अप्रैल को भगत सिंह एवं बटुकेश्वर दत्त ने एक बम एसेम्बली हॉल में फेंका। उसके तुरन्त बाद वे गिरफ्तार हो गए।

(उन्हें भारतीय दंड संहिता की धारा 307 और विस्फोटक पदार्थ कानून की धारा 3 के तहत, सत्र न्यायाधीश, दिल्ली द्वारा 12 जून, 1929 को आजीवन कारावास की सज़ा हुई।)

मार्च के अन्त में सुखेदव के सुझाव पर प्रेमदत्त लाहौर से फिरोजपुर टाइप राईटिंग सीखने गए। उन्होंने मकान मालिक रामलाल (अ. सा. सं. 298) से कूचा पटवारियाँ में मकान लिया। 12 अप्रैल को उनसे मिलने किशोरी लाल गए।

13 अप्रैल को जयगोपाल कोहाट से लाहौर लौटे और 14 अप्रैल को वे सुखदेव से मिले। वे कश्मीर बिल्डिंग के क्वार्टर में सुखदेव एवं किशोरी लाल से मिले जहाँ वे बम बनाने में व्यस्त थे। 15 अप्रैल की सुबह किशोरी लाल और जयगोपाल उन क्वाटर्स में उपस्थित थे, जब कुछ पुलिस अधिकारियों ने, जिनमें के.बी. शेख अब्दुल अज़ीज़, सी.आई.ई. पुलिस अधीक्षक, खान साहब नियाज़ अहमद खान (अ. सा. सं. 23), ऑनरेरी मैजिस्ट्रेट, खान बहादुर सैयद बुधे शाह (अ. सा. 321) और अन्य थे, उन क्वाटर्स पर छापा मारा और तीन व्यक्तियों को गिरफ्तार किया। सुखदेव के कब्ज़े में प्रदर्श पी. 122 रिवाल्वर थी जो भरी हुई थी और जिसे उसने चलाने का प्रयास किया था। इन क्वाटर्स की तलाशी के दौरान एक जीवित बम, 8 बम के खोखे, एक दराज़ में, बड़ी संख्या में केमिकल्स, जिसकी चाबी किशोरी लाल के पास थी, प्रेमदत्त द्वारा लिखी हुई नोट बुक्स जिनमें बम बनाने का फार्मूला लिखा था एवं दूसरी किताबें, दस्तावेज़ जिनमें से एक चिट्ठी, (प्रदर्श पी. 137) जो भगत सिंह द्वारा एसेम्बली हॉल में बम फेंकने के पहले लिखी गई थी, बरामद हुई। कश्मीर बिल्डिंग के क्वाटर्स में छापा पड़ने की वजह नूर शाह कांस्टेबल (अ. सा. 132), गुलाम रसूल, लोहार (अ. सा. 129), से मिली सूचना थी जिनसे सुखदेव एवं किशोरी लाल ने बम के खोखे प्राप्त किए थे। गुलाम रसूल के पिता जलालुद्दीन (अ. सा. 130) को उसके मित्र हाजी मुहम्मद हुसैन (अ. सा. 131) ने, जिसने गुलाम रसूल को बम के खोखे बनाते देखा था, सलाह दी कि शायद किसी गलत इरादे की खातिर इन सामग्रियों की

जरूरत थी। इस सलाह के बाद जलालुद्दीन ने कांस्टेबल नूर शाह (अ. सा. सं. 132) को ख़बर दी जिसने जलालुद्दीन और गुलाम रसूल को यह पता करने को कहा कि सुखदेव एवं किशोरी लाल जिन्होंने बम शेल बनाने का ऑर्डर दिया था, कहाँ रहते थे। किशोरी लाल और सुखदेव का पीछा करते वे कश्मीर बिल्डिंग तक आए, जहाँ मकान के नीचे नाली में कोई पीला पदार्थ बह रहा था, जो सल्फर जैसा था और जिसने सन्देह को बढ़ाया और छापा मारने के लिए प्रेरित किया।

20 अप्रैल के आस-पास प्रेमदत्त को, जो अब तक फिरोजपुर में थे, किशोरी लाल के गिरफ्तार होने की सूचना मिली और वे लाहौर के लिए रवाना हो गए। वे गोआल मंडी, लाहौर के उत्तम निवास हाउस पहुँचे और पार्टी का सामान बाँधा जिसमें किशोरी लाल की किताबों की लाइब्रेरी भी थी और बहुत से कपड़े जो पार्टी की आम सम्पत्ति थी। ये सारी चीज़ें वे अपने साथ अपने घर गुजरात ले गए।

30 अप्रैल को जयगोपाल को क्षमादान मिला और उसने राय साहब लाला नथू राम (अ. सा. 24), मैजिस्ट्रेट के समक्ष अपना बयान दिया। 2 मई को हंसराज वोहरा को फिर गिरफ्तार किया गया। उसे 18 मई को क्षमादान मिला और 21 मई को मैजिस्ट्रेट के सामने उसने बयान दिया। अमृतसर में जिस घर में पार्टी का निवास था, उसकी तलाशी हुई। 11 मई और 24 मई को कलकत्ता में फणिन्द्रनाथ घोष के चाचा के मकान की तलाशी हुई, जहाँ फणिन्द्रनाथ घोष ठहरे थे। हालाँकि उस वक़्त फणिन्द्र नाथ अपने रिश्तेदारों एवं दूसरे व्यक्तियों के साथ रह रहे थे और उस गिरफ्तारी से बच रहे थे। 5, 7 एवं 12 मई को गुजरात के कई मकानों, जिनमें प्रेमदत्त एवं उनके रिश्तेदार रह रहे थे, की तलाशी हुई और वहाँ पार्टी की ढेरों चीज़ें बरामद हुईं, जैसा कि पहले ही कहा जा चुका है, जिन्हें 20 अप्रैल के बाद प्रेमदत्त लाहौर से ले आए थे। 2 मई को सुखदेव आगरा लाए गए और हींग की मंडीवाले मकान की तलाशी हुई, जिसके बारे में सुखदेव ने संयुक्त प्रान्त के पुलिस अधिकारी मि.पील (अ. सा. सं. 178) को बताया था। 2 मई को राम दुलारे (अ. सा. 228) के झाँसी के मकान की तलाशी की गई।

अब तक सहारनपुर का मकान तलाशी से बचा रहा, पर इस मकान में रहनेवाले के व्यवहार पर सन्देह हुआ और 13 मई को पुलिस उपाधीक्षक, सहारनपुर मि. एम.डी. जोशी (अ. सा. 230) तथा अन्य पुलिस अधिकारियों ने इस घर पर छापा मारने की तैयारी की। उन्होंने उस घर में शिव वर्मा एवं जयदेव को गिरफ्तार किया और छह जिन्दा बम, 3 खाली बम के खोखे, भरे हुए रिवाल्वर (प्रदर्श p-200, p-201 एवं p-202) और उनके साथ गोला बारूद, कई क्रान्तिकारी किताबें, (प्रदर्श p-364 'मैनुफैक्चर एवं यूजेज ऑफ एक्सप्लोसिव्स,' सहित) भारी

संख्या में केमिकल्स और उन्हें व्यवहृत करनेवाले उपकरणों को ज़ब्त किया। घर पर एक रक्षक छोड़ दिया गया और दो दिनों बाद 15 मई को गया प्रसाद, जो अनुपस्थित थे, घर लौटे तो उन्हें गिरफ्तार कर लिया गया। वे छह मई, 1929 तक सहारनपुर में अवश्य थे, जिस दिन उन्हें डॉक्टर राम नाथ के नाम से आया मनीऑर्डर, डाकिया मुहम्मद असलम (अ. सा. 217) द्वारा दिया गया।

20 या 21 मई को विजय कुमार सिन्हा, मनमोहन बनर्जी और कँवल नाथ तिवारी बेतिया में इकट्ठे हुए। पहली या दूसरी जून को मनमोहन बनर्जी ने कँवल नाथ तिवारी को रघुनी (अ. सा. 17) के हाथों कुछ समाचार पत्र भेजे। 3 जून को मनमोहन बनर्जी फिर कँवल नाथ तिवारी से कांग्रेस ऑफिस में मिले। 4 जून को पूर्व नियोजित कार्यक्रम के अनुसार मनमोहन बनर्जी बिहार प्रान्त के मौलानियाँ में एक डकैती की योजना बनाने लगे। 5 जून को कँवल नाथ तिवारी की सहमति से, जो इस डकैती में भाग लेनेवाले थे, यह तय किया गया कि 7 जून की रात में इस काम को अंजाम दिया जाए।

6 जून को मनमोहन बनर्जी ने रघुनी (अ. सा. 17) को एक तलवार दी। 7 जून को उन्होंने रघुनी को एक रिवाल्वर एवं दो और तलवारों के साथ डकैतों के दल से जुड़ने के लिए भेजा। मनमोहन बनर्जी ने खुद इस डकैती में हिस्सा नहीं लिया, पर 7 जून की सुबह वे दूसरी जगह एक विवाह समारोह में चले गए जिससे कि उनके अन्यत्र उपस्थित होने का सबूत रहे। वे 8 जून की शाम को बेतिया पहुँचे जब डकैती हो चुकी थी। लौटने पर वे रघुनी से मिले, जिसने पिछली रात मौलानिया में हुई डकैती का वर्णन उनसे किया। उसने उन्हें तलवारें, रिवाल्वर एवं कुछ गहने भी दिए जो डकैती में मिले थे। कँवल नाथ तिवारी एवं रघुनी दोनों ने ही इस डकैती में हिस्सा लिया था, जिसमें एक क़त्ल हो गया था। कँवल नाथ को खुद भी साथी डकैत की तलवार से बाँह पर चोट लगी, जिसने निशाना तो किसी और पर साधा था पर गलती से वह कँवल नाथ तिवारी को लग गया था। घटना के बाद कँवल नाथ तिवारी बेतिया धर्मशाला गए। 8 जून की सुबह उनकी चोट का इलाज सब असिस्टेंट सर्जन, एच.सी. लाहिड़ी (अ. सा. 431) ने किया। 10 जून को मनमोहन बनर्जी कुछ पैसे लेकर उनसे मिलने आए जो डकैती के दौरान प्राप्त किए गए थे और जिन पैसों को उन्होंने कँवल नाथ तिवारी को खर्च के लिए दिया। 11 जून को इंस्पेक्टर बागची (अ. सा. 366) उस धर्मशाला में आए और उन्होंने कँवल नाथ तिवारी की बाँह पर बैन्डेज बँधा देखा।

14 जून को एक पुलिस दल मनमोहन बनर्जी के घर गया पर वह उनसे छुप गया। हालाँकि 16 जून को वह बाहर निकला और गिरफ्तार हो गया। 20 जून

को उसे लाहौर ले जाया गया। उसे फिर बेतिया लाया गया जहाँ वह और रघुनी (अ. सा. सं. 17) पेश किए गए। पुलिस को वह सम्पत्ति सौंपी गई जो मौलानिया डकैती में लूटी गई थी और जो मनमोहन बनर्जी के कब्ज़े में थी तथा वे तलवारें भी जो डकैती में इस्तेमाल की गई थीं। मनमोहन बनर्जी को 14 जुलाई को फिर लाहौर ले जाया गया और 23 जुलाई को चौधरी मुश्ताक अहमद मैजिस्ट्रेट (अ. सा. 33) के सामने उसने अपना बयान दिया और तब उसे क्षमा प्रदान की गई।

इस बीच फणिन्द्रनाथ घोष 8 जून को कलकत्ता में गिरफ्तार कर लिया गया था। 11 जून को उसे लाहौर ले जाया गया। उसे 20 जून को क्षमा प्रदान की गई और 23 जून को उसने चौधरी मुश्ताक अहमद मैजिस्ट्रेट के सामने अपना बयान दिया।

ललित कुमार मुखर्जी 16 जून को गिरफ्तार हुआ और दूसरे दिन लाहौर ले जाया गया। उसे 27 जून को क्षमा प्रदान की गई और 28 जून को मैजिस्ट्रेट के सामने उसने बयान दिया।

प्रेमदत्त का इक़बालिया बयान चौधरी मुश्ताक अहमद (अ. सा. 33) ने 16 जून को दर्ज किया जबकि महावीर सिंह का इक़बालिया बयान राय साहिब एल. नथू राम (अ. सा. 24) द्वारा 24 जून को लिया गया। दो दिन बाद महावीर सिंह चौधरी रोशन लाल मैजिस्ट्रेट (अ. सा. सं. 29) के साथ गया और उसने लाहौर के उन विभिन्न स्थानों को दिखलाया, जिनका ज़िक्र उसने इक़बालिया बयान में किया था। गया प्रसाद का इक़बालिया बयान पहली जुलाई को चौधरी मुश्ताक अहमद (अ. सा. 33) द्वारा लिया गया। मि. हैमिल्टन हार्डिंग की शिकायत, भारतीय दंड संहिता की धारा 121 के अन्तर्गत, स्पेशल मैजिस्ट्रेट की अदालत में 10 जुलाई, 1929 को दर्ज हुई। उस दिन सिवाय विजय कुमार सिन्हा के सभी अभियुक्त गिरफ्तार हो गए। विजय कुमार सिन्हा 19 अगस्त, 1929 को सब इंस्पेक्टर ई.जे. स्पीक (अ. सा. 364) द्वारा गिरफ्तार किए गए। शिवराम, राजगुरु पूना में 30 सितम्बर, 1929 को इंस्पेक्टर मिल्स (अ. सा. सं. 413) सैयद अहमद शाह, (अ. सा. 411) और दूसरे पुलिस अधिकारियों द्वारा गिरफ्तार किए गए। कुन्दन लाल 14 नवम्बर, 1929 को हेड कांस्टेबल राम नन्दन सिंह (अ. सा. 365) द्वारा गिरफ्तार किए गए। जब कुन्दन लाल 29 नवम्बर, 1929 को पहली बार स्पेशल मैजिस्ट्रेट की अदालत में लाए गए तो दूसरों अभियुक्तों ने उनका क्रान्तिकारी अभिवादन स्पेशल मैजिस्ट्रेट राम साहब पंडित श्री कृष्ण (अ. सा. 405) के सामने किया। उसका जवाब उन्होंने 'क्रान्ति जिन्दाबाद' तथा अन्य क्रान्तिकारी नारों के साथ दिया।

3. इक़बालिया गवाहों की आम सम्पुष्टि

हालाँकि ऐसे साक्ष्य जिनमें इक़बालिया गवाहों की आम सम्पुष्टि है, का एक बड़ा हिस्सा उन गवाहों का है, जिन्होंने एक या दो अभियुक्तों को उस समय पहचाना, जब वे किसी खास समय में किसी खास स्थान पर खड़े थे पर ऐसे साक्ष्य भी बड़ी संख्या में हैं जो उपरोक्त गवाहों की श्रेणी में नहीं आते। इसीलिए ये लोग प्रत्यक्ष साक्ष्य की श्रेणी में नहीं आते, क्योंकि ये किसी अभियुक्त को किसी घटना से नहीं जोड़ते, पर ये साक्ष्य इक़बालिया गवाहों के समूचे साक्ष्य को एक विश्वसनीयता अवश्य प्रदान करते हैं।

सबसे पहले तो यह तथ्य है कि सभी इक़बालिया गवाह क्षमा प्रदान किए जाने के बाद और मैजिस्ट्रेट के सामने बयान देने के बाद विभिन्न मैजिस्ट्रेटों के साथ विभिन्न शहरों के उन जगहों एवं घरों में गए जिनका वर्णन उन्होंने अपने बयानों में दिया। कुछ स्थितियों में मैजिस्ट्रेट इक़बालिया गवाह के घर में घुसने से पहले घर की अन्दरूनी भौगोलिक स्थिति के बारे में पूछते थे और तब उनकी बातों की जाँच अन्दर जाकर करते थे। इसी प्रकार जयगोपाल ने 9 मई, 1929 को राय साहिब लाला नथू राम (अ. सा. 24) को लाहौर की कुछ जगहें, 14 मई, 1929 को फिरोजपुर में मि. बशीर हैदर (अ. सा. 176) को और 30 मई, 1929 को रावलपिंडी में कुछ जगहें राय साहिब लाला वज़ीर चन्द (अ. सा. 133) को दिखाई। फणिन्द्रनाथ घोष ने 29 जुलाई, 1929 को मि.टी.पी. भट्टाचार्य (अ. सा. 394) को कलकत्ते में, 7 जुलाई, 1929 को मिर्ज़ा वली बख़्त (अ. सा. 233) को आगरे में, ठाकुर सूरज नारायण सिंह (अ. सा. 279) को 9 जुलाई, 1929 को झाँसी में; मियाँ जगदीश सिंह (अ. सा. 230) को 14 जुलाई, 1929 को दिल्ली में और 2 अक्टूबर, 1929 को चौधरी मुश्ताक अहमद (अ. सा. 33) को लाहौर में कुछ जगहें दिखाई। मनमोहन बनर्जी ने 5 जुलाई, 1929 को मि. टी.पी.भट्टाचार्य (अ. सा. 394) को कलकत्ते में जगहें दिखाई। 7 जुलाई, 1929 को मिर्जा वली बख्त (अ. सा. 233) को आगरे में और 14 जुलाई, 1929 को दिल्ली में मियां जगदीश सिंह (अ. सा. 320) को जगहें दिखाई। हंसराज वोहरा ने अमृतसर में 14 जून, 1929 को सैयद करम शाह (अ. सा. 156) को जगहें दिखाई। ललित कुमार मुखर्जी ने 30 जून, 1929 को मिर्जा वली बख़्त (अ. सा. 233) को आगरे में, पहली जुलाई, 1929 को मि. फोदीम, संयुक्त मैजिस्ट्रेट को इलाहाबाद में जगहें दिखाई {पी.ए. डोगरा (अ. सा. 349) का 23 अगस्त, 1930 का बयान देखें)।

यह सुविधाजनक होगा कि अब उन मकानों को देखा जाए, जिसका पार्टी ने इस्तेमाल किया था और यह दर्ज करना कि इन इक़बालिया गवाहों के बयान कहाँ तक दूसरे गवाहों के बयानों से इस बारे में मेल खाते हैं। इस सवाल के अलावा यह भी देखना होगा कि ये गवाह कहाँ तक उन अभियुक्तों को पहचान पाते हैं, जो इन घरों में आया-जाया करते थे।

गोआलमंड़ी, लाहौर में कन्हैया लाल का घर जो मई से सितम्बर, 1927 तक इस्तेमाल किया गया था, उसका ज़िक्र इक़बालिया गवाह जयगोपाल के बयान में है, जिसकी सम्पुष्टि कन्हैया लाल (अ. सा. 61) के बयान से होती है। ग्वालमंडी में लक्ष्मणगली वाला मकान अक्टूबर से दिसम्बर, 1927 तक इस्तेमाल हुआ था। इसका ज़िक्र जयगोपाल एवं हंसराज वोहरा के बयान में है, जिसकी सम्पुष्टि सुन्दर दास (सा.सं. 65) के बयान से होती है।

बाद में इस मकान का इस्तेमाल जुलाई से नवम्बर 1928 तक होने की बात महावीर सिंह के अपने स्वीकारोक्ति बयान में है, पर यह बात इक़बालिया गवाह के बयान में नहीं है। पर इस पर अतिरिक्त गवाही लाहौरी राम (अ. सा. 149) के बयान में है।

भाटी गेट, लाहौर के बाहर मेला राम बिल्डिंग का जिक्र जयगोपाल ने किया है। इसकी सम्पुष्टि मनी राम (अ. सा. 90) एवं रोरू राम (अ. सा. 184) के बयानों से होती है। रावलपिंडी के हैमिल्टन बाज़ार हाउस का ज़िक्र जयगोपाल एवं हंसराज वोहरा द्वारा किया गया। इसकी सम्पुष्टि खड़क सिंह (अ. सा. 139) के बयान से होती है।

रावलपिंडी के नवाँ मोहल्ले का ज़िक्र जयगोपाल ने किया है और इसके समर्थन में विद्यासागर (अ. सा. 437) का बयान है।

जयगोपाल ने अपने बयान में फिरोजपुर मोहल्ला शाहगंज के मकान का ज़िक्र किया है, जिसकी सम्पुष्टि लेख राज (अ. सा. 239), साधु राम (अ. सा. 294), कालु राम (अ. सा. 199), दीवान चन्द (अ. सा. 200), तुलसी रास (अ. सा. 292), गज्जु राम (अ. सा.295), मुहम्मद तुफैल (अ. सा. 296), चन्दा सिंह (अ. सा. 297), मीरन बक्श (अ. सा. 300), मुसम्मात बीवी रानी (अ. सा. 301), डॉक्टर दीवान सिंह (अ. सा. 302), दीना नाथ (अ. सा. 304), महाराज स्वरूप (अ. सा. 407) एवं राम शरण दास (अ. सा. 408) के बयानों से होती है। इसके अलावा गया प्रसाद एवं महावीर सिंह की स्वीकारोक्ति से भी बयान की पुष्टि होती है।

जयगोपाल एवं फणिन्द्र नाथ घोष ने अपने बयानों में 16 अगस्त से 5 नवम्बर, 1929 तक मुग़ल बाज़ार, अमृतसर के मकान के इस्तेमाल किए जाने

और 6 नवम्बर से अप्रैल या मई, 1929 तक अमृतसर में हीरा लाल के मकान में रहने का ज़िक्र किया है, जिसकी सम्पुष्टि राम सहाय (अ. सा. 197), हीरा लाल (अ. सा. 198) एवं मेधना राम (अ. सा. 316) के साक्ष्य से होती है।

लाहौर की प्रेम गलीवाला मकान, जिसे आज्ञा राम (अभियुक्त) ने किराए पर लिया था, का ज़िक्र जयगोपाल ने किया है और इसकी सम्पुष्टि लाल चन्द (अ. सा. 125) ने की है।

मोजंग लाहौर की अराईं बिल्डिंग के क्वाटर्स, जिसे महावीर सिंह ने 9 नवम्बर, 1928 को किराए पर लिया था, के बारे में प्रर्याप्त साक्ष्य हैं।

इन क्वाटर्स का वर्णन जयगोपाल एवं हंसराज वोहरा ने किया है, फकीर चन्द, चौकीदार, (अ. सा. 86), गोपाल कृष्ण, उस घर का मकान मालिक (अ. सा. 309), नीचे का दुकानदार हुसैन बक्श (अ. सा. 64), पड़ोस का बैकरीवाला मुहम्मद जान (अ. सा. 63), बिल्डिंग का मेहतर, बूरा (अ. सा. 72), बूरा का भाई गमन (अ. सा. 74), और एक और नीचे का दुकानदार बुधु (अ. सा. 73) ने उनके बयानों की संपुष्टि की है। बूरा, गमन एवं बुधु ने इन दोनों इक़बालिया गवाहों को पहचाना है, जबकि हुसैन बक्श एवं फकीर चन्द ने हंसराज वोहरा को इन क्वाटर्स में आते-जाते देखा है।

कृपा राम स्ट्रीटवाला मकान मोहल्ला जौरा मोरी लाहौर में है, जिसका इस्तेमाल 5 दिसम्बर, 1928 से फरवरी 1929 तक हुआ था। इसका ज़िक्र जयगोपाल ने किया है और सम्पुष्टि साक्ष्य घोटामल (अ. सा. 62), मकान मालिक एवं पी.वी.जी. के डीड रायटर बंशी लाल (अ. सा. 315) का है। आगरे के हींग की मंडीवाला मकान, जिसका ज़िक्र फणिन्द्र नाथ घोष एवं ललित कुमार मुखर्जी ने किया है, उनके सम्पुष्टि गवाह उक्त मकान का मालिक भरोसी लाल (अ. सा. 238), अब्दुल अज़ीज़ बेग़ (अ. सा. 239) एवं मुहम्मद इरशाद अली खान (अ. सा. 240) हैं। आगरा के नाई की मंडीवाले मकान का ज़िक्र फणिन्द्रनाथ घोष ने किया है और इसकी सम्पुष्टि मकान मालिक नारायण प्रसाद (अ. सा. 248), राम स्वरूप (अ. सा.249), मेहतर बाबू (अ. सा. 265) एवं अब्दुल जब्बार (अ. सा. 250) ने की है। गया प्रसाद ने स्वीकारोक्ति बयान में कहा है कि रेंट डीड का कार्यान्वयन उसने रामलाल के नाम से लिया था।

लाहौर के उत्तम निवासवाले मकान का ज़िक्र हंसराज वोहरा के बयान में है, जिसकी सम्पुष्टि मकान मालिक अभलोक राम (अ. सा. 455) के साक्ष्य एवं प्रेमदत्त के स्वीकारोक्ति बयान से होती है।

लाहौर में कश्मीर बिल्डिंग के वे क्वाटर्स जहाँ बम फैक्टरी थी और जिन्हें किराए पर, 16 मार्च, 1929 से 15 अप्रैल, 1929 में छापा पड़ने तक रखा गया था, का ज़िक्र जयगोपाल ने किया है। इस मकान पर छापा पड़ने के साक्ष्य पर्याप्त हैं, जिनमें खान बहादुर नियाज़ अहमद खान (अ. सा. 23), चौधरी शहाबुद्दीन (अ. सा. 32), सैयद अहमद शाह (अ. सा. 411), बशीर बक्श (अ. सा. 99) और खान बहादुर सैयद बुधी शाह (अ. सा.321) हैं। किराए पर मकान लेने औेर उसमें रहने के बारे में दूसरे सम्पुष्टि (कोरोबोरेटिव) साक्ष्य बशीन बक्श (अ. सा. 99), बुद्धेशाह चौकीदार (अ. सा. 96), अहमद दीन (अ. सा. 100), गुलाम रसूल (अ. सा. 129) और गणपत (अ. सा. 417) के बयानों में मिलते हैं।

मुसम्मात पार्वती का घर जो सुहेल सिंह स्ट्रीट गोआलमंडी, लाहौर में है, आगरे का नूरी गेटवाला मकान, दिल्ली के दो मकान, राम शरणदास (अ. सा. 172) एवं मुसम्मात मुकुन्दी (अ. सा. 169) जो रानी बाज़ार एवं चोब मुहल्ले में हैं, सहारनपुर का फरोशन हाउस, देहरादून का मकान और फिरोजपुर के कूँचा पटवारियाँ के क्वाटर्स, जो प्रेमदत्त द्वारा लिए गए थे, इस सूची में शामिल नहीं हैं, क्योंकि इन मकानों में कोई इक़बालिया गवाह नहीं गया था और इन मकानों में रहनेवाले पार्टी सदस्यों के बारे में उपलब्ध साक्ष्य इक़बालिया गवाहों के बयानों से बिलकुल अलग हैं।

अब इक़बालिया गवाह जयगोपाल के ब्योरेवार प्रसंगों की आम सम्पुष्टि की ओर आया जाए। ये प्रसंग स्पष्टतः परिवर्ती महत्त्व के हैं। सबसे महत्त्वपूर्ण सम्पुष्टि तो वह है, जो उसे 17 दिसम्बर, 1928 को हुई सान्डर्स की हत्या से जोड़ती है। वह 15 दिसम्बर, 1928 को पुलिस दफ्तर के आस-पास मँडराता देखा गया था, जब वह मि. स्कॉट की गतिविधियों की जासूसी कर रहा था। उस मौके पर जो गवाह उससे मिला था, वह रेलवे गॉर्ड जियाउद्दीन (सा. सं. 85) था, जो पहले से जयगोपाल और उसके पिता से परिचित था। उस वक़्त इस गवाह की जयगोपाल से थोड़ी-सी बातचीत भी हुई थी और यह मिलने की तारीख को विश्वसनीय ढंग से सुनिश्चित करता है। इस गवाह का साक्ष्य विश्वासोत्पादक और महत्त्वपूर्ण है। जयगोपाल की कहानी जो हत्या के तुरन्त बाद की सिलसिलेवार घटनाओं से बनती है उसकी सम्पुष्टि मि. फर्न (अ. सा. 46) के बयान से होती है, जो हत्या के तुरन्त बाद खूनियों का पीछा कर रहा था, पर किसी को पहचानने में सफल नहीं हो सका था। 13 मई, 1929 को 8 वर्दीधारी यूरोपीय पुलिस अधिकारियों की मैजिस्ट्रेट राय साहिब लाला नथू राम (अ. सा. 24) की मौजूदगी में परेड कारवाई गई थी और जयगोपाल ने मि. फर्न की पहचान उन अधिकारियों

के बीच इस रूप में की, कि उसने खूनियों का पीछा किया था और गोलियाँ चलाई थी। हत्या के तुरन्त बाद पहुँचे ड्राइवर अब्दुल्लाह (अ. सा. 34) ने जयगोपाल की पहचान कोर्ट में तथा मैजिस्ट्रेट के सामने परेड में, दोनों जगहों पर की। फिर इस तथ्य की सम्पुष्टि भी है, जिसके बारे में जयगोपाल ने कहा कि वह हत्या के तुरन्त बाद डी.ए.वी. कॉलेज शौचालयों के पास था और पूछ रहा था कि उन दो साइकिलों का क्या हुआ जिसे उसने शौचालय के पास छोड़ा था और जो देसराज द्वारा हटाई गई थीं। उसने जिस व्यक्ति से पूछा था वह मधर मेहतर (अ. सा. 106) था और इस गवाह ने कोर्ट एवं मैजिस्ट्रेट के सामने दोनों ही जगहों पर जयगोपाल को उस व्यक्ति के रूप में पहचाना था, जिसने उससे साइकिलों के बारे में पूछा था। अन्त में जयगोपाल का बयान कि हत्या के बाद वह एक छात्र बनकर किताबें पढ़ने का नाटक कर रहा था और एक यूरोपियन पुलिस ऑफिसर द्वारा सम्बोधित हुआ था, की सम्पुष्टि पुलिस उपाधीक्षक मि. मौरिस (अ. सा. 45), के बयान से होती है। यह वही पुलिस अधिकारी था जिसने उसे सम्बोधित किया था।

4 दिसम्बर, 1928 को पंजाब नेशनल बैंक, लाहौर, की लूट की तैयारी में जयगोपाल के हिस्सा लेने का सम्पुष्टि साक्ष्य महावीर सिंह का स्वीकारोक्ति बयान और टैक्सी ड्राइवर बरकत अली (अ. सा. 87) का बयान है जो भगत सिंह एवं महावीर सिंह को शालीमार गार्डेन और वहाँ से वापस लारेंस गार्डेन ले गया था, जहाँ उन्होंने टैक्सी छोड़ दी थी और जहाँ से महावीर सिंह बैंक तक ताँगा से गए थे। ताँगा ड्राइवर फिरोजुद्दीन (अ. सा. 449) भी साक्ष्यों की सम्पुष्टि आम तरीके से करता है।

यही साक्ष्य हंसराज वोहरा के बैंक लूटने की योजना के विवरण की, जो जयगोपाल के विवरण से ज़्यादा विस्तार में है, सम्पुष्टि करता है। दो बैग जिनमें करेंसी नोट लाए जाने थे और जिन्हें किशोरी लाल एवं जयगोपाल अपने साथ बैंक ले गए थे, बाद में बरामद हो गए थे और उन्हें प्रदर्श में लाया गया है। एक बैग (प्रदर्श पी. 484) की बरामदगी प्रेमदत्त के पास से गुजरात में 12 मई, 1929 को हुई थी और दूसरा बैग (प्रदर्श पी. 87) कश्मीर बिल्डिंग से 15 अप्रैल, 1929 को बरामद हुआ था।

जनवरी, 1928 एवं बाद के महीनों में जयगोपाल के हरबंश लाल के नाम से रावलपिंडी जाने के पर्याप्त साक्ष्य हैं। आर्य समाज मन्दिर में उसकी उपस्थिति होरी लाल (अ. सा. 137), तुलसी राम (अ. सा. 143) एवं ब्रजभूषण (अ. सा. 257) के बयान से प्रमाणित होती है। हैमिल्टन बाजार हाउस में उसकी उपस्थिति हेड कांस्टेबल खडक सिंह (अ. सा. 139) के बयान से और नवाँ मोहल्ला,

रावलपिंडी के मकान में उपस्थिति विद्या सागर (अ. सा. 437) के बयान से साबित होती है। नारायण प्रेस में उसकी नौकरीवाली बात एल. सीताराम (अ. सा.135) और डाकिया हरी लाल (अ. सा. 136) से सिद्ध होती हैं, जबकि लाहौर से आए दो मनीऑर्डर प्राप्ति की सम्पुष्टि डाकिया हरी चन्द (अ. सा. 136), डाकिया मानस खान (अ. सा. 312), मुहम्मद अफज़ल मक़बूल (अ. सा. 142), फिरोजुद्दीन (अ. सा. 367) एवं मुहम्मद अफज़ल कश्मीरी (अ. सा. 314) के बयानों से और प्रदर्श पी.ए.आर. एवं पी.ए.आर.आई. से होती है। रावलपिंडी से 2 एयर पिस्तौल खरीदने वाली बात गुरुदयाल सिंह (अ. सा. 141) और फज़ल अब्बास (अ. सा. 140) के बयान से सिद्ध होती है।

जयगोपाल की फिरोजपुर में गया प्रसाद के यहाँ नौकरी वाली बात की सम्पुष्टि दीवान चन्द (अ. सा. 200), गज्जू राम नाई (अ. सा. 295) और दीना नाथ (अ. सा. 304) करते हैं। इन सबने उसकी पहचान की थी।

जयगोपाल के चिकारकोट एवं को[illegible] में ठहरने की बात शम्सुल हक़ (अ. सा. 160), रहम दीन (अ. सा. 161), स्टेशन मास्टर लाला बालक राम (अ. सा. 162) डॉक्टर अमर सिंह (अ. सा. 163) और राम दीत्ता मल (अ. सा. 164) के बयानों से होती है।

जयगोपाल के बयान में आए जिन मामूली ब्योरों की सम्पुष्टि होती है वे हैं– 1927 में अम्पायर इलेक्ट्रिक इंजीनियरिंग वर्क्स, लाहौर में उसका नौकरी करना, (लक्ष्मी नारायण अ. सा. 49), लाहौर में विक्टोरिया डायमंड जुबली हिन्दू टैक्नीकल इंस्टीट्यूट की नौकरी करना (डॉ. ज्ञानचन्द अ. सा. 55, ब्रह्मदत्ता अ. सा. 110 एवं प्रदर्श पी.डी.डी.); उन मकानों के मुहल्ले जहाँ यशपाल (भगोड़ा) रहे थे (हंसराज अ. सा. 57 एवं इशार दास अ. सा. 91); यह तथ्य कि आर्यन बिल्डिंग मोजंग के क्वाटर्स में चाँदमारी का अभ्यास हुआ करता था, (अब्दुल मजीद, अ. सा. 191); 1926 में जयगोपाल द्वारा नेशनल स्कूल से चोरी (गुरुदत्त अ. सा. 262); उसका द्वारका दास पुस्तकालय का सदस्य होना (शान्ति स्वरूप अ. सा. 378); और उसका बंशी लाल से पैसे उधार लेना (बंशी लाल अ. सा. 219)।

पंजाब नेशनल बैंक में आयोजित लूट को लेकर हंसराज वोहरा का सामान्य सम्पुष्टिकरण उसी तरह है, जैसा कि जयगोपाल के मामले में वर्णित है। हंसराज वोहरा के त्रिलोकचन्द के नाम से रावलपिंडी में रहने की सम्पुष्टि धर्मवीर (अ. सा. 258), गोपाल कृष्ण (अ. सा. 259), शिव दयाल (अ. सा. 368) और दस्तावेज (प्रदर्श पी.बी.टी.आई.) से होती है। उसके रिश्तेदारों द्वारा ट्रिब्यून

अखबार में छपवाई गई चिट्ठियाँ जिनको पढ़कर उसने रावलपिंडी जाने का निश्चय किया, ले.वीरसेन (अ. सा. 88) और हंसराज वोहरा के पिता, गुरन दित्ता मल (अ. सा. 89) द्वारा प्रमाणित की गई है। हमीद हसन (अ. सा. 185) एवं दीपक भताइया (अ. सा. 186) हंसराज वोहरा की एक सोने की कलाई घड़ी (प्रदर्श पी. 124) वाले बयान की पुष्टि करते हैं जो 15 अप्रैल, 1929 को सुखदेव के गिरफ्तार होने पर उसके पास से निकली थी।

अन्त में हंसराज वोहरा का बयान है कि 17 दिसम्बर के दिन, जब सान्डर्स की हत्या हुई थी, वह मोजंग हाउस से अलबर्ट प्रेस गया था और फिर 12:30 रात को मोजंग हाउस वापस लौटा था। यह बयान कुछ हद तक राम चन्द (अ. सा. 223) के बयान से सम्पुष्ट होता है पर वास्तविक तारीख के बारे में नहीं।

फणिन्द्रनाथ घोष और मनमोहन बनर्जी के आम सम्पुष्टिकरण को सुविधा के लिए एक साथ देखा जा सकता है। फणिन्द्रनाथ घोष द्वारा उस अधिकारी पर हमले की सूचना देनेवाली बात, जहाँ तक सरकारी गवाह को मालूम थी, की सम्पुष्टि इंस्पेक्टर बनर्जी (अ. सा. 26) के बयान से होती है। जोगेशचन्द्र चटर्जी का आगरा से लखनऊ स्थानान्तरण और उसे एक रात कानपुर की हवालात में रखे जाने की सम्पुष्टि मेजर ज़ाफरी (अ. सा. 14), मीता प्रसाद (अ. सा. 422), अज़्मतुल्लाह खान (अ. सा. 346), रान सिंह (अ. सा. 341), सैमुअल नासर (अ. सा. 345) और अब्दुल हसन खान (अ. सा. 440) के बयानों से होती है। फणिन्द्रनाथ घोष के आगरा में उपस्थित होने की सम्पुष्टि भरोसी लाल (अ. सा. 238) के बयान से होती है, तो उसके हींग की मंडी, आगरा में रहने की सम्पुष्टि ठाकुर राम सिंह (अ. सा. 371) के बयान से होती है। सम्पुष्टि का एक स्पष्ट टुकड़ा बशीर अली (अ. सा. 253) का साक्ष्य है, जो फणिन्द्रनाथ घोष का 21 जनवरी, 1929 को आगरा फोर्ट रेलवे स्टेशन धर्मशाला के पास एक साथी के साथ आना प्रमाणित करता है। साथ ही इस गवाह द्वारा पेश किया गया रजिस्टर है, जिसमें फणिन्द्रनाथ घोष की उस अवसर पर बड़ौदा प्रसाद के नाम से आने की प्रविष्टि है।

14 जुलाई, 1929 को जब फणिन्द्रनाथ घोष एवं मनमोहन बनर्जी मैजिस्ट्रेट जगदीश सिंह (अ. सा. 320), को दिल्ली में जगहों की ओर इशारा कर रहे थे, तब दोनों ने फिरोजशाह तुग़लक फोर्ट के चौकीदार बड़ा सिंह (अ. सा. 420), जिसने पार्टी सदस्यों को 9 सितम्बर, 1928 को मीटिंग करते देखा था, को पहचाना और बड़ा सिंह ने भी उन दोनों को पहचान लिया। अदालत में बड़ा सिंह ने फिर फणिन्द्रनाथ घोष को पहचाना, पर मनमोहन बनर्जी से फिर उसका सामना नहीं हुआ। सम्पुष्टि का यह टुकड़ा साक्ष्य का एक महत्त्वपूर्ण हिस्सा सिर्फ इसलिए नहीं

है कि दिल्ली में एक मीटिंग हुई थी, बल्कि इसलिए है कि फणिन्द्रनाथ घोष इसमें उपस्थित भी थे।

साक्ष्य का एक बड़ा हिस्सा जो फणिन्द्रनाथ घोष के बयान की सम्पुष्टि करता है वह रेलवे अधिकारियों का है, जिन्होंने यह साबित किया है कि उन तारीखों को टिकटें जारी की गई और प्राप्त की गईं जैसा कि फणिन्द्रनाथ घोष के अनुसार वे अकेले या साथियों के साथ कुछ रेल यात्राओं पर गए थे। इस साक्ष्य का कुछ हिस्सा सन्देहजनक हो सकता है, क्योंकि एक खास स्टेशन से दूसरे स्टेशन तक एक दिन के लिए जारी की गई एवं प्राप्त की गई टिकटों की संख्या काफी हो सकती है, जबकि दूसरे मामलों में ऐसा भी हुआ कि दो स्टेशनों के बीच कम ही यात्रा की गई और जिसके लिए एक या दो टिकट ही उस खास दिन जारी किये गए, ऐसे साक्ष्य का सम्पुष्टि मूल्य ज़्यादा है। चक्रवर्ती (अ. सा. 266) एवं श्री कृष्ण (अ. सा. 267) फणिन्द्रनाथ घोष और मनमोहन बनर्जी की 7 दिसम्बर, 1928 की इलाहाबाद से दिल्ली की यात्रा की सम्पुष्टि करते हैं, पर उस दिन इन दोनों स्टेशनों के बीच जारी टिकटों की संख्या के कारण इस साक्ष्य का महत्त्व कम है। रामलाल (अ. सा. 270) एवं देवीचन्द (अ. सा. 278) ने साक्ष्य दिया कि अमृतसर से तीसरी श्रेणी की एक ही टिकट जारी की गई थी, जो इलाहाबाद में 19 सितम्बर, 1929 को संग्रह की गई थी। यह फणिन्द्रनाथ घोष की उस दिन की यात्रा के सम्बन्ध में एक महत्त्वपूर्ण सम्पुष्टि है। यह अकल्पनीय है कि फणिन्द्रनाथ घोष ने जब यह बयान दिया होगा तो सोचा होगा कि इस बयान की सम्पुष्टि भी हो पाएगी। वैसी ही कीमती सम्पुष्टि मनमोहन बनर्जी की 26 जनवरी, 1929 की आगरा से आसनसोल की यात्रा की है, जो अब्दुल सलाम (अ. सा. 247) के साक्ष्य से है। रामलाल (अ. सा. 270) का साक्ष्य साबित करता है कि 17 फरवरी, 1929 को तीसरी श्रेणी के सात टिकट आगरा से जारी हुए थे, जिन्हें कानपुर स्टेशन पर 8 डाउन एक्सप्रेस से संग्रह किया गया था और यह फणिन्द्रनाथ घोष के बयान, कि आगरा से 7 लोगों का दल कानुपर जोगेशचन्द्र चटर्जी को छुड़वाने उस ट्रेन से गया था, की अच्छी सम्पुष्टि करता है। रघुबंश मिश्रा (अ. सा 281) 6 सितम्बर, 1928 को फणिन्द्रनाथ घोष और मनमोहन बनर्जी के मुजफ्फरपुर से इजात ब्रिज स्टेशन (इलाहाबाद शहर से 2 मील पहले) जाने की यात्रा की सम्पुष्टि करता है। अहमद बक्श (अ. सा. 327) 24 जनवरी, 1929 को की गई फणिन्द्रनाथ घोष एवं मनमोहन बनर्जी की कलकत्ता से आगरा फोर्ट स्टेशन तक की यात्रा का अच्छा सम्पुष्टिकरण मुहैया करता है। उपरोक्त दोनों अन्तिम यात्राओं के अवसर पर दोनों स्टेशनों के बीच केवल दो यात्रियों ने यात्रा

की थी। एक बार फिर हशारउल्लाह खान (अ. सा. 328) द्वारा यह साबित होता है कि 13 फरवरी, को कलकत्ता से आगरा फोर्ट स्टेशन तक सिर्फ एक यात्री ने यात्रा की थी और इस तरह फणिन्द्रनाथ घोष के बयान की सम्पुष्टि होती है कि उन्होंने इस अवसर पर यात्रा की थी।

12 फरवरी, 1929 को जब फणिन्द्रनाथ घोष आगरा पहुँचे, तब वे बालमुकुन्द के नाम से विशम्भर नाथ धर्मशाला में ठहरे और इस तथ्य की सम्पुष्टि श्री चन्द्र (अ. सा. 452) के बयान से होती है, जो धर्मशाला के रजिस्टर में यात्रियों के नाम दर्ज करता है साथ ही यह रजिस्टर (प्रदर्श C-O/3) भी सम्पुष्टि का एक अच्छा हिस्सा है।

फणिन्द्रनाथ घोष का बयान कि हींग की मंडी हाउस, आगरा का उपयोग बम बनाने के लिए केमिकल बनाने में होता था, कि अच्छी सम्पुष्टि केमिकल एक्ज़ामिनर की रिपोर्ट प्रदर्श पी.सी.एम.एस. तथा साथ ही प्रदर्श पी.ई.जी/1 एवं मि. पील (अ. सा. 178) के बयान से होती है, जो साबित करती है कि 2 मई, 1928 को खोजबीन के दौरान उस मकान की दीवालों एवं फर्श से ली गई खुरचन में पिकरिक एसिड, सल्फरिक एसिड और आरसेनिक के दाग पाए गए थे।

फणिन्द्रनाथ घोष की कहानी कि भगत सिंह, पंडित जी, सदाशिव और वह स्वयं एक टैक्सी में बैठ, झांसी से करीब 20 किलोमीटर दूर बम फोड़ने की प्रैक्टिस करने गए थे, की सम्पुष्टि देवकी (अ. सा. 286), रमानन्द (अ. सा. 290) और कुछ हद तक राम दुलारे (अ. सा. 288), शिव राज (अ. सा. 289) के बयानों से होती है जबकि उमानन्द (अ. सा. 282), सिराजुद्दीन (अ. सा. 283), लक्ष्मी नारायण (अ. सा. 284) एवं कल्लू (अ. सा. 285) साबित करते हैं कि पंडित जी एवं टैक्सी ड्राइवर रमानन्द (अ. सा. 290) एक दूसरे को पहचानते थे। यह तथ्य कि जब आगरे में बम बनाया जा रहा था, फणिन्द्रनाथ घोष ने अपना हाथ जला लिया था और यह तथ्य कि उन्हें आगरा में छोटी माता हो गई थी और वे बीमार हो गए थे कुछ हद तक खान साहब के बयान से साबित होता है। डॉक्टर नूर मुहम्मद (अ. सा. 222) जिन्होंने फणिन्द्रनाथ घोष को गिरफ्तार होने के बाद 31 जुलाई, 1929 को जाँचा था, उनके शरीर पर इन बीमारियों के चिह्न पाए थे, इससे भी उपरोक्त तथ्यों की सम्पुष्टि होती है।

फणिन्द्रनाथ घोष से सम्बन्धित छोटे-छोटे ब्योरे जिसकी सम्पुष्टि होती है, वे तथ्य हैं; दिसम्बर 1928 में फणिन्द्रनाथ घोष के साथियों को कलकत्ता में कन्या विद्यालय में ठहराने की व्यवस्था (सत्य नारायण घोष अ. सा. 390, बलाई लाल घोष अ. सा. 391), जबकि फणिन्द्रनाथ घोष का उस अवसर पर अपने चाचा के यहाँ रहने की सम्पुष्टि (चन्द्रशेखर घोष अ. सा. 392); यह तथ्य कि 6 मार्च,

1929 को सदाशिव ने एक साइकिल झाँसी से आगरा के लिए बुक कराई थी और डिलिवरी आगरा में भगत सिंह द्वारा ली गई थी, की सम्पुष्टि सिन्धोहन प्रसाद (अ.सा 276) एवं गोविन्द राव (अ. सा. 277) के बयान से होती है और जिसके दस्तावेज़ी साक्ष्य प्रदर्श पी.ज़ी.के/2, पी.डी.पी./1 हैं। इस आखिरी घटना के बारे में फणिन्द्रनाथ घोष जब बयान दे रहे होंगे, तो यह अनुमान कभी नहीं लगा पाए होंगे कि इस तरह की सम्पुष्टि भी कभी हो पाएगी।

इन्दर मत्तो (अ. सा. 373) इस तथ्य की सम्पुष्टि करता है कि फणिन्द्रनाथ घोष ने उसे अगस्त, 1928 में मनमोहन बनर्जी को लाने भेजा था, क्योंकि यह एक नई पार्टी बनाने का अवसर था। सन्तोष कुमार मुखर्जी (अ. सा. 377) का बयान इस बात की सम्पुष्टि है कि फणिन्द्रनाथ घोष झरिया गए थे। तुलसी राम (अ. सा. 397) ने फणिन्द्रनाथ घोष को कँबल नाथ तिवारी के कमरों में पहचाना था। इन तीनों गवाहों ने मैजिस्ट्रेट के सामने की गई परेड एवं अदालत में पहचान में भाग लिया था। ओंकार दास (अ. सा. 395) एवं रमेश चन्द्र (अ. सा. 396), फणिन्द्रनाथ घोष के कलकत्ता में बिताए उनके जीवन वाले बयान की छोटे-मोटे विवरणों की सम्पुष्टि करते हैं। उन्होंने उसे मैजिस्ट्रेट के सामने की परेड में से चुना था और अदालत में भी पहचाना था।

ललित कुमार मुखर्जी के बयान की आम सम्पुष्टि के बारे में जो बात उल्लेखनीय है, वह अली बक्श (अ. सा. 241) का बयान है; जिसने उसे अदालत एवं मैजिस्ट्रेट के सामने की गई पहचान परेड में एक ऐसे युवा व्यक्ति के रूप में पहचाना था, जो आगरा में हींग की मंडी हाउसवाले मकान में आया-जाया करता था, जिस मकान के सटे ही उसकी अपनी दुकान थी।

4. प्रत्येक अभियुक्त के बारे में जो अभियोग साबित किए गए और वे साक्ष्य जिसके द्वारा अभियोग साबित किए गए

सुखदेव–अ. सं. 1

अगस्त 1928 से पहले की सुखदेव की गतिविधियों के साक्ष्य के बारे में, जब मुख्य षड्यन्त्र रचा गया था, उसके एक बड़े हिस्से के लिए जयगोपाल एवं हंसराज वोहरा के बयान हैं, जिनके अनुसार सुखदेव ने उन्हें अपनी गुप्त संस्था में भर्ती किया था। इस प्रारम्भिक काल के बाबत भी निश्चित सम्पुष्टि है, जो यह दर्शाती है कि इन दिनों सुखदेव क्रान्तिकारी साज़िश में उलझे हुए थे। उदाहरण के तौर पर गोवालमंडी लाहौर वाले मकान का मालिक कन्हैयालाल (अ. सा. 61), जिसके

मकान को जयगोपाल ने 1927 में किराए पर लिया था, ने सुखदेव को मैजिस्ट्रेट के सामने हुई परेड में पहचाना था। हालाँकि स्पेशल मैजिस्ट्रेट की अदालत में वह उन्हें नहीं पहचान पाया था। यह पहचान ज़्यादा विश्वसनीय नहीं हो सकती है। यही हाल लक्ष्मण गली हाउस, लाहौर के मकान मालिक सुन्दर दास, (अ. सा. 65) का है, जिसने सुखदेव को मैजिस्ट्रेट के सामने परेड में पहचाना था, पर अदालत में नहीं। इसके बाद महावीर सिंह अभियुक्त का बयान है, जो इस आशय का है कि वह सुखदेव उर्फ विलेजर उर्फ स्वामी ही था, जिसके कहने पर उसने मोटर चलाना सीखने के लिए भारत कम्पनी में काम शुरू किया था, जो तथ्य दूसरे गवाहों यथा–दीनानाथ (अ. सा. 50) एवं कुन्दन लाल (अ. सा. 51) के बयान से भी साबित होता है। इसी प्रकार गया प्रसाद ने अपने स्वीकारोक्ति बयान में कहा है कि जब वह जुलाई 1928 में लाहौर आया था तब उसे रेलवे स्टेशन पर विलेजर उर्फ सुखदेव मिला, जिससे उसे शिव वर्मा ने पहले कानुपर में क्रान्तिकारी संस्था के सदस्य के रूप में मिलवाया था और यही वह सुखदेव था जिसने लाहौर में ठहरने की व्यवस्था करवाई थी, और बाद में फिरोजपुर में दवाख़ाना खुलवाया।

फिरोजपुर में दवाखाना खोलनेवाली बात दूसरे साक्ष्यों से भी पूरी तरह प्रमाणित होती है। जिसमें दीवान चन्द (अ. सा. 200) एवं गज्जू राम (अ. सा. 295) है। अतः इस बिन्दु पर गया प्रसाद के स्वीकारोक्ति बयान पर विश्वास किया जा सकता है। साक्ष्य का यह अंश और जयगोपाल एवं हंसराज वोहरा के बयान यह इंगित करते हैं कि सुखदेव अगस्त, 1928 के पहले एक क्रान्तिकारी पार्टी में संग्लन थे, लोगों को उसमें भर्ती कर रहे थे और उन्हें समुचित काम दिलवा रहे थे। 1928 की शुरुआत में जयगोपाल एवं हंसराज वोहरा की रावलपिंडी की यात्राएँ जो उन्होंने सुखदेव के निर्देश पर की थीं, की सम्पुष्टि रावलपिंडी के ढेर सारे गवाहों के साक्ष्य से होती है, जिनमें से इस समय जिनका नाम लेना काफी होगा, वे हैं–ज्ञान चन्द्र (अ. सा. 134), सीताराम (अ. सा. 135) हरिचन्द्र (अ. सा. 136); होरी लाल (अ. सा. 137); खड़क सिंह, हेड कांस्टेबल (अ. सा. 139); गुरुदयाल सिंह (अ. सा. 141); तुलसी राम (अ. सा. 143); ब्रज भूषण (अ. सा. 257); धर्मवीर (अ. सा. 258); और गोपाल कृष्ण (अ. सा. 259) है। हालाँकि एक भी ऐसा गवाह नहीं है, जिसने सुखदेव को रावलपिंडी यात्राओं के दौरान देखा था, पर इस बिन्दु पर इक़बालिया गवाहों के बयान एवं साथ ही एयर पिस्तौल की खरीद के सम्पुष्टि साक्ष्य से यह तथ्य बखूबी साबित होते हैं (फज़ल अब्बास अ. सा. 140 एवं गुरुदयाल सिंह अ. सा. 141)।

सितम्बर, 1928 में हुई दिल्ली बैठक को लेकर इक़बालिया गवाह फणिन्द्रनाथ घोष एवं मनमोहन बनर्जी के साक्ष्य हैं कि सुखदेव वहाँ उपस्थित थे। इस बैठक की सम्पुष्टि करने के लिए एक ही गवाह बारा सिंह, चौकीदार (अ. सा. 420) है, जिसने 10 नवम्बर, 1929 को मैजिस्ट्रेट के सामने हुई परेड में उन्हें पहचाना था, पर बाद में स्पेशल मैजिस्ट्रेट के सामने अदालत में नहीं पहचान पाया था। हालाँकि इन दो इक़बालिया गवाहों का बयान काफी है यह साबित करने के लिए कि बाद में सुखदेव ने पार्टी के अभियान में जो हिस्सा लिया था, उससे यह स्पष्ट होता है कि वह केन्द्रीय समिति का एक सदस्य था।

पंजाब नेशनल बैंक पर छापे और मि. सान्डर्स की हत्या से सुखदेव का सम्बन्ध जयगोपाल और हंसराज वोहरा के साक्ष्य से साबित होता है। साथ ही इस बात की सम्पुष्टि भी कि सुखदेव मोजंग हाउस अक्सर जाया करते थे, जहाँ इन दोनों षड्यन्त्रों की योजना तैयार हुई थी। महावीर सिंह ने अपने स्वीकारोक्ति बयान में इस बात का उल्लेख किया है कि सुखदेव इस मकान के चक्कर लगाया करते थे तथा उसने सुखदेव पर इस बात की ज़िम्मेदारी भी डाली कि उन्हीं के निर्देश पर उसने 9 नवम्बर, 1928 को यह मकान किराए पर लिया था। इसके अलावा सुखदेव को हुसैन बक्श (अ. सा. 69), बूरा (अ. सा. 72), बूधू (अ. सा. 73) एवं फकीर चन्द (अ. सा. 86) ने मैजिस्ट्रेट के सामने की गई पहचान परेड एवं अदालत में इस बाबत पहचाना कि वे मोजंग हाउस के चक्कर लगाया करते थे। इसके अतिरिक्त महावीर सिंह का स्वीकारोक्ति बयान न केवल यह साबित करता है कि सुखदेव मोजंग हाउस जाया-आया करते थे, बल्कि यह जयगोपाल के साक्ष्य की इस बात पर सम्पुष्टि भी करता है कि अन्य लोगों के साथ सुखदेव भी इस मीटिंग में उपस्थित थे, जिसमें मि. स्कॉट की हत्या की साज़िश रची गई थी। अतः यह तथ्य भी अच्छी तरह साबित हो जाता है। हत्या के बाद सुखदेव ने अलग-अलग अवसरों पर जयगोपाल और हंसराज वोहरा से कहा था कि भगत सिंह और शिवराम लाहौर से कानुपर चले गए थे। और इस तथ्य की सम्पुष्टि न केवल रेलवे अधिकारियों जैसे कि राम शरण दास (अ.सा 114), हरी चन्द (अ. सा. 115), नियाजुद्दीन (अ. सा. 116) एवं तेज सिंह (अ.सा 117) के साक्ष्यों से होती है, बल्कि प्रेमदत्त के स्वीकारोक्ति बयान से भी होती है जो भगत सिंह की कहानी को दोहराता है कि उसने सान्डर्स के कत्ल के तीसरे दिन एक द्वितीय श्रेणी के कम्पार्टमेंट में यात्रा की थी। यह इस कत्ल में सुखदेव का हाथ होने का अतिरिक्त सबूत है, क्योंकि यह इंगित करता है कि उसे उक्त घटना के बाद खूनियों की गतिविधियों की जानकारी थी।

सुखदेव ने 5 दिसम्बर, 1928 को देवी दास के नाम से, कृपा राम स्ट्रीट का मकान, जो कि लाहौर के जौरे मोरी मुहल्ले में था, लिया था और बाद में उसके वहाँ रहने की बात जयगोपाल के साक्ष्य से साबित होती है। साथ ही छोटा मल (अ. सा. 62) एवं बंशी लाल (अ. सा. 315) के साक्ष्य से भी, जिनमें से धोटा मल इसलिए कि वह मकान मालिक था और बंसी लाल ने किराया नामा (प्रदर्श पी.वी.जी) लिखा था। इन दोनों व्यक्तियों ने सुखदेव को मैजिस्ट्रेट के सामने हुई परेड एवं अदालत दोनों जगह पहचाना था। जयगोपाल के साक्ष्य के अनुसार यही वह मकान था जहाँ दिसम्बर के अन्त में पार्टी के लाहौरवाले सदस्य, सान्डर्स के खूनियों के लाहौर से चले जाने के बाद, मोजंग हाउस से आकर टिके थे। सुखदेव द्वारा फिरोजपुर में गया प्रसाद के घर आने की बात जयगोपाल के बयान से साबित होती है, जिसकी सम्पुष्टि दीवान चन्द (अ. सा. 200) एवं गज्जू राम (अ. सा. 295) के बयानों से होती है, जिन्होंने उसे मैजिस्ट्रेट के सामने हुई परेड एवं अदालत दोनों ही जगहों पर पहचाना था। दीवान चन्द द्वारा की गई पहचान पूरी तरह सन्तोषजनक नहीं है, क्योंकि उसने सुखदेव को भाई साहब का सम्बोधन दिया, जबकि सुखदेव इस सम्बोधन से नहीं जाने जाते थे, बल्कि महावीर सिंह जाने जाते थे। हालाँकि गज्जू राम द्वारा की गई पहचान निश्चय की सन्तोषजनक है, यह व्यक्ति एक विश्वसनीय गवाह था। सुखदेव की अमृतसर में उपस्थिति राम सहाय (अ. सा. 197) के बयान से साबित होती है, जिसने मैजिस्ट्रेट के सामने हुई परेड में और अदालत में भी इस रूप में उसकी पहचान की थी कि उसने उससे, सुन्दर दास के नाम से, मुग़ल बाजार में मकान किराए पर लिया था। यह जयगोपाल के इस बयान की सम्पुष्टि करता है कि सुखदेव इस मकान में आया-जाया करते थे। सुखदेव, किशोरी लाल एवं प्रेमदत्त से मिलने गुरुदत्त भवन जाया करते थे, यह बात प्रेमदत्त के इक़बालिया बयान और प्राणनाथ (अ. सा. 224) एवं बक्शी राम (अ. सा. 457) के बयानों से भी साबित होती है। इन दोनों गवाहों ने सुखदेव को सन्तोषजनक ढंग से पहचाना था। सुखदेव का जयगोपाल से चिकारकोट मिलने जाना भी जयगोपाल के बयान से भली-भाँति साबित होता है, जिसकी सम्पुष्टि स्टेशन मास्टर बालक राम (अ. सा. 162) जो सुखदेव के सम्बन्धी हैं, के बयान से होती है।

सुखदेव के आगरा में बम बनाने से जुड़े होने की बात जयगोपाल के इस बयान से साबित होती है कि सुखेदव ने 14 अप्रैल, 1929 को उससे कहा था कि आगरा में बम बनाने की फैक्टरी है, जब जयगोपाल कोहाट से लौटे थे, जिसका

पूरा और विस्तृत साक्ष्य फणिन्द्रनाथ घोष देते हैं कि आगरा में बम बनाना 14 फरवरी के बाद से शुरू हो गया था। इसी विषय पर ललित कुमार मुखर्जी भी कहते हैं और जिसका सम्पुष्टि साक्ष्य गया प्रसाद का स्वीकारोक्ति बयान है कि सुखदेव उर्फ विलेजर आगरे के नाई की मंडीवाले मकान में आया-जाया करते थे। (गेन्दा लाल अ. सा. 237, जिन्होंने सुखदेव को एक मैजिस्ट्रेट के सामने की गई परेड में इस रूप में पहचाना था कि सुखदेव आगरे में नूरी गेट के मकान में आया-जाया करते थे, की पहचान ज़्यादा विश्वसनीय नहीं थी और उसके साक्ष्य की अवहेलना की जा सकती है।) फणिन्द्रनाथ घोष ने कहा था कि वह सुखदेव ही थे, जो लाहौर से आगरा बम का खोखा लाया और भेजा करते थे और इस सम्बन्ध में सम्पुष्टि साक्ष्य कि सुखदेव ब्रांदर्थ रोड लाहौर से कई खाँचे बनानेवालों से बम का खोखा प्राप्त किया करते थे, का जिक्र बाद में किया जाएगा, पर इसे फणिन्द्रनाथ घोष के इस बिन्दु पर बयान की सम्पुष्टि के तौर पर लिया जा सकता है।

अन्त में मि. पील (अ. सा. 178) द्वारा साबित किया गया यह तथ्य कि सुखदेव ने 2 मई, 1929 को आगरे के हींग की मंडीवाले मकान की ख़बर दी, जिसकी उस दिन की तलाशी के दौरान उस घर की दीवालों एवं फर्श पर अनेक केमिकल धब्बे (देखें प्रदर्श पी.इ.जी./1) पाए गए थे और जिन धब्बों को केमिकल एक्ज़ामिनर की रिपोर्ट प्रदर्श पी.जी.एम./5 ने कहा कि वे पिकरिक एसिड, आर्सेनिक एवं सल्फरिक एसिड के धब्बे थे। उपरोक्त तथ्यों के आधार पर यह कहा जा सकता है कि सुखदेव का आगरा में बम बनाने की गतिविधियों में हिस्सा लेना साबित होता है।

सुखदेव के जोगेशचन्द्र चटर्जी को छुड़वाने की योजना से भी सम्बन्ध होने का उल्लेख फणिन्द्रनाथ घोष के बयान में है, जहाँ वह कहता है कि सुखदेव केन्द्रीय समिति के एक सदस्य थे, जिसने 14 फरवरी को आगरा में अपनी योजना की बाबत चर्चा की थी, पर वे मुक्ति दल में शामिल नहीं थे। पर फणिन्द्रनाथ घोष के इस बयान की कोई प्रत्यक्ष सम्पुष्टि नहीं है। फणिन्द्रनाथ घोष ने यह नहीं कहा कि सुखदेव उस कमेटी के सदस्य थे, जिसने एसेम्बली हॉल, दिल्ली में बम फेंकने की योजना बनाई थी, पर सुखदेव को इस योजना की जानकारी थी। यह बात भगत सिंह द्वारा लिखी गई चिट्ठी (प्रदर्श पी. 1317) से साबित होती है और जिसके भाव से यह पता चलता है कि यह उसी योजना को कार्यान्वित करने की बात करती है। इस चिट्ठी को विश्वसनीय ढंग से हस्तलिपि विशेषज्ञ मि. स्कौट (अ.सा. 423) प्रमाणित करते हैं कि यह भगत सिंह की हस्तलिपि थी तथा इसकी

विषय वस्तु और इसका कश्मीर बिल्डिंग की रेड के समय पाया जाना, जब उस बिल्डिंग से तीन लोग गिरफ्तार किए गए थे, महत्त्वपूर्ण है। इसके अलावा रेड के एक दिन पहले ही जयगोपाल कोहाट से लौटे थे एवं चिट्ठी के शब्द ऐसे थे जो जयगोपाल जैसे पार्टी के किसी अधीनस्थ साथी को सम्बोधित नहीं किए जा सकते थे और न ही किशोरी लाल रतन को, क्योंकि यह बाकी बातों के अलावा एक तीसरे व्यक्ति के बारे में कहती है, जिसका नाम मस्त राम शास्त्री है और जो किशोरी लाल रतन का एक उपनाम है। अतः यह एक युक्ति संगत निष्कर्ष होगा कि तीसरा व्यक्ति जो उस बिल्डिंग में गिरफ्तार किया गया था, यानी सुखदेव ही वह व्यक्ति था, जिसे चिट्ठी से सम्बोधित किया गया था। जो भी हो यह पत्र स्पष्टतः पार्टी के एक नेता द्वारा दूसरे नेता को लिखा गया था, जो साथ ही करीबी मित्र था और लिखने वाले के लिए एक विश्वसनीय पात्र भी था। यह ऐसा सम्बन्ध था, जो भगत सिंह और सुखदेव पर ही लागू हो सकता था।

हालाँकि, एसेम्बली हॉल में बम फेंके जानेवाली कार्यवाही वाले दिन सुखदेव की दिल्ली में उपस्थिति साबित नहीं होती है। इस बिन्दु पर मुसम्मात मुकुन्दी (अ. सा. 169), बनवारी लाल (अ. सा. 170) एवं हरनाम सिंह (अ. सा. 171) के साक्ष्य हैं, बनवारी लाल का सुखदेव को पहचानना भी सन्तोषप्रद है, पर वह खुद में एक विश्वसनीय गवाह नहीं है। मुसम्मात मुकुन्दी, यद्यपि एक विश्वसनीय गवाह है पर उसने सुखदेव को सन्तोषप्रद तरीके से नहीं पहचाना, क्योंकि वह अदालत में उसे अन्य लोगों में से नहीं चुन पाई थी, हालाँकि मैजिस्ट्रेट के सामने हुई परेड में उसने पहचान लिया था।

सुखदेव के खिलाफ जो तथ्य सबसे साफ है, वह है उसका कश्मीर बिल्डिंग में स्थापित बम फैक्टरी से उसका जुड़ा होना। यह तथ्य न केवल जयगोपाल के साक्ष्य से साबित होता है जो खुद बम फैक्टरी गया था और वहीं से गिरफ्तार भी हुआ था, बल्कि प्रेमदत्त की स्वीकारोक्ति से भी कि दयाल उर्फ सुखदेव के पास एक बार 5 बमशेल थे, जब वह गुरुदत्त भवन आए थे और बाद में उसे बम बनाने का फार्मूला भी सुखदेव द्वारा दिया गया था ताकि उसकी नकल की जा सके, जो कापियाँ बाद में कश्मीर बिल्डिंग रेड में पड़े छापे के समय वहाँ से बरामद हो गई थीं और खुद सुखदेव भी वहीं से गिरफ्तार किए गए थे। एक जिन्दा बम, 8 बमशेल एवं ढेर सी केमिकल एवं यन्त्र भी उस समय वहाँ से बरामद हुए थे जो तथ्य खान साहब नियाज अहमद खान (अ. सा. 23), सब इंस्पेक्टर, चौधरी शहाबुद्दीन (अ. सा. 32), खान बहादुर सैयद बुढ़े शाह (अ. सा. 321), बशीर बक्श (अ. सा. 99) एवं सैयद अहमद शाह (अ. सा. 411) के

बयानों से बखूबी साबित होते हैं और सुखदेव का उस अवसर पर भरी हुई रिवाल्वर (प्रदर्श पी./122) चलाने का प्रयास जिसे यही गवाह साबित करते हैं और अन्त में ब्रान्डर्ट रोड, लाहौर के साँचा बनानेवाले और बढ़इयों, जिनसे सुखदेव बमशेल बनवाया करते थे, के बयान जिनमें एक ने कांस्टेबल, नूर शाह (अ.सा. 132) को यह खबर दी थी, जिसके कारण पुलिस को बम फैक्टरी होने की जानकारी हो गई थी। उन गवाहों के नाम जिन्होंने, सुखदेव को मैजिस्ट्रेट के सामने हुई परेड में और अदालत में बमशेल बनाने की बाबत पहचाना था, वे हैं सिराजुद्दीन पुत्र नूरदीन (अ. सा. 126), फिरोजुद्दीन (अ. सा. 127), सिराजुद्दीन पुत्र अल्लाह दित्ता (अ. सा. 128) एवं गुलाम रसूल (अ. सा. 129)। ये सभी पहचान सन्तोषजनक थीं और उन गवाहों की विश्वसनीयता के बारे में कोई उचित सन्देह नहीं है, जो फरवरी से अप्रैल, 1929 तक लाहौर में बम बनाने की भागीदारी प्रमाणित करते हैं।

अब सुखदेव के बारे में, संक्षेप में दोहराते हुए कहा जाता है कि यह साबित होता है कि वह 1927, 1928 में क्रान्तिकारी पार्टी के सदस्यों की भर्ती कर रहे थे, सितम्बर 1928 में दिल्ली बैठक में उपस्थित थे, उस वक्त केन्द्रीय समिति के सदस्य नियुक्त किए गए थे, पंजाब में क्रान्तिकारी संस्था के प्रमुख नियुक्त किए गए, पंजाब नेशनल बैंक की लूट एवं मि. स्कॉट के कत्ल की योजनाओं में सम्मिलित थे, हालाँकि खुद उन्होंने कत्ल करने में हिस्सा नहीं लिया था, भगत सिंह के दिल्ली के एसेम्बली हॉल में बम फेंकने में राज़दार थे, आगरा में बम बनाने की गतिविधियों में सहायक थे; कश्मीर बिल्डिंग लाहौर में बम फैक्टरी के मुख्य संगठनकर्त्ता थे और अन्त में उन्होंने पार्टी के लिए अमृतसर, फिरोजपुर एवं उत्तर पूर्वी सीमान्त प्रान्तों में यात्रा की थी। सुखदेव को षड्यन्त्र का सरताज कहा जा सकता है, जबकि जगत सिंह को दाहिना हाथ। सुखदेव एक संगठनकर्त्ता थे और नए सदस्यों को भर्ती करने में और उनके लिए उनके लायक काम भी ढूढ़ने में अत्यन्त जोशीले थे। वे हिंसक कामों में भाग लेने में पीछे थे, पर उन्हें उन कृत्यों के निष्पादन के लिए ज़रूर उत्तरदायी ठहराया जाना चाहिए, जिनके लिए उनके मस्तिष्क एवं संगठनकारी शक्ति का एक महत्वूपर्ण योगदान हुआ था।

किशोरी लाल–अ.सं. 3

यह अभियुक्त दिल्ली बैठक में नहीं था और बैठक के पहले किसी क्रान्तिकारी दल की गतिविधियों में नज़र नहीं आता। वह सतपाल का भाई था, जिसके साथ

जयगोपाल और हंसराज वोहरा, 1928 के शुरुआती महीनों में, रावलपिंडी में रहे थे। 12 अप्रैल, 1929 को प्रेमदत्त की फिरोजपुर के लिए एकमात्र यात्रा के अलावा कोई और विश्वसनीय साक्ष्य नहीं है कि किशोरी लाल ने कभी लाहौर छोड़ा हो सिवाय सान्डर्स के खून के कुछ दिनों बाद की दिल्ली की एक छोटी-सी यात्रा के, जब वह पंडित जी के साथ उस जगह गया था। हरनाथ सिंह (अ. सा. 171) का यह साक्ष्य कि उसने किशोरी लाल को दिल्ली में देखा था, विश्वसनीय नहीं लगता।

किशोरी लाल, 21 नवम्बर, 1928 तक डी.ए.वी. कॉलेज लाहौर का छात्र था (दौलत राम, अ. सा. 187, ज्ञान चन्द्र अ. सा. 190) और गुरुदत्त भवन में कुछ कमरे उसके पास थे। नवम्बर 1928 के अन्त में, वह लाहौर के प्रेम गलीवाले मकान में आया जाया करता था, जिसे आज्ञा राम (विमुक्त अभियुक्त) ने क़िराए पर लिया था, जिसका साक्ष्य जयगोपाल एवं लाल चन्द (अ. सा. 125) ने दिया है। इन दोनों ने किशोरी लाल को मैजिस्ट्रेट के सामने कराई गई परेड एवं अदालत दोनों ही जगहों पर पहचाना। यहाँ यह उल्लेख किया जा सकता है कि किशोरी लाल की आँख भेंगी होने की वजह से उसकी पहचान करना अपेक्षतया आसान है। यह तथ्य कि वह 1927 में लक्ष्मण गली में आया-जाया करता था, सन्तोषप्रद तरीके से साबित नहीं हो पाया है, क्योंकि सुन्दर दास (अ. सा. 65) जिसने उसे परेड में ढूँढ निकाला था, वह उसे अदालत में नहीं पहचान पाया था। उसका नवम्बर-दिसम्बर, 1928 में मुसम्मात पारबती (अ. सा. 436) के ग्वाल मंडीवाले मकान में रहना राम प्रसाद (अ. सा. 58) के बयान से सन्तोषजनक तरीके से साबित होता है, जिसने मैजिस्ट्रेट परेड एवं अदालत दोनों ही जगह उसकी पहचान की थी। इस बिन्दु पर दूसरे गवाहों, जैसे कि मुसम्मात पारबती (अ. सा. 436) और सोभा राम (अ. सा. 363) द्वारा की गई पहचान दोषपूर्ण थी। गवाह राम प्रसाद इस बिन्दु पर विश्वसनीय है, क्योंकि उसका किशोरी लाल से मकान के किराए के सवाल पर झगड़ा हुआ था। अतः उसके पास उसे पहचानने के पर्याप्त अवसर थे। किशोरी लाल ने गुरुदत्त भवन में कमरे ले रखे थे, यह बात प्रेमदत्त के स्वीकारोक्ति बयान एवं ज्ञान चन्द (अ. सा. 190), प्राणनाथ (अ. सा. 224) और बक्शीश राज (अ. सा. 457) के बयान से पूर्णयता साबित होती है।

किशोरी लाल का सम्बन्ध पंजाब नेशनल बैंक को लूटने की योजना से था, जिसमें उसे काउंटर से करेंसी नोट लेने की भूमिका दी गई थी। जैसा कि जयगोपाल एवं हंसराज वोहरा ने कहा और यह तथ्य कि दो में से एक बैग, जिसमें

करेंसी नोट रखे जाने थे, बाद में कश्मीरी बिल्डिंग से बरामद हुआ था, जहाँ किशोरी लाल खुद गिरफ्तार हुआ था, को भी इस बिन्दु पर सम्पुष्टि साक्ष्य के तौर पर लिया जा सकता है। महावीर सिंह का स्वीकारोक्ति बयान भी पंजाब नेशनल बैंक की लूट की योजना का विवरण प्रस्तुत करता है एवं किशोरी लाल को दी गई उपरोक्त भूमिका का उल्लेख करता है।

जहाँ तक किशोरी लाल का सान्डर्स हत्या से सम्बन्ध है, उस सवाल पर जय गोपाल ने कहा कि किशोरी लाल ने मोजंग हाउस में हुए सान्डर्स हत्या की योजना के विचार विमर्श में हिस्सा लिया था और हंसराज वोहरा भी साबित करता है कि वह 17 दिसम्बर को सान्डर्स हत्यावाले दिन 11 बजे दिन में मोजंग हाउस में उपस्थित थे।

महावीर सिंह का स्वीकारोक्ति बयान इस बात की सम्पुष्टि करता है कि किशोरी लाल ने इस विचार विमर्श में भाग लिया, जिसमें वह खुद भी वहाँ उपस्थित था, जबकि प्रेमदत्त का स्वीकारोक्ति बयान अतिरिक्त रूप से साबित करता है कि किशोरी लाल ने प्रेमदत्त के सामने स्वीकार किया था कि सान्डर्स की हत्या और उसके बाद पोस्टर्स का बाँटा जाना क्रान्तिकारी पार्टी का काम था। अन्त में, इस बारे में काफी साक्ष्य है कि गवाहों ने किशोरी लाल को उन दिनों मोजंग हाउस आते-जाते देखा था और इस बात में कोई सन्देह नहीं हो सकता है कि इसी घर में मि. स्कॉट को मारने के षड्यन्त्र को विस्तृत रूप दिया गया था। जिन गवाहों ने किशोरी लाल को मैजिस्ट्रेट के सामने परेड एवं अदालत में पहचाना था, वे हैं मुहम्मद जान (अ. सा. 63) और बुधु (अ. सा. 73); जबकि हुसैन बक्श (अ. सा.64), बूड़ा (अ. सा.72) और फकीर चन्द, (अ.सा 86) ने किशोर लाल को मैजिस्ट्रेट के सामने परेड में पहचान पर वे बाद में उसे स्पेशल मजिस्ट्रेट की अदालत में नहीं पहचान पाए। उनका उसे अदालत में न पहचान पाना उसके साक्ष्य की गुणवत्ता को पूरी तरह नष्ट नहीं करता है, जब यह देखा जाए कि दिसम्बर 1928 और अदालत में साक्ष्य देने के बीच काफी समय बीत चुका था। उपरोक्त साक्ष्य के आधार पर किशोरी लाल का सम्बन्ध हत्या की योजना बनाने में पूरी तरह साबित होता है।

किशोरी लाल को दिल्ली एसेम्बली हॉल में बम फेंकने की योजना की जानकारी थी, इस बात का आभास प्रेमदत्त के स्वीकारोक्ति बयान के एक अंश से होता है। 12 अप्रैल को जब प्रेमदत्त फिरोजपुर में थे, उस समय किशोरी लाल उससे मिले थे, प्रेमदत्त के स्वीकारोक्ति बयान के इस तथ्य की अच्छी खासी सम्पुष्टि रोशन लाल (अ. सा. 305) के बयान से होती है। हालाँकि इस गवाह

ने वास्तव में किशोरी लाल को नहीं पहचाना था। उस मुलाकात में किशोरी लाल ने प्रेमदत्त से कहा था कि एसेम्बली हॉल में जिस वक़्त बम फेंका गया था उस वक़्त हॉल में पार्टी के बहुत से सदस्य उपस्थित थे और यदि सावधानीपूर्वक खोज की गई होती तो उनमें से कई गिरफ्तार हो जाते।

अन्त में, इस बात का साक्ष्य भी है कि किशोरी लाल का सम्बन्ध कश्मीर बिल्डिंग में अवस्थित बम फैक्टरी से था। 15 अप्रैल, 1929 को किशोरी लाल की उसी बिल्डिंग में गिरफ्तारी उसी साक्ष्य से साबित होती है, जो साक्ष्य विस्तार से सुखदेव के मामले में पहले ही कहा जा चुका है। एक महत्त्वपूर्ण बिन्दु जिसे ये गवाह भी साबित करते हैं, वह है गिरफ्तारी के समय केमिकल रखी जानेवाली आलमारी की चाबी का किशोरी लाल के पास पाया जाना। इसके अलावा किशोरी लाल का बम फैक्टरी से सम्बन्ध लुहार वाजिदअली शाह (अ. सा. 93) के साक्ष्य से भी सिद्ध होता है, जिसने किशोरी लाल को एक 'प्यूम होल्डर' बेची थी साथ ही इच्छरू राम, साँचा बनानेवाला (अ. सा. 148) के बयान से जिसने किशोरी लाल के लिए 'बमशेल' के साँचे ढाले थे; साँचे ढालनेवाला सिराजुद्दीन (अ. सा. 126) एवं गुलाम रसूल (अ. सा. 129) जिसने भी यही काम किशोरी लाल एवं सुखदेव के लिए किया था, कश्मीर बिल्डिंग के चौकीदार बुढ़ेशाह (अ. सा. 96) एवं ग्वाला गनपत (अ. सा. 412) जिसकी दुकान बिल्डिंग के नीचे है, का साक्ष्य भी इस बिन्दु पर है। इन सभी व्यक्तियों ने किशोरी लाल को मैजिस्ट्रेट के सामनेवाली परेड और अदालत में सन्तोषजनक तरीके से पहचाना था, सिवाय इच्छरू राम (अ. सा. 148) एवं वाजिद अली शाह (अ.सा 93) के, जिन्होंने उसे अदालत में पहचाना था तथा मैजिस्ट्रेट के सामने जाँच के दौरान भी, परन्तु औपचारिक रूप से की गई परेड में नहीं। एक अन्य गवाह राम रखा मल (अ. सा. 111) ने, जिसकी पड़ोस में एक कपड़े धुलाई की दुकान है, कहा कि गिरफ्तारी के कुछ पहले ही किशोरी लाल उसके पास कपड़े धोने के लिए लाए थे। उसके द्वारा किशोरी लाल की पहचान भी सन्तोषजनक थी।

संक्षेप में यह साबित होता है कि हालाँकि किशोरी लाल की गतिविधियाँ प्रायः लाहौर तक ही सीमित थीं, पर वह क्रान्तिकारी पार्टी, लाहौर शाखा का एक महत्त्वपूर्ण सदस्य था। हालाँकि वह दिल्ली की मीटिंग में उपस्थित नहीं था, पर वह पंजाब नेशनल बैंक लूट की योजना, मि. स्कॉट की हत्या और दिल्ली एसेम्बली हॉल में बम फेंकनेवाली वारदात की योजनाओं के बारे में जानता था और अन्त में वह फरवरी से अप्रैल 1929 तक कश्मीर बिल्डिंग, लाहौर में बम बनाने में व्यस्त था।

देसराज–अभियुक्त संख्या 4

देसराज 2 मई, 1929 को लाहौर में गिरफ्तार हुए। उनके बारे में जयगोपाल का साक्ष्य है कि एक बार देसराज ने सुखदेव के आग्रह पर कुछ अतिरिक्त कपड़े दिए थे और दूसरे अवसर पर देसराज के कमरे में 17 नवम्बर, 1928 को पंडित जी, सुखदेव और देसराज उपस्थित थे, जहाँ पंडित जी के आग्रह पर जयगोपाल रिवाल्वर से भरा एक बक्स लाए थे, जिसे पंडित जी ने खोला था और उपस्थित सदस्यों को बताया था कि कैसे रिवाल्वर में गोली भरी और निकाली जाती है। हंसराज वोहरा के अनुसार सुखदेव ने नवम्बर 1928 में उसे बताया था कि देसराज पार्टी के सदस्य थे। सान्डर्स के खून के बाद जयगोपाल द्वारा शौचालय के पास रखी गई साइकिलों को हटाने का काम देसराज ने ही किया था। यह तथ्य कि उसी ने सान्डर्स की हत्या के बाद दोनों साइकिलें हटाई थीं, मिलखी के साक्ष्य से भी सम्पुष्ट होता है।

डी.ए.वी. कॉलेज के छात्र सोमनाथ (अ. सा. 144) का साक्ष्य भी है, जो यह साबित करता है कि हत्या के बाद खूनी डी.ए.वी. कॉलेज के एम. ब्लाक के हॉस्टल की सीढ़ियों से नीचे उतरे थे और यह अनुमान है कि वे देसराज के कमरे से नीचे आए होंगे, जिसने उन्हें हत्या के बाद शरण दी होगी। हालाँकि यह बात साबित नहीं होती है।

अन्त में, दो गवाह गेन्दालाल (अ. सा. 237) और अब्दुल अज़ीज बेग (अ. सा. 239) ने देसराज को अदालत में इस रूप में पहचाना कि वह नूरी गेट हाउस और हींग की मंडी हाउस, आगरा क्रमशः आया-जाया करते थे, पर देसराज को मैजिस्ट्रेट के सामने हुई परेड में इन गवाहों के सामने पहचान के लिए नहीं बुलाया गया था। इसलिए देसराज के आगरे में होने की पहचान सन्दिग्ध है। और कोई साक्ष्य नहीं है जो यह साबित करे कि देसराज ने कभी लाहौर छोड़ा था।

सारांश में, देसराज के विरुद्ध जो बिन्दु हैं, वह यह है कि उसने बचे हुए अतिरिक्त कपड़े सुखदेव को उपलब्ध कराए थे; कि सुखदेव ने हंसराज वोहरा से कहा था कि वह पार्टी का एक सदस्य था; कि देसराज अपने कमरे में मौजूद था जब पंडित जी यह समझा रहे थे कि रिवाल्वर में कैसे गोली भरी या निकाली जाती है और अन्त में सान्डर्स की हत्या होने के बाद उसने शौचालय से साइकिलें हटाईं थी, जहाँ जयगोपाल ने उन्हें रखा था। पहले तीन बिन्दुओं के बारे में सिर्फ इक़बालिया गवाहों ने कहा है और इन बिन्दुओं को सम्पुष्ट करता कोई और साक्ष्य नहीं है। यह निर्णय देना निरापद होगा कि ये तथ्य साबित नहीं हो पाए हैं।

हालाँकि यह तथ्य कि देसराज ने शौचालय के बाहर से 17 दिसम्बर, 1928 को दोपहर को साइकिलें हटाई थीं, पूरी तौर पर मिल्खी (अ. सा. 261) द्वारा साबित होता है, पर देसराज द्वारा इस भूमिका को निभाने का महत्व स्पष्ट नहीं है। वास्तव में ऐसा लगता है कि साइकिलें हटाकर उसने इरादतन या गैर इरादतन हत्यारों की गतिविधियों को बाधित ही किया था, जिन्होंने देसराज द्वारा हटाई गई दो साइकिलों में से एक ही पाने में कामयाबी पाई थी और उन्हें दूसरी साइकिल अजमेर सिंह (अ. सा. 181) एवं अता मुहम्मद (अ. सा. 48) से ज़बरदस्ती लेने का प्रयास करना पड़ा था। अतः यह निश्चयात्मक तौर पर नहीं कहा जा सकता है कि देसराज साइकिलों को हटाकर हत्यारों के भागने में सहायता कर रहा था या रुकावट खड़ी कर रहा था। उपरोक्त विश्लेषण के आधार पर देसराज अपने विरुद्ध लगाए गए सभी अभियोगों से रिहाई पाने का अधिकारी है।

प्रेमदत्त–अभियुक्त न. 5

यह अभियुक्त गुजरात में अपने घर से 5 मई 1929 को गिरफ्तार हुआ था। वह डी.ए.वी. कॉलेज, लाहौर का 20 जून 1927 से 24 जनवरी 1929 तक छात्र था (देखें दौलत राम अ. सा. 187 एवं ज्ञान चन्द अ. सा. 190 का साक्ष्य)। उस दौरान वह गुरुदत्त भवन में रहा करता था और उसकी जान-पहचान सुखदेव और किशोरी लाल से हो गई थी जो उसे क्रान्तिकारी साहित्य उपलब्ध कराया करते थे। एक अवसर पर उसने सुखदेव को सूटकेस में कपड़े भेजने की जिम्मेदारी उठाई भी थी। ये कपड़े जयगोपाल द्वारा ले जाए गए थे, जिसे उसने महावीर सिंह को फिरोजपुर ले जाने के लिए सौंप दिया था। ये तथ्य प्रेमदत्त के खुद के स्वीकारोक्ति बयान से साबित होते हैं तथा जयगोपाल और साथ ही प्राणनाथ (अ. सा. 224) एवं बक्शीश राज (अ. सा. 457) के साक्ष्य से भी।

प्रेमदत्त के अपने ही स्वीकारोक्ति बयान के अनुसार जनवरी 1929 के मध्य में वह सुखदेव द्वारा क्रान्तिकारी पार्टी में शामिल हुआ था और उसके कुछ दिन बाद ही उसकी मुलाकात भगत सिंह से हुई थी। उस अवसर पर सुखदेव ने, जिसे कि वह दयाल के नाम से जानता था, उसे पहले की तरह एक दस्तावेज दिखाया था, जिसमें पार्टी का संविधान बयान किया गया था। जनवरी मध्य से 5 मई को गिरफ्तार होने तक मुश्किल से 4 महीने की अवधि में प्रेमदत्त ने जिन कामों को अंजाम दिया था, उनमें बम बनाने के फार्मूले की नकल नोट करना (प्रदर्श पी. 132, पी. 131(1) एवं पी. 132/2 एवं पी. 132/3), फिरोजपुर जाकर टाइप

राइटिंग सीखना है और 15 अप्रैल को सुखदेव और किशोरी लाल की गिरफ्तारी के बाद 20 अप्रैल के करीब लाहौर लौटकर पार्टी के सामानों को, जो कि उत्तम नगर, ग्वालमंडी के मकान में पड़े थे, बाँधना और उन्हें सुरक्षा हेतु अपने घर गुजरात ले जाना है। यहाँ यह कह देना ज़रूरी है कि उपरोक्त चारों नोट बुक 15 अप्रैल, 1929 को कश्मीर बिल्डिंग में छापे के दौरान बरामद हुई थी।

28 जनवरी, 1929 को प्रेमदत्त और किशोरी लाल उत्तम निवास हाउस, ग्वालमंडी लाहौरवाले मकान में चले गए, जहाँ प्रायः सुखदेव एवं भगत सिंह जाया करते थे। इसके बारे में प्रेमदत्त का अपना स्वीकारोक्ति बयान है और यह तथ्य कि वह मैजिस्ट्रेट के सामने ही परेड में उत्तम निवास के मकान मालिक अमोलक राम (अ. सा.455) द्वारा पहचाना गया था। हालाँकि वह बाद में अदालत में उसे नहीं पहचान पाया था।

इस बात के पर्याप्त साक्ष्य हैं कि उसने नोट बुक में फार्मुले की नकल की थी। उसके अपने स्वीकारोक्ति बयान के अलावा हस्तलिपि मिलान करने के लिए हस्तलिपि विशेषज्ञ मि. स्कॉट (अ. सा. 423) के पास काफी सामग्री थी। उदाहरण के तौर पर नीचे लिखे दस्तावेज़, जो दूसरे साक्षियों द्वारा प्रमाणित किए गए कि उन्हें प्रेमदत्त ने उसकी उपस्थिति में लिखा था, जैसे कि प्रदर्श पी. डब्लू, ख्वाजा ताजुद्दीन (अ. सा. 9) के 21 अगस्त 1930 के बयान और हकीम अहमद दीन (अ. सा. 342) द्वारा प्रमाणित प्रदर्श पी. सी. वाई. मुकुन्द लाल (अ.सा 299) द्वारा प्रमाणित और प्रदर्श पी. एफ. 14 एवं पी.ए.एफ. 15 सेठ झंडा लाल (अ. सा. 435) द्वारा प्रमाणित है। हस्तलिपि विशेषज्ञ मि. स्कॉट का साक्ष्य विस्तृत एवं विश्वसनीय है।

यह तथ्य कि प्रेमदत्त अप्रैल 1929 को फिरोजपुर टाइपिंग सीखने गए थे। उसके अपने स्वीकारोक्ति बयान से तो यह साबित होता ही है, साथ ही रामलाल (अ. सा. 298), मुकुन्द लाल (अ. सा. 299) वसाओ राम (अ. सा. 439) एवं रोशन लाल (अ. सा. 305) के साक्ष्य से भी। इन सभी गवाहों ने उसे सन्तोषजनक तरीके से पहचाना है। अन्तिम गवाह ने उसे दो पुस्तकें उधार दी थीं, जो बाद में गुजरात में प्रेमदत्त के पास से बरामद हुई थी।

यह तथ्य कि प्रेमदत्त ने उत्तम निवास हाउस से सामान बाँधा तथा उसे गुजरात ले गया था, यह उसके स्वीकारोक्ति बयान से तो साबित होता ही है। साथ ही इसकी सम्पुष्टि पार्सल क्लर्क देसराज (अ. सा. 325) द्वारा भी होती है जिसने दस्तावेजी साक्ष्य द्वारा लाहौर से गुजरात के लिए सामान की बुकिंग 21 अप्रैल, 1929 को प्रेमदत्त के नाम से की थी। गुजरात में उसके पास से सामानों

की बरामदगी गवाह करम चन्द (अ.सा. 157), अल्लाह बक्श (अ. सा.158) राम रतन (अ. सा. 159), दुल्ला खान (अ. सा. 308) और नारायण सिंह (अ. सा. 343) के साक्ष्य से भी होती है। इन सामानों में क्रान्तिकारी साहित्य जैसे कि (प्रदर्श पी. 570), चाँद पत्रिका का फाँसी अंक और (प्रदर्श पी. 581) 'भारत का इतिहास' शामिल है।

संक्षेप में, प्रेमदत्त के खिलाफ साक्ष्य यह साबित करता है कि वह जनवरी 1929 के मध्य से लेकर गिरफ्तारी तक षड्यन्त्र में शामिल था और क्रान्तिकारी दल में उसका सबसे महत्त्वपूर्ण योगदान था बम बनाने के फार्मूले को नोट बुक में नकल करना और पार्टी के मुख्य सदस्यों के गिरफ्तार होने के बाद सामानों को सुरक्षित रखने के लिए बाँधना तथा लाहौर से अपने घर ले जाना। अतः यह स्पष्ट है कि प्रेमदत्त ने षड्यन्त्र में एक छोटा-सा हिस्सा निभाया और किसी हिंसा में भाग नहीं लिया।

(टिप्पणी : अभियुक्त संख्या छह सुरेन्द्रनाथ पांडे को मुक्त कर दिया गया)

जयदेव (कपूर)–अभियुक्त संख्या-7

जयदेव सहारनपुर बम फैक्टरी पर पड़े छापे के दौरान 13 मई, 1929 को गिरफ्तार हुआ था। वह डी.ए.वी. कॉलेज कानपुर में जुलाई, 1925 से अप्रैल 1927 तक रहा जब शिव वर्मा एवं महावीर वहाँ थे (देखें विद्याधर अ. सा. 430 का साक्ष्य)। उसका क्रान्तिकारी दल में आविर्भाव 8 एवं 9 सितम्बर, 1928 की दिल्ली मीटिंग में होता है, जहाँ उसे फणिन्द्रनाथ घोष और मनमोहन बनर्जी ने देखा था। हालाँकि वहाँ उसका शारीरिक रूप से उपस्थित होना सीधे तौर पर किसी और गवाह द्वारा परिपुष्ट नहीं होता। पर बाद में पार्टी में उसकी गतिविधियाँ जिसमें उसने प्रामाणिक तौर पर हिस्सा लिया था, खुद ॰न दोनों इक़बालिया गवाहों के बयान से साबित होती है। जयदेव को लाहौर नहीं बुलाया गया था क्योंकि न तो वह केन्द्रीय समिति का सदस्य था और न ही पार्टी की पंजाब शाखा का।

दो गवाह हैं जो उसकी पहचान इस रूप में करते हैं कि वह आगरा में उस समय उपस्थित था, जब यह जगह पार्टी का केन्द्र थी। उनमें से गेन्दा लाल (अ. सा. 237) ने उसे तब पहचाना, जब वह नूरी गेट हाउस में उपस्थित था और यह पहचान स्पष्टतया सन्तोषप्रद है। यह काफी हद तक सम्भव है कि जयदेव नूरी गेस्ट हाउस में उस समय रहा हो, जब पार्टी के पास यह मकान नवम्बर 1928 के मध्य से जनवरी 1929 के अन्त तक था। हालाँकि यह गवाह काफी

विश्वसनीय नहीं है, क्योंकि उसने फणिन्द्रनाथ घोष के भी उस घर में होने के रूप में पहचान की थी, पर फणिन्द्रनाथ घोष कभी वहाँ होने का दावा नहीं करते। उसने देवराज के भी उस घर में रहने के रूप में पहचान की है, जो बहुत सम्भव है कि गलत हो। अब्दुल अज़ीज बेग (अ. सा. 239) ने जयदेव को मैजिस्ट्रेट की परेड में इस रूप में पहचाना कि वह आगरे की हींग की मंडीवाले मकान में जाया करते थे, पर वह उन्हें अदालत में नहीं पहचान पाया। इसलिए यह पहचान अविश्वसनीय है। अतः यह सन्तोषप्रद तरीके से नहीं साबित हो पाया कि जयदेव कभी आगरा गए थे।

फणिन्द्रनाथ घोष ने बयान दिया है कि असेम्बेली में पार्टी के दो सदस्यों द्वारा बम फेंके जाने के पहले उसे ट्रेड डिसप्यूट बिल और पब्लिक सेफ्टी बिल सहित असेम्बली की कार्रवाही पर नजर रखने के लिए पार्टी की तरफ से दिल्ली भेजा गया। फणिन्द्रनाथ घोष के अनुसार उसे यह सूचना भगत सिंह ने दी। फणिन्द्रनाथ घोष ने यह भी कहा है कि जयदेव उन सदस्यों में से एक थे, जिन्हें भगत सिंह एवं बटुकेश्वर दत्त द्वारा असेम्बली में बम फेंकने के बाद उनको भाग निकालने में मदद करने का जिम्मा दिया गया था। हालाँकि इस योजना को बाद में छोड़ दिया गया था। यह तथ्य इस बात की ओर इशारा करते हैं कि उस दौरान जयदेव दिल्ली में थे। एक और महत्त्वपूर्ण गवाह है, जो इस तथ्य की सम्पुष्टि करता है कि जयदेव मार्च 1929 में दिल्ली में थे और वह हैं मुसम्मात मुकन्दी, (अ. सा. 169) जिसने जयदेव की पहचान वहाँ रहनेवाले एक व्यक्ति के रूप में की थी। इस मामले में स्पष्टतया कोई परेड मैजिस्ट्रेट के सामने नहीं हुई। मुसम्मात के पहचान की सत्यता को सन्देह से देखने का कोई पर्याप्त कारण नहीं है।

अप्रैल, 1929 में शिव वर्मा जयदेव को सहारनपुर ले गए थे। 13 मई 1929 को मोहल्ला चोब फरोशाँवाले मकान से तीन गिरफ्तार होनेवाले व्यक्तियों में से वह एक था। वहाँ उसकी गिरफ्तारी के पर्याप्त साक्ष्य हैं और इस बात के भी कि गिरफ्तार होने के पहले वह वहाँ अच्छे खासे दिनों तक रहा था। गिरफ्तारी के गवाह हैं इंस्पेक्टर रघुवीर सिंह (अ. सा. 19) सब इंस्पेक्टर शब्बीर हुसैन (अ. सा. 325), सब इंस्पेक्टर बन्दे हसन (अ. सा. 226), सब इंस्पेक्टर जाफर हसन (अ. सा. 227), शेर अली (अ. सा. 228), मुहम्मद यासीन (अ. सा. 229) और एम.डी. जोशी डिप्टी सुपरिंटेंडेंट ऑफ पुलिस (अ. सा. 230)।

गिरफ्तारी के पहले जयदेव उस मकान में रह रहा था इस बात के गवाह हैं अनवर अली हक (अ. सा. 208), ज़ियाउल हक़ (अ. सा. 209), अकबर अली (अ. सा. 210), रशीद अहमद (अ. सा. 211), प्यारे लाल (अ. सा. 215) और

फूल चन्द (अ. सा. 218)। फूल चन्द को छोड़कर सभी ने जयदेव को मैजिस्ट्रेट के सामने परेड और अदालत दोनों ही जगह पहचाना जबकि फूल चन्द उसे सिर्फ अदालत में पहचान पाया। जो गवाह गिरफ्तारी को साबित करते हैं वे ही घर की तलाशी के दौरान बरामद हुए सामान का विवरण भी देते हैं। इसी सिलसिले में मैजिस्ट्रेट खान साहिब रहमान बक्श कादरी का नाम भी लेते हैं जो तलाशी के दौरान वहाँ आए थे। इन सामानों में शामिल हैं रिवाल्वरें (प्रदर्श पी. 201 एवं पी. 202), 6 जिन्दा बम एवं तीन खाली बम के खोखे, रसायन की बड़ी मात्रा, रसायन को प्रयोग करने के लिए उपकरण और अन्त में क्रान्तिकारी साहित्य की लाइब्रेरी और हथियारों सम्बन्धित विषय पर पुस्तकें, आग्नेयास्त्र जिसमें (प्रदर्श पी. 364) 'मैनुफेक्चर एंड यूजेज ऑफ एक्सप्लोसिव' है जिसे जयगोपाल ने नेशनल स्कूल से सन् 1926 में चुराया था। दोनों ही रिवाल्वरें भरी हुई हैं। सभी साक्ष्यों को देखने के बाद इस बात में कोई सन्देह नहीं रह जाता है कि सहारनपुर वाला मकान एक बम फैक्टरी की तरह इस्तेमाल किया जा रहा था और जयदेव बम बनाने के लिए रसायन का प्रयोग करने के काम में लगा हुआ था।

जयदेव का आखिरी कार्यकलाप जो साबित होता है वह है कि वह जयदेव शिव वर्मा के साथ अप्रैल, 1929 के महीने में देहरादून गया था जहाँ एक मकान लिया गया। इस बिन्दु पर गवाह मन्ना लाल (अ. सा. 205) है जिससे यह मकान लिया गया था और जिसने मैजिस्ट्रेट के सामने परेड एवं अदालत दोनों ही जगह उसे पहचाना।

अन्त में, यह साबित होता है कि जयदेव कम से कम सितम्बर, 1928 में दिल्ली में हुई मीटिंग जिसमें वह उपस्थित था, तब से षड्यन्त्र का एक सदस्य था। वह दिल्ली में मार्च 1929 में एसेम्बली हॉल में बम फेंकने की योजना हेतु उपस्थित था, हालाँकि उसने वास्तविक कार्यवाही में कोई हिस्सा नहीं लिया था। उसके बाद पार्टी ने उसे सहारनपुर बम बनाने का जिम्मा सौंपा, जहाँ उसने उस काम में एक महीना बिताया और अन्त में वह बम फैक्टरी में ही गिरफ्तार भी हो गया।

शिव वर्मा–अभियुक्त संख्या 8

(यह अभियुक्त 13 मई, 1929 को बम फैक्टरी, सहारनपुर से गिरफ्तार हुआ था।)

शिव वर्मा डी.ए.वी. कॉलेज, कानपुर में उसी दौरान थे जब वहाँ महावीर सिंह थे। उस कॉलेज का एक और छात्र जो शिव वर्मा के कमरे में अप्रैल, 1928

तक था, वह था उदय प्रकाश (अ. सा. 372)। इस व्यक्ति ने एक बार शिव वर्मा की टेबल पर एक पर्चा (पम्फलेट) देखा था जो प्रदर्श पी.ई.वी. की तरह था जो कि रिपब्लिकन पार्टी का संविधान था, जिसमें उसे हिन्दुस्तान रिपब्लिकन एसोसिएशन कहा गया था। एक ऐसा ही मिलता-जुलता पर्चा सुखदेव द्वारा दिखाया गया था जब उसने हंसराज वोहरा को भर्ती किया था। इस गवाह ने पर्चा पढ़ा। बाद में शिव वर्मा द्वारा उससे पूछा गया कि क्या उसने ऐसा किया था और तब शिव वर्मा ने उससे कहा कि वह यह बात किसी और से न कहे। शिव वर्मा के पास पर्चों का होना जिसे यह गवाह साबित करता है, इशारा करता है कि शिव वर्मा में क्रान्तिकारी झुकाव 1928 की शुरुआत में ही था। बाद में यही गवाह शिव वर्मा की चिट्ठी आने जाने का ठिकाना बन गया और दिसम्बर 1928 तक शिव वर्मा की तरफ से चिट्ठियाँ प्राप्त करता रहा और उन्हें सौंपता रहा। यही गवाह जनवरी और अप्रैल 1929 के बीच आगरे में शिव वर्मा की उपस्थिति भी सिद्ध करता है और इस तरह इस हद तक फणिन्द्रनाथ घोष के साक्ष्य की सम्पुष्टि करता है। वह यह भी साबित करता है कि पहली अप्रैल 1929 को शिव वर्मा ने नाई की मंडी, आगरा का मकान छोड़ा और आगरा से ट्रेन द्वारा मथुरा की तरफ यात्रा की। यह गवाह उसे स्टेशन छोड़ने गया था। साध्य का यह अंश फिर फणिन्द्रनाथ घोष के साक्ष्य के उस हिस्से को सम्पुष्ट करता है जो कहता है कि जब पार्टी का केन्द्र आगरा से सहारनपुर बदला जा रहा था, शिव वर्मा ने पहली अप्रैल 1929 के आस-पास दिल्ली होते हुए यात्रा की थी।

वह शिव वर्मा ही था जिसने महावीर सिंह को जून, 1928 में पार्टी में भर्ती किया था। यह बात महावीर सिंह के स्वीकारोक्ति बयान से सिद्ध होती है। शिव वर्मा ने हालाँकि महावीर सिंह को संयुक्त प्रान्तीय दल के लिए नहीं रखा था पर उसे सुखदेव के पास लाहौर भेजा था। एक और सम्बन्ध जो शिव वर्मा एवं महावीर सिंह के बीच जाहिर होता है (और इसके अतिरिक्त महावीर सिंह के स्वीकारोक्ति बयान से स्पष्ट होता है) वह है, जब वह कहता है कि वह बीमार हो गया था तब शिव वर्मा ने उसे 5 अक्टूबर 1928 को एक पत्र दिया कि वह गया प्रसाद के पास फिरोजपुर जाए और अपना इलाज करवा ले। इन बिन्दुओं पर महावीर प्रसाद के स्वीकारोक्ति बयानों की सच्चाई पर सन्देह करने का कोई कारण नहीं है। दूसरे बिन्दुओं पर गया प्रसाद का स्वीकारोक्ति बयान भी महावीर सिंह के बयानों से मेल खाता है। गया प्रसाद का स्वीकारोक्ति बयान आगे दर्शाता है कि शिव वर्मा संयुक्त प्रान्तीय दल के एक सक्रिय नेता और संयोजक थे और

वे पंजाब के नेता सुखदेव से दिल्ली की सितम्बर 1928 में हुई मीटिंग से पहले से जुड़े हुए थे।

फणिन्द्रनाथ घोष अपने साक्ष्य में कहते हैं कि शिव वर्मा उनके पास बेतिया में 1927 के अन्त में आए थे। वे या तो जतिन्द्र नाथ सन्याल द्वारा भेजे गए थे या विजय कुमार सिन्हा द्वारा और फिर उन्होंने फणिन्द्रनाथ घोष से एक खास रिवाल्वर माँगी थी। हालाँकि इस बयान की कोई सम्पुष्टि नहीं है, शायद यह सच हो, पर इस मुकदमें हेतु यह निश्चित तौर पर निर्णय करना जरूरी नहीं है कि यह साबित ही हो।

दूसरी घटना जिसमें शिव वर्मा आते हैं और जो उनके खिलाफ पूरी तौर पर साबित हो जाती है वह है उनका विजय कुमार सिन्हा के साथ 3 मार्च, 1928 को जगदीश चन्द्र चटर्जी का साक्षात्कार लेने फतेहगढ़ जेल आना। इस घटना का ज़िक्र किसी इक़बालिया गवाह ने नहीं किया है पर इसकी थोड़ी सम्पुष्टि फणिन्द्रनाथ घोष की कहानी से होती है कि एक बार फिर 16 फरवरी, 1929 को जगदीश चन्द्र चटर्जी को छुड़ाने का प्रयास किया गया था। इस घटना का प्रमाण ओंकार नाथ (अ. सा. 334), जैनुलअबदीन (अ. सा. 335) और सब इंस्पेक्टर मोहन सिंह (अ. सा. 13) के साक्ष्य में है जिन सभी ने सन्तोषजनक तरीके से शिव वर्मा को जेल में उस समय पहचाना जब वे ट्रिब्यूनल के सामने गवाही दे रहे थे। पहले दो व्यक्तियों ने उसे मैजिस्ट्रेट के सामने परेड में भी पहचाना। इस घटना की अतिरिक्त सम्पुष्टि हफीज़ मुहम्मद इसहाक (अ. सा. 333), सरदार गंडा सिंह (अ. सा. 12) एवं दस्तावेज प्रदर्श पी.इ.जी./1 के साक्ष्य से होती है। शिव वर्मा फतेहगढ़ से गया प्रसाद से मिलने जलालाबाद (जिसे खुदालपुर भी कहा जाता है) गए थे। यह तथ्य गया प्रसाद के स्वीकारोक्ति बयान से भी प्रमाणित होता है। ये दोनों ही तरह के साक्ष्य एक-दूसरे की सम्पुष्टि करते हैं। उपरोक्त ज़्यादातर घटनाएँ सितम्बर, 1928 में हुई दिल्ली की बैठक से पहले की शिव वर्मा की क्रान्तिकारी गतिविधियों से सम्बन्धित हैं, जो यह दर्शाती है कि वह तब तक संयुक्त प्रान्तीय पार्टी के स्थापित नेता हो चुके थे। और इस तरह फणिन्द्रनाथ घोष और मनमोहन बनर्जी के साक्ष्य की सम्पुष्टि भी करते हैं कि शिव वर्मा को दिल्ली बैठक के लिए निमन्त्रित किया गया था और वहाँ उनको संयुक्त प्रान्त का प्रतिनिधित्व के लिए केन्द्रीय समिति का सदस्य बनाया गया था। उपरोक्त बातों पर विचार करते हुए यह लगता है कि दो इक़बालिया गवाहों के बयान शिव वर्मा के दिल्ली बैठक में भाग लेने के बारे में पर्याप्त सबूत देते हैं।

अमृतसर में मुगल बाज़ार में राम सहाय के मकान में, जिसे कि पार्टी अगस्त से नवम्बर, 1928 तक इस्तेमाल कर रही थी, शिव वर्मा की उपस्थिति का ज़िक्र फणिन्द्रनाथ घोष ने किया है। वे शिव वर्मा के साथ दिल्ली बैठक के बाद अमृतसर और वहाँ से लाहौर गए थे। इस साक्ष्य की सम्पुष्टि अमृतसर मकान के मालिक राम सहाय (अ. सा. 197) के बयान में है, जिन्होंने शिव वर्मा को मैजिस्ट्रेट के सामने की गई परेड और अदालत दोनों ही जगह पहचाना।

जयगोपाल ने बयान दिया कि शिव वर्मा सितम्बर, 1928 के अन्त में राम नारायण या 'बड़े भैया' के नाम से गया प्रसाद के घर फिरोजपुर आए थे और सात-आठ दिन रहे थे। उस समय उनके पास बहुत-सी किताबें थीं जिनमें प्रदर्श पी. 364 'मैनुफैक्चर एंड यूजेज ऑफ एक्सप्लोसिव', एक मरकरी की बोतल और एक एयर पिस्तौल थी। वे उन लोगों की आत्मकथाएँ लिख रहे थे जो विभिन्न षड्यन्त्रों के मुकदमों में शहीद हो गए थे और जिन्हें 'चाँद' पत्रिका के फाँसीवाले अंक में निबन्ध के रूप में छपना था। उसकी एक प्रति प्रदर्श पी. 570 है। पृष्ठ 244 से 323 तक लेख हैं जो जयगोपाल के अनुसार शिव वर्मा द्वारा लिखे गए हैं। शिव वर्मा के फिरोजपुर जाने की सम्पुष्टि दीवान चन्द (अ. सा. 200), गज्जू राम (अ. सा. 295) एवं मीराँ बक्श (अ. सा. 300) के साक्ष्य से होती है जिन्होंने उसे मैजिस्ट्रेट के सामने परेड में पहचाना पर बाद में अदालत में उसे पहचानने से चूक गए। सम्पुष्टि पर्याप्त हैं। अदालत आते-आते काफी वक़्त बीत चुका था और शायद यह ज़्यादा मुश्किल परिस्थितियों में था।

यह तथ्य कि शिव वर्मा ने 'चाँद' पत्रिका के लिए कुछ लेख लिखे थे जो छपे भी थे और जिसका पारिश्रमिक अक्टूबर, नवम्बर और दिसम्बर, 1928 में मिला था, इसकी सम्पुष्टि चन्द्रशेखर शास्त्री (अ. सा. 438) और सहगल (अ. सा. 428) के साक्ष्य में है जिसमें से केवल चन्द्रशेखर शास्त्री (अ. सा. 438) ने शिव वर्मा को पहचाना, जिसे वे अच्छी तरह पहचानते थे। शिव वर्मा ने जो हस्ताक्षर लेखों के पारिश्रमिक पाने पर किए थे वे उन्होंने हर नारायण कपूर के नाम से किए थे। उन्हें मि. स्कॉट (अ. सा. 423) ने शिव वर्मा की प्रमाणित हस्तलिपि से मिलान कर प्रमाणित किया। इस दस्तावेज़ के बारे में मि. स्कॉट का मन्तव्य पूर्णतया निश्चित नहीं है क्योंकि रसीद पर की लिखावट अल्प है पर यह प्रमाण के लिए निश्चित तौर पर पर्याप्त लगा जब इस साक्ष्य को चन्द्रशेखर शास्त्री (अ. सा. 438) के बयान के साथ जोड़कर देखा गया। जिन औपचारिक गवाहों ने इन रसीदों को बरामद किया था और जिनकी उपस्थिति में शिव वर्मा की प्रामाणिक हस्तलिपि ली गई थी, वे हैं मुहम्मद अताउल्लाह खान (अ. सा. 357), मुमताज़ हुसैन (अ.

सा. 369) एवं सैयद अहमद शाह (अ. सा. 411)। उन्होंने अपने बयान 15 अगस्त, 1930 को दिए थे।

वह शिव वर्मा ही था जिसने आगरा में नूरी गेट वाला मकान 13 सितम्बर, 1928 को अमीर चन्द के नाम से किराए पर लिया था। इस तथ्य का किसी भी सरकारी गवाह द्वारा ज़िक्र नहीं किया गया है। पर यह तथ्य चन्ना मल, (अ. सा. 234) जो मकान का मालिक है और पड़ोसी गेन्दामल (अ. सा. 237) ने प्रमाणित किया है। दोनों ने ही सन्तोषजनक तरीके से मैजिस्ट्रेट के सामने परेड में और अदालत दोनों ही जगह शिव वर्मा को पहचाना है।

शिव वर्मा की हींग की मंडीवाले मकान में उपस्थिति और उसका बम बनाने में संलग्न होना, जो वहाँ बनता था, तथा उसकी उस केन्द्रीय समिति की बैठक में उपस्थिति, जिसमें जोगेश चन्द्र चटर्जी को छुड़वाने की योजना बन रही थी और फिर एसेम्बली हॉल में बम फेंकने की योजना पर चर्चा हो रही थी, जैसा कि फणिन्द्रनाथ घोष ने कहा साबित होती है। और जहाँ तक बम बनाने की बात है, ललित कुमार मुखर्जी ने कहा कि केन्द्रीय समिति का सदस्य न होने की वजह से वह उपरोक्त बैठक में उपस्थित नहीं था। फणिन्द्रनाथ घोष ने यह भी कहा कि शिव वर्मा उस मुक्ति दल के भी सदस्य थे जो 16 फरवरी, 1929 को कानपुर गया था। इन तथ्यों को स्थापित करने के लिए सरकारी गवाहों के साक्ष्य की पर्याप्त सम्पुष्टि है। इस तथ्य की सम्पुष्टि कि बम बनाने का काम हींग की मंडीवाले मकान में होता था, 2 मई, 1929 को उस मकान की तलाशी के दौरान पाए गए सामान की बरामदगी से होती है। वहाँ फ़र्श एवं दीवालों पर तेजाब के धब्बे पाए गए थे (देखें मि. पील अ. सा. 178 का बयान एवं दस्तावेज़ प्रदर्श पी.इ.जी./1, पी.इ.जी. एम./5, बाद वाला केमिकल एक्ज़ामिनर की रिपोर्ट है)। यह तथ्य कि फरवरी एवं मार्च 1929 में शिव वर्मा उस मकान में आया-जाया करते थे, अब्दुल अज़ीज़ बेग (अ. सा. 239), मुहम्मद इरशाद अली (अ. सा. 240) एवं ठाकुर राम सिंह (अ. सा. 371) जिन्होंने शिव वर्मा को मैजिस्ट्रेट के सामने परेड में (अब्दुल अज़ीज़ को छोड़कर) और अदालत में पहचाना था, के बयान से परिपुष्टि होता है। जहाँ तक जोगेशचन्द्र चटर्जी की प्रायोजित मुक्ति की बात है रेलवे अधिकारी रामलाल (अ. सा. 270) और दीन दयाल (अ. सा. 271) इस तथ्य की सम्पुष्टि करते हैं कि 16 फरवरी, 1929 की रात को 7 लोगों के दल ने कानपुर ट्रेन में आगरा से कानपुर तक यात्रा की थी। इस बात की भी सम्पुष्टि होती है कि आगरा से कानपुर तक एक साइकिल रामलाल के नाम से बुक की गई थी। उसके पास उन सात टिकटों में से एक

टिकट (नं. 9921) थी, यह गवाही परमेश्वरी प्रसाद (अ. सा. 272) एवं सतीश चन्द्र पाल की है। फणिन्द्रनाथ घोष ने कहा कि मुक्ति दल ने आगरा से कानपुर के लिए अपने साथ एक साइकिल बुक की थी इसलिए साइकिल बुक करवाने का साक्ष्य एक आम तरीके का सम्पुष्टि साक्ष्य है जो सारे मुक्ति दल के खिलाफ है न कि सिर्फ शिव वर्मा के खिलाफ।

शिव वर्मा का सहारनपुर केन्द्र से सम्बन्ध पूरी तरह स्थापित होता है। फणिन्द्रनाथ घोष ने बयान दिया है कि शिव वर्मा ने आगरा में सामान बाँधा जिनमें वहीं बने बम भी थे। जबकि गया प्रसाद सामान को सीधे ले गए, शिव वर्मा दिल्ली होते हुए सहारनपुर पहुँचे जिसको सम्पुष्टि करता साक्ष्य उदय प्रकाश (अ. सा.372) का है जिसका ज़िक्र पहले ही किया जा चुका है। इसके अलावा भी कुछ अच्छा सम्पुष्टि साक्ष्य आगरा से दिल्ली की यात्रा के बारे में, रेलवे अधिकारियों का है जिनके नाम हैं कबूल चन्द (अ. सा. 329), हेम चन्द (अ. सा. 330) और खास तौर पर बदरी प्रसाद (अ. सा. 404)। यह साक्ष्य साबित करता है कि 2 अप्रैल, 1929 को राजा की मंडी, आगरा से दिल्ली के लिए 4 पैकेट हर नारायण के नाम से बुक किए गए थे, जो कि शिव वर्मा का ही एक नाम है। इसी नाम से उसने 'चाँद' पत्रिका से पारिश्रमिक प्राप्त करने की रसीद पर हस्ताक्षर किया था। **यह तथ्य कि सहारनपुर पार्टी का केन्द्र था न कि केवल एक बाहर की शाखा, यह बात 13 मई, 1929 को घर की तलाशी में बरामद सामानों से ज़ाहिर होती है।** बम, पिस्तौल एवं गुलाबी पोस्टरों के बंडल (प्रदर्श पी. 422) ये सभी तथ्य फणिन्द्रनाथ घोष के बयान की सम्पुष्टि करते हैं कि आगरा के स्थान पर यह जगह पार्टी के केन्द्र के रूप में चुनी जाए। शिव वर्मा चूँकि संयुक्त प्रान्त का नेता था अतः वह इस नए केन्द्र का भार लेने के लिए उपयुक्त व्यक्ति था। उसकी मोहल्ला चोब फरोशाँवाले मकान में उपस्थिति, निश्चित ही, पूरी तरह से उन गवाहों के बयानों से साबित होती है जिन्होंने 13 मई, 1929 को उस घर पर छापा मारा था और जिनका नाम जयदेव के मुकदमे के सिलसिले में आया है। अर्थात् सब इंस्पेक्टर महावीर सिंह (अ. सा. 19), सब इंस्पेक्टर शब्बीर हसन (अ. सा. 225), सब इंस्पेक्टर बन्दे हसन (अ. सा. 226), सब इंस्पेक्टर जफर हसन (अ. सा. 227), शेर अली (अ. सा. 228), मुहम्मद यासीन (अ. सा. 229) एवं पंडित एम.डी. जोशी, डिपुटि सुपरिटेंडेंट ऑफ पुलिस (अ. सा. 23)। कौन सी चीज़ें घर से बरामद हुई थीं यह भी इसी साक्ष्य से साबित होता है जिसका हवाला जयदेव के मुकदमे में किया गया है।

शिव वर्मा के गिरफ्तार होने के छह हफ्ते पहले घर में रहने के विषय में, सिवाय उस समय के जब वह देहरादून गया था, उन गवाहों का साक्ष्य है जिन्होंने उसे मैजिस्ट्रेट के सामने परेड एवं अदालत में पहचाना। उनके नाम हैं मुहम्मद हनीफ, पुत्र अब्दुल करीम (अ. सा. 207) अनवारुल हक़ (अ. सा. 208), ज़ियाउल हक़ (अ. सा. 209), अकबर अली (अ. सा. 210), रशीद अहमद (अ. सा. 211), मुहम्मद हनीफ पुत्र खुदा बक्श (अ. सा. 212), प्यारे लाल (अ. सा. 215) एवं फूल चन्द (अ. सा. 218) व रामचन्द सोनार (अ. सा. 332)। इन गवाहों ने भी उसे सन्तोषजनक तरीके से सहारनपुर के रानी बाज़ारवाले मकान में रहने की वजह से पहचाना जो मकान कुछ दिनों के लिए मोहल्ला चोब फरोशाँ में रहने के पहले लिया गया था। इसकी सम्पुष्टि भी गया प्रसाद के स्वीकारोक्ति बयान से होती है। दूसरे गवाह बागीरथ (अ. सा. 213) ने भी शिव वर्मा को मैजिस्ट्रेट के सामने परेड में दूसरे मकान में रहने के सिलसिले में पहचाना, पर अदालत में उसकी पहचान कुछ सन्दिग्ध थी। किसी भी हालत में, शिव वर्मा के सहारनपुर केन्द्र और बम फैक्टरी, जो मोहल्ला चोब फरोशाँवाले मकान में थी, से सम्बन्धित होने के काफी साक्ष्य हैं। शिव वर्मा बम बनाने के लिए केमिकल बनाने में हिस्सा लेते थे यह बात केमिकल एक्जामिनर की रिपोर्ट (प्रदर्श पी.जी.एफ.) से और भी साबित होती है जो कहती है कि शिव वर्मा के नाखूनों में पिकरिक एसिड के चिह्न थे जिसे केरियन होम्स (अ. सा. 380) द्वारा उसकी गिरफ्तारी के तुरन्त बाद मैजिस्ट्रेट खान साहब रहमान बक्श कादरी (अ. सा. 204) के सामने खुरचकर निकाला गया था।

फणिन्द्रनाथ घोष का बयान है कि शिव वर्मा दिल्ली होते हुए आगरा से सहारनपुर गए थे। दो गवाहों बनवारी लाल (अ. सा. 170) एवं हरनाम सिंह (P.W. 171) ने शिव वर्मा को दिल्ली में मुसम्मात मुकन्दी (अ.सा0 169) के घर आने-जाने के सिलसिले में पहचाना पर दोनों में से कोई भी विश्वसनीय नहीं है। क्योंकि उन्होंने उस घर का अवलोकन आकस्मिक तौर पर किया था और बाद में जाना बन्द कर दिया था। मुसम्मात मुकन्दी (अ. सा. 169) खुद भी शिव वर्मा को नहीं पहचान पाई थी। अतः ऐसा नहीं कहा जा सकता कि वे दिल्ली में उस घर में उपस्थित थे।

शिव वर्मा की सिर्फ एक अन्य गतिविधि जो साबित हो पाई वह है अप्रैल 1929 में सहारनपुर से देहरादुन की उनकी यात्रा जो मुन्ना लाल (अ. सा. 205) के साक्ष्य से प्रमाणित होती है। मुन्ना लाल ने शिव वर्मा को दोनों मौकों पर मैजिस्ट्रेट के सामने परेड में और अदालत में इस आधार पर पहचाना कि उन्होंने देहरादून में राम नारायण के नाम से उससे कमरे लिए थे।

संक्षेप में, यह साबित होता है कि शिव वर्मा संयुक्त प्रान्त दल के नेता थे और दिल्ली की बैठक में उपस्थित थे, जहाँ उन्हें संयुक्त प्रान्त का प्रतिनिधित्व करने के लिए केन्द्रीय समिति में चुना गया था। उन्होंने पार्टी कार्य हेतु अमृतसर, फिरोजपुर, लाहौर, इलाहाबाद, दिल्ली, आगरा एवं सहारनपुर की यात्राएँ की थीं। चूँकि वे पंजाब शाखा से सीधे तौर पर नहीं जुड़े थे, अतः उन्होंने दिसम्बर 1928 में लाहौर में पार्टी के कार्यों में हिस्सा नहीं लिया था। पर वे फरवरी 1929 में जोगेशचन्द्र चटर्जी को छुड़वाने की योजना के प्रमुख थे। उसी महीने उन्होंने आगरा बम बनाने में हिस्सा लिया था तथा सहारनपुर केन्द्र को, बम निर्माण हेतु, आगरा छोड़ दिए जाने के बाद संगठित किया था।

गया प्रसाद–अभियुक्त संख्या 9

ये अभियुक्त 15 मई, 1928 को सहारनपुर के मोहल्ला चोब फरोसनवाले मकान में गिरफ्तार हुए थे जहाँ वे उस घर की तलाशी लेने के दो दिनों बाद लौटे थे। उनके अपने स्वीकारोक्ति बयान के अनुसार वे जलालाबाद में डॉक्टरी करते थे, और एक दिन जब वे कानपुर दवा खरीदने के सिलसिले में गए हुए थे, उनकी मुलाकात शिव वर्मा से हुई और उन्होंने उनसे जान पहचान स्थापित कर ली। इन तथ्यों की सम्पुष्टि उन गवाहों के साक्ष्य से होती है जिनका जिक्र शिव वर्मा के केस के सिलसिले में पहले ही किया जा चुका है, जो मार्च, 1928 में शिव वर्मा का पीछा करते फतेहगढ़ जेल से जलालाबाद गए थे और उन्हें, उस जगह, गया प्रसाद के घर जाते देखा था। उनमें से दो गवाहों ने गया प्रसाद को देखा और बाद में उनको उस घर में रहने के सिलसिले में पहचाना–वे हैं–कांस्टेबल ओंकार नाथ (अ. सा.334) और उप निरीक्षक मोहन सिंह, (अ. सा. 13), जिनकी पहचान इन दोनों ही के मुकदमों में सन्तोष जनक है। दूसरा गवाह जिसने गया प्रसाद को कानपुर में शिव वर्मा की संगति में पहचाना वह है उदय प्रकाश (अ. सा. 372)। पर इस गवाह ने हालाँकि गया प्रसाद को अदालत में गवाही देने के कुछ ही दिन पहले मैजिस्ट्रेट के सामने परेड में पहचाना पर वह उसे जेल में नहीं पहचान पाया। किसी भी तरह से गया प्रसाद और शिव वर्मा का सम्बन्ध मार्च, 1928 के बाद से उपरोक्त साक्ष्य से साबित हो ही जाता है।

गया प्रसाद का स्वीकारोक्ति बयान कहता है कि शिव वर्मा ने उन्हें सुखदेव के पास लाहौर भेजा था। बाद में सुखदेव के सुझाने पर उन्होंने अगस्त, 1928 में फिरोजपुर में एक फार्मेसी खोली जहाँ थोड़े ही दिनों बाद बतौर कम्पाउंडर

जयगोपाल ने काम करना शुरू किया। गया प्रसाद के लाहौर जाने के तथ्य की कोई सम्पुष्टि नहीं है, पर गया प्रसाद के फिरोजपुर रहने और वहाँ एक चिकित्सक के तौर पर प्रैक्टिस करने के काफी साक्ष्य हैं। **इसके भी साक्ष्य हैं कि उनका मकान पार्टी के सदस्यों द्वारा एक केन्द्र की तरह इस्तेमाल किया जा रहा था। खासकर उन लोगों द्वारा जो पूरब और लाहौर के बीच यात्रा किया करते थे।** फिरोजपुर के बारे में साक्ष्य जिसकी सम्पुष्टि जयगोपाल से होती है और जिसमें महावीर सिंह का स्वीकारोक्ति बयान भी शामिल है और उन गवाहों के बयान भी जिन्होंने गया प्रसाद को मैजिस्ट्रेट के सामने परेड में और इस अदालत में गवाही देने के कुछ पहले ही उनको स्पेशल मैजिस्ट्रेट की अदालत में और जेल में पहचाना था। उनके नाम हैं कालू राम (अ. सा. 199), दीवान चन्द (अ. सा. 200), तुलसी राम (अ. सा. 292), (हालाँकि अदालत में इस साक्षी द्वारा पहचान सन्दिग्ध हैं) लेख राज (अ. सा. 293), फिरोजपुर मकान का मालिक गज्जू राम (नाई) (अ. सा. 295), व एक विश्वसनीय गवाह जिसने कहा कि डॉक्टर ने उसका इलाज किया था और उसने बहुत बार डॉक्टर के बाल छाँटे थे और दाढ़ी बनाई थी, चन्दा सिंह, दर्जी (अ. सा.297) (जिसने सिर्फ अदालत में पहचाना क्योंकि इस मामले में मैजिस्ट्रेट के सामने परेड नहीं हुई थी) एवं राम सरण दास (अ. सा. 408), उस होटल का रखवाला जहाँ गया प्रसाद खाना खाया करते थे। दूसरे गवाह जिन्होंने गया प्रसाद को मैजिस्ट्रेट के सामने परेड में पहचाना पर उन्हें अदालत में नहीं पहचान पाए और न ही जेल में वे हैं साधु राम (अ. सा. 294), मुहम्मद तुफैल (अ. सा.296), मीरन बक्श (अ. सा. 300), मुसम्मात बीवी रानी (अ. सा. 301), डॉक्टर दीवान सिंह (अ. सा. 302) जिसे गया प्रसाद ने अपनी दवाएँ और सामान बेचे ज़ब वे फिरोजपुर छोड़कर गए और दीना नाथ (अ. सा. 304)। गया प्रसाद के फिरोजपुर में रहने के पर्याप्त साक्ष्य हैं।

फरवरी 1929 के पहले पखवाड़े में गया प्रसाद फिरोजपुर से आगरा गए और वहाँ वे नाई की मंडीवाले मकान में रहने लगे जिसे बाद में पार्टी ने घर की तरह इस्तेमाल किया जबकि हींग की मंडीवाले मकान में बम बनाने का काम जारी था। फणिन्द्रनाथ घोष के अनुसार गया प्रसाद उस दौरान बम बनाने के काम में शरीक नहीं थे पर वे वहाँ पार्टी के सदस्यों के लिए खाना बनाते थे और बम बनाने के लिए केमिकल लाया करते थे। गया प्रसाद के नाई की मंडीवाले मकान से सम्बन्ध के बारे में काफी साक्ष्य हैं और इस बात के भी कि उस मकान का किराया इकरारनामा गया प्रसाद के लिए रामलाल के नाम से बना था। गया प्रसाद ने किराया इकरारनामा पर हस्ताक्षर नहीं किया था बल्कि अँगूठा लगाया था। यह

किराया इकरारनामा प्रदर्श पी.ई.बी. है और इस पर गवाही अब्दुल जब्बार (अ. सा. 250) की है। हालाँकि उसने गया प्रसाद को नहीं पहचाना।

इस बिन्दु पर गया प्रसाद का अपना स्वीकारोति बयान है और कांस्टेबल नथा सिंह, (अ. सा. 354) एवं फिल्लौर फिंगर प्रिंट ब्यूरो के सहायक निरीक्षक एम.एल. बनर्जी, (अ. सा. 355) के बयान हैं जो यह साबित करते हैं कि गया प्रसाद के बाएँ हाथ के अँगूठे का चिह्न प्रदर्श पी.इ.एल. के अँगूठे के चिह्न से मिलता है। नाई की मंडीवाले मकान के मालिक नारायण प्रसाद (अ. सा. 248) ने गया प्रसाद को मैजिस्ट्रेट के सामने परेड तथा अदालत दोनों ही जगहों पर इस सिलसिले में पहचाना कि गया प्रसाद इस मकान में रहते थे। गया प्रसाद ने भी अपने स्वीकारोक्ति बयान में कहा कि एक व्यक्ति जिनका नाम दादा था, जो फणिन्द्रनाथ घोष का पार्टी नाम था, उनके साथ नाई की मंडीवाले मकान में 10-15 दिन रहे थे। और यह बयान फणिन्द्रनाथ घोष के बयान की प्रत्यक्षतः सम्पुष्टि करता है कि जब बहुत से सदस्यों ने फरवरी के अन्त में आगरा छोड़ दिया था वह हींग की मंडीवाले मकान से नाई की मंडीवाले मकान में चला गया। वहाँ वह गया प्रसाद एवं विजय कुमार सिन्हा के साथ रहा। दो गवाह घासी राम (अ. सा. 235) एवं गेन्दा लाल (अ. सा. 237) ने गया प्रसाद को इस सिलसिले में पहचाना कि वे आगरा में नूरी गेटवाले मकान में रहते थे जिसे पार्टी ने उस समय छोड़ दिया था जब नाई की मंडीवाला मकान लिया गया था। गया प्रसाद अपने स्वीकारोक्ति बयान में भी कहते हैं कि आगरा में रहने के पहले उन्होंने 15 दिन इस मकान में गुजारे थे। अतः इस तथ्य को साबित हुआ समझना चाहिए।

वे गया प्रसाद ही थे जिन्हें विजय कुमार सिन्हा ने आगरा से सहारनपुर एक मकान लेने भेजा और जिन्होंने पहले रानी बाजारवाला मकान लिया। फणिन्द्रनाथ घोष ने बयान दिया है कि गया प्रसाद को इस काम का जिम्मा दिया गया था। राम चन्द (अ. सा. 332) साबित करता है कि गया प्रसाद ने रानी बाज़ार में उसके कमरे किराए पर लिए थे। गया प्रसाद की, उसके द्वारा की गई, पहचान सन्तोषजनक थी। इस बिन्दु पर गया प्रसाद का अपना स्वीकारोक्ति बयान भी है। अतः यह बात पर्याप्त रूप से साबित होता है।

गया प्रसाद की स्वीकारोक्ति के अनुसार उन्होंने एवं शिव वर्मा ने एक साथ मोहल्ला चोब फरोशाँ, सहारनपुर का मकान लिया था और इसकी सम्पुष्टि मकान मालिक मुहम्मद हनीफ वल्द अब्दुल करीम (अ. सा. 207) के बयान से होती है जिसने इन दोनों अभियुक्तों को मैजिस्ट्रेट के सामने परेड में एवं अदालत में पहचाना था। दूसरे गवाह जिन्होंने गया प्रसाद को उस मकान में रहते हुए या

1929 को अप्रैल और मई के कुछ दिनों में सहारनपुर रहते हुए सन्तोषप्रद ढंग से पहचाना, वे हैं टेक चन्द (अ. सा. 216), आसा राम (अ. सा. 324), अब्दुल जलील (अ. सा. 206), अनवारूल हक़ (अ. सा. 208), ज़ियाउल हक़ (अ. सा. 209), अकबर अली (अ. सा. 210), रशीद अहमद (अ. सा. 211), मुहम्मद हनीफ वल्द खुदा बक्श (अ. सा. 212), बागिरथ (अ. सा. 213), आसा राम, धोबी (अ. सा. 214), प्यारे लाल (अ. सा. 215), मुहम्मद असलब, पोस्टमैन (अ. सा. 217) एवं फूल चन्द (अ. सा. 218)। इनमें से मुहम्मद असलब, पोस्टमैन (अ. सा. 217) ने गया प्रसाद को डॉक्टर राम राथ के नाम से मोहल्ला चोब फरोसन वाले मकान में 6 मई, 1929 को मनीऑर्डर देना साबित किया जिसकी सम्पुष्टि प्रदर्श पी.ए. डी./1 से होती है। टेक चन्द (अ. सा. 218) वह व्यक्ति है जिसे गया प्रसाद ने नुस्ख़ा दिया था और जिसने गया प्रसाद को कुछ किताबें (प्रदर्श पी.ए.ई/1 से लेकर पी.ए.ई/4) दी थी जो किताबें मोहल्ला चोब फरोशाँवाले मकान की तलाशी में 13 मई, 1929 को पाई गई थी।

13 मई, 1929 को जब मोहल्ला चोब फरोशाँवाले मकान की तलाशी हुई थी तब गया प्रसाद वहाँ उपस्थित नहीं थे। उनके स्वीकारोक्ति बयान के अनुसार वे अपने पैतृक घर गए थे, पर वे 6 मई को सहारनपुर में थे जब उन्होंने उपरोक्त मनीऑर्डर प्राप्त किया था। वहाँ वे 15 मई को लौट आए थे जहाँ वे घर में घुसते हुए गिरफ्तार किए गए थे। उनकी गिरफ्तारी पर गवाह हैं जीत सिंह नायक (अ. सा. 25) सब इंस्पेक्टर रघुबीर सिंह (अ. सा. 19) एवं इरशाद अहमद (अ. सा. 222)। गिरफ्तार होने पर उनके शरीर की तलाशी सब इंस्पेक्टर शब्बीर हसन (अ.सा. 225) द्वारा ली गई थी। गया प्रसाद जानते थे कि घर में रिवाल्वर एवं बम रखे हुए थे। यह बात फणिन्द्रनाथ घोष के बयान से साबित होती है कि गया प्रसाद ने आगरा में इन चीजों को बाँधने में सहायता की थी और सहारनपुर ले गए थे। इस साक्ष्य की सम्पुष्टि गया प्रसाद के बहुत दिनों तक सहारनपुर में रहने से होती है।

गिरफ्तारी पर गया प्रसाद के नाखून कैप्टन होम्स द्वारा किसी पीले पदार्थ द्वारा रंगे पाए गए थे, पर रसायन परीक्षक अपने विश्लेषण में नहीं कह पाया कि वह क्या था।

संक्षेप में यह साबित होता है कि गया प्रसाद शिव वर्मा द्वारा पार्टी के लिए भर्ती किए गए थे और पंजाब भेजे गए थे। वे सितम्बर, 1928 में दिल्लीवाली बैठक में नहीं गए थे और न ही वे केन्द्रीय समिति के सदस्य थे पर उन्होंने फिरोजपुर में पार्टी की काफी सहायता की और अपना मकान दिया ताकि वहाँ

से गुज़रने वाले सदस्य उसका इस्तेमाल कर सकें। बाद में वह पार्टी के केन्द्र आगरा गए और फिर बाद के केन्द्र सहारनपुर चले गए। दोनों ही जगह बम बनाने का काम होता था। वे बम बनाने के लिए केमिकल लाकर पार्टी की मदद किया करते थे। हालाँकि वे नेता नहीं बल्कि एक अधीनस्थ व्यक्ति थे **पर अपने चिकित्सीय ज्ञान के कारण पार्टी के लिए काफी मददगार व्यक्ति थे।** अपने स्वीकारोक्ति बयान में उन्होंने अपने कामों को काफी कम करके दिखाने की कोशिश की है। पर दो इक़बालिया गवाहों जयगोपाल एवं फणिन्द्रनाथ घोष के बयानों की सम्पुष्टि दूसरे गवाहों के बयानों से पूरी तरह होती है जो षड्यन्त्र में उनका पूरा हाथ होने को साबित करता है।

महावीर सिंह–अभियुक्त संख्या–10

यह अभियुक्त संयुक्त प्रान्त में अपने घर 19 जून, 1929 को सब इंस्पेक्टर अहमद यार खान (अ. सा. 421) द्वारा गिरफ्तार हुआ था। उसने अपना स्वीकारोक्ति बयान मैजिस्ट्रेट राय साहिब लाला नथू राम (अ. सा. 24) के सामने 24 जून, 1929 को दिया। यह स्वीकारोक्ति बयान दूसरे साक्ष्यों के मुकाबले महावीर सिंह की गतिविधियों के बारे में पर्याप्त सही वृतान्त बताता है।

महावीर सिंह डी.ए.वी. कॉलेज कानपुर में शिव वर्मा के समकालीन थे (देखें विद्याधर का साक्ष्य अ. सा. 430) और वे संयुक्त प्रान्त के क्रान्तिकारी दल में शिव वर्मा द्वारा भर्ती किए गए थे। शिव वर्मा ने ही उन्हें सुखदेव के पास लाहौर भेजा था। यह प्रसंग उनके अपने स्वीकारोक्ति बयान से सिद्ध होता है। लाहौर आने पर महावीर सिंह मोटर ड्राईविंग सीखने के लिए जुलाई से अक्तूबर 1928 तक भारत मोटर कम्पनी से जुड़ गए। उसी समय लक्ष्मण गली, लाहौर की सुन्दर निवास बिल्डिंग में उन्होंने एक कमरा किराए पर ले लिया। उनका भारत मोटर कम्पनी से सम्बन्ध उनके अपने स्वीकारोक्ति बयान से तो प्रमाणित होता ही है साथ ही दीना नाथ (अ. सा. 50), कुन्दन लाल (अ. सा. 51) एवं मोहन लाल (अ. सा.60) के बयानों से भी होता है। इन लोगों ने उसे मैजिस्ट्रेट के सामने परेड तथा अदालत दोनों ही जगह पहचाना। इसका सम्पुष्टि साक्ष्य किशन सिंह (अ. सा. 52) द्वारा किया गया जो उसे मैजिस्ट्रेट के सामने परेड में नहीं पहचान सका था। उसका लक्ष्मण गली वाले मकान से सम्बन्ध उसके अपने बयान से सिद्ध होता है और मकान मालिक लाहौरी राम (अ. सा. 149) के बयान से भी जिसने उसे इस अदालत में बयान देने के कुछ पहले ही जेल में पहचाना। दूसरे इस तथ्य से

कि महावीर सिंह ने एक मैजिस्ट्रेट, चौधरी रौशन लाल (अ. सा. 29) के अन्वेषण के दौरान, मैजिस्ट्रेट द्वारा यथोचित चेतावनी देने के बाद, उस घर की पहचान की थी। अक्तूबर में महावीर सिंह को गया प्रसाद और जयगोपाल के पास फिरोजपुर भेजा गया क्योंकि वह उस समय बीमार थे।

फिरोजपुर में उनका काम था संयुक्त प्रान्त से आ रहे दो लोगों के आगमन की तैयारी करना जिनकी प्रतीक्षा लाहौर में प्रायोजित पंजाब नेशनल बैंक पर धावा बोलने के लिए की जा रही थी। जयगोपाल के साक्ष्य एवं महावीर सिंह की खुद की स्वीकारोक्ति के अलावा यह एक तथ्य है कि महावीर सिंह ने अन्वेषण के दौरान फिरोजपुर में गया प्रसाद का मकान मैजिस्ट्रेट लेफ्टिनेंट बी. ए. भंडारी (अ. सा.188) को दिखलाया था जिन्होंने उसे उसका बयान दर्ज करने के पहले इस बिन्दु पर बयान देने के बाबत समुचित चेतावनी दे दी थी। महावीर सिंह, फिरोजपुर के बहुत से गवाहों द्वारा इस सिलसिले में पहचाने गए कि वे कुछ समय तक गया प्रसाद के मकान में रहे थे। ये गवाह हैं कालू राम (अ. सा. 199), तुलसी राम (अ. सा. 292), गज्जू राम (अ. सा. 295), मुसम्मात बीवी रानी (अ. सा. 301) एवं दीना नाथ (अ. सा. 304)। इन सभी ने उसे मैजिस्ट्रेट के सामने परेड एवं अदालत दोनों ही जगह पहचान (तुलसी राम (अ.सा0 292) अदालत में पहचान कुछ संदिग्ध थी) की। सब मिलाकर साक्ष्य पूरी तरह साबित करते हैं कि महावीर सिंह, फिरोजपुर में, गया प्रसाद के घर में रहते थे।

महावीर सिंह ने प्रताप सिंह के नाम पर पार्टी के लिए अराईं बिल्डिंग मोजंग, लाहौर में एक मकान 9 नवम्बर, 1929 को किराए पर लिया था। वहाँ बाद में पंजाब नेशनल बैंक पर धावा बोलने और मि. स्कॉट के कत्ल की योजना को विस्तृत रूप दिया गया था।

महावीर सिंह का अपना स्वीकारोक्ति बयान इस बात का जिक्र करता है कि यह मकान किशोरी लाल उर्फ रामचन्द्र द्वारा महावीर सिंह के नाम से किराए पर लिया गया था। महावीर सिंह और किशोरी लाल साथ-साथ ही इस मकान में गए थे। फकीर चन्द (अ. सा. 86) का साक्ष्य, जिन्होंने महावीर सिंह को अदालत में पहचाना था, यह साबित करता है कि वह महावीर सिंह ही थे जिन्होंने मकान किराए पर लिया था और इसी कथन को सत्य समझना चाहिए। फकीर चन्द (अ. सा. 86) के अलावा महावीर सिंह को जिन गवाहों द्वारा दोनों ही जगहों पर, मैजिस्ट्रेट के सामने परेड में और अदालत में, इस सिलसिले में सन्तोषजनक तरीके से पहचाना था, वे हैं हुसैन बख्श (अ. सा. 64), बूड़ा (अ. सा. 72), बुद्धू (अ.

सा.73) और गामा (अ. सा. 74)। इसके अलावा जयगोपाल एवं हंसराज वोहरा के साक्ष्य भी इसी बिन्दु पर प्राप्त है।

महावीर सिंह ने पंजाब नेशनल बैंक पर धावा बोलने की योजना में हिस्सा लिया था और यही वे व्यक्ति थे जिन्हें, धावा बोलने के बाद, बैंक से टैक्सी चलाकर लानी थी। वे वास्तव में शालीमार गार्डेन तक टैक्सी में भगत सिंह के साथ गए थे पर लौटते वक्त यह पाया गया कि वे टैक्सी नहीं चला पाएँगे और इसी कारण टैक्सी को लॉरेंस गार्डेन में छोड़ना पड़ा। फिर महावीर सिंह एक ताँगे में बैंक तक गए और पंडित जी को जो कुछ हुआ उसकी ख़बर दी।

ये सारी बातें महावीर सिंह के स्वीकारोक्ति बयान से पूरी तरह साबित होती हैं। इस बात की सम्पुष्टि फिरोज़दीन (अ. सा. 449) ताँगा चालक के बयान से होती है, जिनकी कहानी महावीर सिंह की कहानी से मेल खाती है, हालाँकि वे उसे पहचान नहीं पाए। धावा बोलने में महावीर सिंह को कौन सी भूमिका सौंपी गई थी इसका साक्ष्य जयगोपाल एवं हंसराज वोहरा के बयान में है।

महावीर सिंह ने सान्डर्स की हत्या में कोई सक्रिय हिस्सा नहीं लिया था पर उनके खुद के स्वीकारोक्ति बयान के अनुसार वह उस समय मोजंग हाउस में उपस्थित थे जब वहाँ मि. स्कॉट की हत्या करने का निर्णय बैठक में लिया गया था। उनका स्वीकारोक्ति बयान कहता है कि उन्हें मोजंग हाउस में रहने का ज़िम्मा दिया गया था जहाँ उन्हें कातिलों का इन्तजार करना था, जैसा कि उन्होंने वास्तव में किया। इस बिन्दु पर उनकी स्वीकारोक्ति जयगोपाल के बयान से मेल खाती है, जो उस साक्ष्य की पर्याप्त सम्पुष्टि है। हंसराज वोहरा, 17 दिसम्बर को मोजंग हाउस में हुई हत्या की योजना के सलाह मशवरे के दौरान, लगातार उपस्थित नहीं थे। इसलिए उनके लिए महावीर सिंह का उस दिन वहाँ उस समय उपस्थित होना नहीं बतला पाना, साक्ष्य का कोई महत्त्वपूर्ण दोष नहीं है।

अन्त में यह साबित होता है कि महावीर सिंह को, दिल्ली की बैठक के पहले ही, पंजाब में, पार्टी में भर्ती कर लिया गया था। हालाँकि वह उस बैठक में उपस्थित नहीं थे पर वे पंजाब में अक्तूबर, 1928 के बाद से एक सक्रिय सदस्य हो गए थे। अक्तूबर-नवम्बर, 1928 में संयुक्त प्रान्त से फिरोजपुर होते हुए पंजाब लाहौर में आनेवाले क्रान्तिकारियों की तैयारियाँ करने में उनका इस्तेमाल किया जाता था। उन्होंने पंजाब नेशनल बैंक पर धावा बोलने की योजना में हिस्सा लिया था। वे मि. स्कॉट की हत्या की योजना बनाने में संलग्न थे और वास्तव में उस योजना में जो एक छोटा सा हिस्सा उन्होंने लिया था वह था हत्यारों के लौटने तक मोजंग हाउस में रहकर उनकी प्रतीक्षा करना। सान्डर्स हत्या के कुछ ही दिनों

बाद महावीर सिंह बीमार हो गए और उनके स्वीकारोक्ति बयान के अनुसार वे सुखदेव की आज्ञा से अपने घर संयुक्त प्रान्त लौट गए थे।

भगत सिंह–अभियुक्त संख्या 11

भगत सिंह 8 अप्रैल, 1929 को दिल्ली की एसेम्बली हॉल में भक्तेश्वर दत्त के साथ बम फेंकने के बाद सारजेन्ट टेरी (अ. सा. 18) द्वारा गिरफ्तार हुए थे।

भगत सिंह के बारे में साक्ष्य की एक महत्त्वपूर्ण विशेषता है उसकी सर्वव्यापकता। यह एक तरह से इस बात का परिणाम है कि सितम्बर, 1928 की दिल्ली मीटिंग में वे विभिन्न प्रान्तों के बीच एक कड़ी के तौर पर नियुक्त किए गए थे। इसलिए वे लाहौर, रावलपिंडी, फिरोजपुर, दिल्ली, झाँसी, आगरा, इलाहाबाद, बेतिया और कलकत्ता में पाए जाते हैं और इक़बालिया गवाहों द्वारा उनकी उपस्थिति अमृतसर में भी दर्शाई जाती है। वे सहारनपुर केन्द्र के महत्त्वपूर्ण हो जाने के पहले गिरफ्तार हो गए थे।

जयगोपाल एवं हंसराज वोहरा दोनों ही भगत सिंह से ग्वालमंडी, लाहौर के लक्ष्मण गलीवाले मकान में 1927 के अन्त में मिलने की बात करते हैं, पर इस बात की कोई प्रत्यक्ष सम्पुष्टि नहीं है। महावीर सिंह अपने स्वीकारोक्ति बयान में कहते हैं कि वे पहले पहल भगत सिंह से फिरोजपुर में नवम्बर 1928 में मिले जबकि प्रेमदत्त 1929 की शुरुआत के पहले उनसे मिले थे, ऐसा नहीं लगता। फणिन्द्रनाथ घोष एवं मनमोहन बनर्जी ने, सितम्बर, 1928 में, दिल्ली मीटिंग में भगत सिंह को देखा था जबकि ललित कुमार मुखर्जी उनसे उसी महीने इलाहाबाद में मिले थे।

जयगोपाल एवं हंसराज वोहरा के अनुसार जब वे दोनों जनवरी, 1928 में रावलपिंडी गए थे तो तब भगत सिंह उनके साथ थे। इसकी सम्पुष्टि हेड कांस्टेबल खड़क सिंह (अ. सा. 139) के बयान से होती है जिसने भगत सिंह को मैजिस्ट्रेट के सामने परेड में एवं अदालत में इस सिलसिले में पहचाना कि वे जयगोपाल के साथ हैमिल्टन बाजार हाउस में ठहरे थे। जयगोपाल ने बयान दिया है कि जब वे रावलपिंडी के नवाँ मोहल्ला के मकान में रह रहे थे भगत सिंह उनसे मिलने आए थे और उन्होंने उसे 30 रुपए देकर अगले आदेश तक रावलपिंडी में रहने को कहा था। पर इस मुलाकात की कोई सम्पुष्टि नहीं है।

इस तरह 1928 की शुरुआत में भगत सिंह का रावलपिंडी आना साबित होता है पर सम्पुष्टि के अभाव में दुबारा वहाँ आना सन्तोषजनक तरीके से सिद्ध नहीं होता है, लेकिन ललित कुमार मुखर्जी के अनुसार भगत सिंह सितम्बर 1928 में

तथा फिर जनवरी, 1929 में इलाहाबाद आए थे। जनवरी 1929 में आने की सम्पुष्टि राधे नाथ मित्रा (अ. सा. 352) के बयान से होती है और इसे पर्याप्त तौर पर साबित हुआ समझना चाहिए।

सितम्बर, 1928 में भगत सिंह की दिल्ली बैठक में उपस्थिति एवं उनकी उस अवसर पर केन्द्रीय समिति में नियुक्ति के बारे में फणिन्द्रनाथ घोष एवं मनमोहन बनर्जी का साक्ष्य है जिसकी सम्पुष्टि महत्त्वपूर्ण तरीके से फिरोजशाह तुगलक फोर्ट के चौकीदार बारा सिंह (अ. सा. 430) के बयान से होती है। उसने बैठक के दौरान भगत सिंह से बातचीत की थी जिन्हें उसने बाद में, स्पेशल मैजिस्ट्रेट की अदालत में तथा मैजिस्ट्रेट के सामने परेड में भी पहचाना। इस गवाह का, फोर्ट का चौकीदार होने के नाते, उस खास मौके पर वहाँ होना स्वाभाविक परिस्थिति है और इसलिए उसके साक्ष्य में कोई सन्देहास्पद चीज़ नहीं है। अतः उसकी गवाही, साथ ही इक़बालिया गवाहों के साक्ष्य मिलकर, भगत सिंह के दिल्ली बैठक में उपस्थित होने के तथ्य को पूरी तरह साबित करते हैं।

भगत सिंह के गया प्रसाद के घर जाने की बात जयगोपाल के साक्ष्य से साबित होती है जिसकी सम्पुष्टि महावीर सिंह के स्वीकारोक्ति बयान से होती है। महावीर सिंह उनसे वहाँ मिले थे तथा साथ ही यह तथ्य गया प्रसाद के स्वीकारोक्ति बयान तथा एक और गवाह दीवान चन्द (अ. सा. 200) के बयान से भी, जिसने उन्हें मैजिस्ट्रेट के सामने परेड एवं अदालत दोनों जगह उस मकान में देखे जाने के सिलसिले में पहचाना था, से साबित होती है। सितम्बर 1928 की **दिल्ली बैठक के कुछ दिनों बाद, किसी मुलाकात के दौरान भगत सिंह ने, दिल्ली बैठक में लिए गए एक निर्णय के अनुसार, अपनी दाढ़ी और केश कटवा लिए थे।** इस खास विषय पर गया प्रसाद का स्वीकारोक्ति बयान इसका उल्लेख करता है जो इस बिन्दु पर जयगोपाल के साक्ष्य की सम्पुष्टि हेतु पर्याप्त सबूत है। इसके बाद सितम्बर 1928 के अन्त में भगत सिंह का पंडित जी के साथ बेतिया जाना हुआ। इस यात्रा क़ा उद्‌देश्य बिहार में एक डकैती की तैयारी करना था और इस तरह पार्टी के लिए धन इकट्ठा करना था। यह दूसरा विषय था जिस पर दिल्ली में चर्चा हुई थी। यह यात्रा उस समय असफल साबित हुई क्योंकि डकैती की तैयारी नहीं हो सकी। लेकिन उस मौके पर वहाँ भगत सिंह की उपस्थिति फणिन्द्रनाथ घोष एवं मनमोहन बनर्जी के साक्ष्य से सिद्ध होती है। साथ ही रघुनी (अ. सा. 17) के सम्पुष्टि साक्ष्य से भी सिद्ध होती है जिसने भगत सिंह को सन्तोषजनक तरीके से पहचाना। वह उस समय उपस्थित था जब मनमोहन बनर्जी अपने घर से भगत सिंह और उनके साथियों के लिए

भोजन ले गए थे, और उन्होंने गवाह रघुनी को लालटेन पकड़ने के लिए नियुक्त किया था।

दूसरा कार्य, जिसमें भगत सिंह का हिस्सा लेना सिद्ध है वह है दिसम्बर की शुरुआत में लाहौर में पंजाब नेशनल बैंक पर धावा बोलने की योजना और उसी समय भगत सिंह का लाहौर के मोजंग हाउस में आना-जाना। इन बिन्दुओं पर जयगोपाल एवं हंसराज वोहरा के साक्ष्य हैं। साथ ही महावीर सिंह का स्वीकारोक्ति बयान भी जो साबित करता है कि भगत सिंह ने बैंक धावे में हिस्सा लिया। और यह भारतीय साक्ष्य अधिनियम की धारा 30 के अन्तर्गत भगत सिंह के विरुद्ध कानूनन स्वीकार्य साक्ष्य है। महावीर सिंह के बयान की सामान्य सम्पुष्टि टैक्सी ड्राइवर, बरकत अली (अ. सा. 87) एवं ताँगा चालक फिरोजुद्दीन (अ. सा. 449) के बयानों से भी होती है। हालाँकि दोनों में से कोई भी भगत सिंह को नहीं पहचान पाया। इसके अतिरिक्त उन दिनों भगत सिंह की मोजंग हाउस में उपस्थिति 4 गवाहों से साबित होती है जो इकबाली गवाहों के बयानों की इस बिन्दु पर सम्पुष्टि करते हैं। उनके नाम हैं हुसैन बख़्श (अ. सा. 64), बूड़ा (अ. सा. 72), बुधु (अ. सा. 73) एवं फकीर चन्द (अ. सा. 86)। इन सभी ने भगत सिंह को मैजिस्ट्रेट के सामने परेड एवं अदालत दोनों ही जगह पहचाना।

भगत सिंह की सान्डर्स की हत्या में भागीदारी सबसे गम्भीर एवं महत्त्वपूर्ण तथ्य है और जो उनके विरुद्ध साबित होता है। यह तथ्य पूरी तरह से बहुत से साक्ष्यों द्वारा स्थापित होता है। वे मोजंग हाउस में उस मीटिंग में उपस्थित थे जहाँ कत्ल करने की योजना को विस्तृत रूप दिया गया था। यह तथ्य जयगोपाल के साक्ष्य एवं महावीर सिंह के स्वीकारोक्ति बयान से सिद्ध होता है जबकि हंसराज वोहरा भी उस दिन भगत सिंह की मोजंग हाउस में उपस्थिति का ज़िक्र करते हैं। जयगोपाल भी इस बात का ज़िक्र करते हैं कि 15 दिसम्बर को भगत सिंह ने उन्हें मोजंग हाउस में कुछ गुलाबी पोस्टर्स दिखाए थे जिन पर लिखा था 'स्कॉट मारा गया'। इसके अलावा भगत सिंह एवं पंडित जी ने उससे उस दिन मि. स्कॉट का क़त्ल करने का निर्णय लिए जाने की बात भी कही। जबकि 17 दिसम्बर, हत्यावाले दिन, 11 बजे हंसराज वोहरा ने भगत सिंह को वैसे ही पोस्टर्स अपने हाथों नकल करते देखा। भगत सिंह के अनुरोध पर हंसराज वोहरा ने भी 3-4 पोस्टर्स की नकल की। बाद में ऐसे ही पोस्टर्स की बरामदगी हुई जो भगत सिंह की हस्तलिपि में साबित हुए, जिसका ज़िक्र नीचे किया जाएगा। उन पर लिखा था 'सान्डर्स मर गया'। यह तथ्य हंसराज वोहरा के बयान की सच्चाई साबित करता है।

यह साक्ष्य कि भगत सिंह ने सान्डर्स के खून में हिस्सा लिया अपने चरित्र में तिहरा है यानी तीन तरह से सिद्ध होता है। पहले तो कई प्रत्यक्षादर्शियों के बयान हैं जो यह दावा करते हैं कि या तो उन्होंने भगत सिंह को हत्या करनेवालों में से एक के तौर पर पहचाना या उन व्यक्तियों में से एक के रूप में जो हत्या के बाद उस स्थल से लौट रहे थे।

दूसरे, दो इक़बालिया गवाहों जयगोपाल एवं हंसराज वोहरा के बयान हैं, खासकर जयगोपाल का जो खुद अपराध में हिस्सा लेनेवाला था और जिनकी घटनास्थल पर उपस्थिति दूसरे साक्ष्यों द्वारा बखूबी साबित हो चुकी है। जैसा कि ऊपर कहा जा चुका है जब जयगोपाल के साक्ष्य की आम सम्पुष्टि की चर्चा की जा रही थी और जयगोपाल की गवाही की निश्चित सम्पुष्टि कि वास्तव में सान्डर्स को भगत सिंह ने ही गोली मारी थी लन्दन के गन एक्सपर्ट राबर्ट चर्चिल (अ. सा. 31), के बयान से होती है जो साबित करते हैं कि घटना स्थल पर जो गोली का खोखा पाया गया वह ऑटोमेटिक पिस्तौल (प्रदर्श पी. 480) से निकला था जिसे सार्जेन्ट टेरी (अ. सा. 18) ने 8 अप्रैल, 1929 को असेम्बली हॉल, दिल्ली में भगत सिंह को गिरफ्तार करते वक़्त, उनके पास से बरामद किया था।

तीसरे, पोस्टर्स हैं (प्रदर्श पी.ए. एक्स, पी.ए. एक्स/, 1पी.ए. एक्स/2, पी.ए. एक्स/3, पी.बी. क्यू, एवं पी.बी. एस.) जिन सभी को हस्तलिपि विशेषज्ञ स्कॉट (अ. सा. 423) द्वारा साबित किया गया है कि यह भगत सिंह की हस्तलिपि थी और जिनकी विषयवस्तु भगत सिंह की स्वीकारोक्ति की तरह है कि सान्डर्स का क़त्ल हिन्दुस्तान सोशलिस्ट रिपब्लिकन आर्मी के हित में था। भगत सिंह का सान्डर्स की हत्या में हिस्सा लेने की एक और पुष्टि प्रेमदत्त के स्वीकारोक्ति बयान से होती है। उसके अनुसार उसके समक्ष शायद जनवरी, 1929 में भगत सिंह ने सुखदेव को सम्बोधित करते हुए कहा था "क्या तुम्हें याद है इस व्यक्ति को निशाने पर लेने के लिए कितने प्रयास किए गए पर हम चूकते रहे? **जब हम सान्डर्स को मारने गए गोली उनके सिर में लगी*** और हमने सोचा था कि हममें से कोई एक गिरफ्तार हो जाएगा, पर कोई गिरफ्तार नहीं हुआ।" यह सचमुच एक विश्वसनीय साक्ष्य का टुकड़ा है। भगत सिंह का दूसरा स्वीकारोक्ति बयान जो फणिन्द्रनाथ घोष द्वारा सिद्ध होता है वह है भगत सिंह ने दिसम्बर, 1928 के अन्त में कलकत्ते में उसे बताया था कि उन्होंने और उनकी पार्टी ने सान्डर्स की हत्या कर दी थी। फणिन्द्रनाथ घोष को पहले इस बात की सहमति के लिए नहीं

* सांडर्स की लाश का पोस्टमार्टम करने वाले डॉक्टर सवान (अ.सा. 133) विस्तृत रिपोर्ट के मुताबिक मृतक के सिर पर कोई चोट नहीं पाई गई थी।—**सम्पादक**

कहा जा सका क्योंकि वह दूर रहता था और इसलिए भी कि भगत सिंह ने यह जिम्मेदारी ले ली थी कि वह उसकी सहमति प्राप्त कर लेंगे।

भगत सिंह का एक और स्वीकारोक्ति बयान, जो उन्होंने अपने सह कैदी अब्दुल रहमान शाह (अ. सा. 451) को मिंयावाली जेल में कहा था, को विश्वसनीय नहीं कहा जा सकता और इसीलिए उस पर विचार नहीं किया जा रहा है।

वास्तविक कत्ल के प्रकट प्रत्यक्षदर्शी गवाह हैं अब्दुल्लाह (अ. सा. 34), मुहम्मद इब्राहिम (अ. सा. 36), फकीर सैयद वहीदुद्दीन (अ. सा. 47), चौधरी हबीबुल्लाह (अ. सा. 101), कमालुद्दीन (अ. सा. 102), गंडा सिंह (अ. सा. 180) और फर्न (अ. सा. 46)। फर्न ने किसी भी हत्यारे को नहीं पहचाना और वहीद्दुदीन एवं गंडा सिंह के साक्ष्य की उपेक्षा इसलिए की जाती है कि इनमें से किसी ने भी अधिकारियों को यह बताने में कि उन्होंने क्या देखा था या ख़बर पहुँचाने में कोई तत्परता नहीं दिखाई। हालाँकि मुहम्मद इब्राहीम, कांस्टेबल, हबीबुल्लाह एवं कमालुद्दीन का साक्ष्य अपने आप में अविश्वसनीय नहीं है, पर दूसरे गवाहों के बयानों में कुछ ऐसी विसंगति हैं कि बतौर सावधानी इन तीनों व्यक्तियों पर विश्वास किया जाए या नहीं इसमें सन्देह है, इसलिए इनकी गवाही की उपेक्षा की जाती है।

हालाँकि अब्दुल्लाह (अ. सा. 34) का साक्ष्य सन्तोष जनक एवं विश्वसनीय है। यह वह मोटर ड्राइवर था जिसकी मोटर कोर्ट स्ट्रीट के किनारे उस मुहाने पर तब पहुँची थी जब फायरिंग हो रही थी और जहाँ जयगोपाल पोजिशन लिए हुए था। वह बाद में सान्डर्स के शरीर को अपनी कार में हास्पीटल ले गया था। उसने सान्डर्स पर हमला होते देखा था और उसने भगत सिंह को सन्तोषजनक तरीके से मैजिस्ट्रेट के सामने परेड और अदालत दोनों ही जगहों पर एक ऐसे व्यक्ति के रूप में पहचाना था जो उन दोनों में लम्बा था और जिसने सान्डर्स पर फायरिंग की थी। इस पहचान पर अविश्वास करने का कोई कारण नहीं है।

ऐसे गवाह भी हैं जिन्होंने हत्यारों को हत्या स्थल से वापस लौटते वक्त डी.ए.वी. कॉलेज ग्राउंड से गुजरते और दूसरे छोर से निकलते देखा था। ये गवाह है सोम नाथ (अ. सा. 144) छात्र, अविनाश चन्द (अ. सा. 145) छात्र, आफताब अहमद (अ. सा. 232) छात्र, अजमेर सिंह (अ. सा. 181) छात्र एवं अता मुहम्मद (अ. सा. 48) साइकिलों का व्यापारी। इनमें से सोमनाथ ने तीन हत्यारों को डी.ए.वी. कॉलेज के ब्लाक बी की सीढ़ी से नीचे उतरते देखा और यह देखा कि उनमें से एक के पास पिस्तौल थी। मैजिस्ट्रेट के सामने परेड में उसने सन्तोषजनक तरीके से तीन में से एक व्यक्ति भगत सिंह को पहचान लिया पर इस अदालत

में गवाही देने के कुछ ही दिन पहले जेल में भगत सिंह को पहचानने में वह उतना सफल नहीं रहा। पहली बार में उसने दूसरे व्यक्ति को चुन लिया पर तुरन्त अपने आप को सही कर भगत सिंह को चुन लिया। उसका साक्ष्य भगत सिंह के विरुद्ध अच्छा साक्ष्य समझा जाना चाहिए। अविनाश चन्द (अ. सा. 145) ने तीन सदस्यों को डी.ए.वी. कॉलेज के बोटानिकल गार्डेन के पास देखा, उनमें से एक, जैसा कि उसे लगा, पिस्तौल के साथ था। उसने उनमें से एक भगत सिंह की पीठ को सफलतापूर्वक मैजिस्ट्रेट के सामने परेड में चुना, एक ही हिस्सा जो उस अवसर पर उसने उस व्यक्ति का देखा था, पर जब वह, यहाँ गवाही देने के कुछ पहले जेल गया था वह भगत सिंह को पहचानने में असफल रहा। अतः उसका साक्ष्य भगत सिंह के विरुद्ध कुछ खास प्रभावी नहीं है। आफताब अहमद (अ. सा. 232) डी.ए.वी. कॉलेज के वालीवाल ग्राउंड के नजदीक था और उसने दो हत्यारों को गुजरते देखा, जिनमें से एक के पास पिस्तौल थी। उसने मैजिस्ट्रेट के सामने परेड में और अदालत में भी दोनों ही जगह भगत सिंह को पिस्तौल लिए व्यक्ति के बतौर सन्तोषजनक तरीके से पहचाना।

अजमेर सिंह (अ. सा. 181) वह छात्र है ज़िससे साइकिल छीनने का प्रयास किया गया था। वह भगत सिंह को दल के उस सदस्य के रूप में पहचानने में सफल नहीं हो सका जिसने उसे सम्बोधित किया था। अता मुहम्मद (अ. सा. 48) साइकिल व्यापारी है जिसकी दुकान से एक साइकिल वास्तव में ली गई थी पर तब छोड़ दी गई जब गवाह ने उसका पीछा किया। उसने बयान दिया कि तीन में से एक व्यक्ति जो उसकी दुकान के पास से गुजरा एक मोड़ के पास रुक गया जबकि दूसरे ने उसकी दुकान से साइकिल हटाई। उसने सन्तोषजनक तरीके से भगत सिंह को मैजिस्ट्रेट के सामने परेड में तथा अदालत में भी उस व्यक्ति के बतौर पहचाना जो मोड़ पर रुका था। उसका साक्ष्य भगत सिंह के खिलाफ अच्छा सबूत है। अतः इस श्रेणी में जिन गवाहों के नाम हैं उनमें से सोमनाथ (अ. सा. 144), आफताब अहमद (अ. सा. 232) एवं अता मुहम्मद (अ. सा. 48) भगत सिंह के सान्डर्स हत्या कांड में शामिल होने के बिन्दु पर अच्छा साक्ष्य मुहैया कराते हैं।

अब राबर्ट चर्चिल, गन एक्सपर्ट जिसका ज़िक्र ऊपर किया गया है उसका साक्ष्य देखा जाए जिसने (प्रदर्श पी. 480) भगत सिंह के पास से पिस्तौल की बरामदगी तब की थी जब भगत सिंह दिल्ली में, 8 अप्रैल, 1929 को गिरफ्तार हुए थे यह बात पर्याप्त रूप से सार्जेन्ट टेरी (अ. सा. 18) के बयान से साबित होती है। **इस सम्बन्ध में राय बहादुर सूरज नारायण (अ. सा. 379) का साक्ष्य यह स्पष्ट**

करता है कि भगत सिंह पर एसेम्बली हॉल में बम फेंकने की दिल्ली में चल रही ट्रायल में पिस्तौल जान-बूझकर प्रदर्श पर नहीं रखी गई थी और इसलिए सार्जेन्ट टैरी के साक्ष्य पर इस वजह से सन्देह करने का कोई कारण नहीं है कि उस मुकदमे में भगत सिंह के पास से पिस्तौल निकलना साबित नहीं किया गया था।* प्रदर्श पी. 864/1-I एक बुलैट है जिसे मुहम्मद इब्राहीम (अ. सा. 150) ने हत्या के तुरन्त बाद पड़े सान्डर्स के शरीर के पास से उठाया था और जो इस गवाह द्वारा इंस्पेक्टर मनी राम (अ. सा. 78) को सौंप दी गई थी। (मुहम्मद इब्राहीम (अ. सा. 150) का बयान कि उसने इंस्पेक्टर कुन्दन लाल को बुलैट सौंपी थी, को एक गलती समझना चाहिए और इंस्पेक्टर मनी राम (अ. सा. 78) का बयान कि उसे मुहम्मद इब्राहीम (अ. सा. 150) ने बुलैट सौंपी थी, को सही समझना चाहिए।) इंस्पेक्टर मनी राम (अ. सा. 78) ने इसे हेड कांस्टेबल जगन्नाथ (अ. सा. 105) को सौंपा जिसने इसे तब तक रखा जब तक यह पुलिस अधीक्षक जेनकिन (अ. सा. 30) द्वारा चर्चिल के पास लन्दन (अ. सा. 31) नहीं ले जाई गई। एक खाली कारतूस का खोखा (प्रदर्श पी. 864/1-13) सब इंस्पेक्टर बहादुर अली (अ. सा. 75) द्वारा 19 दिसम्बर, 1928 को तथा दूसरे खाली कारतूस के खोखे सान्डर्स को गोली मारे जानेवाली जगह के पास से उठाए गए थे। बहादुर अली ने इन्हें इंस्पेक्टर मनी राम (अ. सा. 105) को दे दिया। हेड कांस्टेबल जगन्नाथ के द्वारा ये भी तब तक रखे गए जब तक जेनकिन इन्हें चर्चिल के पास लन्दन नहीं ले गए। चर्चिल का साक्ष्य, विस्तृत एवं विश्वनीय ढंग से, उसके द्वारा जाँचे गए इन दो प्रदर्शों तथा अन्य प्रदर्श के सन्दर्भ में दिया गया। चर्चिल के साक्ष्य की पुष्टि, अदालत में ट्रिब्यूनल के सामने, माइक्रोफोटोग्राफ और एक जोड़ा एकल नेत्रक माइक्रोस्कोप की सहायता से प्रत्यक्ष प्रदर्शन कर, की गई जिसमें दोनों बुलैट के आधे टुकड़ों को दिखाया गया ताकि एक बुलैट पर पाई गई लकीर की दूसरी बुलैट पर पाई गई लकीर से एक साथ तुलना की जा सके और फिर देखा जा सके कि वे एक ही हथियार द्वारा फायर किए गए थे या नहीं। प्रदर्श पी. 864/1-I की तुलना एक जाँची गई बुलैट से की गई जिसे जेनकिन (अ. सा. 30) एवं एक मैजिस्ट्रेट, मि. लिविस (अ. सा. 264) ने साबित किया कि ये पिस्तौल, प्रदर्श 480 द्वारा फायर की गई थी। इसी तरह एक समान ढंग से एक और परीक्षा कर खाली कारतूस के खोखे प्रदर्श पी. 864/1- B की तुलना जाँचे गए कारतूस के खोखे पर पड़े निशान से की गई जिसे उसी गवाह ने माइक्रोफोटोग्राफ एवं एक जोड़े एकल

---

* पिस्तौल की बरामदगी के बारे में असेंबली बम केस का भाग एस-सी गौरतलब है।—**सम्पादक**

नेत्रक माइक्रोस्कोप की मदद से मिलान कर साबित किया कि यह भी इसी पिस्तौल से चलाई गई थी। यह तुलना निर्णायक ढंग से विशेषज्ञ एवं अदालत के समक्ष साबित करती है कि बुलैट प्रदर्श पी. 864/1-I और खाली कारतूत का खोखा प्रदर्श पी. 864/1-B दोनों एक ही स्वचालित पिस्तौल (प्रदर्श पी. 480) द्वारा चलाए गए थे। **यदि यह पिस्तौल भगत सिंह के पास से हत्या के तुरन्त बाद बरामद हो जाती तो यही साक्ष्य खुद साबित कर देता कि उन्होंने सान्डर्स पर गोली चलाई थी कारण यह भगत सिंह के पास से करीब चार महीनों बाद बरामद हुई थी।** 4अतः यह जयगोपाल के कथन के सम्पुष्टि बयान से ज्यादा कुछ नहीं है पर एक सम्पुष्टि बयान के तौर पर इसका मूल्य काफी ऊँचा है।

अब उपरोक्त वर्णित बहुत से स्वीकारोक्ति बयानों की तरफ आया जाए और उनमें भी प्रेमदत्त एवं फणिन्द्रनाथ घोष के द्वारा दिए बयान की तरफ जो काफी महत्त्वपूर्ण हैं पर सबसे महत्त्वपूर्ण है गुलाबी पोस्टरों का साक्ष्य। जो पोस्टर्स, (प्रदर्श पी.ए. एक्स, पी.ए. एक्स/1, पी.ए. एक्स/2 एवं पी.ए. एक्स/3) सान्डर्स की हत्या के कुछ दिनों के अन्दर लाहौर की विभिन्न आम जगहों पर चिपके थे, वे खान साहिब शेख मुहम्मद सिद्दीकी (अ. सा. 81), सब इंस्पेक्टर अमर नाथ (अ. सा. 82) और कांस्टेबल रहमत खान, (अ. सा. 83) द्वारा पाए थे। यह महत्त्वपूर्ण नहीं है कि ये पोस्टर कहाँ पाए गए थे बल्कि महत्त्वपूर्ण यह है कि वे स्कॉट (अ. सा. 423) के साक्ष्य के अनुसार भगत सिंह की हस्तलिपि में थे और यह कि मरनेवाले व्यक्ति का नाम सान्डर्स लिखा था न कि स्कॉट। यह बिलकुल असम्भाव्य है कि यह भगत सिंह द्वारा हत्या के पहले ही लिख लिया गया। स्कॉट का साक्ष्य प्रदर्श पी.ए. एक्स, पी.ए. एक्स/1, पी.ए. एक्स/2, एवं पी.ए. एक्स/3 पर विचार करता है, जिसके बारे में साक्ष्य आगे है कि वे कहाँ मिले और साथ ही प्रदर्श पी.बी.क्यू. एवं पी.बी.एफ. के बारे में जिसका कोई साक्ष्य रिकॉर्ड में नहीं है। भगत सिंह के बारे में स्कॉट के पास काफी सामग्री है जिन पर दस्तावेज़ के रूप में काम करना निसन्देह साबित करता है कि ये भगत सिंह की हस्तलिपि में थे जैसे कि प्रदर्श पी.जी.बी., पी.डी.सी., पी.एफ.वाई., पी.एफ.ज़ेड., पी.एफ.एक्स. एवं पी.जी.वी./1। उसका साक्ष्य विस्तृत, विश्वसनीय और परीक्षण पर आधारित है जिसे अदालत खुद भी प्रमाणित दस्तावेजों के अक्षरों एवं शब्दों एवं पोस्टर्स के शब्दों को आस-पास रखकर जाँच सकती थी। यह साक्ष्य हर सन्देह से परे यह साबित करता है कि ये पोस्टर्स भगत सिंह द्वारा लिखे गए थे। इन पर नज़र डालने पर यह साफ दिखाई देता है कि इनके लेखक का सम्बन्ध सान्डर्स के क़त्ल से अवश्य ही होगा। वे गवाह, जिनके साक्ष्य से ये दस्तावेज साबित होते हैं और जिनके आधार पर

स्कॉट ने अपना मिलान किया, वे हैं चौधरी गुलाम रसूल (अ. सा. 152), शेख़ बशीर अहमद (अ. सा. 154), ज़ावर हसन (अ. सा. 155), पुलिस अधीक्षक साहिबजादा मिर्जा एताजुद्दीन अहमद खान (अ. सा. 165), शेख़ मुरीद अकबर (अ. सा. 247) एवं सब इंस्पेक्टर चरण सिंह (अ. सा. 313)।

सभी साक्ष्यों को साथ लिया जाए तो यह निर्णायक रूप से साबित होता है कि भगत सिंह ने सान्डर्स की हत्या में हिस्सा लिया और वास्तव में उन पर पिस्तौल (पी. 480) से फायर किया।

हत्या करने के बाद भगत सिंह मोजंग हाउस गए और 20 दिसम्बर, 1928 को सेकेंड क्लास से यात्रा कर लाहौर से कानपुर गए जबकि शिवराम राजगुरु ने उनके नौकर की हैसियत से यात्रा की। जयगोपाल एवं हंसराज वोहरा दोनों ने ही इस तथ्य का ज़िक्र किया है कि मार्च, 1929 के अन्त में सुखदेव ने जयगोपाल को इसकी बाबत बताया था। यह साक्ष्य भगत सिंह एवं शिवराम राजगुरु के विरुद्ध है और इसकी सम्पुष्टि जिन चार रेलवे अधिकारियों की गवाही द्वारा अच्छी तरह हो जाती है वे हैं राम शरण दास (अ. सा. 114), हरी चन्द (अ. सा. 115), नियाजुद्दीन (अ. सा. 116) एवं तेज सिंह (अ. सा. 117)। वे यह साबित करते हैं कि 20 दिसम्बर, 1928 को सेकेंड क्लास की सिर्फ एक टिकट लाहौर से कानपुर के लिए और एक नौकर की टिकट जारी की गई थी। ऐसी ही टिकटें कानपुर में, दूसरे दिन, 14 डाउन एक्सप्रेस के लाहौर से पहुँचने पर प्राप्त की गई थीं। अतः यह यात्रा पूरी तरह साबित होती है।

दिसम्बर, 1928 के अन्त में तथा जनवरी 1929 में भगत सिंह कलकत्ता थे और फणिन्द्रनाथ घोष और जे.एन. दास से इस प्रस्ताव के सिलसिले में मिले थे कि जे.एन. दास उत्तर आएँ और पार्टी के सदस्यों को बम बनाना सिखाएँ। कलकत्ता स्थित कँवल नाथ तिवारी के क्वार्टर में बम में प्रयुक्त करने के लिए गनकॉटन बनाने की एक शुरुआत जनवरी में भी की गई थी और इसमें भी भगत सिंह ने सहयोग दिया था। जिन साक्ष्यों से यह तथ्य साबित होता है वह है फणिन्द्रनाथ घोष का बयान जिसकी सम्पुष्टि बलाई लाल घोष (अ. सा. 391) एवं चन्द्रशेखर घोष (अ. सा. 392) के बयानों से होती है। उन दोनों ने भगत सिंह को उन दिनों कलकत्ते में फणिन्द्रनाथ घोष के साथ देखा था और दोनों ने ही भगत सिंह को मैजिस्ट्रेट के सामने परेड में एवं यहाँ बयान देने के कुछ ही दिन पहले जेल में सन्तोषजनक तरीके से पहचाना। जबकि फणिन्द्रनाथ घोष का बयान कि कार्नवालिस स्ट्रीट के क्वाटर्स में गनकॉटन बनाई जा रही थी, की सम्पुष्टि में महत्त्वपूर्ण गवाह तुलसी दास (अ. सा. 397) है जो आर्य समाज

मन्दिर का जमादार था, जहाँ कँवल नाथ तिवारी रहा करता था। वह वास्तव में एक बार कँवल नाथ तिवारी के कमरे में तब प्रवेश कर गया था जब फणिन्द्रनाथ घोष एवं भगत सिंह दोनों वहाँ थे और जिसने दोनों को मैजिस्ट्रेट के सामने परेड में तथा फणिन्द्रनाथ घोष को अदालत में एवं भगत सिंह को इस अदालत में गवाही देने के कुछ ही पहले जेल में सन्तोषजनक तरीके से पहचाना। भगत सिंह की ये गतिविधियाँ इस प्रकार अच्छी तरह से साबित होती हैं।

कलकत्ते से भगत सिंह शायद आगरा गए। फरवरी 1929 में वे निश्चय ही आगरा में थे जब हींग की मंडीवाले मकान में बम बनना शुरू हो गया था। 16 दिसम्बर को जगदीश चन्द्र चटर्जी को छुड़वाने जो मुक्ति दल कानपुर गया, उस दल के एक सदस्य भगत सिंह थे। आगरा में ही केन्द्रीय समिति द्वारा एक मीटिंग में, जिसमें भगत सिंह उपस्थित थे, निर्णय लिया गया था कि एसेम्बली हॉल में बम फेंका जाए। भगत सिंह के आगरा में रहने और उपरोक्त गतिविधियों में संलग्न रहने का सबूत फणिन्द्रनाथ घोष एवं ललित कुमार मुखर्जी के साक्ष्य में है। भगत सिंह ने उन्हें इलाहाबाद से बम बनाने के काम के लिए भेजा। मुक्ति दल के कानपुर यात्रा की सम्पुष्टि रेलवे अधिकारियों के साक्ष्य से होती है जिसका ज़िक्र पहले ही शिव वर्मा के मुकदमे में किया गया है। और अन्त में भगत सिंह के हींग की मंडीवाले मकान में उन दिनों रहने के विषय में अब्दुल अज़ीम बेग (अ. सा. 239), मुहम्मद इरशाद अली खान (अ. सा. 240) एवं ठाकुरराम सिंह (अ. सा.371) का साक्ष्य है। उन तीनों ने भगत सिंह को मैजिस्ट्रेट के सामने परेड में एवं अदालत दोनों ही जगह पहचाना। आगरा की गतिविधियों के बारे में, दोनों ही इक़बालिया गवाहों के बयान, अपने आप में विश्वसनीय चरित्र के हैं। उपरोक्त सम्पुष्टि बयान जो उपलब्ध है वे तो हैं ही साथ ही दूसरे साक्ष्य भी हैं जो इन घटनाओं में भगत सिंह की हिस्सेदारी साबित करते हैं।

मार्च 1929 में झाँसी जाना आगरा की कार्यवाही का एक अंग है। आगरा से की गई यह यात्रा एक बम का परीक्षण करने के लिए की गई, जो आगरा में बना था। इस झाँसी यात्रा में भगत सिंह साथ थे। भगत सिंह का इस यात्रा एवं झाँसी से 20 मील दूर, एक सुनसान जगह पर, बम विस्फोट परीक्षण करने से सम्बन्ध का सबूत फणिन्द्रनाथ घोष के साक्ष्य में है जिसने खुद भी इस यात्रा में हिस्सा लिया था और परीक्षण में भी जो इस यात्रा का उद्देश्य था। यह इस बिन्दु पर साक्ष्य की काफी अच्छी सम्पुष्टि है। ऐसी सम्पुष्टि पहले तो रेलवे

अधिकारी रामेश्वर दयाल (अ. सा. 275), सिन्दोहन प्रसाद (अ. सा. 276) एवं गोविन्द राव (अ. सा. 277) के साक्ष्य में है जो यह साबित करते हैं कि आगरा से झाँसी के लिए 5 मार्च, 1929 को चार तृतीय श्रेणी के टिकट जारी किए गए थे। 6 मार्च, 1929 को सिर्फ 2 तृतीय श्रेणी के टिकट झाँसी से राजा की मंडी, (आगरा के निकट) के लिए जारी किए गए थे। इन दो में से एक तृतीय श्रेणी की टिकट के साथ एक साइकिल झाँसी में बुक की गई थी जिसकी डिलिवरी राजा की मंडी में ली गई थी। यह कल्पनातीत है कि फणिन्द्रनाथ घोष ने जब पहली बार अपना बयान मैजिस्ट्रेट के सामने दिया था, उस समय वे जानते होंगे कि इस तरह की सम्पुष्टि, उनकी इन दो यात्राओं एवं लौटती यात्रा में साइकिल की बुकिंग के बारे में उन दस्तावेज़ों से प्राप्त होगी जो रेलवे अधिकारियों के क़ब्ज़े में थे। इस तरह यह उनके साक्ष्य की सच्चाई की मूल्यवान गारंटी देती है। इसके अलावा इस बात का भी सम्पुष्टि साक्ष्य है कि भगत सिंह झाँसी गए थे और वे हैं राम दुलारे (अ. सा. 228), शिवराज (अ. सा. 289) एवं रामानन्द (अ. सा. 290) टैक्सी ड्राइवर जो पार्टी को उस जगह ले गया था जहाँ बम विस्फोट किया गया था। इन तीनों व्यक्तियों ने भगत सिंह को मैजिस्ट्रेट के सामने परेड में तथा इस अदालत में गवाही देने के कुछ पहले जेल में सन्तोषजनक तरीके से पहचाना था।

अब बचता है भगत सिंह का मार्च एवं 8 अप्रैल, 1929 तक, दिल्ली में होना, जब उन्होंने और बी.के. दत्त ने एसेम्बली हॉल में बम फेंका। बम फेंकने की योजना के बारे में फणिन्द्रनाथ घोष को पता था और इसका जिक्र उनके साक्ष्य में है। यह भी साबित हो गया है कि भगत सिंह 7 मार्च, 1929 को आगरा से चले और 8 मार्च को दिल्ली अपने साथ एक साइकिल लेकर पहुँचे। इस बिन्दु पर दो रेलवे अधिकारियों गोविन्द राव (अ. सा. 277) एवं श्याम मनोहर लाल (अ. सा. 280) का बयान है जो दस्तावेज़ प्रदर्श पी.डी.पी. द्वारा प्रमाणित है। यह भगत सिंह द्वारा 'राम किशन' के नाम से हस्ताक्षरित एक रिस्क नोट है जिस पर उसने साइकिल की डिलिवरी दिल्ली में ली। इस दस्तावेज़ पर किए गए हस्ताक्षर को हस्तलिपि विशेषज्ञ स्कॉट (अ. सा. 423) ने भगत सिंह द्वारा हस्ताक्षरित माना एवं सन्तोषजनक तरीके से साबित किया। और इस तरह भगत सिंह की यह यात्रा साफ-साफ साबित होती है। दिल्ली में भगत सिंह की मुसम्मात मुकन्दी के घर में उपस्थिति मुसम्मात मुकन्दी (अ. सा. 169), राम सरण दास (अ. सा. 172) और नूर मुहम्मद (अ. सा. 174) के बयान से भी सिद्ध होती है। उन सबने भगत सिंह को मैजिस्ट्रेट के सामने परेड एवं अदालत

दोनों ही जगह पहचाना। यही टिप्पणी बनवारी लाल (अ. सा. 170) एवं हरनाम सिंह (अ. सा. 171) पर भी लागू होती है पर ये दोनों व्यक्ति विश्वसनीय गवाह नहीं समझे जा सकते। अन्त में, एसेम्बली हॉल में 8 अप्रैल को भगत सिंह की गिरफ्तारी सरजेंट टेरी (अ. सा. 18) एवं सब इंस्पेक्टर हंसराज (अ. सा.20), द्वारा पक्के तौर पर साबित होती है। एसेम्बली हॉल में बम फेंकने की भगत सिंह की मंशा के बारे में पत्र (प्रदर्श पी. 137) है जो उसने सुखदेव को लिखा और जो कश्मीर बिल्डिंग, लाहौर में पाया गया। हालाँकि यह पत्र निश्चित तौर पर ऐसी किसी मंशा का जिक्र नहीं करता, पर एक इशारा करता है कि भगत सिंह की मंशा इसी प्रकार की थी और उसने पहले ही सुखदेव के साथ इस पर चर्चा की थी। यह दस्तावेज भगत सिंह की हस्तलिपि में है। यह विश्वसनीय तरीके से स्कॉट के सावधानीपूर्वक दिए गए साक्ष्य से साबित होती है, जो विस्तृत ढंग से अक्षरों, शब्दों को साथ-साथ रखकर मिलाने और लिखने के ढंग की जाँच के बाद किया गया है। भगत सिंह के मुकदमें में स्कॉट के पास काफी प्रमाणित सामग्री थी, जिससे वह यह काम कर सकता था और इस विषय पर उसका साक्ष्य काफी विश्वसनीय है।

दूसरा दस्तावेज़ जो स्कॉट (अ. सा. 423) ने साबित किया, वह है प्रदर्श पी.ए. के/7 जो सहारनपुर वाले मकान में मिला था, जब उसकी तलाशी 13 मई, 1929 को ली गई थी। यह दस्तावेज किताबों की एक कामचलाऊ सूची है। साक्ष्य, जो उसकी बरामदगी साबित करता है, वह शेर अली (अ. सा. 228) एवं खान साहिब रहमान बक्श कादरी (अ.सा0 204) का है। **हालाँकि भगत सिंह कभी सहारनपुर वाले मकान में नहीं गए थे, पर इस दस्तावेज़ की वहाँ से बरामदगी यह साबित करती है कि तीन व्यक्ति जो वहाँ से गिरफ्तार हुए थे उनके और भगत सिंह के बीच सम्बन्ध है।**

संक्षेप में भगत सिंह क्रान्तिकारी दल के एक नेता थे, जिसका गठन दिल्ली में सितम्बर 1929 में हुआ था। वे इस दल के बनने के पहले ही से क्रान्तिकारी गतिविधियों में हिस्सा लिया करते थे। वे पंजाब शाखा के सक्रिय सदस्य थे जबकि सुखदेव उसके सांगठनिक (Organising) सदस्य थे। दिल्ली मीटिंग के समय से भगत सिंह को विभिन्न प्रान्तों के बीच की कड़ी के रूप में चुना गया था और इस रूप में वे एक जगह से दूसरी जगह लगातार पंजाब से कलकत्ता तक यात्रा किया करते थे। केन्द्रीय समिति के सदस्य के रूप में उन्होंने महत्त्वपूर्ण गोष्ठियों में, विचार विमर्श में एवं दल की योजनाओं में हिस्सा लिया और आमतौर पर उन्हें आन्दोलन में सक्रिय भागीदारी लेते पाया गया। उन्होंने लाहौर में पंजाब नेशनल

बैंक पर धावा बोलनेवाली परियोजना में हिस्सा लिया। वे सान्डर्स की हत्या के नायक थे और वही थे जिन्होंने यह बातचीत की कि जे.एन. दास को दल के सदस्यों को बम बनाना सिखाना चाहिए; उन्होंने वास्तव में, आगरा में बम बनाने में, जोगेशचन्द्र चटर्जी को मुक्त कराने में, झाँसी तक की यात्रा में, बम परीक्षण करने में और अन्त में अप्रैल, 1929 में दिल्ली के एसेम्बली हॉल में बम फेंकने में हिस्सा लिया।

टिप्पणी : अ. सं 12 बटुकेश्वर दत्त मुक्त कर दिया गया था।

अजय कुमार घोष–अ सं 12

इस अभियुक्त के सानिध्य में दो इक़बालिया गवाह आए, जिनके नाम हैं फणिन्द्रनाथ घोष एवं ललित कुमार मुखर्जी। फणिन्द्रनाथ घोष से उनका सानिध्य अल्प ही था। जातिन्द्र नाथ सान्याल ने एक बार फणिन्द्रनाथ घोष को अजय कुमार घोष के पास जाने और उनसे अनुरोध करने के लिए कहा कि वे ललित कुमार मुखर्जी को जतिन्द्र नाथ सान्याल के पास भेजें और फणिन्द्रनाथ घोष ने यह अनुरोध मान लिया था। दूसरे मौके पर, मार्च, 1929 में जब फणिन्द्रनाथ घोष एवं विजय कुमार सिन्हा आगरा से कलकत्ता जा रहे थे तब वे इलाहाबाद रुके, जहाँ विजय कुमार सिन्हा ने अजय कुमार घोष को सलाह दी कि वे भाग जाएँ, क्योंकि अजय कुमार घोष के मित्र बटुकेश्वर दत्त दिल्ली बम कांड में फँसनेवाले थे।

ललित कुमार मुखर्जी की अजय कुमार घोष से सितम्बर 1926 के बाद से अच्छी जान-पहचान हो गई। वे उनको काकोरी फंड में चन्दा दिया करते थे। नवम्बर 1927 में उनके बीच एक बातचीत हुई, जिसमें यह सहमति हुई कि अब तक जो किया गया उसके अलावा कुछ और महत्त्वपूर्ण काम किया जाए। सितम्बर 1928 में ललित कुमार मुखर्जी, विजय कुमार सिन्हा और भगत सिंह से अजय कुमार घोष के कमरे में मिले। उस दिन नई-नई बनी पार्टी के बारे में कुछ बातें हुई, जिसमें ललित कुमार मुखर्जी एवं अजय कुमार घोष दोनों ने ही नई पार्टी के संविधान एवं उद्देश्यों पर सहमति प्रकट की। वहाँ अजय कुमार घोष ने भगत सिंह से कहा कि एक व्यक्ति को सक्रिय ग्रुप में प्रयोग के तौर पर शामिल किया जा सकता है।

फिर, जनवरी 1929 में ललित कुमार मुखर्जी भगत सिंह से अजय कुमार घोष के कमरे में मिले और बाद की एक तारीख में उनकी बातचीत अजय कुमार घोष

से आपराधिक अन्वेषण विभाग के अधिकारी की हत्या के बारे में हुई। जनवरी 1929 के अन्त में अजय कुमार घोष एक चिट्ठी लेकर आए और ललित कुमार मुखर्जी से जतिन्द्र नाथ सान्याल के पास उस चिट्ठी को ले जाने को कहा। यह चिट्ठी फणिन्द्रनाथ घोष द्वारा भेजी गई थी। ये सब बातें पहले ही ऊपर कही जा चुकी हैं। फरवरी, 1929 की शुरुआत में ललित कुमार मुखर्जी, पंडित जी से अजय कुमार घोष के कमरे में मिले। फरवरी के मध्य में भगत सिंह ने शिवराम राजगुरु को एक चिट्ठी के साथ अजय कुमार घोष के पास यह कहने को भेजा कि या तो वह खुद आएँ या किसी को कहें कि वह ललित कुमार मुखर्जी के साथ एक स्टोव और दूसरे उपकरण आगरा भेजें। अजय कुमार घोष ने विवाह समारोह में जाने का बहाना बनाया और इस तरह ललित कुमार मुखर्जी आगरा गए। बाद में ललित कुमार मुखर्जी ने आगरा से लौटने पर अजय कुमार घोष के पास से एक कम्बल प्राप्त किया जो आगरा में इस्तेमाल हुआ था और वहाँ से विजय कुमार सिन्हा द्वारा वापस लाया गया था और अजय कुमार घोष को दिया गया था। उपरोक्त बहुत से तथ्यों का उल्लेख दोनों सरकारी गवाहों फणिन्द्रनाथ घोष एवं ललित कुमार मुखर्जी के बयानों में है और उसमें भी अधिकांश सिर्फ ललित कुमार मुखर्जी के बयान में आता है। ये सारे तथ्य अपने आप में बहुत आरोप लगानेवाले नहीं हैं और अजय कुमार घोष को साफ-साफ षड्यन्त्र के भीतरी रहस्यों से नहीं जोड़ते। अजय कुमार घोष ने वास्तव में, जहाँ तक पता चलता है, षड्यन्त्र के किसी भी उद्देश्य हेतु किसी भी समय इलाहाबाद नहीं छोड़ा।

अजय कुमार घोष के बारे में सरकारी गवाहों राघो नाथ मिश्रा (अ. सा. 352) और सन्तोष कुमार मुखर्जी (अ. सा. 377) के साक्ष्य से एक ही बात की सम्पुष्टि होती है। वह है—राघो नाथ मिश्रा अजय कुमार घोष के कमरे में भगत सिंह से मिले थे। यह तथ्य दोनों व्यक्तियों के बीच सम्बन्ध तो साबित करता है, पर यह किसी और तथ्य को साबित नहीं करता जिससे उनके बीच किसी आपराधिक षड्यन्त्र का अनुमान दिख सके।

सन्तोष कुमार मुखर्जी, अजय कुमार घोष एवं विजय कुमार सिन्हा दोनों से ही परिचित थे और इससे यही साबित होता है कि वे दोनों व्यक्ति एक दूसरे से परिचित थे, पर वे अजय कुमार घोष का कोई ऐसा कृत्य साबित नहीं करते, जिससे यह अर्थ निकाला जा सके कि अजय कुमार घोष किसी क्रान्तिकारी षड्यन्त्र के सदस्य थे।

अजय कुमार घोष के विरुद्ध साक्ष्यों की उपरोक्त समीक्षा से यह दिखता है कि इक़बालिया गवाहों के साक्ष्यों से ऐसी कोई पुष्टि नहीं होती है, जो अजय

कुमार घोष को निश्चित तौर पर षड्यन्त्र से जोड़ सके। और इस तथ्य को देखते हुए अजय कुमार घोष का षड्यन्त्र से सम्बन्ध सन्देहास्पद है अतः वह सन्देह का लाभ मिलने का अधिकारी है और रिहाई का भी।

जतिन्द्र नाथ सान्याल–अ. सं. 14

अजय कुमार घोष के मामले की तरह जतिन्द्र नाथ सान्याल के मामले में भी जो साक्ष्य हैं वे मुख्यतः सरकारी गवाह फणिन्द्रनाथ घोष एवं ललित कुमार मुखर्जी के हैं और ऐसा ही मनमोहन बनर्जी के मामले में भी है। फणिन्द्रनाथ घोष का साक्ष्य बताता है कि वह और जतिन्द्र नाथ सान्याल 1926 से एक-दूसरे से सम्बन्धित थे और जतिन्द्र नाथ सान्याल इंस्पेक्टर बनर्जी (अ. सा. 26) पर हुए हमले से सम्बद्ध थे। बयान यह भी दर्शाता है कि जतिन्द्र नाथ सान्याल को सितम्बर, 1928 में दिल्ली की मीटिंग से स्पष्टतया हटा दिया गया था, क्योंकि विजय कुमार सिन्हा जिन्होंने यह बैठक आयोजित की थी शायद जतिन्द्र नाथ सान्याल के नीचे काम करने के अनिच्छुक थे। यह बात इसलिए स्पष्ट होती है कि फणिन्द्र नाथ घोष के साथ एक बातचीत में उन्होंने जतिन्द्र नाथ सन्याल को आलसी के रूप में चित्रित किया था। वस्तुतः फणिन्द्रनाथ घोष स्पष्टतया कहते हैं कि दिल्ली से लौटते हुए वे इलाहाबाद उतरे और जतिन्द्र नाथ सान्याल से मिले, पर उन्होंने उनसे दिल्ली की कार्यवाही के बारे में कुछ नहीं कहा क्योंकि विजय कुमार सिन्हा ने उन्हें कुछ भी कहने से मना कर दिया था।

फणिन्द्रनाथ घोष अपने बयान में यह भी कहते हैं कि जनवरी 1929 में जतिन्द्र नाथ सान्याल बम बनाने के लिए इच्छुक थे। वे उस समय जे.एन. दास के सम्पर्क में थे जिन्होंने एक बार उन्हें बम बनाने के तरीकों पर नुस्खा लिखवाया था। इसी तथ्य का उल्लेख ललित कुमार मुखर्जी ने किया है जो उस अवसर पर वहाँ उपस्थित थे।

ललित कुमार मुखर्जी की जान-पहचान जतिन्द्र नाथ सान्याल से 1925 में ही हो गई थी। पर उनका साक्ष्य जतिन्द्र नाथ सान्याल के ख़िलाफ कोई ऐसा महत्त्वपूर्ण आरोप नहीं लगाता, जिससे उसे सितम्बर, 1928 में गठित क्रान्तिकारी षड्यन्त्र के साथ जोड़ा जा सके, दिसम्बर, 1928 तक जब तक कि जतिन्द्र नाथ सान्याल ने ललित कुमार मुखर्जी से ज़िक्र किया कि पार्टी का सक्रिय दस्ता बिना बम के इस्तेमाल के कोई काम नहीं कर सकता।

जतिन्द्र नाथ सान्याल के विरुद्ध इक़बालिया गवाहों के बयानों की सम्पुष्टि काफी कम है। गवाह अमूल्य रतन मित्रा (अ. सा. 424) सिर्फ यही कहता है कि उसने 1927 में ललित कुमार मुखर्जी के पोस्ट बॉक्स की तरह काम किया। इस तरह वह ललित कुमार मुखर्जी के बयान की सम्पुष्टि करता है कि वह खुद जतिन्द्र नाथ सान्याल के लिए पोस्ट बॉक्स की तरह काम कर रहा था। जबकि मुहम्मद इरशाद अली (अ. सा. 240) एक ऐसा गवाह है जो कहता है कि उसने जतिन्द्र नाथ सान्याल को आगरा में हींग की मंडीवाले मकान में देखा था, हालाँकि वहाँ जतिन्द्र नाथ सान्याल की उपस्थिति के बारे में किसी इक़बालिया गवाह ने या और किसी गवाह ने ज़िक्र नहीं किया है। इस तरह इस गवाह द्वारा जतिन्द्र नाथ सान्याल की पहचान निःसन्देह एक भूल है।

अतः यह देखा जाएगा कि जतिन्द्र नाथ सान्याल के खिलाफ बिना किसी सम्पुष्टि के सिर्फ तीन इक़बालिया गवाहों, फणिन्द्रनाथ घोष, मनमोहन बनर्जी एवं ललित कुमार मुखर्जी के बयान हैं और अकेला मामला जो जतिन्द्र नाथ सान्याल पर आरोप लगाता है, वह है सितम्बर, 1928 में दिल्ली की बैठक के बाद उसकी ललित कुमार मुखर्जी के साथ बम इस्तेमाल करने के बारे में बातचीत और जनवरी, 1929 में जे.एन. दास के साथ मुलाकात जब जे.एन. दास ने उसे केमिकल बनाने की सूची एवं बम बनाने के तरीके लिखवाए थे। हालाँकि उस समय जतिन्द्र नाथ सान्याल बम बनाने के तरीकों को लेकर इच्छुक था, पर ऐसा लगता है कि वह सितम्बर, 1928 में दिल्ली में गठित पार्टी के सदस्यों से अलग खुद स्वतन्त्र रूप से काम कर रहा था, और इसके बारे में फणिन्द्रनाथ घोष के साक्ष्य में काफी अच्छा संकेत है जिसका उल्लेख पहले ही जतिन्द्र नाथ सान्याल के बारे में पहली मुलाकात में ही की गई विजय कुमार सिन्हा की टिप्पणी है।

उपरोक्त विचार विमर्श को ध्यान में रखने के बाद उनकी गतिविधियों को ध्यान में रखते हुए जतिन्द्र नाथ सान्याल को षड्यन्त्र में, जो इस आरोप की विषयवस्तु है, यथोचित सन्देह का लाभ दिया जाता है और उन्हें मुक्त किया जाता है।

बिजय कुमार सिन्हा–अ.सं. 15

यह अभियुक्त 10 अगस्त, 1929 को बरेली के क्राउन थिएटर में गिरफ्तार हुआ था। (देखें सब इंस्पेक्टर इ.जे.स्पीक, अ. सा. 364 का साक्ष्य) वे सितम्बर, 1928 में दिल्ली में हुई बैठक के पहले संयुक्त प्रान्त दल के नेता थे और ये वही व्यक्ति

थे, जिन्होंने दिल्ली की बैठक आयोजित की और उस योजना की कल्पना की, जिसको उस बैठक में विस्तृत रूप दिया गया कि एक एकीकृत पार्टी बनाई जाए, जिससे उस समय में मौजूद विभिन्न प्रान्तीय क्रान्तिकारी दलों को एक साथ मिलाया जा सके। **वे एक ऐसे व्यक्ति हैं जिनमें सांगठनिक प्रतिभा थी।**

सितम्बर, 1928 की दिल्ली बैठक के पहले विजय कुमार सिन्हा की गतिविधियों के बारे में ज्यादा साक्ष्य नहीं है पर ललित कुमार मुखर्जी उनसे जनवरी, 1927 में इलाहाबाद में मिले। महावीर सिंह अपने इक़बालिया बयान में शायद उसी वर्ष, उनसे कानपुर में मिलने की बात करते हैं। कुछ चिट्ठियाँ भी हैं जिसे हस्तलिपि विशेषज्ञ स्कॉट (अ. सा. 423) ने साबित किया है। ये चिट्ठियाँ विजय कुमार सिन्हा ने 1927 में पंजाब के पतों पर लिखी, पर ये चिट्ठियाँ अभियोग लगानेवाली नहीं हैं और इनको ज्यादा महत्त्व नहीं दिया जा सकता। ये चिट्ठियाँ हैं प्रदर्श पी.एफ.डी./66, पी.एफ.डी./64, पी.एफ.डी./65, पी.एफ.डी./67, पी.एफ.डी./68, पी.एफ.डी./70, पी.एफ.डी/71, पी.डी.एफ./73, पी.एफ.डी./74, पी.एफ.डी./75 एवं पी.एफ.डी./76 और मूल पत्रों (ये प्रदर्श जिसके फोटोग्राफ हैं) की बरामदगी का साक्ष्य जिसे खान साहिब नियाज़ अहमद खान (अ. सा. 23) एवं बक्शी बदरी नाथ (अ. सा. 123) ने दिया है।

विजय कुमार सिन्हा उन दो व्यक्तियों में से एक थे जो मार्च, 1928 में फतेहगढ़ सेन्ट्रेल जेल में रह रहे कुछ कैदियों, जिनमें से एक जोगेशचन्द्र चटर्जी थे, को मिलने गए थे। इस अभियान में शिव वर्मा उनके साथ थे। कांस्टेबल ओंकार नाथ (अ. सा. 334), जिसकी ड्यूटी इन दोनों व्यक्तियों का पीछा फतेहगढ़ से करने की लगाई गई थी, ने सन्तोषजनक तरीके से विजय कुमार सिन्हा को मैजिस्ट्रेट के सामने परेड में और इस अदालत में गवाही देने के कुछ ही दिन पहले जेल में एक ऐसे व्यक्ति के रूप में पहचाना जो अक्सर फतेहगढ़ जेल आते थे। यह साक्ष्य विजय कुमार सिन्हा की फतेहगढ़ में उपस्थिति साबित करती है जिसके बारे में इक़बालिया गवाहों ने कोई ज़िक्र नहीं किया है क्योंकि उन्हें इसके बारे में कोई जानकारी नहीं थी। विजय कुमार सिन्हा रेलवे यात्रा के दौरान शिव वर्मा से अलग हो गए थे और गया प्रसाद से मिलने जलालाबाद नहीं गए थे।

सितम्बर 1928 की दिल्ली बैठक में विजय कुमार सिन्हा की उपस्थिति, जिसे उन्होंने आयोजित किया था, के बारे में फणिन्द्रनाथ घोष एवं मनमोहन बनर्जी ने कहा है और इसके बारे में ललित कुमार मुखर्जी ने भी ज़िक्र किया है कि सितम्बर 1928 में वे विजय कुमार सिन्हा से इलाहाबाद में अजय कुमार घोष के कमरे में

मिले थे और तब विजय कुमार सिन्हा ने उनको नवगठित पार्टी तथा उसके संविधान और उद्‌देश्यों के बारे में बताया था। याद होगा कि दिल्ली बैठक में नियुक्त किए गए दो व्यक्तियों में से एक विजय कुमार सिन्हा थे जिन्हें विभिन्न प्रान्तीय शाखाओं के बीच एक कड़ी के रूप में काम करना था। जोगेशचन्द्र चटर्जी के आगरा जेल से होनेवाले स्थानान्तरण के बारे में जानकारी प्राप्त करने के लिए भी विजय कुमार सिन्हा को नियुक्त किया गया था। फणिन्द्रनाथ घोष एवं मनमोहन बनर्जी का साक्ष्य हैं कि विजय कुमार सिन्हा अगस्त 1928 में प्रस्तावित बैठक को लेकर बातचीत करने उनके पास बेतिया आए थे, इस बात की सम्पुष्टि मनोरंजन घोष (अ. सा. 374) और कपिल देव नारायण (अ. सा. 375) के बयानों से होती है जो क्रमशः फणिन्द्रनाथ घोष के भाई और एक पड़ोसी दुकानदार हैं। इन दो व्यक्तियों ने विजय कुमार सिन्हा को तब देखा, जब वे फणिन्द्रनाथ घोष को ढूँढ़ने उसके भाई की दुकान पर बेतिया आए थे। दोनों ने विजय कुमार सिन्हा को मैजिस्ट्रेट के सामने परेड एवं इस अदालत में गवाही देने के कुछ ही पहले जेल में सन्तोषजनक तरीके से पहचाना था। दूसरे गवाह इन्दर मतू (अ. सा. 373) जिसका साक्ष्य भी विजय कुमार सिन्हा की इसी बेतिया यात्रा के बारे में है, वह दोनों इक़बालिया गवाहों की इस यात्रा के बारे में साक्ष्य की आम सम्पुष्टि करता है, पर वह विजय कुमार सिन्हा की पहचान नहीं कर पाया। विजय कुमार सिन्हा की दिल्ली में उपस्थिति और उनका दिल्ली बैठक की व्यवस्था करने से सम्बन्ध पर्याप्त रूप से तीन इक़बालिया गवाहों के बयान से साबित होता है और जिसकी सम्पुष्टि ऊपर वर्णन किए गए ढंग से होती है। विजय कुमार सिन्हा 7 दिसम्बर, 1928 को लाहौर आए। (हंसराज वोहरा का बयान देखें) और फिर 23 दिसम्बर को लाहौर से, रास्ते में फिरोजपुर रुकते हुए, दिल्ली चले गए (जयगोपाल का साक्ष्य देखें)।

इस प्रकार वह तब उपस्थित नहीं थे जब पंजाब नेशनल बैंक वाली घटना हुई, पर वे लाहौर में उस समय उपस्थित थे जब सान्डर्स की हत्या हुई। जयगोपाल के साक्ष्य के अनुसार वह उन दिनों मोजंग हाउस जाया करते थे हालाँकि न तो जयगोपाल ने या हंसराज वोहरा ने और न ही महावीर सिंह ने ही अपने स्वीकारोक्ति बयानों में कहा है कि वे वहाँ ऐसी किसी भी मीटिंग में उपस्थित थे, जिनमें स्कॉट की हत्या की चर्चा हुई थी। जयगोपाल ने जिक्र किया है कि वे 17 दिसम्बर, 1928 की शाम छह बजे सुखदेव के साथ थे, जब जयगोपाल सुखदेव से उस हत्या के बारे में कह रहे थे। विजय कुमार सिन्हा की मोजंग हाउस में उपस्थिति के बारे में बूड़ा (अ. सा. 72) एवं गामा (अ. सा. 74) का सम्पुष्टि

बयान है, जिन दोनों ने उन्हें इस सिलसिले में पहचाना कि वे मोजंग हाउस आया करते थे जबकि बुधु (अ. सा. 73) ने उन्हें मैजिस्ट्रेट के सामने परेड में पहचाना, पर वह उन्हें अदालत में नहीं पहचान पाया। दूसरी गवाह मोसम्मात पारबती (अ. सा. 436) ने विजय कुमार सिन्हा को मैजिस्ट्रेट के सामने परेड में इस रूप में पहचाना कि वह उसके घर ग्वालमंडी, लाहौर आए थे, जिसे दिसम्बर, 1928 में पार्टी द्वारा इस्तेमाल किया जा रहा था, पर वह भी उन्हें अदालत में नहीं पहचान पाई। उसका साक्ष्य इस बिन्दु पर सम्भवतया अविश्वसनीय है। फिर, हालाँकि 24 जून, 1929 को दिए गए अपने स्वीकारोक्ति बयान में महावीर सिंह, विजय कुमार सिन्हा के उन दिनों लाहौर में रहने का ज़िक्र नहीं करते हैं पर 26 जून, 1927 को महावीर सिंह एक मैजिस्ट्रेट चौधरी रौशन लाल (अ. सा. 29) को मोजंग अराईं बिल्डिंग के क्वाटर्स में ले जाते हैं और उस अवसर पर मैजिस्ट्रेट से इस बात का ज़िक्र करते हैं कि उनका परिचय विजय कुमार सिन्हा उर्फ बच्चू से इन्हीं क्वाटर्स में 16 दिसम्बर, 1928 को करवाया गया था। यह दिन सान्डर्स की हत्या के एक दिन पहले का था। महावीर सिंह का मैजिस्ट्रेट के सामने दिया गया यह बयान विजय कुमार सिन्हा के विरुद्ध एक अत्यन्त ही महत्त्वपूर्ण साक्ष्य है और यह बयान तब दिया गया था जब मैजिस्ट्रेट ने पहले ही महावीर सिंह को इस प्रकार के किसी भी बयान को देने के बाद के परिणामों के बारे में चेतावनी दे दी थी और खुद को इस बात पर सन्तुष्ट कर लिया था कि महावीर सिंह का यह बयान स्वैच्छिक है। यह बयान भारतीय साक्ष्य अधिनियम की धारा 30 के अन्तर्गत विजय कुमार सिन्हा के विरुद्ध ग्राह्य है।

उपरोक्त साक्ष्य के अंश से यह साबित होता है कि विजय कुमार सिन्हा 7 से लगभग 23 दिसम्बर तक लाहौर में थे और उन्होंने मोजंग क्वाटर्स को सान्डर्स की हत्या के एक दिन पहले छोड़ा था। चूँकि विजय कुमार सिन्हा केन्द्रीय समिति के एक सदस्य थे और जिनका काम प्रान्तीय शाखाओं के बीच एक कड़ी के रूप में काम करना था, बहुत बड़ी सम्भावना है, जो कि सबूत के समान है, कि उनकी लाहौर में उपस्थिति सान्डर्स हत्या से जुड़ी हुई थी और केन्द्रीय समिति के एक सदस्य होने के नाते उन्होंने इसकी सहमति दी थी।

दिसम्बर, 1928 के अन्त में विजय कुमार सिन्हा दिल्ली जाते हुए फिरोजपुर होकर गुज़रे और शायद फिरोजपुर में वे एक से ज्यादा बार गया प्रसाद के घर गए। फिरोजपुर के दो गवाहों ने विजय कुमार सिन्हा को मैजिस्ट्रेट के सामने परेड में तथा अदालत में भी उनके घर आने-जाने के सिलसिले में पहचाना। उनके नाम हैं तुलसी राम (अ. सा. 292) एवं गज्जू राम (अ. सा. 295) जबकि तीन और

गवाह जिनके नाम हैं दीवान चन्द (अ. सा. 200), मुसम्मात बीबी रानी (अ. सा. 301) एवं दीना नाथ (अ. सा. 304) पर वे उन्हें मैजिस्ट्रेट के सामने परेड में तो पहचान पाए पर अदालत में पहचानने से चूक गए।

फिर भी, गया प्रसाद के स्वीकारोक्ति बयान की यह अतिरिक्त सम्पुष्टि है कि विजय कुमार सिन्हा उनके यहाँ फिरोजपुर आया करते थे। जयगोपाल ने भी चौधरी मुश्ताक अहमद (अ. सा.33) के द्वारा करवाई गई एक परेड में 15 अगस्त, 1929 को विजय कुमार सिन्हा को एक ऐसे व्यक्ति के रूप में पहचाना, जिन्हें उसने गया प्रसाद के घर फिरोजपुर एवं लाहौर में भी देखा था। यह तथ्य कि विजय कुमार सिन्हा गया प्रसाद से मिलने फिरोजपुर जाया करते थे, इस तरह बखूबी साबित हो जाता है।

फरवरी एवं मार्च 1929 में विजय कुमार सिन्हा आगरे में थे जहाँ उनका मुख्य काम उस तारीख के बारे में जानना था जब जोगेशचन्द्र चटर्जी को आगरा कारावास से हस्तान्तरित किया जाता यह काम उन्हें दिल्ली की बैठक में सौंपा गया था। समय-समय पर वे पार्टी के लिए बम बनाने की गतिविधियों में भी हिस्सा लिया करते थे। ललित कुमार मुखर्जी फरवरी, 1929 में उनकी उपस्थिति हींग की मंडीवाले मकान में बताते हैं। गया प्रसाद का स्वीकारोक्ति बयान आगे कहता है कि वह विजय कुमार सिन्हा थे जो फरवरी, 1929 की शुरुआत में, गया प्रसाद के फिरोजपुर छोड़ने के बाद आगरा आने पर उनसे मिले, और आगे भी वह विजय कुमार सिन्हा ही थे, जिन्होंने उनसे पार्टी के लिए रामलाल के नाम से नाई की मंडीवाला मकान किराए पर लेने को कहा था। गया प्रसाद के इस कथन पर अविश्वास करने का कोई कारण नहीं है कि उस समय विजय कुमार सिन्हा उनसे आगरा में मिले थे पर उनका यह कथन कि विजय कुमार सिन्हा ने उन्हें राजी किया कि वे नाई की मंडीवाला मकान किराए पर लें, इस तथ्य विशेष का कोई सबूत नहीं है। ऐसा शायद गया प्रसाद ने अपने दोष को कम करने के लिए कहा होगा। जोगेशचन्द्र चटर्जी के मुक्ति दस्ते को लेकर, जिसके, फणिन्द्रनाथ घोष के अनुसार, विजय कुमार सिन्हा एक सदस्य थे, दो रेल अधिकारियों राम लाल (अ. सा. 270) एवं दीन दयाल (अ. सा. 271) के साक्ष्य हैं, जिनका वर्णन पहले ही शिव वर्मा के मुकदमे की बाबत किया जा चुका है और जो फणिन्द्रनाथ घोष के बयान की सम्पुष्टि करता है, यह साबित करते हुए कि सात व्यक्तियों ने आगरा से कानपुर तक 8 डाउन ट्रेन से 16 फरवरी, 1929 की रात में यात्रा की थी।

अन्त में उन साक्षियों के साक्ष्य हैं जिन्होंने विजय कुमार सिन्हा को आगरे में देखा और बाद में उन्हें पहचाना। अब्दुल अजीज बेग (अ. सा. 239) ने उन्हें

हींग की मंडीवाले मकान में देखा था और उन्हें मैजिस्ट्रेट के सामने परेड में तथा अदालत में दोनों ही जगह पहचाना। जबकि महत्त्वपूर्ण गवाह ब्रज गोपाल मित्रा (अ. सा. 310), जो विजय कुमार सिन्हा को एक लम्बे समय से पहचानते थे, यह साबित करता है कि वह शायद जनवरी 1929 में विजय कुमार सिन्हा से आगरा के एक बाजार में मिला था। इस गवाह ने सन्तोषजनक तरीके से विजय कुमार सिन्हा को इस अदालत में गवाही देने के कुछ ही पहले जेल में पहचाना था। आगरा के दूसरे गवाहों ने, जिन्होंने विजय कुमार सिन्हा को मैजिस्ट्रेट के सामने परेड में पहचाना पर अदालत में चूक गए, वे हैं बेनी प्रसाद (अ. सा. 236), गेन्दा लाल (अ. सा. 237), मुहम्मद इरशाद अली (अ. सा. 240), बाबू (अ. सा. 265) एवं ठाकुर राम सिंह (अ. सा. 371)। यदि इन खास गवाहों को छोड़ भी दिया जाए तो बाकी बचे गवाह विजय कुमार सिन्हा की आगरा में उपस्थिति और उनकी फणिन्द्रनाथ घोष एवं ललित कुमार मुखर्जी द्वारा वर्णित गतिविधियों में भागीदारी का सबूत देते हैं।

विजय कुमार सिन्हा पार्टी के उन सदस्यों में से एक नहीं थे, जो झाँसी बम का परीक्षण करने गए थे, पर फणिन्द्रनाथ घोष के साक्ष्य के अनुसार विजय कुमार सिन्हा मार्च 1929 में दो बार आगरा से सहारनपुर जाने के पहले झाँसी गए थे, पार्टी के कपड़े तथा अन्य चीज़ें लाने के लिए। ये दोनों ही यात्राएँ काफी थोड़े समय के लिए थीं।

इस तथ्य की सम्पुष्टि राम दुलारे (अ. सा. 288) एवं शिवराज (अ. सा. 289) के बयानों से होती है, दोनों ने ही विजय कुमार सिन्हा को मैजिस्ट्रेट के सामने परेड में तथा इस अदालत में साक्ष्य देने के कुछ पहले या तो अदालत में या जेल में पहचाना। लिखित दस्तावेज (प्रदर्श पी.बी. डब्लू/2) भी इनकी सम्पुष्टि करते है जो विजय कुमार सिन्हा द्वारा राम दुलारे (अ. सा. 288) को इन्हीं यात्राओं के दौरान लिखे गए थे। यह एक साधारण पत्र है जो कानपुर के पते पर किसी को लिखा गया था पर इसमें अपराध में शामिल होनेवाला कोई तथ्य नहीं है। पर विचारणीय बात यह है कि हस्तलिपि विशेषज्ञ स्कॉट (अ. सा. 423) ने साबित किया है कि यह पत्र विजय कुमार सिन्हा द्वारा लिखा गया था और इस तरह यह राम दुलारे और साथ ही फणिन्द्रनाथ घोष के साक्ष्य को सम्पुष्टि प्रदान करता है।

मार्च के अन्त में विजय कुमार सिन्हा फणिन्द्रनाथ घोष के साथ, दो पिस्तौल और एक एयर पिस्तौल लेकर कलकत्ता गए। रास्ते में विजय कुमार सिन्हा ने इलाहाबाद में एक कम्बल और स्टोव अजय कुमार घोष को दिया। वे बाद में

झरिया रुके जहाँ वे सन्तोष कुमार मुखर्जी (अ. सा. 377) से मिले और 3 अप्रैल को कलकत्ता आए। विजय कुमार सिन्हा को पहले आर्य समाज मन्दिर में ठहराया गया था, जहाँ कँवल नाथ तिवारी के अपने कमरे थे। पर बाद में उन्होंने मछुआ बाज़ार में एक मकान किराए पर लिया।

20 अप्रैल के करीब विजय कुमार सिन्हा, कँवल नाथ तिवारी, फणिन्द्रनाथ घोष एवं मनमोहन बनर्जी के बीच इडेन गार्डेन में मुलाकात हुई, जिसमें यह निर्णय लिया गया कि पार्टी के लिए फंड प्राप्त करने के लिए बेतिया में एक डकैती डालनी चाहिए। इस योजना के फलस्वरूप विजय कुमार सिन्हा 24 अप्रैल, 1929 को बेतिया गए। इन तथ्यों का साक्ष्य फणिन्द्रनाथ घोष और मनमोहन बनर्जी का बयान है जिसकी सम्पुष्टि सन्तोष कुमार मुखर्जी (अ. सा. 377) के साक्ष्य से होती है जो इस तथ्य का सत्यापन करते हैं कि फणिन्द्रनाथ घोष और विजय कुमार सिन्हा कलकत्ता जाने के रास्ते में झरिया में उनसे मिले थे और यह भी कि विजय कुमार सिन्हा अप्रैल 1929 में कलकत्ता, मछुआ बाजार में ठहरे थे। इस गवाह ने विजय कुमार सिन्हा को, जिन्हें वह कुछ वर्षों से जानता था सन्तोषजनक तरीके से पहचाना। एक और गवाह था ओंकार दास (अ. सा. 395), जिसने विजय कुमार सिन्हा को नहीं पहचाना पर जिसने बयान दिया कि फणिन्द्रनाथ घोष एवं कँवल नाथ तिवारी मछुआ बाजार स्ट्रीट में उन क्वाटर्स में आया-जाया करते थे, जिसका यह गवाह रखवाला था। इसके अलावा दस्तावेज प्रदर्श पी.एफ. डी/80 है जो विजय कुमार सिन्हा द्वारा बीरेन्द्र नाथ चटर्जी के नाम से हस्ताक्षरित, कमरा नं. 42, मकान नं. 23, मछुआ बाज़ार स्ट्रीट, कलकत्ता का, लीज पट्टा है। इस दस्तावेज़ पर पाया गया हस्ताक्षर विजय कुमार सिन्हा का था, जिसे हस्तलिपि विशेषज्ञ स्कॉट (अ. सा. 423) एवं सन्तोष कुमार मुखर्जी (अ. सा. 377) दोनों ने पहचाना। (स्कॉट द्वारा इस दस्तावेज़ को प्रदर्श पी.एफ.डी/80 न कह कर प्रदर्श पी.एफ.डी/8 कहना स्पष्टतया एक लेखन अशुद्धि है)। विजय कुमार सिन्हा की गतिवधियों के इस हिस्से के बारे में दोनों इक़बालिया गवाहों के साक्ष्य पर्याप्त हैं। जहाँ तक फणिन्द्रनाथ घोष के सदस्य की यथार्थपरकता की उच्चस्तरीयता का सवाल है, तो यह मनमोहन बनर्जी द्वारा कही कहानी को साबित करता है।

24 अप्रैल, 1929 को बेतिया आने के बाद ही, मनमोहन बनर्जी के अनुसार, साक्ष्य 20 या 21 मई को विजय कुमार सिन्हा एवं कँवल नाथ तिवारी के साथ मुलाकात होती है, जिसमें विजय कुमार सिन्हा ने पैसे की कमी की वजह से जल्दी कार्यवाही करने का प्रस्ताव पेश किया और मनमोहन बनर्जी को एयर पिस्तौल

प्रदर्श 477 दी और कहा कि वे कँवल नाथ तिवारी को अखबार भेजें, जिसे कँवल नाथ तिवारी विजय कुमार सिन्हा को भेजा करेगा। इसके बाद विजय कुमार सिन्हा कहानी से बाहर हो जाते हैं और मनमोहन बनर्जी से उनकी मुलाकात के बयान की कोई सम्पुष्टि नहीं है, अतः इसे साबित हुआ समझना निरापद नहीं है।

संक्षेप में दोहराते हुए, विजय कुमार सिन्हा केन्द्रीय कमिटी के सदस्य थे, और प्रान्तों के बीच एक कड़ी थे, जिसका परिणाम हुआ उनके द्वारा बहुत सारी यात्राएँ करना। यह वही थे, जिन्होंने सितम्बर 1928 में दिल्ली बैठक की व्यवस्था की और एकीकृत क्रान्तिकारी पार्टी को प्रारम्भ किया। वह शिव वर्मा के साथ जोगेशचन्द्र चटर्जी को छुड़वाने के लिए इच्छुक थे। उन्होंने दिल्ली बैठक में लिए गए प्रस्ताव के निष्पादन हेतु जानकारी हासिल की, जिसके फलस्वरूप मुक्ति मोर्चा, जिसके कि वह खुद भी एक सदस्य थे, कानपुर तक गया। वह दिसम्बर 1928 में, सान्डर्स हत्या के दौरान, लाहौर गए और इसके भी पर्याप्त सबूत हैं कि वे सान्डर्स की हत्या की योजना से सम्बद्ध थे। वे पार्टी के हित में फिरोजपुर, आगरा, झाँसी, इलाहाबाद, कलकत्ता एवं बेतिया गए और आगरा में उन्होंने बम बनाने में हिस्सा लिया।

शिवराम राजगुरु–अ.सं. 16

यह अभियुक्त जिसे 'एम' के उपनाम से भी जाना जाता है एक मराठी है। वे पूना में 30 सितम्बर 1930 को इंस्पेक्टर मिल्स (अ. सा. 413) और उपाधीक्षक सैयद अहमद (अ. सा. 411) द्वारा गिरफ्तार हुए। शिवराम राजगुरु सितम्बर, 1928 की दिल्ली बैठक में उपस्थित नहीं थे। उनका परदे पर पहली बार पदार्पण लाहौर में 17 नवम्बर, 1928 को होता है, जब वह फिरोजपुर की तरफ से कुन्दन लाल के साथ आए थे। वे जयगोपाल से रेलवे स्टेशन पर मिले तथा मोजंग हाउस ले जाए गए। शिवराम राजगुरु एक बंदूकची थे और उन्हें स्पष्टतया पंजाब नेशनल बैंक, लाहौर को लूटने और सान्डर्स की हत्या करने के लिए लाया गया था। इन कामों को अंजाम देने के लिए एक ऐसे व्यक्ति की जरूरत थी, जो हथियार चलाने में कुशल हो। उन्होंने पंजाब नेशनल बैंक वाले मामले में हिस्सा लिया, और वे सान्डर्स के खूनियों में से एक थे। वे मोजंग हाउस में हुई बैठक में भी उपस्थित थे, जिसमें इन मामलों के बारे में बातचीत हुई थी।

उन्होंने 20 दिसम्बर को भगत सिंह के साथ लाहौर छोड़ा और भगत सिंह के नौकर के रूप में यात्रा की।

शिवराम राजगुरु की लाहौर में उपस्थिति के बारे में जयगोपाल और हंसराज वोहरा के साक्ष्य हैं, जिनकी सम्पुष्टि राम प्रसाद (अ. सा. 58) के बयान से होती है जिसने इन्हें मैजिस्ट्रेट के सामने परेड में तथा अदालत में इस रूप में पहचाना कि वे गोवाल मंडी में मुसम्मात पारबती के मकान में आया-जाया करते थे। महावीर सिंह का स्वीकारोक्ति बयान कि वे शिवराम राजगुरु से मोजंग हाउस में मिले और वे उन्हें उस समय रघुनाथ के नाम से जानते थे। हुसैन बक्श (अ. सा. 64), गामा (अ. सा. 74) एवं फकीर चन्द (अ. सा. 86) के साक्ष्य हैं, जिन सबने शिवराम राजगुरु को मैजिस्ट्रेट के सामने परेड में और अदालत में ऐसे व्यक्ति के रूप में पहचाना, जो मोजंग हाउस आया-जाया करते थे। जयगोपाल का साक्ष्य और महावीर का स्वीकारोक्ति बयान शिवराम राजगुरु का अपराध साबित करने के लिए महत्त्वपूर्ण है। विशेषकर उन सभी बातों में, जिनमें वे उसका जिक्र करते हैं, क्योंकि महावीर सिंह का स्वीकारोक्ति बयान जून, 1929 को दिया गया था और जयगोपाल ने मैजिस्ट्रेट को पहला बयान जून, 1929 में दिया था, जबकि शिवराम राजगुरु सितम्बर 1929 के अन्त तक गिरफ्तार नहीं हुए थे। महावीर सिंह का स्वीकारोक्ति बयान एक ऐसे व्यक्ति का हुलिया बयान करता है, जिसे वह रधुनाथ के नाम से जानता था और यह शिवराम राजगुरु के हुलिए से मिलता है।

यह साबित करने के लिए कि शिवराम राजगुरु ने पंजाब नेशनल बैंक मामले में हिस्सा लिया था जयगोपाल एवं हंसराज वोहरा के बयान हैं, जिनकी सम्पुष्टि महावीर सिंह के स्वीकारोक्ति बयान से होती है और इस तरह यह भागीदारी पूरी तरह से सिद्ध होती है।

जयगोपाल के साक्ष्य के अनुसार शिवराम राजगुरु मि. सान्डर्स के हत्यारों में से एक साबित होते हैं, जिन्होंने खुद भी उसमें हिस्सा लिया था और जिस साक्ष्य की सम्पुष्टि और भी कई साक्ष्यों के टुकड़ों से होती है। पहली बात तो यह कि महावीर सिंह का स्वीकारोक्ति बयान कहता है कि उस बैठक में, जिसमें मि. सान्डर्स की हत्या की बातचीत हुई थी, वहीं यह तय हुआ था कि रघुनाथ उर्फ शिवराम राजगुरु हत्यारों में से एक होने चाहिए। फिर शिवराम राजगुरु 17 सितम्बर, 1928 की सुबह पंडित जी, भगत सिंह, जयगोपाल एवं दूसरों के साथ मोजंग हाउस में उपस्थित थे और यह भी कि करीब 4-5 बजे शाम भगत सिंह, पंडित जी और रघुनाथ साथ-साथ साइकिलों से मोजंग हाउस लौटे थे। इसके बाद हत्या के कुछ चश्मदीद गवाहों के बयान हैं, चार हत्यारों के वापस भागने के बयान हैं जिनकी चर्चा ऊपर भगत सिंह के मुकदमे के सिलसिले में की गई है। उन

चश्मदीद गवाहों में से ज्यादातर ने दो हत्यारों में से एक को लम्बे व्यक्ति के रूप में तथा एक को नाटे व्यक्ति के रूप में बताया था और यह वर्णन क्रमशः भगत सिंह एवं शिवराम राजगुरु से मिलता है।

अब्दुल्लाह (अ. सा. 34) टैक्सी ड्राइवर, जो हत्या की वारदात के समय वहीं पर आकर रुक गया था, ने सन्तोषजनक तरीके से शिवराम राजगुरु को मैजिस्ट्रेट के सामने परेड में और अदालत में भी एक ऐसे व्यक्ति के रूप में पहचाना था जो वास्तव में सान्डर्स पर गोली चलाने वाले दो व्यक्तियों में से एक था। हत्या के दूसरे चश्मदीद गवाहों की इन कारणों से अवहेलना की जाती है कि उनका जिक्र पहले ही भगत सिंह के मुकदमें में किया जा चुका है। परन्तु हालाँकि मि. फर्न (अ. सा. 46) ने किसी को पहचाना नहीं पर अपनी रिपोर्ट (प्रदर्श पी.ए.टी.) में वर्णन किया कि उन्होंने हत्या के तुरन्त बाद दो में से एक व्यक्ति का रेखाचित्र खींचा था जिसने गोली चलाई थी। उसकी ऊँचाई उसने पाँच फीट पाँच इंच, पतली मूँछें बताई जिसका हुलिया शिवराम राजगुरु के साथ मिल सकता है। अजमेर सिंह (अ. सा. 181) एक छात्र है, जिससे तीनों हत्यारों ने साइकिल लेनी चाही और उसने मैजिस्ट्रेट के सामने परेड में तथा अदालत में उन तीनों व्यक्तियों में से एक को इस रूप में पहचाना है। हालाँकि यह जोड़ा जाना चाहिए कि मैजिस्ट्रेट के सामने परेड में उसकी पहचान बहुत पक्के तौर पर नहीं थी। वहाँ उसने कहा था कि शिवराम राजगुरु शायद उन तीन व्यक्तियों में से एक थे, पर वह यह विश्वास के साथ नहीं कह सका था, क्योंकि उसके दिमाग में जो व्यक्ति था, वह शिवराम राजगुरु से जो परेड में नजर आ रहा था, ज्यादा तगड़ा था। यह परेड 7 अक्तूबर, 1929 को कत्ल होने के करीब 10 महीनों बाद हुई थी। (देखें चौधरी मुश्ताक अहमद अ. सा. 33 का साक्ष्य) अन्य गवाह जिन्होंने हत्यारों को भागते देखा वे हैं सोम नाथ (अ. सा. 144) एवं अबनाश चाँद (अ. सा. 145)। उन्होंने बयान दिया कि वे संख्या में तीन थे और उन्हें कभी भी इस प्रकार का कोई सुझाव नहीं दिया गया कि उन तीनों में तीसरा व्यक्ति शिवराम राजगुरु के अलावा कोई और था। उपरोक्त बातों पर सोच-विचार करने के बाद कि जयगोपाल एवं महावीर सिंह के बयान शिवराम राजगुरु के गिरफ्तार होने के बहुत पहले दिए गए थे, और अब्दुल्लाह (अ. सा. 24) एवं अजमेर सिंह (अ. सा. 181) के बयान को ध्यान में रखते हुए यह पूरी तरह साबित होता है कि शिवराम राजगुरु ही उन दो व्यक्तियों में से एक थे, जिन्होंने मि. सान्डर्स पर गोली चलाई थी।

20 दिसम्बर, 1928 को शिवराम राजगुरु के भगत सिंह के साथ लाहौर छोड़ने के बाबत जयगोपाल एवं हंसराज वोहरा के साक्ष्य हैं, जिसकी सम्पुष्टि उन

चार रेलवे अधिकारियों द्वारा होती है, जिनका जिक्र पहले ही भगत सिंह के मुकदमे की चर्चा करते वक्त किया गया है, उनके नाम हैं राम सरस दास (अ. सा. 114), हरी चन्द (अ. सा. 115), नियाजुद्दीन (अ. सा. 116) एवं तेज सिंह (अ. सा. 117)।

शिवराम राजगुरु आगरा में उपस्थित थे और जोगेशचन्द्र चटर्जी के मुक्ति दस्ता के सदस्य थे यह तथ्य फणिन्द्रनाथ घोष के साक्ष्य से साबित होता है, जो शिवराम राजगुरु को रघुनाथ के नाम से भी जानते थे और जिसकी सम्पुष्टि ललित कुमार के साक्ष्य से होती है और जो आगे सिद्ध करते है कि शिवराम राजगुरु ही वह सन्देशवाहक थे जिन्हें भगत सिंह ने अजय कुमार घोष को या ललित कुमार मुखर्जी को इलाहाबाद से आगरा बम निर्माण में मदद करने के लिए बुलाने भेजा था। ललित कुमार मुखर्जी ने शिवराम राजगुरु को एक परेड में मैजिस्ट्रेट के सामने पहचाना। इस साक्ष्य की सम्पुष्टि बेनी प्रसाद (अ. सा. 236) के साक्ष्य से होती है जिसने शिवराम राजगुरु को मैजिस्ट्रेट के सामने परेड में एक ऐसे व्यक्ति के रूप में पहचाना जिसने आगरा में नूरी गेट वाले मकान में कब्जा जमा रखा था। इस पहचान के दौरान इस गवाह ने शिवराम राजगुरु के साथ हाथ मिलाया हालाँकि बाद में वह उन्हें अदालत में नहीं पहचान पाया। अब्दुल अजीज बेग (अ. सा. 239) के बयान से भी सम्पुष्टि होती है, जिसने शिवराम राजगुरु को मैजिस्ट्रेट के सामने परेड तथा अदालत में भी इस रूप में पहचाना कि वह हींग की मंडीवाले मकान में आया-जाया करते थे। उनके जोगेशचन्द्र चटर्जी के मुक्ति दस्ते में हिस्सा लेने के बाबत दो रेलवे अधिकारियों रामलाल (अ. सा. 270) और दीन दयाल (अ. सा. 271) के साक्ष्य हैं, जो फणिन्द्रनाथ घोष के बयान की सम्पुष्टि करते हैं कि सात व्याक्तियों ने उस अवसर पर आगरा से कानपुर तक यात्रा की थी। इस साक्ष्य को देखने पर शिवराम राजगुरु का आगरा में पार्टी के दूसरे सदस्यों के साथ सम्बन्ध सन्तोषजनक तरीके से साबित हो जाता है।

शिवराम राजगुरु की फिरोजपुर में उपस्थिति के बारे में साक्ष्य सन्तोषजनक तरीके से साबित नहीं होते हैं और ये सबूत का रूप नहीं ले सकते, क्योंकि इस बिन्दु पर गज्जू राम (अ. सा. 295) एवं राम सरन दास (अ. सा. 408) गवाह हैं, जिनमें से कोई भी शिवराम राजगुरु को सन्तोषजनक तरीके से नहीं पहचान पाया।

फणिन्द्रनाथ घोष जिक्र करते हैं कि शिवराम, राजगुरु आगरा से दिल्ली गए, क्योंकि दिल्ली में कार्यवाही के लिए लोगों की जरूरत थी। असेम्बली बम मामले के पहले शिवराम राजगुरु की दिल्ली में उपस्थिति की सम्पुष्टि नूर मुहम्मद (अ.

सा. 174) के साक्ष्य से होती है, जो उन्हें मैजिस्ट्रेट के सामने परेड एवं अदालत दोनों ही जगह, दिल्ली में राम सरस दास के घर आने-जाने के सिलसिले में पहचानता है। दिल्ली यात्रा इस साक्ष्य से साबित होती है।

जब वे पूना में 30 सितम्बर, 1929 को गिरफ्तार हुए थे उस समय एक टिन के बक्से में रिवाल्वर और 14 कारतूस, जहाँ वे सोये हुए थे, पाई गई थीं (इंस्पेक्टर मिल्स अ. सा. 413, पुलिस उपाधीक्षक सैयद अहमद शाह अ. सा. 411 के साक्ष्य देखें)। यह एक तथ्य है जो उनके सशस्त्र व्यक्ति होने के चरित्र को साबित करने के लिए महत्त्वपूर्ण है। दत्तात्रेय बलवंत कारेंन्डीकर (अ. सा. 416) के साक्ष्य की सच्चाई सन्देहजनक है अतः इसकी अवहेलना की जाती है।

संक्षेप में, शिवराम राजगुरु, उर्फ 'एम' के विरुद्ध साबित होता है कि वे नवम्बर, 1928 में लाहौर से पंजाब नेशनल बैंक पर धावा बोलने के लिए लाए गए थे और वास्तव में उन्होंने बैंक लूट के मामले में हिस्सा भी लिया। वे उन दो में से एक व्यक्ति थे, जिन्होंने मि. सान्डर्स पर गोली चलाई। यह साबित होता है कि वे उस घर में गए, जिसे पार्टी के सदस्य फरवरी, 1929 में, झाँसी में इस्तेमाल करते थे और वे जोगेशचन्द्र चटर्जी के मुक्ति दस्ते के एक सदस्य थे। एसेम्बली हॉल में बम फेंके जाने के पहले वे आगरा से दिल्ली गए। सितम्बर, 1929 में जब वे पूना में गिरफ्तार हुए, उनके पास रिवाल्वर और कारतूस पाए गए थे।

कुन्दन लाल–अ.स.-17

यह अभियुक्त जिसे प्रताप के नाम से भी जाना जाता है, 14 नवम्बर 1929 को राम नन्दन सिंह (अ. सा. 365) द्वारा प्रतापगढ़ (यू.पी.) में गिरफ्तार किया गया था। 29 नवम्बर, 1929 को जब उन्हें विशेष मैजिस्ट्रेट की अदालत में लाया गया, उन्होंने अपनी क्रान्तिकारी प्रवृति का परिचय एवं दूसरे अभियुक्तों के साथ अपने पुराने साथ का संकेत 'क्रान्ति अमर रहे' चिल्लाकर दिया था (देखें स्पेशल मैजिस्ट्रेट राम साहिब पंडित श्री कृष्ण अ. सा. 405 एवं बक्शी दीना नाथ अ. सा. 8 के 26, अगस्त, 1930 को दिए गए बयान)।

कुन्दन लाल षड्यन्त्र के सदस्य थे और उन्होंने सितम्बर, 1928 में दिल्ली में हुई बैठक में हिस्सा लिया था। उस बैठक में वे केन्द्रीय समिति के लिए चुने गए और केन्द्रीय कार्यालय जो उन दिनों झाँसी में स्थित था, के प्रभारी बनाए गए, जहाँ वे उस समय रहा करते थे। वे बाद में शिवराम राजगुरु के साथ 17 नवम्बर, 1929 को लाहौर आए, पर उन्होंने फिर नवम्बर के अन्त में लाहौर छोड़ दिया।

इसलिए उन्होंने न तो पंजाब नेशनल बैंक कांड में हिस्सा लिया और न ही सान्डर्स की हत्या में। उन्हें इक़बालिया गवाहों द्वारा आगरे में नाई की मंडीवाले मकान में उपस्थित भी नहीं बताया गया है। दिल्ली एवं लाहौर के अलावा जिनका जिक्र ऊपर किया जा चुका है, एक और जगह जहाँ उन्हें देखा गया है वह है झाँसी जहाँ वह कुछ समय के लिए राम दुलारे (अ. सा. 288) के साथ रह रहे थे और उस दौरान वे पंडित जी एवं पार्टी के अन्य सदस्यों की संगत में थे।

झाँसी के साक्ष्य का सम्बन्ध सितम्बर एवं दिसम्बर, 1928 के महीनों से है और राम दुलारे (अ. सा. 288) की सम्पुष्टि शिवराज (अ. सा. 289) से होती है, जिनके अनुसार कुन्दन लाल उन दिनों झाँसी में थे। हालाँकि झाँसी में उनकी गतिविधियाँ आपराधिक चरित्र की नहीं मालूम होती।

जहाँ तक आगरा की बात है, हालाँकि कुन्दन लाल के वहाँ होने का जिक्र इक़बालिया गवाह नहीं करते हैं पर बेनी प्रसाद ने उन्हें एक मैजिस्ट्रेट के सामने परेड में और अदालत में इस सिलसिले में पहचाना कि वे नूरी गेटवाले मकान में रहनेवालों में से एक थे। हो सकता है कि यह साक्ष्य सही हो चूँकि नूरी गेटवाला मकान फणिन्द्रनाथ घोष के आगरा आने के पहले छोड़ दिया गया था पर कोई और साक्ष्य इसकी सम्पुष्टि के लिए नहीं है। एक और गवाह अब्दुल अजीज बेग (अ. सा. 239) ने कुन्दन लाल को अदालत में हींग की मंडीवाले मकान में होने के सिलसिले में पहचाना पर वह उन्हें मैजिस्ट्रेट के सामने परेड में नहीं पहचान पाया अतः इस पहचान का कोई मूल्य नहीं है।

दिल्ली की बैठक में कुन्दन लाल की उपस्थिति के बारे में फणिन्द्रनाथ घोष एवं मनमोहन बनर्जी के साक्ष्य हैं जो बताते हैं कि 8 सितम्बर, 1928 की शाम कुन्दन लाल उन्हें एक होटल में ले गए और रात्रि भोजन करवाया। भवानीशंकर (अ. सा. 361) ने, जिसके चाचा उस होटल के मालिक थे, फणिन्द्रनाथ घोष को इस रूप में पहचाना कि वे उन दिनों उस होटल में दो नवयुवकों के साथ खाना खाने आया करते थे। फणिन्द्रनाथ घोष के बयान के आम स्वरूप और दूसरे साक्ष्यों द्वारा की गई सम्पुष्टि के आधार पर उनके बयान पर अविश्वास करने का कोई कारण नहीं है कि वह कुन्दन लाल ही थे जो उनके साथ होटल आए थे और दिल्ली में भी वह उपस्थित थे। इस प्रकार कुन्दन लाल की दिल्ली में उपस्थिति, फणिन्द्र नाथ घोष, मनमोहन बनर्जी तथा भवानीशंकर (अ. सा. 361) के बयानों से साबित होती है।

17 नवम्बर, 1928 से उस महीने के अन्त तक कुन्दन लाल के लाहौर में रहने की बाबत जयगोपाल का बयान है, जिसकी सम्पुष्टि बूड़ा (अ. सा. 72), बुधू

(अ. सा. 73), गामा (अ. सा. 74) और फकीर चन्द (अ. सा. 86) ने की है। इन सभी ने कुन्दन लाल को मोजंग हाउस में देखा था। इनमें से, पहले तीनों ने उसे मैजिस्ट्रेट के सामने परेड में तथा अदालत में गवाही देने के कुछ पहले जेल में भी पहचाना था जबकि फकीर चन्द ने उसे सिर्फ मैजिस्ट्रेट के सामने परेड में पहचाना क्योंकि किसी असावधानीवश उसे कुन्दन लाल की पहचान करने के लिए जेल नहीं भेजा जा सका था। हंसराज वोहरा ने कुन्दन लाल को लाहौर में नहीं देखा सम्भवतया इसलिए कि हंसराज वोहरा को सुखदेव द्वारा पहली बार 1 दिसम्बर, 1928 को मोजंग हाउस ले जाया गया जब कुन्दन लाल वहाँ से जा चुका था। महावीर सिंह के स्वीकारोक्ति बयान में एक दूसरे व्यक्ति का जिक्र है जिसे जयगोपाल द्वारा 17, नवम्बर, 1928 को शिवराम राजगुरु उर्फ रघुनाथ के साथ मोजंग हाउस लाया गया था। महावीर सिंह ने इस दूसरे व्यक्ति का हुलिया बयान किया है जिसका नाम वह नहीं जानता था। यह हुलिया कुन्दन लाल से मिले या न मिले पर किसी भी सूरत में स्वीकारोक्ति यह साबित करती है कि उसी दिन जयगोपाल द्वारा दो व्यक्ति मोजंग हाउस लाए गए थे जिनमें से एक शिवराम राजगुरु थे। यह जयगोपाल के बयान का उपयोगी पुष्टिकरण (कोरोबोरेशन) है कि वह शिवराम राजगुरु एवं कुन्दनलाल को उस दिन वहाँ ले गए थे। सभी तथ्यों को एक साथ देखने के बाद ऊपर वर्णित साक्ष्यों के अंश इस सबूत की शक्ल ले लेते हैं कि कुन्दन लाल 17 तारीख से नवम्बर, 1928 के अन्त तक लाहौर में थे और चूँकि वह केन्द्रीय समिति के सदस्य थे अतः उनकी उपस्थिति स्वाभाविक ही थी साथ ही यह भी कि पार्टी लाहौर में हिंसक कार्यवाही शुरू करनेवाली थी। कुन्दन लाल के लाहौर छोड़कर जाने की वजह ज्ञात नहीं है पर फणिन्द्रनाथ घोष ने इस बात का जिक्र किया है कि जनवरी, 1929 के अन्त में भगत सिंह ने कलकत्ते में कहा था कि कुन्दन लाल गुस्से में गुस्साए हुए कानपुर चले गए थे पर यह बात कुन्दन लाल के लाहौर छोड़ने के तुरन्त बाद कही गई या बाद में किसी और अवसर पर ज्ञात नहीं है।

संक्षेप में, कुन्दन लाल सितम्बर 1929 की दिल्ली बैठक में थे और केन्द्रीय समिति के सदस्य नियुक्त किए गए थे। वे लाहौर आए और नवम्बर, 1928 में करीब एक पखवाड़े मोजंग हाउस में रहे पर पार्टी द्वारा किसी हिंसक कार्यवाही को अंजाम देने के पहले चले गए। यह भी साबित होता है कि 1928 के अन्त में वे झाँसी में पार्टी के सदस्यों की संगति में थे। षड्यन्त्र में उनके शामिल होने के भी सबूत हैं पर इसके निस्पादन हेतु उन्होंने खुद कोई प्रकट कार्य नहीं किया।

कँवल नाथ तिवारी–अ.सं.-18

यह अभियुक्त 12 जून, 1929 को बेतिया में गिरफ्तार हुआ था। साक्ष्यों के अनुसार उसकी जो गतिविधियाँ उजागर होती हैं वे कलकत्ता और बेतिया तक सीमित हैं जिसमें 7 जून, 1929 को की गई मौलानियाँ की डकैती भी शामिल है। अतः वह सितम्बर 1928 की दिल्ली बैठक में नहीं था।

कँवल नाथ तिवारी 1927 में फणिन्द्रनाथ घोष की बिहार क्रान्तिकारी पार्टी के सदस्य बनाए गए। कँवल नाथ तिवारी के विरुद्ध साक्ष्य देनेवाले इक़बालिया गवाह हैं—फणिन्द्रनाथ घोष एवं मनमोहन बनर्जी। और वे जिन मुख्य बातों को उसके विरुद्ध बताते हैं वे हैं—जनवरी 1929 में उसने कलकत्ते की कार्नवालिस स्ट्रीट का अपना मकान फणिन्द्रनाथ घोष एवं भगत सिंह को दिया और उनके साथ उस मकान में बम निर्माण हेतु गन कॉटन बनाने में शामिल हो गए। वे कलकत्ता में फणिन्द्रनाथ घोष के साथ बम बनाने के लिए केमिकल खरीदने में भी सम्मिलित हो गए। दूसरी बात यह है कि अप्रैल, 1929 की शुरुआत में जब विजय कुमार सिन्हा फणिन्द्रनाथ घोष के साथ कलकत्ता आए तब उन्होंने कँवल नाथ तिवारी, मनमोहन बैनर्जी, फणिन्द्रनाथ घोष के साथ एक बैठक की, जिसमें यह तय किया गया कि पार्टी के लिए फंड जमा करने के लिए बिहार में एक डकैती डाली जाए। और उसी योजना के तहत 24 अप्रैल, 1929 को विजय कुमार सिन्हा एवं कँवल नाथ तिवारी कलकत्ता से बेतिया गए। उस तारीख के बाद से कहानी की बागडोर मनमोहन बैनर्जी थामते हैं। वे कहते हैं कि वे, कँवल नाथ तिवारी एवं विजय कुमार सिन्हा से 20 या 21 मई, 1929 को बेतिया में मिले और उन्होंने इस बात पर सहमति जाहिर की कि एक डकैती डाली जाए, जिसका इन्तजाम मनमोहन बनर्जी करेंगे। पहली या दूसरी जून को मनमोहन बैनर्जी ने कुछ अखबार रघुनी चमार (अ. सा. 17) के हाथ कँवल नाथ तिवारी के पास भेजे। ये अखबार विजय कुमार सिन्हा के लिये थे। 3 जून को मनमोहन बनर्जी फिर कँवल नाथ तिवारी से कांग्रेस ऑफिस में मिले और 5 जून को इन दोनों की दूसरी बैठक हुई, जिसमें यह निर्णय लिया गया कि मौलानियाँ में 7 जून, 1929 को एक डकैती डाली जाए। मनमोहन बनर्जी ने डकैती में कोई हिस्सा नहीं लिया। इस डकैती के बारे में मुख्य गवाह रघुनी चमार (अ. सा. 17) है, जिसने इसमें भाग लिया था और जिसने गवाही दी कि कँवल नाथ तिवारी डकैतों में से एक थे। उसने डकैती का विस्तृत विवरण देते हुए बताया कि डकैती के दौरान एक व्यक्ति मर गया और बड़ी मात्रा में कीमती गहने एवं नगद रुपए लूटे गए। इस डकैती के दौरान कँवल

नाथ तिवारी को बाँह के नीचे तलवार से चोट लगी, जो भूलवश साथी डकैत द्वारा ही मारी गई थी। 8 जून को कँवल नाथ तिवारी की चोट का इलाज, सब असिस्टैंट सर्जन एच.सी. लाहिड़ी (अ. सा. 431) द्वारा बेतिया धर्मशाला में किया गया और 10 जून को मनमोहन बैनर्जी कुछ रुपए कँवल नाथ तिवारी के पास खर्च के लिए लेकर आए जो कि डकैती में लूटे गए माल का हिस्सा था। 11 जून को, इंस्पेक्टर बागची (अ.पा. 366), जो बिहार एवं उड़ीसा पुलिस से थे और मौलानिया डकैती का अन्वेषण कर रहे थे, बेतिया धर्मशाला गए। वहाँ उन्होंने कँवल नाथ तिवारी की बाईं बाँह में बँधी पट्टी देखी। उसके दूसरे दिन, जैसा कि पहले ही कहा जा चुका है, कँवल नाथ तिवारी गिरफ्तार हो गए।

उपरोक्त तथ्यों के बारे में साक्ष्य, जहाँ तक उनका सम्बन्ध कलकत्ता से है, फणिन्द्रनाथ घोष एवं मनमोहन बनर्जी का है, जिसकी सम्पुष्टि मनी भूषण भट्टाचार्य (अ. सा. 393), ओंकार दास (अ. सा. 395), रमेश चन्द्र (अ. सा. 396) एवं तुलसी राम (अ. सा. 397) के बयानों से होती है। इन सभी व्यक्तियों ने कँवल नाथ तिवारी को मैजिस्ट्रेट के सामने परेड में और इस अदालत में गवाही देने के कुछ ही पहले जेल में पहचाना सिवाय मनी भूषण भट्टाचार्य (अ. सा. 393) के, जिसने उन्हें सिर्फ जेल में पहचाना, कारण उसके लिए मैजिस्ट्रेट के सामने परेड नहीं हुई। मनी भूषण भट्टाचार्य (अ. सा. 393) ने सिर्फ यह साबित किया है कि 1928 में वे कलकत्ते की कार्नवालिस स्ट्रीट के आर्य समाज मन्दिर में कँवल नाथ तिवारी के कमरे में थे। ओंकार दास (अ. सा. 395) साबित करते हैं कि कँवल नाथ तिवारी कलकत्ते में मद्दुआ बाजार स्ट्रीट के कुछ कमरों में जाया करते थे और यह साक्ष्य फणिन्द्रनाथ घोष के इस साक्ष्य की सम्पुष्टि करता है कि वे और कँवल नाथ तिवारी उन दिनों विजय कुमार सिन्हा से मिला करते थे, जब विजय कुमार सिन्हा उन कमरों में रहते थे। रमेश चन्द्र (अ. सा. 396) साबित करते हैं कि सितम्बर, नवम्बर, दिसम्बर, 1928 एवं जनवरी 1929 के दौरान कँवल नाथ तिवारी उनके होटल, जो कलकत्ते की कार्नवालिस स्ट्रीट में अवस्थित था, में खाना खाया करते थे।

इन सभी गवाहों में सबसे महत्त्वपूर्ण है तुलसी राम (अ. सा. 397), जो कार्नवालिस स्ट्रीट के आर्य समाज मन्दिर में जमादार था। वह साबित करता है कि कँवल नाथ तिवारी के कमरे वहाँ थे। वह यह भी साबित करता है कि जनवरी, 1929 में, कँवल नाथ तिवारी के कमरे वहाँ थे। वह यह भी साबित करता है कि जनवरी, 1929 में, उसने कँवल नाथ तिवारी के कमरे में एक बार तब बर्फ देखी थी, जब 8 व्यक्ति वहाँ उपस्थित थे, जिनमें से दो को उसने बाद में फणिन्द्रनाथ

घोष एवं भगत सिंह के रूप में पहचाना। साक्ष्य का यह अंश उस समय से सम्बन्धित है, जब वहाँ गन कॉटन बनाई जाती थी और यह फणिन्द्रनाथ घोष के बयान को भली-भाँति सम्पुष्ट करता है। कुछ गवाह कलकत्ते से भी हैं, जो कुछ हद तक इस बात की सम्पुष्टि करते हैं कि उन महीनों में, कलकत्ते में उनकी दुकानों से विभिन्न प्रकार के केमिकल्स खरीदे जाते थे जिनके बारे में फणिन्द्रनाथ घोष ने बयान दिया है कि वे और कँवल नाथ तिवारी ऐसी केमिकल्स खरीदा करते थे। वे गवाह हैं—काली दास घोष (अ. सा. 383), नागिन्द्रनाथ बोस (अ. सा. 384), जतिन्द्र नाथ नाग (अ. सा. 385), बेभास चन्द्र गुप्ता (अ. सा. 386), क्षितिज चन्द्र दास (अ. सा. 387), सारथ कुमार चक्रवर्ती (अ. सा. 388) एवं विजय चन्दर गौतम (अ. सा. 389)। सभी साक्ष्यों को देखने के बाद यह सन्तोषजनक तरीके से साबित हो जाता है कि कलकत्ते में कँवल नाथ तिवारी की गतिविधियाँ, जिनके बारे में फणिन्द्रनाथ घोष ने बयान दिया है, खासकर कँवल नाथ तिवारी के कमरों में गन कॉटन बनाने की बात, तो यह फणिन्द्रनाथ घोष एवं तुलसी राम (अ. सा. 397) के बयानों से साबित हो जाती है। मई एवं जून, 1929 के महीनों में बेतिया में कँवल नाथ तिवारी की गतिविधियों के बारे में मनमोहन बनर्जी का साक्ष्य है, जिसकी सम्पुष्टि रघुनी चमार (अ. सा. 17), एस.सी. लाहिड़ी (अ. सा. 431) एवं इंस्पेक्टर बागची (अ. सा. 366) के साक्ष्य से होती है। कँवल नाथ तिवारी को रघुनी चमार के सामने किसी भी मैजिस्ट्रेट के सामने परेड में नहीं रखा गया, पर रघुनी ने कँवल नाथ तिवारी को सन्तोषजनक तरीके से 7 जुलाई, 1930 को जेल में पहचाना। उसी दिन उसने इस अदालत में भी बयान दिया कि उसने पहचान की है। एक डकैत होने के बावजूद रघुनी चमार के साक्ष्य की खुद-ब-खुद इस तथ्य से सम्पुष्टि हो जाती है कि बहुत से गहने जो डकैती में चुराए गए थे, अन्वेषण के समय उनमें से काफी मनमोहन बनर्जी के पास से बरामद हुए थे और खुद रघुनी चमार के घर से भी (अ. सा. 17) ऐसी बरामदगी हुई थी (देखें—इंस्पेक्टर बागची अ. सा. 366, का साक्ष्य)। रघुनी के साक्ष्य की एक और सम्पुष्टि जय नाथ सहाय (अ. सा. 27) के बयान से होती है, जिसने साबित किया कि डकैती के दौरान 4 या 5 व्यक्ति घायल हुए थे, जिनमें एक की बाद में छुरे के घाव से मृत्यु हो गई। इसी गवाह ने डकैती के बारे में प्रथम इत्तिला रिपोर्ट दायर की थी। ऊपर बताया गया विस्तृत साक्ष्य, खासकर इस बारे में कि कँवल नाथ तिवारी, डकैती के एक दिन बाद धर्मशाला में घायल बाँह के साथ टिके हुए थे, डकैती की घटना को, जैसा कि रघुनी चमार ने बताया, पूरी तरह साबित करता है और यह भी कि कँवल नाथ तिवारी ने डकैती में हिस्सा

लिया था, जबकि मनमोहन बनर्जी एवं फणिन्द्रनाथ घोष का डकैती के उद्‌देश्य के बारे में साक्ष्य कि वह क्रान्तिकारी पार्टी के लिए फंड इकट्ठा किया करता था, पूरी तरह साबित होता है।

संक्षेप में, कहा जा सकता है कि कँवल नाथ तिवारी पार्टी के प्रमुख नेता नहीं थे और उन्होंने अपनी गतिविधियों को कलकत्ता एवं बिहार तक सीमित रखा। जनवरी, 1929 में उन्होंने अपने कमरे कलकत्ता आनेवाले पार्टी के सदस्यों को इस्तेमाल में लाने के लिए और गन कॉटन बनाने के लिए, जिस काम को वह खुद भी करते थे, दे रखे थे और मई के महीने में डकैती के जरिए पार्टी के लिए धन इकट्ठा करने हेतु बेतिया भी गए, जहाँ उन्होंने 7 जून, 1929 को मौलानियों में की गई डकैती में हिस्सा भी लिया, जिसमें एक व्यक्ति मारा गया और काफी धन लूटा गया था।

5. एकमात्र षड्यन्त्र के परिणामस्वरूप हुई प्रत्येक घटना के सम्बन्ध में क्या साबित होता है और किस साक्ष्य से?

फणिन्द्रनाथ घोष एवं मनमोहन बनर्जी, इन दो इक़बालिया गवाहों का बयान कि सितम्बर, 1928 में दिल्ली में बैठक हुई थी, इस बात के प्रमाण की आधारशिला प्रदान करता है कि उस बैठक में हुए जिस षड्यन्त्र के परिणामस्वरूप बाद में जो घटनाएँ घटीं और जिसमें बहुत से अभियुक्तों ने हिस्सा लिया वह सब एक ही षड्यन्त्र का परिणाम थीं। इस बिन्दु पर इक़बालिया गवाहों के बयानों की सम्पुष्टि कई अन्य तरीकों से होती है।

सबसे पहले तो यह तथ्य है कि वे ही नवयुवक, जिनके पास बहुत पैसा नहीं था और जिनके पास कोई दिखाई देने लायक काम नहीं था, कई जगहों पर, एक ही घर में साथ-साथ मिलते-जुलते पाए गए। एक आश्चर्यजनक उदाहरण तो भगत सिंह का है, जिनके बारे में साक्ष्यों से साबित होता है, (जिसका वर्णन उनके मुकदमे के सिलसिले में किया गया है) कि वे रावलपिंडी, लाहौर, फिरोजपुर, अमृतसर, दिल्ली, आगरा, कानपुर, झाँसी, इलाहाबाद, बेतिया एवं कलकत्ता गए थे और इन सभी जगहों में एक या एक से ज्यादा अभियुक्तों या इक़बालिया गवाहों की संगति में रहे थे। इस फैसले में रावलपिंडी, लाहौर, अमृतसर, दिल्ली, आगरा, कानपुर, झाँसी, इलाहाबाद, बेतिया, कलकत्ता, सहारनपुर एवं फिरोजपुर अवस्थित मकानों की सूची पहले ही दे दी गई है, जिनमें पार्टी के सदस्य रहा करते थे और इन सब जगहों में एक या दो अभियुक्तों या इक़बालिया गवाहों के साथ

वे मिला-जुला करते थे। यह जरूरी नहीं है कि उन सब तथ्यों को फिर से यहाँ दोहराया जाए। यहाँ उनके बारे में सिर्फ यह बताना काफी है कि यह उन प्रसंगों में से एक है, जिससे सीधे तौर पर यह निष्कर्ष निकलता है कि एक ऐसा षड्यन्त्र था जिसमें सारे अभियुक्त दिलचस्पी रखते थे।

इसके बाद, तथ्य यह है कि पार्टी द्वारा दिए गए नामों के अलावा जिससे कि षड्यन्त्र के सभी साथी एक-दूसरे को जानते थे, उनकी आदत थी कि वे जब आम जनता के सम्पर्क में आते थे, तो अपना परिचय गलत नामों से दिया करते थे, खासकर तब जब वे पार्टी के काम के लिए मकान किराए पर लिया करते थे। इस बात के बहुत से उदाहरण हैं, जिनमें जयगोपाल एवं हंसराज वोहरा का उदाहरण भी है जो जब रावलपिंडी गए थे तो उन्होंने क्रमशः अपने नाम हरबंश लाल एवं त्रिलोक चन्द रखे थे जो तथ्य हरबंश लाल के सम्बन्ध में मनी ऑर्डर रसीद प्रदर्श पी.ए.आर. (हरिचन्द अ. सा. 136 द्वारा प्रमाणित) एवं प्रदर्श पी.ए. आर. (मानस खान अ. सा. 312 द्वारा प्रमाणित) और त्रिलोक चन्द के सम्बन्ध में आर्य समाज मन्दिर का रजिस्टर प्रदर्श पी.वी.टी. (धर्मवीर अ. सा. 258 द्वारा प्रमाणित) दस्तावेजों से साबित होते हैं। दूसरे उदाहरण हैं–शिव वर्मा ने नूरी गेटवाला मकान अमीर चन्द के नाम से लिया था और देहरादूनवाला मकान राम नारायण के नाम से लिया था; सुखदेव ने लाहौर में जौरे मोरी हाउस देवी दास के नाम से लिया था; अमृतसर में मुगल बाजारवाला मकान सुन्दर के नाम से लिया था; गया प्रसाद ने फिरोजपुर में एक मकान डॉ. बी.एस. निगम के नाम से; आगरे में नाई की मंडीवाला मकान रामलाल के नाम से; सहारनपुर में रानी बाजार वाला मकान राम नाथ के नाम से और सहारनपुर में मोहल्ला चोब फरोशाँवाला मकान भी राम नाथ के नाम से; महावीर सिंह ने मोजंग हाउस प्रताप सिंह के नाम से लिया; जयगोपाल ने लाहौर में भाटी गेट के बाहर, मेला राम बिल्डिंग में, किशन चन्द के नाम से मकान लिया। इन तथ्यों के बारे में साक्ष्यों की चर्चा विस्तार से पहले ही हर अभियुक्त के व्यक्तिगत मुकदमे के सिलसिले में कर दी गई है और इसे फिर से विस्तारपूर्वक दोहराने की जरूरत नहीं है। जिनके बयानों का उल्लेख इस प्रसंग में किया जाना चाहिए, वे गवाह हैं–रोरू राम (अ. सा. 184), देसराज (अ. सा. 293), राम सहाय (अ. सा. 197), फकीरचन्द (अ. सा. 86), घोटामल (अ. सा. 62), चन्ना मल (अ. सा. 234), गोपाल दास (अ. सा. 331), नारायण प्रसाद (अ. सा. 248), राम चन्द (अ. सा. 332), मन्ना लाल (अ. सा. 205) एवं मुहम्मद असलब, डाकिया (अ. सा. 217) साथ ही वे दस्तावेज जिन्हें इन गवाहों ने प्रमाणित किया है। अभियुक्तों की यह आदत प्रमाणित है कि वे आम जनता

के सामने एक दूसरे से झूठे नामों से मिला करते थे। यह उस षड्यन्त्र का साफ सबूत है, जिसके उद्देश्य की प्राप्ति के लिए यह जरूरी था कि षड्यन्त्रकारियों की सही पहचान छुपाई जाए।

इसके बाद, इस बात के सबूत हैं कि एक जगह पर कुछ अभियुक्तों के पास से बरामद वस्तुएँ दूसरी जगह के दूसरे अभियुक्तों के पास से बरामद वस्तुओं से सम्बन्धित थीं। इसके उदाहरण हैं, बम, पोस्टर और दस्तावेज–प्रदर्श पी.ए.के./7 एवं पी. 137। हस्तलिपि विशेषज्ञ मि. स्कॉट (अ. सा. 423) ने विश्वसनीय तौर पर साबित किया है कि प्रदर्श पी.ए. के./7 जो कि किताबों की एक कच्ची सूची है, वह भगत सिंह की हस्तलिपि में है और यह दस्तावेज सहारनपुर के चोब फरोसनवाले मकान से बरामद हुआ था, जब इस मकान की तलाशी 13 मई, 1929 को हुई थी और जिस मकान में भगत सिंह खुद कभी नहीं गए थे। इन तथ्यों से उस मकान में रहनेवाले व्यक्तियों एवं भगत सिंह का सम्बन्ध साफ-साफ जाहिर होता है।

मि. स्कॉट ने भी सन्तोषजनक तरीके से सिद्ध किया है कि **चिट्ठी, प्रदर्श पी. 137, जिसकी बरामदगी, कश्मीर बिल्डिंग से 15 अप्रैल, 1929 को की गई तलाशी के वक्त हुई थी, भगत सिंह की हस्तलिपि में है और इस तरह यह पता चलता है कि भगत सिंह का सम्बन्ध कश्मीर बिल्डिंग के कमरों में रहनेवाले लोगों के साथ था।** इसी तरह पोस्टरों, प्रदर्श पी.ए. एक्स, पी.ए.एक्स./I , पी.ए. एक्स/2 और पी.ए. एक्स/3 जो लाहौर की आम जगहों पर, सान्डर्स की हत्या के कुछ ही बाद, चिपके देखे गए थे (खान साहिब मुहम्मद सादिक अ. सा. 281, सब इंस्पेक्टर अमर नाथ अ. सा. 82 एवं रहमत खान अ. सा. 83 का साक्ष्य देखें) जैसा कि मि. स्कॉट ने साबित किया है। वे साबित करते हैं कि ये दस्तावेज भगत सिंह की हस्तलिपि में थे और इन पोस्टरों का रंग एवं छपी पंक्तियाँ उसी प्रकार की थी, जो प्रदर्श सी. 442 वाले बंडल के पोस्टरों के थे, जो 13 मई, 1929 को मोहल्ला चोब फरोशाँ, सहारनपुर वाले मकान में पाए गए थे। यह एक ऐसा तथ्य है जो न सिर्फ किसी भी देखनेवाले के सामने स्पष्ट हो जाता है, बल्कि बिना किसी शक के इस बात से भी प्रमाणित होता है कि इसे प्रिंटिंग विशेषज्ञ मि. टायसन (अ. सा. 97) ने अपने बहुमूल्य साक्ष्य से साबित किया है, जिनकी विस्तृत परीक्षा बिना किसी शक के यह प्रमाणित करती है कि इन पोस्टरों में छपे हुए शब्द और अक्षर एक ही टाइप से प्रिंट किए गए हैं। ये सारे पोस्टर इस सम्बन्ध में विशेष रूप से महत्त्वपूर्ण हैं, क्योंकि ये सहारनपुर वाले मकान में रहनेवाले व्यक्तियों एवं सान्डर्स के हत्यारों के साथ सीधा सम्बन्ध स्थापित करते हैं और यही नहीं बल्कि

इसलिए भी कि वे सब शीर्षक 'हिन्दुस्तान सोशलिस्ट रिपब्लिकन आर्मी' के अन्तर्गत हैं, जो संकेत करते हैं कि मि. सान्डर्स के हत्यारे एवं सहारनपुर के घर में रहनेवाले, दोनों ही एक पार्टी के लोग थे, जिनका आचरण इस नाम से उजागर होता है।

जहाँ तक बमों की बात है, विस्फोटक सामग्री के विशेषज्ञ डॉक्टर रॉबसन (अ. सा. 166) का साक्ष्य महत्त्वपूर्ण है, जो सन्देह के परे यह साबित करता है कि दिल्ली, एसेम्बली हॉल में फेंके गए दो बमों के खोखे वैसे ही थे, जैसे कि लाहौर की कश्मीर बिल्डिंग से बरामद जिन्दा बमों के थे और यह कि ये तीन खोखे एक ही जगह बनाए गए थे और साफ तौर पर एक ही घोल के बने थे। वह यह भी साबित करते हैं कि सहारनपुर में पाए गए बम के खोखे लाहौर में पाए गए बम के खोखों के आकार-प्रकार के थे और वे एक ही खाँचे में एक ही तरह से घूर्णित किए गए थे। उनके प्लग एक ही डिजायन के थे तथा प्लग के आखिर में उनके छेदों का प्रकार एक ही जैसा था। उनमें एक ही अन्तर था और वह यह कि लाहौर के बम शेल किसी 'स्ट्राइकर मैकेनिज्म' में 'फिट' नहीं होते थे। इसके अलावा, एक और तरह के बम सहारनपुर एवं लाहौर दोनों ही जगह पाए गए थे, जो कि पहले बताए गए प्रकार से अलग थे, जिनमें 'स्ट्राइकर मैकेनिज्म' का उभार खोल का एक हिस्सा था। लाहौर एवं सहारनपुर वाले बम के खोखों में साम्यता और दो जिन्दा बमों एवं दिल्ली में फेंके बमों का सादृश्य एक महत्त्वपूर्ण परिस्थिति है, जो फणिन्द्रनाथ घोष के बयान को मजबूती से इस बात के बारे में सम्पुष्ट करता है कि कैसे ये बम के खोखे सुखदेव द्वारा लाहौर में प्राप्त किए गए थे। सुखदेव उन्हें एक सैम्पल के बतौर आगरा से लाहौर लाए थे, जिससे कि उनकी नकल की जा सके। दो में से एक खोखा जे.एन. दास कलकत्ता से लाए थे। डॉक्टर रॉबसन का सुविज्ञ साक्ष्य इस तथ्य की सम्पुष्टि करता है कि सहारनपुर एवं लाहौर में दो बम फैक्टिरियाँ एवं दिल्ली एसेम्बली हॉल में बम फेंकने की घटनाएँ एक साथ जुड़ी हैं और एक ही षड्यन्त्र का नतीजा है।

एक ही षड्यन्त्र के अस्तित्व के प्रमाण में बहुत सी चीजों के साक्ष्य हैं, जो विभिन्न अभियुक्तों के पास कई जगहों से, अलग-अलग समय में बरामद हुईं।

इन चीजों का जिक्र इस फैसले में पहले ही किया जा चुका है—दो बैग (प्रदर्श P-87 एवं प्रदर्श P-484) जो जयगोपाल एवं हंसराज वोहरा द्वारा पंजाब नेशनल बैंक, लाहौर, काउंटर से रुपए भरने के लिए ले जाए गए थे, उनमें से एक (प्रदर्श पी. 484) प्रेमदत्त के पास से गुजरात में मई, 1929 को बरामद हुआ था और दूसरा (प्रदर्श पी. 87) कश्मीर बिल्डिंग के कमरों से जब अप्रैल, 1929 में वहाँ तलाशी

ली गई थी। ये दोनों बैग अपने नाम, बनावट एवं प्रकार में समान हैं। पुस्तक 'रोड्स टू फ्रीडम' (प्रदर्श पी. 841) गुजरात में प्रेमदत्त के पास से बरामद हुई थी और फिरोजपुर में जयगोपाल द्वारा भगत सिंह के पास देखी गई थी। इस पुस्तक पर 'नोट्स' लिखे हुए हैं, जिसके कारण इसकी पहचान की जा सकती है। यह गौर करने लायक बात है कि माफी मिलने के बाद मैजिस्ट्रेट के सामने जयगोपाल के बयान को मजिस्ट्रेट द्वारा स्वीकार करने के पहले ही प्रेमदत्त के पास से यह पुस्तक बरामद हो गई थी।

एक स्वचालित पिस्तौल (प्रदर्श पी. 480) जिसका नं. 168896 है, नवम्बर 1928 में जयगोपाल द्वारा भगत सिंह के पास फिरोजपुर में देखी गई थी और फिर पंजाब नेशनल बैंक पर धावा बोलने के अवसर पर। इसके बाद सान्डर्स की हत्या के अवसर पर हंसराज वोहरा ने इसे भगत सिंह के पास मोजंग हाउस में 3 दिसम्बर, 1928 में देखा। फणिन्द्रनाथ घोष ने बयान दिया है कि यह पिस्तौल कलकत्ता, आगरा एवं दिल्ली में भगत सिंह के पास थी और वे इसे 16 फरवरी, 1929 को कानपुर ले गए थे, जब जोगेशचन्द्र चैटर्जी को मुक्त कराने का प्रस्ताव रखा गया था। यह भगत सिंह के पास से, एसेम्बली हॉल दिल्ली में 8 अप्रैल, 1929 को बरामद हुई, जैसा कि सार्जेंट टेरी (अ. सा. 18) ने साबित किया।* मि. राबर्ट चर्चिल (अ. सा. 31) का साक्ष्य भी इस तथ्य के समर्थन में है कि भगत सिंह ने इस पिस्तौल का इस्तेमाल सान्डर्स की हत्या के समय किया।

दो एयर पिस्तौल, (प्रदर्श पी. 12 एवं प्रदर्श पी. 477) सभी सन्देहों से परे नहीं पहचानी जा सकतीं पर ये पर्याप्त रूप से गैरमामूली चीजें हैं जिन्हें अच्छी खासी सम्भावना के तौर पर पहचाना जा सकता है। ये पार्टी के सदस्यों द्वारा निशाना साधने के तौर पर इस्तेमाल की जाती थीं। दोनों ही रावलपिंडी की एक दुकान से खरीदी गई थीं (फजल अब्बास अ. सा. 140 एवं गुरदयाल सिंह अ. सा. 141 का साक्ष्य देखें), (प्रदर्श पी. 12) कश्मीर बिल्डिंग के क्वाटर्स से 15 अप्रैल, 1929 को बदामद हुई एवं प्रदर्श पी 477, रघुनी चमार (अ. सा. 17) द्वारा, ग्राम बेतिया, बिहार में 1 जुलाई, 1929 को पेश की गई। (देखें इंस्पेक्टर बागची अ. सा. 366 की साक्ष्य।)

फणिन्द्रनाथ घोष ने भी एक ऐसी ही एयर पिस्तौल विजय कुमार सिन्हा के पास आगरा में एवं जयगोपाल ने शिव वर्मा के पास फिरोजपुर में देखी। इन एयर पिस्तौल के इस्तेमाल के विषय में दूसरी सम्पुष्टि यह है कि जब जयगोपाल, राय साहिब लाला नथुराम (अ. सा. 24) मैजिस्ट्रेट को मोजंग हाउस ले गए तो उन्होंने

* पिस्तौल के बारे में असेंबली बम केस का भाग-5-सी गौरतलब है।—**सम्पादक**

एक छर्रा दीवार से एवं तीन छर्रे एक अलमीरा से निकाले और उन्हें मैजिस्ट्रेट को दिखाया। उन्होंने दूसरे मैजिस्ट्रेट राय साहिब लाला वजीर चन्द (अ. सा. 133) को एक पीतल का स्विच कवर (प्रदर्श पी. 476), रावलपिंडी में आर्य समाज क्वाटर्स में दिखाया, जिस स्विच कवर में एक गड्ढा है जो एक एयर पिस्तौल द्वारा टारगेट प्रैक्टिस के दौरान बना होगा।

प्रदर्श पी. 475 एवं प्रदर्श पी. 475/A एक छुरा एवं खोल हैं जिसे प्रेमदत्त ने गुजरात में मई, 1929 को पेश किया। हंसराज वोहरा द्वारा ये चीजें मोजंग हाउस में, कन्हैया लाल (अ. सा. 61) के घर में तथा जयगोपाल द्वारा फिरोजपुर में देखी गईं। जयगोपाल ने यह बयान भी दिया कि कालीचरण (भगोड़ा) यह छुरा पंजाब नेशनल बैंक का टेलीफोन तार काटने ले गया था।

जिंक-बॉक्स, प्रदर्श-पी. 471, जिसे प्रेमदत्त ने गुजरात में पेश किया मई 1929 में जयगोपाल द्वारा फिरोजपुर में सुखदेव के पास देखा गया।

मोहल्ला चोब फरोशाँवाले मकान से सहारनपुर में 13 मई, 1929 को बरामद हुई चीजों में हैं—पुस्तक (प्रदर्श पी. 405), जो फणिन्द्रनाथ घोष के अनुसार भगत सिंह कलकत्ता से लाए थे और बाद में आगरा ले गए थे। पुस्तक (प्रदर्श पी. 406) जो हंसराज वोहरा के अनुसार भगत सिंह के पास मोजंग हाउस लाहौर में थी और महत्त्वपूर्ण पुस्तक, (प्रदर्श पी. 364) 'मैनुफैक्चर एंड यूजेज ऑफ एक्सप्लेसिव्स' काफी जगहों पर देखी गई थी। यह पुस्तक जयगोपाल द्वारा नेशनल स्कूल लाइब्रेरी से 1926 में चुराई गई थी। (गुरु दत्त, अ. सा. 262 का साक्ष्य इसकी थोड़ी सम्पुष्टि करता है।) जयगोपाल ने यह पुस्तक फिरोजपुर में शिव वर्मा के पास देखी थी। फणिन्द्रनाथ घोष ने सुखदेव के पास अमृतसर एवं आगरा में देखी थी। यही किताब उसने पंडित जी के पास देखी। हंसराज वोहरा ने भी कहा कि नवम्बर 1928 में सुखदेव के कहने पर उसने यह किताब हरीचन्द (लाहौर के एक छात्र) को दे दी। (इस हरीचन्द की गवाही नहीं हुई)।

प्रदर्श 247 बरछी के साथ लगी छड़ी है जिसे गया प्रसाद के पास से तब बरामद किया गया था जब वह 15 मई, 1929 को सहारनपुर में गिरफ्तार किया गया था। यही चीज उसके पास आगरा में भी फणिन्द्रनाथ घोष ने देखी थी।

एक महत्त्वपूर्ण वस्तु है अटैची केस, (प्रदर्श पी. 206) जो सहारनपुर से बरामद किया गया था। यह वह अटैची है जिसमें बम रखकर फणिन्द्रनाथ घोष और भगत सिंह आगरा से झाँसी लाए थे। उस अवसर पर यह अटैची केस झाँसी में राम दुलारे (अ. सा. 288) द्वारा देखा गया था जिसने पहचाना कि यह भगत सिंह द्वारा लाया गया और फिर उन्हीं के द्वारा वापस ले जाया गया था। यह टैक्सी

ड्राइवर रामानन्द (अ. सा. 290) द्वारा भी इस रूप में पहचाना गया कि यह वैसा ही था जैसा कि परीक्षण के तौर पर बम फोड़ने के अवसर पर उसकी टैक्सी में ले जाया गया था।

फणिन्द्रनाथ घोष ने एक घड़ी (प्रदर्श पी. 238) भगत सिंह को कलकत्ता में जनवरी, 1929 में दी थी और यह गया प्रसाद के पास तब पाई गई जब वे 15 मई, 1929 को सहारनपुर में गिरफ्तार हुए थे।

दूसरी घड़ी, (प्रदर्श पी. 124) सुखदेव के पास मिली जब वे गिरफ्तार हुए थे। यह घड़ी हमीद हुसैन (अ. सा. 185) द्वारा दीपक भाटिया (अ. सा. 186) को उधार दी गई थी जिसने इसे हंसराज वोहरा को दे दिया और उससे यह सुखदेव के पास आई।

चार रिवाल्वर, जो ट्रायल के दौरान प्रदर्शित की गईं, अलग-अलग जगहों पर अलग-अलग अवसरों पर देखी गईं। मार्च 1920 में मुजफ्फर हुसैन (अ. सा. 400) से प्रदर्श पी. 208 खो गई थी। यह पाँच चैम्बरवाली 450 कैलीबर की रिवाल्वर है जो कि इंग्लिश मेक की और काफी पुरानी है। इसे 455 सर्विस एम्यूनिशन में बदल दिया गया और यह अच्छी दशा में चलने लायक है (मि. राबर्ट चर्चिल [अ. सा. 31] का साक्ष्य देखें)। यह सहारनपुर में बरामद हुई। इसे हंसराज वोहरा ने मोजंग हाउस में देखा था तथा फणिन्द्रनाथ घोष ने आगरा में तब देखा जब यह जोगेशचन्द्र चटर्जी को मुक्त करवाने के लिए कानपुर लाई गई थी।

प्रदर्श पी. 201 एक .38 वेबले मार्क III रिवाल्वर है और यह भी ठीक हालत में है तथा चलने लायक है (देखें मि. राबर्ट चर्चिल का साक्ष्य)। यह शम्भुनाथ (अ. सा. 433) की थी और उसके पास से बनारस में 6 फरवरी, 1929 को चोरी हो गई थी। उसने इस तथ्य की रिपोर्ट नन्द कुमार तिवारी (अ. सा. 395) के पास दर्ज की थी। तीन महिले बाद ही यह सहारनपुर में मोहल्ला चोब फरोसनवाले मकान से बरामद हुई।

प्रदर्श पी. 200 वेबले चाइनीज रिवाल्वर है जो नेवी पैटर्न की है और जिस पर हॉलिज दी फर्म का नाम लिखा है, जिसने कि इसे बेचा था। यह .450 बोर की है। यह भी अच्छी दशा में तथा चलने लायक है। (देखें, राबर्ट चर्चिल का साक्ष्य)। यह भी सहारनपुर से बरामद हुई जहाँ यह, फणिन्द्रनाथ घोष के अनुसार गया प्रसाद द्वारा लाई गई। फणिन्द्रनाथ घोष ने इसे आगरा में 16 फरवरी, 1929 को देखा था। यही रिवाल्वर हंसराज वोहरा ने, अमृतसर में आज्ञा राम के घर में जनवरी, 1928 की शुरुआत में, भगत सिंह के पास और उसी महीने में जयगोपाल ने सुखदेव के पास देखा। बाद में, जयगोपाल ने फिरोजपुर में इसे

भगत सिंह के पास देखा और जयगोपाल के अनुसार यही हथियार लाहौर में पंडित जी के पास, एक खोल में, देसराज के कमरे में, 17 नवम्बर, 1928 को देखा गया।

रिवाल्वर (प्रदर्श पी. 122) सुखदेव के पास से 15 अप्रैल, 1929 को कश्मीर बिल्डिंग में, तब बरामद हुई जब वह गिरफ्तार हुए और यही वह हथियार था, जिसे उन्होंने उस अवसर पर इस्तेमाल करने की कोशिश की। यह .320 कैलीवर की वेबले पॉकेट रिवाल्वर है और यह आर्मी एवं नेवी स्टोंस, लन्दन द्वारा बेची गई। यह काफी पुरानी है, अच्छी दशा में नहीं है पर चलने लायक है। (मि. राबर्ट चर्चिल का साक्ष्य देखें) मनमोहन बनर्जी, फणिन्द्रनाथ घोष, हंसराज वोहरा एवं जयगोपाल सभी ने इस रिवाल्वर को बहुत से अवसरों पर देखा। 1927 में, मनमोहन बनर्जी एवं फणिन्द्रनाथ घोष दोनों के पास यह रिवाल्वर थी और बाद में फणिन्द्रनाथ घोष ने इसे भगत सिंह को दे दिया था। बाद में फणिन्द्रनाथ घोष ने इसे सुखदेव के पास आगरा में देखा। हंसराज वोहरा ने इस हथियार को पंडित जी के पास मोजंग हाउस में देखा और जब पंजाब नेशनल बैंक पर धावा बोलने के लिए हथियार बाँटे जा रहे थे यह हंसराज वोहरा को ही दिया गया। 17 नवम्बर, 1928 को, जयगोपाल ने इस रिवाल्वर को देसराज के कमरे में पंडित जी के पास देखा और मोहल्ला जोरे मोरी वाले मकान में जनवरी, 1928 को सुखदेव के पास देखा; फिर चिकारकोट में देखा। उसने यह भी गवाही में कहा कि सुखदेव की गिरफ्तारी के समय यह उसके पास था।

पुस्तक 'व्हाट डू वी वांट' (प्रदर्श पी. 19) जो अप्रैल, 1929 में कश्मीर बिल्डिंग से बरामद हुई, हंसराज वोहरा द्वारा जनवरी, 1928 में अमृतसर से रावलपिंडी ले जाई गई।

प्रदर्श पी. 41 पारा की शीशी है जिसे जयगोपाल ने 1926 में नेशनल स्कूल से चुराया था। उसने बयान दिया कि शिव वर्मा इसे फिरोजपुर से सितम्बर, 1928 में लाए थे। यह कश्मीर बिल्डिंग से अप्रैल, 1929 में बरामद हुई। गुरुदत्त (अ. सा. 262) का सम्पुष्टि साक्ष्य है कि ऐसी ही एक शीशी 1926 में स्कूल से गायब हो गई थी।

प्रदर्श, पी. 514 एक सूटकेस है, जो एक अन्य सूटकेस (प्रदर्श पी. 515) के साथ राम दुलारे (अ. सा. 288) के पास से झाँसी में बरामद हुआ था। फणिन्द्रनाथ घोष के अनुसार विजय कुमार सिन्हा, पार्टी के जाड़ेवाले कपड़े, मार्च 1929 में इस सूटकेस में रखकर, आगरा से झाँसी ले गए थे जबकि राम दुलारे (अ. सा. 288) का कहना है कि उसके पास इसे पंडित जी एवं सदाशिव झाँसी से लाए थे।

सूटकेस (प्रदर्श पी. 514) जब राम दुलारे के पास से बरामद हुआ था **उसमें एक कोट (प्रदर्श पी. 487) था जिसकी एक जेब में छेद था। मनमोहन बैनर्जी ने इस कोट को इसके छेद से पहचाना। उसने कहा कि इस कोट को भगत सिंह ने दिसम्बर 1928 में कलकत्ता में पहना था और उस अवसर पर भगत सिंह ने कोट की जेब के छेद को फणिन्द्रनाथ घोष को दिखलाया था और एक रिवाल्वर भी जिसकी वजह से कोट में छेद हुआ था।** जयगोपाल के अनुसार भगत सिंह ने यह कोट सान्डर्स की हत्या के समय पहना था और हंसराज वोहरा भी इस तथ्य की सम्पुष्टि यह कहकर करते हैं कि भगत सिंह ने हत्यावाले दिन यह कोट मोजंग हाउस में पहना था।

प्रदर्श पी. 488 एक लुँगी है जो एक महत्त्वपूर्ण प्रदर्श है। जयगोपाल के अनुसार इसे उसने खुद उस समय पहना था जब वह सान्डर्स की हत्या के वक्त पुलिस ऑफिस गया था और हत्या के बाद भी जब भगत सिंह भाग रहे थे, उसने और भगत सिंह ने अपने सर के पहनावे बदल लिए थे और इस लुँगी को भगत सिंह ने जयगोपाल से ले लिया था। भगत सिंह इस लुँगी को अपने सिर पर नहीं बाँध पाए और उन्होंने लुंगी को जी.ए.वी. कॉलेज के मैदान में फेंक दिया जहाँ इसे बाद में तालेहमंद (अ. सा. 79) द्वारा हत्या की शाम को तब पाया गया जब वह और पुलिस उपाधीक्षक (अ. सा. 45) खूनियों की तलाश कर रहे थे। कुछ महत्त्वपूर्ण साक्ष्य हैं जो यह बताते हैं कि यह लुँगी मूलतः एक छात्र लाजपत राम (अ. सा. 107) की थी जिसके नाम का पहला अक्षर इस लुँगी पर है जो इसे, 1927 के अन्त में, एक दिन गलती से किशोरी लाल (अभियुक्त) के कमरे में छोड़ गया था, जिसे वह बाद में ले नहीं पाया। श्रमपत (अ. सा. 108), लाजपत राम का पिता इस बात की पुष्टि करता है कि उसने ऐसी ही एक लुँगी अपने बेटे को दी थी और उसके बेटे ने 1927 में बताया था कि उसने इसे दूसरे लड़के के पास छोड़ दिया था।

सार्जेन्ट टेरी (अ. सा. 18) के अनुसार प्रदर्श पी. 493, उस हैट से मिलता है जिसे भगत सिंह एसेम्बली हॉल दिल्ली में गिरफ्तार होने के वक्त पहने हुए थे और जिसे बाद में दिल्ली जेल में वधावा राम (अ. सा. 353) ने भगत सिंह से ले लिया था। इसे फणिन्द्रनाथ घोष ने भगत सिंह के पास तब देखा था जब भगत सिंह दिल्ली जाने के लिए आगरा से चले। जयगोपाल एवं हंसराज वोहरा ने लाहौर के मोजंग हाउस में इसे भगत सिंह को पहने देखा था।

फणिन्द्रनाथ घोष ने बयान दिया है कि वे और कँवल नाथ तिवारी कलकत्ता से काफी केमिकल एवं दूसरे उपकरण बम बनाने के लिए खरीदा करते थे और बाद में ये सामान आगरा और उसके बाद सहारनपुर ले जाए गए। इसी प्रकार

की कुछ चीजें सहारनपुर से बरामद हुई जैसे कि थर्मोमीटर (प्रदर्श P-698) और ग्लास रॉडस (प्रदर्श पी. 697)। प्रदर्श 709 जो फणिन्द्रनाथ घोष द्वारा पहचाना गया और जिन्हें विजय चन्द्र गौतम (अ. सा. 389) ने प्रमाणित किया कि ये कलकत्ता से खरीदा गया।

प्रदर्श पी. 54 एक सायकिल है जिसका नं. 20913 है। यह अप्रैल, 1929 को कश्मीर बिल्डिंग की तलाशी लेने के दौरान बरामद हुई और गुलाम मुहम्मद (अ. सा. 183) के साक्ष्य से यह प्रमाणित हुआ कि यह 18 जुलाई, 1928 को प्रेमदत्त द्वारा लाहौर से जम्मू के लिए बुक की गई जिसके समर्थन में कागजाती साक्ष्य प्रदर्श पी.सी. बी/1 एवं प्रदर्श पी.सी.बी./3 भी हैं जिस पर सायकिल का नम्बर लिखा है। जुलाई, 1928 में प्रेमदत्त पार्टी का सदस्य नहीं था लेकिन यह महत्त्वपूर्ण है कि जुलाई, 1928 में यह साइकिल उसकी थी और अप्रैल, 1929 में यह पार्टी के सदस्यों के कब्जे में पाई गई।

दूसरी सायकिल (प्रदर्श पी. 55) है जिसे जयगोपाल ने अपने भाई से 11 नवम्बर, 1927 को प्राप्त किया था (रलिया राम, अ. सा. 182 एवं प्रदर्श पी.सी.डी./एवं प्रदर्श पी.सी.डी/2 देखें)। जयगोपाल ने बयान दिया है कि यह साइकिल भगत सिंह द्वारा सान्डर्स की हत्या के समय इस्तेमाल की गई थी और यह प्रमाणित किया गया कि कश्मीर बिल्डिंग से अप्रैल, 1929 को बरामद हुई।

दूसरी बात जो इस निष्कर्ष की तरफ इशारा करती है कि षड्यन्त्र एक ही था और जो उसके स्वरूप की ओर भी इशारा करती है वह है पार्टी के विभिन्न साथियों के पास से क्रान्तिकारी साहित्य की बरामदगी। उदाहरण के तौर पर, अप्रैल, 1929 में कश्मीर बिल्डिंग में प्रदर्श पी. 25 'एन एकाउंट ऑफ दी काबुल रिवोल्युशनरी पार्टी,' प्रदर्श पी. 26, इशू नं. वन, 'दि रिवोल्यूशनरी' प्रदर्श-पी. 19, एम.एन. राय की 'व्हाट डू वी वांट' (एक निर्धारित पुस्तक की पांडुलिपि), प्रदर्श पी. 21 'रिवोल्यूशनरी बॉयग्राफीज' एवं प्रदर्श पी. 490, 'अवेक अराइज'। अन्तिम उल्लिखित पुस्तक जयगोपाल के पास से उस समय बरामद हुई जब वह गिरफ्तार हुआ था।

गुजरात में प्रेमदत्त के पास से, 'द सेवेन दैट वेयर हेंगड' (प्रदर्श 569), 'रोड्स टू फ्रीडम' (प्रदर्श पी. 481), 'बन्दी जीवन' (हिन्दी की एक पुस्तक जिसमें भारत में आधुनिक क्रान्तिकारी गतिविधियों के बारे में लिखा गया था।) (प्रदर्श पी. 554), 'भारत वर्ष का इतिहास' (प्रदर्श पी. 581) एवं 'चाँद पत्रिका के फाँसी विशेषांक' की कई प्रतियाँ (प्रदर्श पी. 577) बरामद हुई।

11 मई, 1929 को अमृतसर के मुगल बाजार हाउस की तलाशी सब इंस्पेक्टर चौधरी शहाबुद्दीन (अ. सा. 32) ने ली और जो पुस्तकें वहाँ मिलीं उनमें 'नन को-ऑपरेशन पुश्ड् टू इट्स लॉजिकल कन्सीक्वेन्सेज' (प्रदर्श पी. 170) थी।

13 मई, 1929 को सहारनपुर के घर में ली गई तलाशी में 'दी कमिंग ऑफ सोशलिज्म' (प्रदर्श पी. 360), एवं 'लेनिनिज्म' (प्रदर्श पी. 362) पाई गईं।

ऊपर दिए गए साक्ष्यों के विभिन्न अंशों को देखते हुए और खासकर बम एवं गुलाबी पोस्टरों के साक्ष्य को देखते हुए जिन्हें बहुत सी जगहों में बहुत से घरों में वहाँ पाया गया जहाँ अभियुक्त रहते थे और जो साथ-साथ एक-दूसरे से जुड़े थे, इक़बालिया गवाहों के बयान को भी जोड़ा जाए जो सितम्बर, 1928 में दिल्ली में हुई मीटिंग के बारे में है, यह सब पूरी तरह से प्रमाणित साक्ष्य है एक अकेले षड्यन्त्र का जो सितम्बर 1928 में हुआ और जिसके फलस्वरूप बाद में विभिन्न अभियुक्तों की गतिविधियाँ हुईं जिसमें सान्डर्स की हत्या, दिल्ली के एसेम्बली हॉल में बम फेंकना, कलकत्ता, आगरा, लाहौर, सहारनपुर में आग्नेयास्त्रों का निर्माण एवं मौलानिया की डकैती हैं।

6. जो अपराध साबित हुए

भारतीय दंड संहिता की धारा 121 के अन्तर्गत जो अपराध सजा के योग्य है वह है राजा के खिलाफ युद्ध करना या युद्ध करने का प्रयास करना, या युद्ध करने के लिए उकसाना। क्रान्तिकारी पार्टी जिसका गठन दिल्ली में सितम्बर, 1928 में हुआ था, और जिससे अभियुक्तगण सम्बन्ध रखते थे उसकी गतिविधियों का अर्थ था युद्ध करना या राजा के खिलाफ युद्ध करने के लिए उकसाना। इस तर्क से साबित हो जाता है कि उनके कृत्य राजा के खिलाफ युद्ध करने वाले या युद्ध के लिए उकसाने वाले या राजा के खिलाफ युद्ध करने वाले थे। सदस्यों ने पार्टी का नाम रखा था 'हिन्दुस्तान सोशलिस्ट रिपब्लिकन आर्मी' और उनके एक नेता जिनका नाम पंडित जी था, उनके जिम्मे जो विभाग था वह सैन्य विभाग कहा जाता था। यह बात पार्टी के लड़ाकू चरित्र की ओर इंगित करती है, नहीं तो कम से कम उनके इरादों के बारे में जिन्होंने इसका गठन किया था। इसके बाद कुछ किताबें जिस तरह की थीं उन्हें देखा जाए और जो पार्टी के कुछ सदस्यों के पास थीं जैसे कि 'मॉर्डन ब्रीच लीडर्ज' (सहारनपुर के घर से सब इंस्पेक्टर रघबीर सिंह, अ. सा. 19, द्वारा प्राप्त) (प्रदर्श पी. 401), 'इन्फैन्ट्री ट्रेनिंग' (प्रदर्श पी. 27) 'दी सिपाय ऑफिसर्स मैनुअल' (प्रदर्श पी. 29), 'इन्फैन्ट्री ट्रेनिंग' (प्रदर्श पी. 159),

'स्माल आर्म्स ट्रेनिंग' (खान साहिब नियाज अहमद खान, अ. सा. 23 द्वारा कश्मीर बिल्डिंग में प्राप्त) (प्रदर्श पी. 160)। इसके बाद और भी देखें तो दिल्ली में इस्तेमाल किए गए बम तथा लाहौर एवं सहारनपुर में पाए गए बम। ये सारे बम वास्तव में अपराध करने के लिए जरूरी हथियार हैं और जानबूझकर जीवन छीन लेने के उद्देश्य से इस्तेमाल करने के लिए हैं। ये ऐसे हथियार नहीं हैं जो अपनी सुरक्षा के उद्देश्य के लिए होते हैं। इसके बाद फणिन्द्रनाथ घोष एवं मनमोहन बनर्जी का साक्ष्य सितम्बर, 1928 में दिल्ली की बैठक में लिए गए प्रस्ताव के स्वरूप के बारे में है और जो क्रान्ति लाने के साधन के रूप में आतंकवाद को अपनाने के हक में था।

अन्त में, कार्यों के स्वरूप जैसे कि बाद में पार्टी के सदस्यों ने अपराध किए, खासकर बमों का दिल्ली के असेम्बली हॉल में फेंकना, लाहौर में पुलिस ऑफिसर का कत्ल करना, जेल से कैदी को छुड़ाने की योजना, बम बनाने की फैक्ट्री के लिए महत्त्वपूर्ण केन्द्रों को स्थापित करना। ये गतिविधियाँ प्रकट कार्य हैं जो भारतीय दंड संहिता की धारा 121 के दायरे में आती हैं। जहाँ तक अभियुक्त कुन्दन लाल एवं प्रेमदत्त का सवाल है, इस बात में न्यायोचित सन्देह है कि उनकी गतिविधियों को युद्ध करने के लिए उकसाना भी कहा जा सकता है, हालाँकि यह बिलकुल स्पष्ट है कि वे युद्ध करने के अपराध के षड्यन्त्र में दूसरे अभियुक्तों के साथ थे और इस तरह भारतीय दंड संहिता की धारा 121A के अन्तर्गत दोषी हैं।

खून करने का अपराध भगत सिंह एवं शिवराम राजगुरु के विरुद्ध सिद्ध होता है, भले ही यह नहीं मालूम है कि इन दोनों में से किसके द्वारा चलाई गई गोली से वास्तव में मौत हुई, भारतीय दंड संहिता की धारा 114 के प्रावधान दोनों को खून करने के लिए समान रूप से दोषी ठहराते हैं। जो मि. सान्डर्स का कत्ल करने की योजना से सम्बद्ध थे वे भी भारतीय दंड संहिता की धारा 111 के अन्तर्गत खून करने की दुष्प्रेरणा एवं षड्यन्त्र के दोषी हैं। जहाँ तक विस्फोटक पदार्थ कानून (VI of 1908) के अन्तर्गत दिल्ली के एसेम्बली हॉल के अन्दर बम फेंकने की बात है तो यह इस अधिनियम की धारा 4(A) के अन्तर्गत अपराध होगा पर भगत सिंह को पहले ही इस कृत्य के लिए सजा दी जा चुकी है। उन लोगों का अपराध, जिन्होंने आगरा, सहारनपुर, लाहौर में बम बनाए या जिनके पास बम थे, उक्त अधिनियम की धारा 4(6) एवं धारा 6 के अन्तर्गत आता है। कँवल नाथ तिवारी के विषय में, जिसके लिए सम्बन्धित स्थानीय सरकार या गवर्नर जनरल इन काउन्सिल ने अधिनियम की धारा 7 के अन्तर्गत ट्रायल चलाने की जो

सहमति दी है उसमें कलकत्ते में बम कॉटन बनाने का अपराध नहीं है और इसी तरह प्रेम दत्त के सम्बन्ध में किसी भी सरकार की सहमति, विस्फोटक पदार्थ कानून के किसी भी आरोप के लिए नहीं है सिवाय धारा 4(a) के अन्तर्गत आनेवाले आरोप के जो उस पर लागू नहीं होता है। हालाँकि कँवल नाथ तिवारी एवं प्रेमदत्त दोनों ही के विरुद्ध आग्नेयास्त्रों के निर्माण करने की वजह से आपराधिक षड्यन्त्र में शामिल होने का दोष साबित होता है और इस प्रकार वे भारतीय दंड संहिता की धारा 120 B(1) के अन्तर्गत दोषी हैं।

इस सम्बन्ध में यहाँ यह गौर करने लायक बात है कि आपराधिक प्रक्रिया संहिता की धारा 196A इस अदालत को इस बात के लिए मना नहीं करती कि यह अदालत भारतीय दंड संहिता की धारा 120B के अन्तर्गत हुए ऐसे अपराध का संज्ञान नहीं ले सकता जहाँ षड्यन्त्र का उद्देश्य विस्फोटक पदार्थ कानून के अन्तर्गत अपराध करना हो, भले ही इसके लिए स्थानीय सरकार के गवर्नर जेनरल इन काउन्सिल की सहमति, विस्फोटक पदार्थ कानून की धारा 7 के अन्तर्गत न मिली हो।

उपरोक्त तथ्यों एवं निष्कर्षों के आधार पर **भगत सिंह** को भारतीय दंड संहिता की धारा 121 एवं 302 एवं विस्फोटक पदार्थ कानून की धारा 4(6) एवं धारा 6 तथा भारतीय दंड संहिता की धारा 120B के अन्तर्गत सजा दी जाती है। इस तथ्य को देखते हुए कि यह जानबूझकर, कायरता से किया गया खून था जिसमें उसने हिस्सा लिया था और यह देखते हुए कि वह इस षड्यन्त्र का प्रमुख सदस्य था **उसे गरदन से तब तक लटकाए जाने की सजा दी जाती है जब तक उसकी मौत न हो जाए।**

शिवराम राजगुरु उर्फ 'एम' को भारतीय दंड संहिता की धारा 121 एवं 302 के अन्तर्गत सजा दी जाती है। मि. सान्डर्स के खून में उसकी भागीदारी को देखते हुए **उसे तब तक गरदन से लटकाए जाने की सजा दी जाती है जब तक उसकी मौत न हो जाए।**

सुखदेव को भारतीय दंड संहिता की धारा 121 एवं 302 साथ ही 109 एवं 120B एवं विस्फोटक पदार्थ कानून की धारा 4(B) एवं धारा 6 साथ ही भारतीय दंड संहिता की धारा 120B के के अन्तर्गत सजा दी जाती है। यह अभियुक्त पार्टी की पंजाब शाखा का नेता था और वह पंजाब ही था जहाँ पार्टी की बहुत सी हिंसक घटनाएँ घटी थीं। वह मि. स्कॉट के खून की योजना से सम्बद्ध था, जिसके तहत मि. सान्डर्स की हत्या की गई, साथ ही वह बम बनाने में प्रमुखता से हिस्सा लेता था और पार्टी के लिए नए सदस्यों की भर्ती करता था। उसका दोष भगत

सिंह से कम नहीं है जो एक साधन था और जिसकी मदद से सुखदेव अपनी योजनाओं को फलीभूत करता था। **सुखदेव को भी गरदन से तब तक लटकाने की सजा दी जाती है जब तक उसकी मृत्यु नहीं हो जाती।**

किशोरीलाल को भारतीय दंड संहिता की धारा 121 एवं 302, साथ ही धारा 109 एवं 120B एवं विस्फोटक पदार्थ कानून की धारा 4(6) साथ ही 6 एवं भारतीय दंड संहिता की धारा 120B के अर्न्तगत सजा दी जाती है।

वह षड्यन्त्र का एक अधीनस्थ सदस्य था पर वह मि. स्कॉट की हत्या की योजना से समबद्ध था और बम निर्माण में सक्रिय था। **उसे आजीवन कारावास की सजा दी जाती है।**

महावीर सिंह को भारतीय दंड संहिता की धारा 121 एवं 302 साथ ही धारा 109 एवं 120B के अन्तर्गत सजा दी जाती है। वह भी पार्टी का एक अधीनस्थ सदस्य था पर मि. स्कॉट की हत्या की योजना से सम्बद्ध था। **उसे आजीवन कारावास की सजा दी जाती है।**

विजय कुमार सिन्हा को भारतीय दंड संहिता की धारा 121 एवं धारा 302 साथ ही धारा 109 एवं 120B तथा विस्फोटक पदार्थ कानून की धारा 4(6) साथ ही धारा 6, तथा भारतीय दंड संहिता की धारा 120B के अन्तर्गत सजा दी जाती है। वह षड्यन्त्र में अग्रणी था एवं मि. स्कॉट की हत्या की योजना से सम्बद्ध था। **उसे आजीवन कारावास की सजा दी जाती है।**

शिव वर्मा को भारतीय दंड संहिता की धारा 121 एवं विस्फोटक पदार्थ कानून की धारा 4(6) एवं धारा 6 एवं साथ ही भारतीय दंड संहिता की धारा 120B के अन्तर्गत सजा दी जाती है। वह संयुक्त प्रान्तीय दल का नेता था और बम बनाने में प्रमुख था। **उसे आजीवन कारावास की सजा दी जाती है।**

गया प्रसाद उर्फ **निगम** को विस्फोटक पदार्थ कानून की धारा 4(6) साथ ही धारा 6 एवं भारतीय दंड संहिता की धारा 120B के अन्तर्गत सजा दी जाती है। वह पार्टी का एक सक्रिय एवं महत्त्वपूर्ण सदस्य था और बम बनाने का काम करता था। **उसे आजीवन कारावास की सजा दी जाती है।**

जयदेव को भारतीय दंड संहिता की धारा 121 एवं विस्फोटक पदार्थ कानून की धारा 4(6) एवं 6, साथ ही भारतीय दंड संहिता की धारा 120B के अन्तर्गत सजा दी जाती है। वह पार्टी का एक सक्रिय सदस्य था और बम बनाने के काम में भाग लेता था। **उसे आजीवन कारावास की सजा दी जाती है।**

कँवल नाथ तिवारी को भारतीय दंड संहिता की धारा 121 तथा 120B के अन्तर्गत सजा दी जाती है। उसके कलकत्ता में बम कॉटन बनाने और इस काम

के लिए अपने कमरे उधार देने और मौलानिया डकैती में हिस्सा लेने के लिए **आजीवन कारावास की सजा दी जाती है।**

कुन्दन लाल को भारतीय दंड संहिता की धारा 121A के तहत सजा दी जाती है। वह षड्यन्त्र में नवम्बर, 1928 तक सक्रिय था लेकिन उस तारीख के बाद नहीं। **उसे सात साल सश्रम कारावास की सजा दी जाती है** पर यह एकान्त कारावास नहीं होगा।

प्रेमदत्त को भारतीय दंड संहिता की धारा 121A तथा 120B के अन्तर्गत सजा दी जाती है। वह पार्टी का महत्त्वपूर्ण सदस्य नहीं था। वह जनवरी, 1929 के बाद शामिल हुआ था। उसे **5 वर्षों का सश्रम कारावास** पर बगैर एकान्त कारावास के सजा दी जाती है।

अभियुक्त **देसराज, अजय कुमार घोष एवं जतिन्द्र नाथ सान्याल** को रिहा किया जाता है।

इस फैसले की कापी भगत सिंह, शिवराम राजगुरु एवं सुखदेव को निःशुल्क दी जाएगी।

जहाँ तक इस कार्यवाही से सम्बन्धित किसी आरोप का सवाल है, पाँच इक़बालिया गवाहों, जयगोपाल, फणिन्द्रनाथ घोष, मनमोहन बनर्जी, हंसराज वोहरा एवं ललित कुमार मुखर्जी को कैद से मुक्त किया जाता है। आज इक़वालिया गवाह राम सरण दास एवं ब्रह्म दत्त के लिए अलग आदेश जारी किए जाएँगे। घोषणा की गई।

7 अक्टूबर, 1930

जी.सी. हिल्टन
अब्दुल कादिर
जे.के. टप

संलग्न

सांडर्स की हत्या के बाद हिन्दुस्तान सोसलिस्ट रिपब्लिक आर्मी द्वारा 'सूचना'

'नौकरशाही सावधान'

जे. पी. सांडर्स की मौत से लाला लाजपत राय की हत्या का बदला ले लिया गया है।

यह अत्यन्त ही खेद की बात है कि 30 करोड़ लोगों द्वारा सम्मानित नेता पर, एक मामूली पुलिस अधिकारी, जिसका नाम जे. पी. सांडर्स था के द्वारा, हमला किया गया और उनकी मौत उसके घटिया हाथों द्वारा हुई। यह राष्ट्रीय अपमान हम युवाओं के लिए एक चुनौती था।

आज विश्व देख रहा है कि भारतवासी मुर्दे नहीं है, उनका खून ठंडा नहीं हो गया है। वे राष्ट्र के सम्मान के लिए अपने प्राणों की आहुति दे सकते हैं। इस बात का प्रमाण उन नवजवानों ने दे दिया है जिनका उपहास किया गया एवं जिनका अपमान उन्हीं के देश के नेताओं ने किया है।

'तानाशाह सरकार सावधान'

इस देश के सताये हुए एवं दुखी लोगों की भावनाओं को ठेस मत पहुँचाओ। अपने शैतानी रास्तों/तरीकों को छोड़ो। तुम्हारे सारे कानूनों के बावजूद जो हमें हथियार रखने से रोकते हैं या तुम्हारी लाख सावधानियों के बावजूद भी इस देश के लोगों को पिस्तौल एवं रिवाल्वर मिलते रहेंगे भले ही ये हथियार एक सशस्त्र आन्दोलन के लिए पर्याप्त न हो पर वे देश के सम्मान के अपमान का बदला लेने के लिए काफी हैं। भले ही हमारे अपने लोग हमारी भर्त्सना करें, हमारी खिल्ली उड़ाऐं, विदेशी सरकार हमारा कितना ही दमन करे, हम विदेशी तानाशाहों को, राष्ट्र

सम्मान का अनादर करने पर, पाठ पढ़ाएँगे। सारे विरोध एवं दमन के बावजूद हम आन्दोलन की आवाज को आगे ले जाएँगे और फाँसी के तख्ते पर चढ़ते समय भी हम चिल्लाते रहेंगे--'इन्कलाब ज़िन्दाबाद।' हमें एक व्यक्ति को मौत के घाट उतारने का अफसोस है। पर यह व्यक्ति क्रूर, घृणास्पद एवं अन्यायी व्यवस्था का एक अंग था और उसे मारना जरूरी था। यह व्यक्ति इसलिए मारा गया कि वह ब्रिटिश सरकार का एक मुलाजिम था। यह सरकार दुनिया की सबसे दमनकारी सरकार है।

हमें दुःख है कि हमने मानव रक्त बहाया पर क्रान्ति की बलिवेदी को खून से सींचना आवश्यक है। हमारा उद्देश्य एक ऐसे आन्दोलन को उभारना है जो मनुष्य द्वारा मनुष्य का शोषण समाप्त कर देगा।

'इन्कलाब जिन्दाबाद।'

18 दिसम्बर, 1928

हस्ताक्षर

बलराज

कमांडर-इन-चीफ-एच. एस. आर. ए.

द रिवोल्यूशनरी (क्रान्तिकारी)

(इस मुकदमे के एक अभियुक्त से प्राप्त)

द रिवोल्यूशरी पार्टी ऑफ इंडिया का एक अंग–(28 एवं 31 जनवरी, 1925 के बीच भारत के संयुक्त प्रान्तों एवं दूसरे हिस्सों में एक चार पृष्ठीय पैम्फलेट, डाक द्वारा एवं हाथों हाथ गुप्त रूप से बाँटा गया। उसके मुख्य अंश नीचे दिए जा रहे हैं।)

भारत की क्रान्तिकारी पार्टी का घोषणा पत्र

1 जनवरी, 1925 जिल्द-I

(हर ईमानदार भारतवासी को चाहिए कि वह इसे आदि से अन्त तक पढ़े और अपने मित्रों को पढ़ाए।)

एक नये सूर्य के उदय के लिए अव्यवस्था आवश्यक है; एक जिन्दगी का जन्म कष्ट एवं यन्त्रणा से भरा है। भारत का भी एक नया जन्म हो रहा है, और यह अभी उसी अपरिहार्य दौर से गुजर रहा है जब अव्यवस्था एवं यन्त्रणा अपनी तय भूमिका अदा करेंगे, जब सभी गणनाएँ व्यर्थ साबित होंगी, जब बुद्धिमान एवं ताकतवर सीधे-सादे एवं कमजोर के सामने किंकर्तव्यविमूढ़ हो जाएँगे; जब बड़े साम्राज्य ढह जाएँगे एवं नये राष्ट्रों का उदय होगा, जो अपनी भव्यता एवं गौरव से, जो कि उनका खुद का होगा, मानवता को आश्चर्यचकित कर देंगे।

भारत में एक नई शक्ति का उदय हो चुका है, युवाओं के बीच यह शक्ति क्रान्तिकारी आन्दोलन है और जिसकी विजय अन्ततः सभी बाधाओं के बावजूद होगी।

इस आन्दोलन ने 20 वर्षों तक दमन का सामना किया है। अभी यह पहले से कहीं ज्यादा मजबूत है और इसकी सम्भावनाएँ और भी चमकीली। भारत विदेशियों द्वारा, बिना किसी उचित कारण के शाषित है और उनका प्रभुत्व सिर्फ तलवारों के बल पर है। इन विदेशियों की तलवारों का सामना भारतीयों की तलवारों से होना था।

रिवोल्यूशनरी पार्टी का तत्काल उद्देश्य फेडरल रिपब्लिक ऑफ यूनाइटेड स्टेट्स ऑफ इंडिया (भारत के संयुक्त राज्यों का संघीय गणराज्य) की स्थापना एक संगठित एवं सैन्य क्रान्ति द्वारा करना है।

इस गणतन्त्र में वैश्विक मताधिकार, रेलों का राष्ट्रीयकरण, खानों से निर्माण एवं पोत परिवहन उद्योग होंगे। विधानमंडल प्रशासकों पर नियन्त्रण रखेगा। क्रान्तिकारी पार्टी के उद्देश्य अन्तर्राष्ट्रीय थे न कि राष्ट्रीय और इस दृष्टि से यह भारत के महान् भूतपूर्व गौरवशाली ऋषियों के दिखाए गए पथ का अनुसरण करता है तथा वर्तमान में बोल्शेविक रूस का।

सभी समुदायों के अधिकार समान होंगे। जीवन के रिश्तों में आपसी सहयोग एवं आध्यात्मिक सद्भाव होगा।

अभी समय नहीं आया है कि पार्टी की नीतियों एवं प्रोग्रामों का खुलासा किया जाए। पार्टी ने यह स्वतन्त्रता अपने पास सुरक्षित रखी है कि वह इंडियन कांग्रेस के साथ जुड़े या न जुड़े।

पर यह पार्टी देश में हो रहे सभी संवैधानिक प्रतिरोधों को उपहास एवं अवज्ञा से देखती है।

युवा भारतीयों अपने भ्रमों को झाड़ कर गिरा दो, वास्तविकता का सामना मजबूत हृदय के साथ करो, संघर्षों, अवरोधों एवं कुर्बानियों की अनदेखी न करो। अपरिहार्य स्थितियाँ आने को हैं। अब किसी के द्वारा भ्रान्त होने की जरूरत नहीं है। शान्ति एवं अमन चैन तुम्हारे पास नहीं होंगे एवं भारत की स्वतन्त्रता शान्तिजनक एवं कानूनी तरीकों से कभी हासिल नहीं होगी। एक महान् अंग्रेज लेखक, मि. राबर्टसन के निम्नलिखित यादगारी शब्द भारत के बुद्धिमानों को और भी ज्यादा बुद्धिमान बनाएँगे।

"बदलाव का आन्दोलन एवं कार्यक्रम मुख्यतः आईरिश एवं प्रोटेस्टेंट नेताओं की उपलब्धि थी जिन्हें ब्रिटिश राजनेताओं ने एक घातक रहस्य की तरह उद्घाटित करते हुए कहा था कि इंग्लैंड को बल प्रयोग से समझाया जा सकता है (या रास्ते पर लाया जा सकता है या जीता जा सकता है) पर उनसे न्याय एवं सदाशयता पर बहस नहीं की जा सकती।" (इंग्लैंड अंडर द हनोरेवियन्स, पृष्ठ 197)

भारतीय लोक नायक (नेता) अभी भी इस 'घातक रहस्य' से अनभिज्ञ हैं या वे मूर्ख विद्वान हैं जो इसकी अनदेखी कर रहे हैं।

आतंकवाद एवं अराजकतावाद के बारे में कुछ शब्द और। आज भारत में ये दोनों शब्द अत्यंत ही दुष्टतापूर्ण भूमिका निभा रहे हैं। ये दोनों शब्द अक्सर

वहाँ प्रयोग किए जा रहे हैं, जहाँ क्रान्तिकारी शब्द का प्रयोग किया जाना चाहिए क्योंकि क्रान्तिकारियों का ध्वंस करने या उन्हें बदनाम करने के लिए इन शब्दों का उपयोग करना उनके लिए अत्यन्त ही सुविधाजनक/लाभदायक है। भारतीय क्रान्तिकारी न तो आतंकवादी हैं और न ही अराजक। वे कभी भी जमीन पर (देश में) अराजकता फैलाने का काम नहीं करते अतः उन्हें कभी भी उचित तौर पर अराजकवादी नहीं कहा जा सकता। आतंकवाद कभी भी उनका उद्देश्य नहीं रहा और इसी वजह से उन्हें आतंकवादी नहीं कहा जा सकता। वे इस बात में विश्वास नहीं करते कि सिर्फ आतंकवाद स्वतन्त्रता/आजादी ला सकता है।

वे आतंकवाद के लिए आतंकवाद नहीं चाहते हालाँकि कभी-कभी वे इस तरीके का, बदला लेने के लिए, बहुत अच्छे एवं प्रभावशाली अस्त्र की तरह इस्तेमाल जरूर कर सकते हैं।

वर्तमान सरकार का अस्तित्व आज सिर्फ इसलिए है कि विदेशियों ने बड़ी सफलतापूर्वक भारतीय जनता को आतंकित कर दिया है। भारतीय जनता अपने अंग्रेज मालिकों को प्यार नहीं करती, वह नहीं चाहती कि वे यहाँ रहें; पर वह अंग्रेजों की सहायता सिर्फ इस वजह से करती है कि वह उनसे बहुत ज्यादा डरी हुई हैं; और यही डर उन्हें क्रान्तिकारियों की मदद करने से रोकता है—इसलिए नहीं कि वह उन्हें प्यार नहीं करती।

इस आधिकारिक आतंकवाद का सामना प्रति (काउन्टर) आतंकवाद से ही किया जा सकता है। समाज के हर तबके में एक अत्यंत ही गहरी मजबूरी का आलम है और समाज की चेतना को जगाने के लिए आतंकवाद एक कारगर उपाय है जिसके बगैर उन्नति मुश्किल है। जो भी हो, अंग्रेज मालिकों और उनके खरीदे गए गुलामों को कभी भी यह इजाजत नहीं दी जा सकती कि वे जो चाहें सो करें। बिना किसी रुकावट के, बिना कोई चोट खाए उनकी राह में हर सम्भव परेशानियाँ एवं अवरोध खड़े किए जाएँगे। आतंकवाद का अन्तर्राष्ट्रीय प्रभाव भी है क्योंकि इंग्लैंड के विरोधियों का ध्यान भी तभी भारत की ओर आकर्षित होता है जब आतंकवादी घटनाएँ एवं आन्दोलन होते हैं और क्रान्तिकारी अपना सम्बन्ध उनके साथ जोड़ पाते हैं। ऐसा कर पाने पर ही भारत की मुक्ति का मार्ग जल्दी प्रशस्त होगा। पर इस क्रान्तिकारी दल ने बड़े-से-बड़े उकसावे पर भी जान-बूझकर खुद को इस आन्दोलन में आतंकवादी कैम्पेन से बचाए रखा है जबकि उन्होंने विदेशी एजेन्टों द्वारा हमारी माताओं ओर बहनों पर अनेकानेक अत्याचार किए हैं और सिर्फ इसीलिए पार्टी अन्तिम प्रहार करने की प्रतीक्षा कर रही है। पर यदि आवश्यकता आ पड़े तो पार्टी बिना किसी हिचकिचाहट के आतंकवाद के

अभियान में शामिल हो जाएगी और तब हर एक आततायी ऑफिसर एवं व्यक्ति का जीवन असहनीय बना दिया जाएगा, चाहे वह भारतीय हो या यूरोपियन, बड़ा हो या छोटा। पर फिर भी पार्टी यह कभी नहीं भूलेगी कि आतंकवाद उसका उद्देश्य नहीं है और वह हमेशा अनथक प्रयास करती रहेगी और ऐसे स्वार्थरहित एवं अर्पित कार्यकर्त्ताओं का जत्था तैयार करेगी जो अपनी सर्वोत्तम प्रतिभा एवं शक्ति देश के राजनीतिक एवं सामाजिक उत्थान में लगाएँगे। वे हमेशा याद रखेंगे कि राष्ट्रों का निर्माण हजारों कर्मठ स्त्रियों एवं पुरुषों के आत्मत्याग से होता है। वे ऐसे स्त्री-पुरुष होंगे जो अपने देश की भावना की ज्यादा परवाह करेंगे तथा अपने आराम, स्वार्थ, खुद की एवं परिवार की जिन्दगी के बारे में कम।

हस्ताक्षर......विजय कुमार
प्रेसिडेंट, सेन्ट्रल काउंसिल
रिवोल्यूशनरी पार्टी ऑफ इंडिया।''

इस परचे पर, काकोरी मुकदमे के अन्तर्गत नेताओं पर चली ट्रायल में, सेशन कोर्ट एवं उच्च न्यायालय ने विश्वास जाहिर किया। (यानी सजा देने का आधार यह परचा भी था)।

काकोरी, लखनऊ-हरदोई रेलवे लाइन पर एक छोटा-सा रेलवे स्टेशन है जो लखनऊ से करीब 8 किलोमीटर की दूरी पर है। 9 अगस्त, 1925 को इसी स्टेशन पर इन क्रान्तिकारियों द्वारा एक ट्रेन से सरकारी खजाना लूट लिया गया, जिसके लिए काकोरी मुकदमे में उन पर ट्रायल चली थी।

उनमें से चार को मृत्युदंड दिया गया तथा उन्हें फाँसी पर लटका दिया गया। उनके नाम थे रामप्रसाद बिस्मिल, अशफाक उल्ला, राजेन्द्र नाथ लाहिड़ी एवं रोशन सिंह। चार को आजीवन कारावास की सजा हुई थी। उनके नाम हैं सचिन्द्र नाथ सान्याल, जोगेश चन्द्र चटर्जी, गोविन्द चरण राम एवं मुकुंदी लाल। बारह लोगों को कम सजा मिली थी। इस मुकदमे में चन्द्रशेखर आजाद को भगोड़ा करार दिया गया था।

Source : Hanging of Bismil : The Judgment (Editor : Prof. Malwinder Jeet Singh waraich; Publisher : Unistar Chandigarh.)

एक विशेष गवाह

अ. सं.-2—जयगोपाल (मुख्य परीक्षण के कुछ अंश)

वह 17 नवम्बर, 1928 का दिन था जब लाला लाजपत राय की मृत्यु हुई; मैंने पाया कि देसराज, पंडित जी एवं सुखदेव सब देसराज के कमरे में बैठे थे। पंडित जी ने मुझसे पूछा—सूटकेस कहाँ है? मैंने कहा—मैंने उसे मोजंग हाउस में छोड़ दिया है। उन्होंने मुझसे कहा कि मैं तुरन्त जाकर सूटकेस ले आऊँ। मैंने वैसा ही किया। पंडित जी ने उस सूटकेस को खोला जिसमें कई रिवाल्वर थीं। उनका विवरण इस प्रकार है :

1. एक माउजर पिस्तौल जिसे मैंने भगत सिंह के पास फिरोजपुर में देखा था।
2. एक रिवाल्वर, प्रदर्श P-/200 जिसे मैंने सुखदेव के पास लाहौर में और भगत सिंह के पास फिरोजपुर में देखा था।
3. एक छोटी रिवाल्वर जो प्रदर्श P-/200 से छोटी पर समान बोर की थी।
4. एक छोटी रिवाल्वर, प्रदर्श P-/122 जो बाद में सुखदेव की तलाशी के दौरान निकली थी।

इस मीटिंग में पंडित जी ने सुझाव दिया कि हम लोगों को मि. स्कॉट, वरिष्ठ सुपरिन्टेंडेंट ऑफ पुलिस की हत्या कर देनी चाहिए क्योंकि उसने लाला लाजपत राय को लाठी मारी थी और इस तरह हम जनता की सहानुभूति जीत लेंगे। यह बात 9 या 10 दिसम्बर, 1928 की है। मीटिंग का समय करीब 9 बजे सुबह था। दूसरे दिन पंडित जी ने कहा कि मि. स्कॉट अपने ऑफिस मोटरकार नं. 6728 से जाते हैं। मुझे उन्होंने मि. स्कॉट के ऑफिस आने जाने के समय पर ध्यान देने एवं वहाँ नजर रखने के लिए कहा, जिससे मैं बता सकूँ कि साधारणतया उनके ऑफिस से आने और जाने का समय क्या है। मैंने मि. स्कॉट की गतिविधियों पर 11, 12, 13 एवं 14 दिसम्बर, 1928 को नजर रखी और हर दिन पंडित जी

को खबर दी कि मि. स्कॉट हर दिन 10-11 बजे सुबह ऑफिस जाते हैं और 4-5 बजे शाम को वहाँ से लौटते हैं। इस गतिविधि पर नजर रखते वक्त मैं अपने साथ किताबें लेकर जाता था, डी. ए. वी. कॉलेज के पास जहाँ पुलिस थाना भी था, वहाँ मैं एक छोटे से कम्पाउंड में खड़ा होता।

14 दिसम्बर को पंडित जी ने कहा कि मि. स्कॉट की हत्या 15 ता. को निश्चित रूप से करनी है, कारण 16 दिसम्बर को 'कॉकोरी दिवस' मनाया जाना था। मेरे कहने का मतलब है कि यह इसलिए मनाया जाना था कि उस दिन 'कॉकोरी षड्यन्त्र मुकदमे' में 4 लोगों को फाँसी दी गई थी।

15 दिसम्बर को मैं सदा की तरह पुलिस ऑफिस मि. स्कॉट की गतिविधियों पर नजर रखने गया था। उस दिन मोटरकार नं. 6728, जो कि मि. स्कॉट की थी, ऑफिस नहीं आई। उस दिन मैं जियाउद्दीन, जो रेलवे गार्ड और मेरे पिता का मित्र है, से पुलिस ऑफिस के उस पार मिला। उसी दिन दोपहर में मैंने पंडित जी को खबर दी कि उस दिन मि. स्कॉट ऑफिस नहीं आए थे। वह शनिवार का दिन था। तब उन्होंने कहा कि मि. स्कॉट की हत्या सोमवार, 17 दिसम्बर, 1928 को जरूर की जाएगी जिससे कि राज खुलने के पहले काम को अंजाम दिया जा सके। 15 ता. की शाम को मैं बंसीलाल से पुलिस ऑफिस के दरवाजे पर मिला। उसने मुझसे कहा कि मेरे पिता मुझसे नाराज थे क्योंकि मैंने बहुत दिनों से उन्हें पत्र नहीं भेजा था। तब मैंने उससे कहा कि मैं क्रान्तिकारी पार्टी का सदस्य हूँ इसलिए वापस अपने पिता के पास नहीं जाना चाहता। मैंने सुखदेव एवं पंडित जी से बंसीलाल से हुई इस बातचीत के बारे में बता दिया। 15 ता. को आधा दिन गुजरने पर, मैंने भगत सिंह को कई इश्तहार लिए देखा–जिन पर गुलाबी कागजों पर लाल स्याही से 'हिन्दुस्तान सोसलिस्ट आर्मी।' लिखा था। एक इश्तहार पर लिखा था–'स्कॉट मारा गया लाला जी का बदला ले लिया गया।'

उसके नीचे कुछ टाइप किया गया था। इश्तहार देखने में प्रदर्श पी. ए. की तरह का था पर उन पर जो लिखा हुआ था वह वहाँ नहीं था। प्रदर्श पी. ए. एक्स पर लिखा था, 'सांडर्स मारा गया।' तब पंडित जी ने मुझे अपने मित्र बंशीलाल से कुछ रुपए लाने के लिए कहा। मैं 16 ता. को बंशीलाल से 3 रुपये लेकर आया। उसने 10 रुपये और देने का वादा किया था। मैंने 3 रुपये पंडित जी को दे दिए। शाम को मैं ब्रैडला हॉल गया जहाँ 'कॉकोरी दिवस' पर कोई भाषण दिया जाना था। 17 दिसम्बर को मैं देखने गया कि मि. स्कॉट ऑफिस आए थे या नहीं। 10 बजे सुबह मैंने एक यूरोपियन पुलिस ऑफिसर को लाल मोटर साइकिल पर

आते देखा। ऑफिस में जो लोग मौजूद थे उन्होंने उस सलाम दागा। मैंने सोचा वह स्कॉट था और उस दिन मोटरसाइकिल से ऑफिस आया था। खुद को सन्तुष्ट करने के लिए मैंने मोटर कार नं. 6728 का इन्तजार किया पर वह नहीं आई। तब मैं निश्चिंत हो गया कि मि. स्कॉट उस दिन मोटरसाइकिल से ऑफिस आए थे। मि. स्कॉट एवं इस ऑफिसर, जो मोटरसाइकिल से आया था, दोनों की वर्दी में कोई अन्तर नहीं था। दोपहर के आसपास मैंने पंडित जी को इस बाबत खबर दी और कहा कि आज हत्या कर देनी चाहिए। डेढ़-दो बजे के करीब मोजंग हाउस में एक मीटिंग हुई जिसमें पंडित जी, सुखदेव, भगत सिंह, 'एम.' एवं मैं स्वयं उपस्थित थे। पंडित जी ने माउजर पिस्तौल, एक छोटी रिवाल्वर एक बक्से से बाहर निकाली और उनमें कारतूस भरे। पंडित जी मुझे छोटी रिवाल्वर देने वाले थे पर सुखदेव ने मना कर दिया और उनसे इसे 'एम' को देने के लिए कहा। पंडित जी ने माउजर पिस्तौल अपने पास रख ली। रिवाल्वर 'एम' को दी गई और स्वचालित पिस्तौल भगत सिंह को। इन तीनों को और मुझे स्कॉट की हत्या करनी थी। 'एम' पैदल गया और हम तीनों साइकिलों पर। बाइसिकल प्रदर्श पी/55 का व्यवहार मेरे द्वारा किया गया। प्रदर्श पी/54 पार्टी की साइकिलों में से एक थी पर मैं यह नहीं बता सकता कि उसका इस्तेमाल किसने किया। मैंने अपनी साइकिल डी. ए. वी. कॉलेज, लाहौर के पास स्थित बोर्डिंग स्कूल शौचालय के पास रखी।

दो साइकिलें शौचालय के पास रखी जानी थीं और एक साइकिल मुझे अपने पास पुलिस ऑफिस के पास रखनी थी। एक साईकिल मेरे पास, इसलिए रखी जानी थी कि यदि मि. स्कॉट पर पहला फायर चूक जाए तो भगत सिंह मुझसे साइकिल लेकर मि. स्कॉट का पीछा कर पाएँ और उन्हें मार पाएँ। तीनों साइकिलें मोजंग हाउस से लाई गईं। एक मेरे द्वारा तथा दो भगत सिंह एवं पंडित जी द्वारा। मैंने अपनी साइकिल शौचालय के पास रखी और पैदल पुलिस ऑफिस के सामने डी. ए. वी. कम्पाउंड चला गया। तब पंडित जी और भगत सिंह दो साइकिल पुलिस ऑफिस के पास कम्पाउंड में लेकर आए। उसमें से एक साईकिल मैंने ली और शौचालय के पास मेरी साइकिल के पास रख दी। मैं पैदल डी. ए. वी. कम्पाउंड पुलिस ऑफिस के सामने आ गया और तीसरी साइकिल, जो उस समय वहाँ थी उसे लेकर रोड पर खड़ा हो गया। उस समय पंडित जी डी. ए. वी. कॉलेज कम्पाउंड में थे। भगत सिंह एवं 'एम' रोड पर टहल रहे थे। उनके पास कोई बाईसिकल नहीं थी। शाम के चार बज रहे थे। इसके बाद बहुत से डी. ए. वी. कॉलेज के छात्र वहाँ से निकले।

इसके बाद वे साहब जिन्हें मैंने मि. स्कॉट समझा था ऑफिस से बाहर आए। एक लम्बा सिख कांस्टेबल वर्दी में उनके पीछे-पीछे आया। कांस्टेबल ने साहब के हाथ में कुछ दिया और ऑफिस की तरफ मुड़ गया। साहब ने मोटर साइकिल स्टार्ट की और उस पर बैठ गए। वे धीमी रफ्तार में चले। उस वक्त मैं और 'एम' उनके काफी पास थे। मैंने इशारा किया कि साहब आ रहे हैं। इस पर उन्होंने पिस्तौल निकाली और साहब की तरफ बढ़े। मैं रास्ते के मोड़ पर खड़ा हो गया। भगत सिंह उस समय पंडित जी के पास, पर गेट के बाहर रास्ते पर थे। 'एम' के पास रिवाल्वर थी। जिस ऑफिसर पर फायर हुआ उसने मोटरसाइकिल से हाथ उठा दिए और मोटरसाइकिल के एक तरफ गिर गया। मोटरसाइकिल का इंजन घूम गया। उस अफसर की टाँगें—मोटरसाइकिल के अन्दर फँस गईं। भगत सिंह दौड़े और उस पर कई बार फायर किया। भगत सिंह के पास ब्राउनी ऑटोमेटिक पिस्तौल थी (प्रदर्श पी/480)। भगत सिंह ने 5-6 बार फायर किया होगा। अफसर के मुँह से, गिरते वक्त, एक तरह की आवाज निकली। उसके बाद उसकी ज़बान बन्द हो गई।* हम तीनों तब कोर्ट स्ट्रीट की ओर दौड़े। जब हम भागे, एक साहब ऑफिस से बाहर निकले। उनके पीछे वही लम्बा सिख कांस्टेबल, जो साहब के हाथ में कुछ देने के लिए बाहर निकला था, भी बाहर निकला। वे दोनों हम लोगों के पीछे दौड़े। वे साहब मि. फर्न, ट्रैफिक इन्स्पेक्टर थे। उन्हें मैंने बाद में पहचाना। इतने में एक मोटरकार जिला न्यायालय की तरफ से आई। वह कार मेरे पास आकर रुकी। यह तब हुआ जब फायरिंग जारी थी। मैं नहीं बता सकता उस मोटरकार में कितने लोग थे। तहसील बिल्डिंग पुलिस ऑफिस के पास है। मैं नहीं कह सकता कि कोई वहाँ था या नहीं। मि. फर्न एवं लम्बा सिख कांस्टेबल—वे दोनों सड़क के नीचे भगत सिंह एवं 'एम' के पीछे दौड़ रहे थे। भगत सिंह ने मि. फर्न पर तब फायर किया जब वह उनके पास से गुजरा। मि. फर्न नीचे झुके और गिर गए। तब भगत सिंह एवं 'एम' डी. ए. वी. कॉलेज कम्पाउंड में छोटे गेट से अन्दर गए। मैं अपनी साइकिल के साथ कोर्ट स्ट्रीट के नीचे गया। सिख कांस्टेबल कम्पाउंड में भगत सिंह के पीछे मुड़ा।

मैं साइकिल पर सवार नहीं था बल्कि उसे खींच रहा था। थोड़ी देर बाद मैंने रिवाल्वर से 3 फायरों की आवाज कम्पाउंड की ओर से आती हुई सुनी। तब मैं शौचालय की तरफ गया जहाँ मैंने साइकिलें रख छोड़ी थीं। मैंने मेहतर से पूछा कि वे साइकिलें कहाँ गईं। उसने बताया कि वह नहीं जानता कि वे कहाँ गईं या उन्हें कौन ले गया। तब रसोई में काम करनेवाला लड़का, जो देसराज के लिए काम करता था, आया। उसने कहा कि एक साइकिल देसराज ले गया और

दूसरी साइकिल उसने रसोई के पास रख दी थी। इतने में भगत सिंह, पंडित जी एवं 'एम' ऊपर हॉस्टल से उतरकर नीचे वहाँ आए जहाँ देसराज के पास एक कमरा था।

मैंने उन स्थानों के बारे में बताया, सिवा देसराज के कमरे के, जिनके बारे में मजिस्ट्रेट के सामने जिक्र किया था।

पंडित जी के पास एक माउजर पिस्तौल थी जिसमें लम्बा अतिरिक्त बट लगा था जिससे वह एक राइफल की तरह चल सकती थी। उन्होंने पिस्तौल से 'बट' को हटा दिया, पिस्तौल को 'बट' के अन्दर रखकर अपनी जेब में रख लिया। मैंने पंडित जी से कहा कि देसराज एक साइकिल ले गए और दो उन लोगों के पास हैं। पंडित जी ने वह साइकिल ले ली जो मेरे पास थी। उन्होंने तब 'एम' को साइकिल पर बैठाया और खुद चलाते हुए चले गए। वे डी. ए. वी. कॉलेज कम्पाउंड के छोटे गेट से बाहर गए। मैं और भगत सिंह साइकिल लेने रसोई की तरफ गए जहाँ वह रखी थी। मैंने साइकिल उठाई जिसे भगत सिंह ने मुझसे ले लिया। तब हम दोनों शौचालय के पास आए जहाँ पहले साइकिलें रखी थीं। वहाँ पर भगत सिंह ने अपनी टोपी मेरी पगड़ी (लुंगी) से बदल ली। प्रदर्श P/488 ही वह पगड़ी (लुंगी) है जो भगत सिंह ने मुझसे ली थी। भगत सिंह साईकिल पर बैठे और उसी छोटे गेट से बाहर निकले। मैं दीवाल (पी. ए. डब्लू–नक्शे) पर चढ़ा और कम्पाउण्ड के नीचे उतर गया। मैं टैंक के पास से गुजरा और नक्शे पर दर्शाई 33 नं. की जगह पर रुक गया और वह पुस्तक पढ़ने लगा जो मेरे पास थी। तब मैंने दो यूरोपियंस को वर्दी में देखा। उनके साथ कई व्यक्ति थे। एक यूरोपियन के पास रिवाल्वर थी। दूसरे यूरोपियन ने मुझसे पूछा कि क्या मैंने कुछ लोगों को साइकिलों पर जाते देखा था। मैंने कहा–"नहीं, मैंने किसी को साइकिलों पर जाते नहीं देखा।" और सुझाव दिया कि वह थोड़ी दूरी पर काम कर रहे मजदूरों से यह बात पूछे। ऑफिसर्स मजदूरों के पास गए। तब मैं सी. आई. डी. ऑफिस के पीछे की तरफ से मोजंग हाउस गया। मैं जब तक घर पहुँचा 5.30 बज चुके होंगे। फायरिंग का वक्त 4.15 या 4.30 रहा होगा।

जब हम पुलिस ऑफिस गए, जहाँ घटना घटी थी, भगत सिंह ने फेल्ट कैप, गर्म कोट, खाकी पैंट, मौजे एवं काले जूते पहन रखे थे। प्रदर्श P/489, जूतों का जोड़ा वही है जो भगत सिंह ने पहन रखा था; पी. 487 कोट है। पंडित जी ने, कुल्हा (पी. 130-A) एवं पगड़ी (पी. 130) जो अभी अदालत में है, पहन रखे थे। उस समय पगड़ी का रंग बादामी था, एक सलवार, गर्म कोट और फ्लीट शूज का एक जोड़ा। 'एम' ने फेल्ट कैप, जैसी कि मेरे पास है, (गवाह का मतलब है मुड़ने

वाली ईरानी कैप) सूती कोट, पायजामा एवं फ्लीट फूट शूज पहन रखा था। मैंने एक पगड़ी (लुंगी) पी. 488–गर्म कोट, पी/486, एक काले जूतों का जोड़ा, पी/166 एवं पायजामा पहन रखा था।

पी/130 पगड़ी मेरे द्वारा फिरोजपुर ले जाई गई थी जहाँ मैंने उसे दूसरे रंग में रंग दिया था।

जब हम पुलिस ऑफिसर को शूट करने पुलिस ऑफिस गए थे सुखदेव हमारे साथ नहीं गए। हथियार छोटे लोहे के सूटकेस में थे, जिसका वर्णन मैंने पहले ही कर दिया है। जब मैं मोजंग हाउस पहुँचा वहाँ मैंने प्रताप सिंह उर्फ महावीर सिंह को कमरे के बाहर पहरा देते देखा।

पंडित जी, भगत सिंह एवं 'एम' घर के अन्दरवाले कमरे में थे। मैंने उन्हें बताया कि मेरे साथ क्या हुआ था। भगत सिंह उस कमरे में बिना पगड़ी के बैठे थे; उनके सिर पर लुंगी नहीं थी। मैंने उनसे पूछा–मेरी लुंगी कहाँ हैं? उन्होंने जवाब दिया कि वे उसे बाँध नहीं पा रहे थे अतः उन्होंने उसे वहीं गिरा दिया। भगत सिंह ने मुझे बताया कि हमने जिन साहब को मारा था वह स्कॉट नहीं था। उन्होंने यह भी बताया कि उन्हें एक पंजाबी सिख को शूट करना पड़ा। कारण वह उनका पीछा कर रहा था। भगत सिंह ने यह साफ नहीं कहा कि उन तीनों में से किसने पंजाबी सिख पर गोली चलाई।

* **नोट**–शहीद सुखदेव की टिप्पणी–भगत सिंह को पहले फायर करना था, एम. (राजगुरु) को भगत सिंह को 'गार्ड' करना था तथा पंडित को उन दोनों को। भगत सिंह ने अंग्रेज को बाहर निकलते हुए यह साहिब नहीं है। वह पंडित जी को यह बताने को या जिस दौरान एम. ने फायर कर दिया जो उसे नहीं करना था। उसको स्कॉट की पहचान नहीं थी फिर भगत सिंह का जो फर्ज बनता था, उसको भी गलत व्यक्ति पर गोली चलानी पड़ी। ऐसे हुई सांडर्स की हत्या–Hanging of Bhagat Singh, Voll.II।–**सम्पादक**

लाहौर षड्यन्त्र मुकदमे में अभियोजन पक्ष के गवाहों की सूची

1. हैमिल्टन हार्डिंगस (शिकायतकर्ता)
2. जय गोपाल
3. फणिन्द्र नाथ घोष
4. मनमोहन बनर्जी
5. हंसराज वोहरा
6. ललित कुमार मुकर्जी
7. राम सरन दास
8. बक्शी दीना नाथ
9. ख्वाजा ताजदीन
10. पंडित हंस राज
11. पंडित मुकंद पंत शास्त्री
12. एस. गंडा सिंह
13. एस. मोहन सिंह
14. एम. ए. जाफरी
15. एस ब्रह्मा सिंह
16. बलबद्र चतुर्वेदी
17. रघुनी चमार
18. एच. जी. टेरी, सर्जेंट
19. रघुबीर सिंह
20. हंस राज एस. आई.
21. एल. शंकर लाल
22. एल. रामेश्वर प्रसाद
23. के. एस. नियाज अहमद दीन
24. राय साहब लाला नाथू राम
25. जीत सिंह
26. आर बी. जे. एन. बनर्जी
27. जय नाथ सहाय
28. केशो प्रसाद
29. चौधरी रोशन लाल
30. जेनकिन
31. रॉबर्ट चर्चिल
32. चौधरी शहाबुद्दीन एस. आई.
33. चौधरी मुश्ताक अहमद
34. अब्दुल्ला
35. संत सिंह
36. मु. इब्राहिम
37. हाजी अहमद
38. कर्नल सिवन
39. डॉ. मैथ्यूज
40. डॉ. लोम्ज
41. मेजर ब्रिग्ज
42. के. एस. दौलत अली शाह
43. एल. जय दयाल
44. राम लाल
45. जे. आर. मौरिस
46. फर्न

47. सैयद बाहुद्दीन
48. अता मुहम्मद
49. लक्ष्मी नारायण
50. दीना नाथ
51. कुन्दन लाल
52. किशन सिंह
53. महंत राम
54. सदानन्द
55. डॉ. ग्यान चन्द
56. सालिग राम
57. हंस राज
58. राम प्रसाद
59. एल. कांशी राम
60. एल. मोहन राय
61. एल. कन्हैया लाल
62. एल. घोटा मल
63. मोहम्मद जान
64. हुसैन बक्श
65. सुन्दर दास
66. टेरी–इन्सपेक्टर
67. मोहम्मद याकुब
68. मियाँ दित्ता
69. नवाब दीन
70. जलाल दीन
71. सोहन लाल
72. बूटा
73. बूहु
74. गामा
75. बहादुर अली
76. आर. एस. जवाहर लाल
77. अमर सिंह एस. आई.
78. आर. बी. मनी राम
79. तलेह मुहम्मद
80. अब्दुल वाहिद
81. के. एस. मो. सादिक
82. अमरनाथ
83. रहमत खान
84. पिशोरी लाल
85. जिया उद्दीन
86. फकीर चन्द
87. बरकत अली
88. एल. वीर सेन
89. एल. गुरन दित्ता मल
90. एल. मनी राम
91. एल. तशर दास
92. गेना खान
93. वाजिद अली शाह
94. बलराज
95. शाह दीन
96. बुधे शाह
97. ट्रायसन
98. मु. हुसैन
99. बशीर बादशाह
100. अहमद दीन
101. चौधरी हबीबुल्लाह
102. चौधरी कमलदीन
103. अली गौहर
104. गुलाम रसूल
105. जगन्नाथ
106. मगहर
107. लाजपत राय
108. शरमापत
109. मो. दीन
110. ब्रह्मदत्त

111. राम रखा
112. एल. कुन्दन लाल
113. गुरन धिव्या
114. बी. राय सरन दास
115. हरिचन्द
116. नैज दीन
117. तेज सिंह
118. दारा सिंह
119. मुश्ताक हुसैन
120. जैघम हुसैन
121. मीर जैघम हुसैन
122. मो. इस्माइल
123. बी. बदरीनाथ
124. मुन्शी राम
125. लाल चन्द
126. सिराज दीन पुत्र–नूर दीन
127. फिरोज दीन
128. सिराज दीन–पुत्र अल्ला दित्ता
129. गुलाम रसूल
130. मिस्त्री जलालदीन
131. हाजी मुहम्मद हुसैन
132. नूर शाह
133. एल. वजीर चन्द
134. ज्ञान चन्द
135. सीता राम
136. लाला हरि चन्द
137. होरी लाल
138. एस. कश्मीरा सिंह
139. खडक सिंह
140. फजल अब्बास
141. गुरदियाल सिंह
142. के. बी. मुहम्मद : अफजल मकबूल
143. तुलसी राम
144. सोमनाथ
145. अवनाश चन्द
146. बालक राम
147. आसा सिंह
148. इच्छू राम
149. लाहौरी राम
150. मुहम्मद इब्राहिम
151. सादिक अली शाह
152. चौधरी गुलाम रसूल
153. शेख बशीर अहमद
154. एस. करम सिंह
155. ज़ावर हुसैन
156. एस. करम शाह
157. करम चन्द
158. अल्ला बक्श
159. राम रतन
160. शम्सुल हक
161. रहमत दीन
162. एल. बालक राय
163. डॉ. अमर सिंह
164. राम दित्ता मल
165. ऐताजुद्दीन अहमद
166. डॉ. रॉब्सन
167. के. एस. मिर्जा मेहदी हुसैन
168. अब्दुर रहमान
169. मुकन्दी
170. बनवारी लाल
171. हरनाम सिंह
172. राम सरज दास
173. जुगल किशोर
174. नूर मुहम्मद

175. मालिक सुलेमान खान
176. बशीर हैदर
177. पंडित राम नाथ
178. पील
179. हरबंस लाल
180. गंडा सिंह
181. अजमेर सिंह
182. बी. रल्ला राम
183. गुलाम मुहम्मद
184. रोरू राम
185. हमीद हुसैन
186. दीपक भाटिया
187. दौलत राम
188. लेफ्टिनेंट बी. एल. भंडारी
189. राम सरन दास
190. पं. ज्ञान चन्द
191. अब्दुल मजीद
192. गुलाम कादिर
193. फिरोज चन्द
194. आत्माराम
195. गुरुदित सिंह
196. मुहम्मद रमजान
197. राम सहाय
198. पं. हीरा लाल
199. कालू राम
200. दीवान चन्द
201. मेहर चन्द
202. गंगा राम
203. वृज भूषण लाल
204. रहमान कादरी
205. मन्ना लाल
206. मुहम्मद जलील
207. मुहम्मद हनीफ
208. अनवारूल हक
209. जियाउल हक
210. अकबर अली
211. रशीद अहमद
212. मुहम्मद हनीफ
213. भागीरथ
214. असा राम
215. पियारा लाल
216. टेक चन्द
217. मुहम्मद असलब
218. फूल चन्द
219. बंसीलाल
220. अब्दुल मजीद खान
221. तुफैल अहमद
222. इरशाद अहमद
223. रामचन्द्र
224. प्राणनाथ
225. शब्बीर हुसैन
226. बुन्दे हसन
227. जफ़र हुसैन
228. शेर अली
229. मुहम्मद यासिन
230. एम. डी. जोशी
231. एस. गोपाल सिंह
232. आफताब अहमद
233. मिर्जा वली बखत
234. चन्ना लाल
235. घासी राम
236. बेनी प्रसाद
237. गेन्दा लाल
238. भरोसी लाल

239. एम. अब्दुल अजीज
240. मुहम्मद इरशाद अली
241. अली बक्श
242. अहमद हुसैन खान
243. नवाब बेग
244. छोटे लाल
245. जमालुद्दीन
246. मुकन्द सिंह
247. शेख मुरीद अकबर
248. नारायण प्रसाद
249. राम स्वरूप
250. अब्दुल जब्बार
251. प्रिथी सिंह
252. अब्दुल हमीद खान
253. बशीर अली
254. अमरनाथ
255. दुर्गा प्रसाद
256. सईदुल्लाह
257. ब्रज भूषण
258. धर्मवीर
259. गोपाल किशन
260. रूलिया राम
261. मिलखी
262. गुरुदत्त
263. दिवारिका दत्त
264. ई. एस. लिबिस
265. बाबू
266. एस. के. चक्रवर्ती
267. श्रीकृष्ण
268. रामेश्वर दयाल
269. प्रभु दयाल
270. राम लाल
271. दीन दयाल
272. परमेश्वर प्रसाद
273. सतीश चन्द्र पाल
274. अब्दुस सलाम
275. विजय सिंह
276. प्रसाद सिंदोहन
277. गोविन्द राम
278. देवी चन्द
279. ठाकुर सूरज नारायण सिंह
280. श्याम मनोहर लाल
281. रघुवंश मिश्रा
282. उमा नन्द
283. सिराजदीन
284. लक्ष्मी नारायण
285. कल्लू
286. देवकी
287. शिवराज
288. राम दुलारे शर्मा
289. शिवराज
290. रमानन्द
291. मदन गोपाल
292. तुलसी राम
293. लेख राज
294. साधु राम
295. गज्जू राम
296. मुहम्मद तुफैल
297. चन्दा सिंह
298. राम लाल
299. मुकन्द लाल
300. मिरन बक्श
301. बीबी रानी
302. डॉ. दीवान सिंह

303. खान अमीन निवाज खान
304. दीनानाथ
305. रौशन नाथ
306. भाग राम
307. श्रीराम
308. दुला खान
309. गोपाल कृष्ण
310. ब्रज गोपाल मिश्र
311. देवी चन्द
312. मानस खान
313. चरण सिंह
314. मुहम्मद अफजल
315. बंसीलाल
316. महँगा राम
317. मंसा राम
318. हंसराज
319. जगन्नाथ
320. मियाँ जगदीश सिंह
321. के. बी. सैयद बुड़ेशाह
322. के. एस. डॉ. नूर मुहम्मद
323. हर गुरचेत सिंह
324. आसा राम
325. देस राज
326. फकरूद्दीन
327. अहमद बक्श
328. अशाउल्ला खान
329. कबूल चन्द
330. हेम चन्द
331. गोपाल दास
332. राम चन्द
333. हफीज मुहम्मद इसाक
334. ओंकार नाथ
335. जैनुबदीन
336. नन्द कुमार वर्मा
337. दुर्गा सिंह
338. मथुरा दास
339. जागो राम
340. गोपाल सिंह
341. रन सिंह
342. हकीम अहमद दीन
343. नारायण सिंह
344. गंगा राम
345. सैमुअल नासिर
346. अजमतुल्ला खान
347. जंग बहादुर सिंह
348. सोहन लाल
349. डोगरा पी. ए.
350. चत्तर सेन शास्त्री
351. सुरेन्द्र नाथ मुखर्जी
352. राघो नाथ मिश्रा
353. वधावा राम
354. नत्था सिंह
355. बनर्जी एम. एल.
356. घूरा दित्ता मल
357. मुहम्मद अताउल्लाह
358. दीवान चन्द
359. हंसराज
360. भीखन सिंह
361. भवानी शंकर
362. भीम सिंह
363. शोभा राम
364. के. जे. स्पीक्स
365. रामनन्दन सिंह
366. भागची एन. एन.

367. फिरोजदीन
368. शिव दयाल
369. मुमताज़ हसन
370. मकसूद अली खान
371. ठाकुर राम सिंह
372. उदय प्रकाश
373. इन्दर मातो
374. मनोरंजन घोष (फोनिन्द्रनाथ घोष के भाई)
375. कपिल नारायण देव
376. शम्भु नाथ
377. सन्तोष कुमार मुखर्जी
378. शान्ति स्वरूप
379. सूरज नारायण
380. कैप्टेन हेम्स
381. जमील अहमद
382. राम मुरती
383. कालीदास घोष
384. नागेन्द्रनाथ घोष
385. जतीन्द्रनाथ घोष
386. विकास चन्द्र गुप्ता
387. क्षितिज चन्द्र बोस
388. सार्थ कुमार चक्रवर्ती
389. विजय चन्द्र गौतम
390. सत्य चरण घोष
391. बलार्ड नाथ घोष
392. चन्द्रशेखर घोष
393. मणीभूषण भट्टाचार्य
394. भट्टाचार्य टी. पी.
395. ओंकार दास
396. रमेश चन्द्र
397. तुलसी राम
398. बदरी सिंह
399. नन्द कुमार तिवारी
400. मुजफ्फर हुसैन
401. दिल मोहम्मद
402. मुहम्मद सुलतान महमूद
403. रहमत उल्लाह
404. बदरी प्रसाद
405. श्रीकृष्ण पंडित
406. ठाकर दास
407. महाराज स्वरूप
408. रामशरण दास
409. हरनाम दास
410. नत्थुराम
411. सैयद अहमदशाह
412. फोरमैन सी. जी.
413. मिल्स ई.
414. मुल्कराज
415. जसवन्त राय
416. टीकाराम सावन्त दत्तात्रेय बलवन्त कारिन्दकर
417. गणपत
418. अब्दुल गफुर
419. शकूर बेग
420. बारा सिंह
421. अहमद यार खान
422. माता प्रसाद
423. स्कॉट आर.
424. अम्बा रत्ना मित्रा
425. स्टीफन करण सिंह
426. जफ्फरेज आर. सी.
427. राजा राम शास्त्री
428. सैगल आर.

429. एल. वजीर चाँद
430. विद्याधर
431. लाहिरी एच. सी.
432. अब्दुल अजीज के. एस.
433. शम्भूनाथ
434. देवी दत्त
435. सेठ झंडालाल
436. मोसमात पारबती
437. विद्‍या सागर
438. चन्द्रशेखर शास्त्री
439. वसाऊ राम
440. अब्दुल हसन खान
441. ब्रह्म दत्त
442. पिर्थी राय
443. बाबू राम
444. एल. काला राम
445. मुहम्मद अकबर
446. रूपिन्दर सिंह एस.
447. रिवाल नाथ
448. अल्लाह दित्ता
449. फिरोज दीन
450. छतरपाल सिंह
451. अब्दुल रहमान शाह
452. श्री चन्द्र
453. आशीक हसन
454. सूरज बली
455. अमोलक राम
456. खैर दीन खान साहेब
457. बकशीश राय

उपसंहार

फैसले से फाँसी तक

'लाहौर षड्यन्त्र केस' का फैसला 7-10-30 को आया; 27 अक्तूबर, 1930 के लिए 'डेथ वारंट' (Death Warrant) भी जारी कर दिए गए।

देसराज, अजय कुमार घोष एवं जतीन्द्र नाथ सान्याल ये तीन अभियुक्त छोड़ दिए गए।

बाकी बचे लोगों में किशोरी लाल, महावीर सिंह, विजय कुमार सिन्हा, शिव वर्मा, गया प्रसाद उर्फ निगम, जयदेव एवं कंवल नाथ तिवारी को आजीवन कारावास की सजा हुई।

कुंदन लाल को सात साल सश्रम कारावास एवं प्रेमदत्त को 5 साल सश्रम कारावास की सजा हुई।

भगत सिंह, शिवराम राजगुरु एवं सुखदेव—इन तीनों को ''तब तक फाँसी से लटकाए रखने की सजा हुई जब तक उनकी मौत न हो जाए।''

अन्तिम तीन युवा देशभक्तों को दी गई सजा से पूरे देश में एक चिन्ता भरा माहौल पैदा हो गया। इस मौके पर भगत सिंह और सुखदेव 23-23 साल के थे और राजगुरु अभी 22 साल का था। विशेषतः भगत सिंह द्वारा सेन्ट्रल एसेम्बली में बम फेंकने जैसी बहादुरी का काम, खुद को बिना किसी हिचकिचाहट के आत्मसमर्पण करना, यह जानते हुए कि पुलिस एक खून के मुकदमे में उनकी तलाश कर रही है, भारतीय इतिहास में पहली बार ऐसा हुआ था।

इस अदालती आदेश ने पूरे देश का ध्यान अपनी ओर आकृष्ट कर लिया था। नतीजन उनकी प्रशंसा आम लोगों ने तो की ही, उन्होंने भी की जो 'हिन्दुस्तान सोशलिस्ट रिपब्लिकन ऐसोसिएशन' के आदर्शों के खिलाफ थे। हर किसी ने इन युवाओं की भारतमाता के प्रति भक्ति एवं एकाग्रचित्तता की प्रशंसा की। कुछ लोगों, जो भारतमाता की अंग्रेजों से आजादी के लिए अहिंसक तरीकों से ही काम करना चाहते थे, ने भी इन नायकों के समर्थन में अपनी आवाज उठाई।

स्पेशल ट्रिब्यूनल की वैधता को चुनौती देने के लिए अक्टूबर 1920 में प्रीवि काउंसिल में दायर की गई 'स्पेशल लीव पिटिशन' 12 फरवरी, 1931 को खारिज हो गई। पिटीशन के फैसले तक सज़ा के अमल को स्थगित रखा गया था।

भारतीय सरकार एवं पंजाब सरकार दोनों ही काफी अच्छी तरह जानती थीं कि इन युवा देशभक्तों के लिए भारतीय समुदाय में कितना आदर एवं प्रेम है। उनकी आशंका ठीक ही थी कि इन देशभक्तों के समर्थन में काफी बड़ा समुदाय मार्च, रैली, आदि के रूप में उठ खड़ा होगा जब इन्हें फाँसी दी जाएगी और यह विरोध कई जगहों पर हिंसक भी होगा। अतः दोनों ही सरकारों ने वे तौर-तरीके तलाशने शुरू किए जिनसे जनता की प्रतिक्रिया रोकी जा सके।

भारत सरकार यह जानने को उत्सुक थी कि प्रांतीय सरकार इस विषय पर कौन-सा कदम उठाने जा रही थी।

ट्रिब्यूनल का फैसला आने के एक हफ्ते के अन्दर ही भारत सरकार के सचिव गृह मंत्रालय, मि. एच. डब्लू इमर्सन ने एक अर्ध सरकारी पत्र नं. डी. 7754/3 पौल, ता. 20-10-1930 पंजाब सरकार को लाहौर षड्यन्त्र मुकदमे पर सजायाफ्ता लोगों की फाँसी के अवसर पर लोगों द्वारा रैली निकालने पर रोक लगाने हेतु लिखा।

पंजाब सरकार के उत्तर का इन्तजार किए बगैर ही भारत सरकार ने अपने पत्र नं. डी. 7754/30 पौल. दिनांक 4 नवम्बर, 1930 के जरिए सभी स्थानीय सरकारों को लिखा–

"लाहौर षड्यन्त्र मुकदमे की हाल की स्थिति के बाबत, सजायाफ्ता अभियुक्तों ने अपील हेतु प्रीवि काउंसिल में एक आवेदन दिया है। अतः आगे की कार्यवाही में कुछ हफ्तों की देर होगी। भारत सरकार ने पंजाब सरकार को लिखा है कि वह प्रीवि काउंसिल के समक्ष अभियुक्तों की अपील खारिज होने के बाद फाँसी की तारीख तय होने की बाबत सूचना देता कि अभियुक्तों के समर्थन में जनता के प्रदर्शन वगैरह पर रोक लगाई जा सके।"

भारत सरकार के 20 अक्टूबर के पत्र के जवाब में पंजाब सरकार के चीफ सेकेट्री ने पत्र नं. 11763 एस. बी. ता. 2-12-30 को लिखा :

2. गर्वनर-इन-काउंसिल ने इस सवाल पर गौर किया है और पंजाब के सभी जिला मजिस्ट्रेटों को उस घटना के कम-से-कम एक हफ्ते पहले यह हिदायत देने का इरादा रखती है :

(a) षड्यन्त्र मुकदमे के अभियुक्तों के समर्थन में सभी प्रदर्शनों पर रोक लगाई जाए।

(b) यदि किसी जिले में कोई प्रदर्शन नहीं होने वाला है तो डिप्टी कमिश्नर को कोई आदेश पारित करने की जरूरत नहीं है।

(c) दूसरी तरफ यदि वह किसी प्रदर्शन की आशंका रखता है तो वहाँ 24 घंटे पहले दफा 144 आपराधिक प्रक्रिया संहिता के तहत आदेश पारित होने चाहिए।

(d) इस आदेश के तहत एक हफ्ते तक सभी प्रकार के प्रदर्शनों पर रोक लगानी चाहिए सिवाय उनके जिनको सुपरिन्टेंडेंट ऑफ पुलिस, पुलिस एक्ट की धारा 30 के अन्तर्गत छूट दे सकते हैं।

3. जनसभाओं पर रोक लगाने में, खासकर अमृतसर एवं लाहौर में, बिना पुलिस के साथ झड़प हुए, मुश्किल होगी। इसीलिए गवर्नर-इन-काउंसिल ने जनसभा पर रोक लगाने से मना किया है पर इन सभाओं में जो लोग भड़काऊ भाषण देंगे उन पर तुरन्त मुकदमे दायर किए जाएँ, ऐसा आदेश जारी होगा।

पंजाब सरकार ने इस प्रकार की रोक लगाने का विचार निम्नलिखित अवसरों के एक हफ्ते पहले करने का निश्चय किया :

(a) यदि प्रीवि काउंसिल में 'लीव टू अपील' खारिज हो जाती है।

(b) यदि अर्जी 'एडमिट' हो जाती है पर अपील खारिज हो जाती है।

(c) यदि कुछ अभियुक्तों को फाँसी दे दी जाती है।

इस पत्र पर भारत सरकार के स्तर पर विचार किया गया। यह विचार किया गया कि दूसरी स्थानीय सरकारों को बताया जाए कि पंजाब क्या करने की सोच रहा है। इसके अलावा वे अपना सुझाव दें कि वे भी ऐसा ही करने की सोच रहे हैं। सावधानी बरतते हुए एक प्रशासक ने सुझाव दिया–"चूँकि प्रीवि काउंसिल के समक्ष मुकदमा लम्बित है और दया याचिका भी फाइल की जाने की सम्भावना है अतः हमें ऐसी भाषा का प्रयोग नहीं करना चाहिए जो लम्बित मामलों के फैसले को बताने जैसा हो–जैसा कि पंजाब सरकार ने किया है–इसके बजाय हमें ऐसे शब्दों का इस्तेमाल करना चाहिए–यथा–"अभियुक्तों द्वारा दर्ज की गई लम्बित कार्यवाही या आगे दर्ज किए जानेवाली याचिका के फाइल होने पर, उनके सफल न होने पर..."

उपरोक्त सुझावों पर विचार करते हुए, भारत सरकार ने 4 नम्वबर को लिखे गए पत्र की बातों को आगे बढ़ाते हुए सभी स्थानीय सरकारों को दूसरा पत्र लिखा जिसकी भाषा इस अधिकारी की भाषा से मिलती थी। पत्र नं. डी. 8816/30 राजनीतिक, ता. 13 दिसम्बर 1930 द्वारा यह सूचित किया गया–

"ऐसा प्रतीत होता है कि समान नीति अपनाई जाए। इसके लिए भारत सरकार यह सुझाव देती है कि सभी स्थानीय सरकारें एवं प्रशासन दूसरी जगहों पर एक जैसे इन्तजाम करें। उनमें ऐसे परिवर्तन हो सकते हैं जो वहाँ की परिस्थितियों एवं व्यवहार को देखते हुए आवश्यक हों, जिसका अर्थ है, भारत सरकार चाहती है कि जहाँ राजनीतिक जनसभाएँ बन्द कर दी गई है वहाँ अभियुक्तों के समर्थन में जनसभाएँ न हों।"

प्रीवि काउंसिल ने एक न्यायिक कमेटी बनाई जिसके द्वारा लाहौर के वकीलों द्वारा भेजे गए इस आवेदन पर विचार होना था कि ट्रीब्यूनल के फैसले के खिलाफ फाइल की गई स्पेशल लीव पर विचार किया जाए या नहीं। इस न्यायिक कमिटि में 5 'लॉर्डस' थे–जिनके नाम थे–

1. विस्काउंट ड्यूनेडीन
2. लार्ड थैंकर्टन
3. लार्ड रसेल ऑफ किलोबिन
4. सर जार्ज लाउनडेस
5. सर दिनशां मुल्ला

इस न्यायिक कमिटि ने इस अर्जी पर विचार किया और सुझाव दिया कि इसे खारिज कर दिया जाए। भारत के सेक्रेट्री ऑफ स्टेट लंदन ने टेलिग्राम XX नं. 539 दिनांक 12 फरवरी, 1931 द्वारा भारत सरकार को सूचित किया कि "न्यायाधीशों ने हिज मेजेस्टी' को यह सुझाव देने का निर्णय लिया है कि इस आवेदन को खारिज किया जाए...न्यायाधीशों ने कहा है कि वे ऐसा आदेश देने की वजह बाद की किसी तारीख को बताएँगे।"

भगत सिंह एवं अन्य की आसन्न फाँसी ने लोगों की भावनाएँ जगा दी थीं। इसी वजह से "भगत सिंह अपील कमेटीज" पूरे पंजाब प्रांत में बनाई गईं। इन कमेटियों का उद्देश्य पूरे प्रान्त में अधिक-से-अधिक लोगों के हस्ताक्षर प्राप्त करने के अभियान में जुटना था जिससे वायसराय के सम्मुख प्रस्तुत कर अभियुक्तों की सजा को फाँसी से आजीवन कारावास में बदलवाया जा सके। यह अपील कहती थी–

"हम सब, जिनने हस्ताक्षर किए हैं–प्रार्थना करते हैं कि स्पेशल ट्रिब्युनल द्वारा श्री भगत सिंह, सुखदेव एवं राजगुरु को दी गई फाँसी की सजा निम्नलिखित कारणों से आजीवन कारावास में बदल दी जाए–

1. यह ट्रायल देश के आम कानूनों के तहत साधारण अदालत में नहीं की गई।

2. यह ट्रायल अपराधियों की गैर हाजरी में एकतरफा तौर पर असाधारण अदालत में चलाई गई।
3. अभियुक्तों को उच्च न्यायालय में अपील करने की इजाजत नहीं दी गई।
4. सरकार किशन सिंह जो सरदार भगत सिंह के पिता हैं–उनके द्वारा दी गई दरख्वास्त, कि वे सांडर्स के खून के मुकदमे में अभियोजन के खिलाफ दस्तावेज एवं गवाह प्रस्तुत करना चाहते हैं, को नहीं सुना गया।

''एक ऐसे समय में जब इंग्लैंड में फाँसी की सजा को खत्म किया जा रहा है तथा ऐसा ही एक बिल लेजिसलेटिव ऐसेम्बली के समक्ष भी प्रस्तुत किया जा रहा है और भारत एवं ब्रिटेन के रिश्ते भी अब ''न्यायानुकूल, न्यायसंगत एवं सन्तोषजनक आधारों पर समायोजित हो रहे हैं'' तब इन युवकों की फाँसी दिए जाने से लोगों के दिमाग पर अत्यन्त ही कष्टदायक असर होगा।''

यह निर्णय लिया गया कि 17 फरवरी 1931 को यह अभ्यावेदन वायसराय को पेश किया जाएगा और उसी दिन ''भगत सिंह दिवस'' पूरे पंजाब में मनाया जाए।

ये अपील कमेटियाँ निम्नलिखित जगहों पर काफी सक्रिय थीं :

1. कसूर–जिला लाहौर
2. मोगा–जिला फिरोजपुर
3. फिरोजपुर
4. सियालकोट
5. लुधियाना
6. लायलपुर
7. फगवारा, कपूरथला स्टेट
8. बिल्गा, जिला जलंधर
9. बंगा, जिला जलंधर
10. बटाला, जिला गुरुदासपुर
11. ओकारा, जिला मोंटगोमरी
12. गुजराँवाला
13. अमृतसर
14. लायलपुर
15. जड़ानवाला, जिला लायलपुर एवं
16. शेखूपुरा

लाहौर एवं अमृतसर में इन समितियों में नवजवान भारत सभा के पुराने सदस्य थे। उदाहरण के लिए, लाहौर में सोडी पिंडी दास एवं अमृतसर में गुरदित सिंह एवं अहमद दीन।

14 फरवरी 1931 को पंडित मदन मोहन मालवीय ने इलाहाबाद से एक टेलिग्राम वायसराय को भेजा, जिसमें अनुरोध किया गया था कि इन देशभक्तों की फाँसी की सजा को आजीवन कारावास में बदल दिया जाए। टेलिग्राम में लिखा था—"मैं महामहिम से अनुरोध करता हूँ कि भगत सिंह, सुखदेव एवं राजगुरु के मामले में दया करने के परमाधिकार, यानि फाँसी की सजा को आजीवन कारावास में बदलने के अधिकार का स्वनिर्णय उपरोक्त लोगों के पक्ष में किया जाए। मैं फाँसी की सजा का विरोध मानवीयता के आधार पर तो करता ही हूँ, इसलिए भी करता हूँ कि इन नवयुवकों के कृत्य किसी व्यक्तिगत वजह से या स्वार्थवश नहीं थे, बल्कि देशभक्ति की भावना से प्रेरित थे। भले ही वे भ्रमित हों, पर इससे (फांसी से) देश के जन मानस की भावनाओं को गहरा धक्का लगेगा। कानून. एवं राज्य का उद्देश्य उन्हें आजीवन कारावास की सजा देने से भी पूरा हो जाएगा और इस समय आप द्वारा दया दर्शाने से भारतीय जनमानस के मन में काफी अच्छा प्रभाव भी पड़ेगा।"

इन्हीं दिनों एक और मुकदमा—**क्राउन बनाम कुन्दन लाल एवं अन्य** की सुनवाई भी अदालत में चल रही थी। इस मुकदमे में, 'लाहौर षड्यन्त्र कांड' की कुछ घटनाओं को लेकर, इन तीनों सजायाप्ता देशभक्तों की बार-बार चर्चा हुई। लाहौर से चार वकीलों, जिनके नाम थे—शाम लाल, ए. आर. कपूर, अमरनाथ मेहता एवं प्राणनाथ, ने इसे एक कानूनी नुक्ता समझकर सोचा कि इस बिना पर फाँसी की तारीख को आगे बढ़ाया जा सकता है। 16 फरवरी को उन्होंने निम्नलिखित टेलिग्राम वायसराय को भेजा—अभियोजन का आरोप है कि अभियुक्त उस क्रान्तिकारी दल के सक्रिय सदस्य थे इसलिए भगतसिंह, राजगुरु एवं सुखदेव नए लाहौर षड्यन्त्र मुकदमे के अभियुक्तों के लिए अहम् गवाह हैं; चूँकि वायसराय की ट्रेन पर बम फेंकने की बात भगत सिंह की सलाह लेकर की गई थी; जेल कार्यवाही भी उनकी राय से और उनको छुड़ाने के लिए की गई थी, इसलिए उन मुद्दों पर तथा दूसरे अन्य मुद्दों पर उपरोक्त व्यक्ति काफी प्रकाश डाल पाएँगे। अभियुक्तों को डर है कि इससे पहले कि वे उपरोक्त व्यक्तियों को अपने बचाव पक्ष के गवाह के बतौर पेश कर पाएँ उन्हें प्रथम ट्रिब्यूनल द्वारा पारित फैसले के तहत फाँसी दे दी जाएगी। अतः यह प्रार्थना की जाती है कि उपरोक्त व्यक्तियों को इस मुकदमे में बचाव पक्ष के बतौर गवाह पेश किए जाने तक उनकी

फाँसी की सजा पर रोक लगा दी जाए। यदि उन्हें फाँसी दे दी गई तो इन अभियुक्तों को अत्यन्त ही महत्त्वपूर्ण गवाहों की गवाही से वंचित हो जाना पड़ेगा।''

उन्हीं दिनों उन लोगों ने एक्ट IV 1930 के अन्तर्गत नियुक्त कमिश्नर्स की अदालत में एक अर्जी मुकदमे की सुनवाई हेतु लगाई। उसमें प्रार्थना की गई कि चूँकि भगतसिंह, राजगुरु एवं सुखदेव इस मुकदमे में काफी महत्त्वपूर्ण गवाह हो सकते हैं अतः अधिकारियों से यह अनुशंसा की जाए कि इस मुकदमे में न्याय की दृष्टि से उपरोक्त व्यक्तियों की फाँसी की अवधि पर रोक लगाई जाए।''

अर्जी इस प्रकार थी–

एक्ट IV 1930 द्वारा नियुक्त कमिश्नर्स की अदालत में–

क्राउन बनाम कुंदन लाल एवं अन्य

अत्यन्त ही आदरपूर्वक यह निवेदन किया जाता है कि...

1. सरदार भगतसिंह, श्रीराजगुरु एवं श्री सुखदेव जो प्रथम लाहौर षडयन्त्र मुकदमे में अभियुक्त हैं वे इस मुकदमे के अत्यन्त ही महत्त्वपूर्ण गवाह हैं। अभियोजन का अभियोग था कि वायसराय की ट्रेन पर हमला एवं जेल कार्यवाही के सन्दर्भ में उपरोक्त अभियुक्तों की सलाह ली गई थी साथ ही उन्होंने क्रान्तिकारी दल बनाने में भी महत्त्वपूर्ण भूमिका निभाई है।

इसके अलावा प्रथम लाहौर षड्यन्त्र मुकदमे के दो इकबाली गवाह भी इस मुकदमे में गवाही दे रहे हैं। सरदार भगतसिंह, राजगुरु एवं सुखदेव इन बिन्दुओं पर काफी प्रकाश डाल सकते हैं और यह अभियोजन के आरोपों का जवाब देने के लिए आवश्यक भी होगा।

2. अभियुक्तों को यह लग रहा है कि इन तीन भद्रपुरुषों को जल्द ही फाँसी दी जा रही है।

अतः यह प्रार्थना की जाती है कि इनके महत्त्वपूर्ण गवाह होने की वजह से अधिकारियों से अनुशंषा की जाए कि बचाव पक्ष के हित की रक्षा के लिए उन्हें तब तक फाँसी न दी जाए जब तक कि उनकी गवाही इस मुकदमे में नहीं हो जाती।

हस्ताक्षर
शाम लाल
ए. आर. कपूर
अमर नाथ मेहता,
प्राण नाथ,

16.2.1931

उसी दिन कमिश्नर ने, जिसमें प्रेसिडेंट श्री एच. ए. सी. ब्लैकर एवं सदस्य श्री गंगाराम एवं श्री मु. सलीम थे, निम्नलिखित आदेश पारित किया :

बचाव पक्ष के वकील कल सुबह उन सभी महत्त्वपूर्ण बातों को सामने रखें जिससे यह पता चल सके कि उपरोक्त व्यक्तियों से वे किन बिन्दुओं पर गवाही दिलवाना चाहते हैं।

उसी दिन यानी 16 फरवरी 1931 को अभियुक्तों के वकील जीवन लाल बलजीत एवं शामलाल ने **वायसराय को निम्नलिखित टेलिग्राम भेजा :**

कृपया ध्यान दें कि भगतसिंह, राजगुरु, सुखदेव जो सेन्ट्रल जेल में कैद हैं उन्हें फाँसी की सजा तभी दी जा सकती है जब जिस ट्रिब्यूनल ने उन्हें सजा दी थी वह अपने 'एक्सप्रेस वारंट' पर तारीख, समय, फाँसी देने की जगह लिख कर दें। यह आदेश किसी ओर के द्वारा पारित नहीं किया जा सकता। फाँसी देने के बाद वारंट को भी उसी ट्रिब्यूनल के पास लौटाया जाना होता है। चूँकि ट्रिब्यूनल का अस्तित्व अब समाप्त हो गया है अतः अब कोई वैध अदालत नहीं है जो फाँसी की सजा तामील करने के लिए तारीख, समय एवं जगह तय कर पाए। अतः फाँसी की सजा को तामील करना कानूनी तौर पर सम्भव नहीं है। कृपया फाँसी को रोक दीजिए। जो भी अधिकारी फाँसी की सजा को तामील करेगा वह एक गैरकानूनी काम करेगा और ऐसा वह अपने रिस्क पर करेगा। कृपया आपराधिक प्रक्रिया संहिता की धाराएँ, 381, 400 एवं फार्म 35, शिडल्यूल 5 देखें। हम उच्च न्यायालय में हेबियस कार्पस ('बन्दी प्रत्यक्षीकरण') रिट दायर करने जा रहे हैं।

16 ता. के आदेश की पूर्ति करते हुए दूसरे दिन कमिश्नर के समक्ष निम्नलिखित अर्जी विस्तार में दाखिल की गई।

एक्ट IV, 1930 के अन्तर्गत नियुक्त कमिश्नर की अदालत में

क्राउन...बनाम...कुन्दन लाल एवं अन्य

मृत्युदंड प्राप्त अभियुक्तों जिनकी गवाही इस मुकदमे में अत्यन्त ही महत्त्वपूर्ण एवं सारवान है, की जिन्दगी बचाने के लिए आवश्यक कदम एवं सावधानियाँ बरतीं जाने के लिए प्रार्थना पत्र :

सविनय निवेदन है :

1. कि प्रार्थियों ने 16 फरवरी, 1931 को एक आवेदन पत्र दिया था कि सरदार भगतसिंह, श्री शिवराम राजगुरु एवं श्री सुखदेव जिन्हें पिछले

लाहौर षड्यन्त्र मुकदमे में फाँसी की सजा दी गई है उनके जीवन की रक्षा हेतु आवश्यक कदम उठाए जाएँ जिससे कि वे इस मुकदमे में गवाही दे सकें।

2. कि लखर्ड अदालत ने प्रार्थी के आवेदन पत्र में उठाए गए बिन्दुओं पर गौर करते हुए बचावपक्ष के वकील को आदेश दिया था कि वे उन बिन्दुओं का उल्लेख करें जिन पर वे उपरोक्त बंदियों से इस मुकदमे में गवाही दिलवाना चाहते हैं। उसी आदेश का पालन करते हुए प्रार्थी का निवेदन है कि सरदार भगतसिंह, श्री शिवराम राजगुरु एवं श्री सुखदेव की गवाही निम्नलिखित बिन्दुओं पर आवश्यक है...

   (i) तथाकथित हिन्दुस्तान सोशलिस्ट रिपब्लिकन एसोसियेशन एंड आर्मी के इतिहास, निर्माण, संविधान एवं नियमावली पर अभियोजन के गवाह एवं इकबाली गवाहों के बयानों का खंडन करने के लिए।

   (ii) पंजाब की रिवोल्यूशनरी पार्टी की कार्यवाहियों और उसके प्रभाव के बिन्दु पर अभियोजन पक्ष की गवाही को खंडित करने के लिए।

   (iii) अभियोजन की इस कहानी को झुठलाने के लिए कि कुछ षड्यन्त्र जिनमें पुलिस अधिकारियों और दूसरे जनसेवकों की हत्या भी थी, उपरोक्त रिवोल्यूशनरी पार्टी द्वारा इन अभियुक्तों के साथ मिलकर और उनकी मदद से किए गए थे।

   (iv) इक़बालिया गवाह इन्दरपाल एवं अन्य गवाहों को इस अभियोजन बिन्दु पर झुठलाने के लिए कि नौजवान भारत सभा का कैसे निर्माण हुआ।

   (v) यह पूछने के लिए कि वे भगोड़े जिनका नाम इक़बालिया गवाहों ने लिया है वे व्यक्ति वास्तव में हैं या काल्पनिक हैं और उन्होंने या उनमें से किसी एक ने एक साथ मिलकर तथाकथित षड्यन्त्र में हिस्सा लिया या नहीं।

   (vi) यह पता लगाने के लिए कि तथाकथित षड्यन्त्रकारियों जिन्होंने इस षड्यन्त्र में या पिछले षड्यन्त्र में काम किया था उन्हें पार्टी द्वारा दिए गए उनके नाम सही थे या नहीं और यह कहानी कि उनका सम्बन्ध इस मुकदमे के अभियुक्तों से या पिछले मुकदमे के अभियुक्तों से है—इसमें कोई सच्चाई है या नहीं।

(vii) यह पता लगाने के लिये कि इन्दरपाल द्वारा कही गई कहानी कि हिन्दुस्तान सोशलिस्ट रिपब्लिकन पार्टी में दरार आ गई थी सच है या नहीं...खासकर यह कि भगवती चरण, यशपाल एक तरफ थे और दूसरे सदस्य दूसरी तरफ।

(viii) यह पता लगाने के लिये कि इन्दरपाल ने इस विषय पर सच कहा था या झूठ कि पार्टी की नियमावली में 1929 में संशोधन हो गया था।

(ix) यह पता लगाने के लिये कि पिछले मुकदमे के अभियुक्तों के उनकी गिरफ्तारी से पहले, इस मुकदमे के अभियुक्तों से या इक़बालिया गवाहों के साथ कोई सम्बन्ध थे या नहीं।

(x) इस बात की जाँच करने के लिये कि क्या सरदार भगत सिंह कभी भी इन्दरपाल से मिले थे या उनके साथ उनका कोई सम्बन्ध था या नहीं जैसा कि इंदरपाल बार-बार उनके बारे में कहता रहता है।

(xi) इस बात का पता लगाने के लिये कि क्या सरदार भगत सिंह कभी इन्दरपाल के पास इस बात के लिए गए थे कि कुछ गीतों का कॉपीराइट काकोरी के कैदियों की तसवीरों के साथ किया जाए या नहीं जिससे कि वे 'किर्ती'* नाम की पत्रिका में छप सकें जैसा कि इन्दरपाल ने प्रदर्श पी. बी. के हवाले से कहा है।

(xii) यह पता लगाने के लिये कि इन्दरपाल का बयान श्री सुखदेव एवं यशपाल की स्थिति एवं कार्यवाहियों के बाबत सही है या नहीं, कि यशपाल ने सुखदेव के साथ वह सूटकेस इन्दरपाल के पास जमा करवाया था या नहीं जिसमें 'बमशेल' रखे थे और ऐसा इन्दरपाल के सदस्य बनने के पहले हुआ था या नहीं। यह भी पता लगाना है कि इन्दरपाल कभी सुखदेव के सम्पर्क में आया था या नहीं।

(xiii) सुखदेव, सरदार भगत सिंह एवं शिवराम राजगुरु से पूछना कि क्या श्री सुखदेव पंजाब में पार्टी के संयोजक थे या नहीं।

(xiv) यह पता लगाने के लिये कि इन्दरपाल का यह बयान सच है या नहीं कि जेल अभियान के दौरान जब वह कैदियों की वैन में चन्द्रशेखर के साथ मुक्ति अभियान में था, सरदार भगत सिंह से अचानक मुलाकात हो गई थी या नहीं? यह भी पता लगाना कि षड्यन्त्र कांड के कैदियों की अदालत कक्ष से रिहाई के पहले के

---

* अमृतसर से उर्दू और गुरमुखी में प्रकाशित होनेवाला मासिक पत्र।

अभियान और सरदार भगत सिंह एवं श्री दत्त को बोस्टल जेल से आते या जाते वक्त मुक्त कराने के लिए दूसरे अभियान में मुक्त करानेवाले दल के साथ सरदार भगत सिंह, श्री सुखदेव एवं श्री राजगुरु तथा अन्य अभियुक्तों की मिलीभगत थी या नहीं।

(xv) यह पता लगाने के लिये कि इक़बालिया गवाह का मजिस्ट्रेट के सामने धारा 164 के तहत दिया गया बयान (इसे साबित किया गया है) कि 23-12-29 को दिल्ली के पास, वायसराय की ट्रेन पर कार्यवाही से पहले, इस विषय पर सरदार भगत सिंह की सलाह ली गई थी या नहीं।

उपरोक्त बिन्दुओं (जो संक्षेप में ही है) के अलावा भी और भी बहुत से महत्वपूर्ण विषयों पर सरदार भगतसिंह, श्री शिवराम राजगुरु एवं श्री सुखदेव की गवाही बचाव पक्ष के लिए अत्यन्त ही आवश्यक है। पर अभियोजन ने अभी पहले गवाह इन्दरपाल की गवाही ही खत्म नहीं की है और वे अभी अपनें पक्ष को साबित करने के लिए और भी गवाह लाने वाले हैं तो अभी से यह अनुमान लगाना मुश्किल है कि बचाव पक्ष को अभियोजन के किन बिन्दुओं को झुठलाने के लिए क्या-क्या पूछना होगा। बचाव पक्ष पिछले षड्यन्त्र कांड के दूसरे सजायाप्ता कैदियों की गवाही करवाने का इरादा भी रखता है। अभी यह अर्जी देने के पीछे मंशा यह है कि ऐसा समझा जाता है कि सरदार भगतसिंह, श्रीराजगुरु एवं सुखदेव की फाँसी की सजा पर जल्दी ही अमल किया जा सकता है। बचाव पक्ष के नजरिये से देखा जाए तो इन तीनों की गवाही बचाव पक्ष के लिए अत्यन्त ही महत्त्वपूर्ण है।

इस बात को मानने के लिए काफी ठोस आधार हैं कि यदि इस अर्जी में की गई प्रार्थना को माना नहीं गया तो बचाव पक्ष को खुद को निर्दोष सिद्ध करने के लिए न तो अवसर मिलेगा और न ही वे खुद को निर्दोष साबित कर पाएँगे।

अभियोजन पक्ष की गवाही का एक संक्षिप्त रूप, और जिसे बचाव पक्ष झुठलाना चाहता है, इस अर्जी में संलग्न है।

श्यामलाल

लाहौर — अमोलक राम कपूर

17 फरवरी, 1931, — अमर नाथ मेहता

प्रेम नाथ मेहता

अभियुक्तों के वकीलगण

अभियोजन पक्ष की गवाही का सांराश जिसे बचाव पक्ष सरदार भगतसिंह, श्री सुखदेव एवं श्री राजगुरु की गवाही से झुठलाना चाहते हैं। संदर्भ–अदालत की टाइप्ड फाइल से है–

1. पृष्ठ 124, लाईन 14-21 "मैं सरदार भगत सिंह से मिला जो वहाँ यशपाल के साथ आए थे...।"
2. पृष्ठ 125 लाईन 6-10 "सरदार भगत सिंह एवं यशपाल बैठक में थे। नौजवान भारत सभा नामकी संस्था का गठन हुआ...।"
3. पृष्ठ 127, लाईन 2-4 "यशपाल लाहौर षड्यन्त्र कांड के अभियुक्त सुखदेव के साथ आए...।"
4. पृष्ठ 127, अन्तिम दो लाईन एवं पृष्ठ 128 शुरुआत की 1-4 लाईन– "सरदार भगत सिंह मुझसे इस बैठक में मिला करते थे। एक बार उन्होंने मुझे काकोरी कांड के सजायाफता लोगों की तसवीरों के नीचे गीत लिखने के लिए कहा..."
5. पृष्ठ 130, लाईन 14-15 "उन्होंने मुझसे यह भी कहा कि सुखदेव पार्टी के संगठनकर्ता हैं।"
6. पृष्ठ 133, लाईन 14-22 एवं पृष्ठ 134, लाईन 1-2 "उन्होंने मुझसे यह भी कहा कि वे अदालत में स्वीकारोक्ति बयान देगें...कि भगत सिंह एवं दत्त पार्टी के सदस्य थे।"
7. पृष्ठ 135, लाईन 17-20 वे व्यक्ति "जिन्हें मैं जानता था वे यशपाल, सरदार भगतसिंह, श्री दत्त एवं संगठन कर्त्ता सुखदेव ही थे।"
8. पृष्ठ 240, लाईन 17-20 "प्रदर्श पी. एफ. वह दस्तावेज है जिसमें लाहौर षड्यन्त्र कांड के अभिुक्तों के नाम हैं...।"
9. पृष्ठ 241, लाईन 1-2 "नं. 1 'रणजीत' का मतलब है भगतसिंह।
10. पृष्ठ 241, लाईन 7-10 "इस दस्तावेज में दिए गए नाम 'प्रताप' का अर्थ है–कुन्दन लाल, 'निगम' गया प्रसाद वगैरह...।"
11. पृष्ठ 244, लाईन 7-10 "मैंने तब जाना कि पार्टी ने वादा किया था, कि सरदार भगत सिंह एवं श्री दत्त को एसेम्बली में बम फेंकने के पश्चात् उनकी गिरफ्तारी होने पर, उसके द्वारा छुड़वा लिया जाएगा।"

II इन्दरपाल का मजिस्ट्रेट के सामने दिया गया बयान (अंग्रेजी अनुवाद) पृष्ठ 64, "यशपाल ने मुझसे यह भी कहा इस कार्यवाही की बाबत सरदार भगत सिंह से सलाह ली गई थी।"

III मजिस्ट्रेट के सामने इक़बालिया गवाह मदन गोपाल का बयान–

1. "छुड़ाने की बाबत भगत सिंह से बात तय हो गई थी।"
2. जब भगत सिंह एवं दत्त ने लॉरी में अपने स्थान ग्रहण किए, वे पुलिस के साथ बातचीत कर रहे थे...शिव द्वारा बाँसुरी पर गीत गाने पर भगत सिंह एवं दत्त अपने अपने स्थानों से उठ खड़े हुए और हमारी तरफ देखने लगे। बड़े भईया जब भगत सिंह की तरफ देख रहे थे तो उनकी आँखों में आँसू थे।"

IV इक़बालिया गवाह ललित कुमार एवं फणीन्द्रनाथ घोष जिन्होंने पिछले षड्यन्त्र कांड में बयान दिए थे, इस मुकदमे के गवाहों की सूची में भी उनका नाम है।

शामलाल
अमोलक राम कपूर
अमर नाथ मेहता
प्राण नाथ
अभियुक्तों के वकीलगण

कमीशन ने उसी दिन इस अर्जी का निबटारा कर दिया जिसमें निम्नलिखित आदेश पारित किया गया :

17 फरवरी, 1931 को अभियुक्तों द्वारा फाइल की गई इस आशय की अर्जी पर कि फाँसी की सजा पाए अभियुक्तों की इस मामले में गवाही हेतु, जीवन रक्षा के लिए उचित कदम उठाए जाएँ–**1930 एक्ट IV के अन्तर्गत नियुक्त कमिश्नर का आदेश–**

"हमारे सामने इस प्रार्थना के साथ एक अर्जी फाईल की गई है कि सरदार भगतसिंह, श्री शिवराम राजगुरु एवं श्री सुखदेव की जिन्दगियों को बचाने के लिए उचित कदम उठाए जाएँ, क्योंकि उनकी गवाही इन अभियुक्तों के लिए अत्यन्त ही महत्त्वपूर्ण साक्ष्य होगी। श्री शाम लाल ने यह स्वीकार किया है कि इस अदालत को उपरोक्त सजायाप्ता लोगों की सजा को स्थगित करने का अधिकार प्राप्त नहीं है। अतः इस अर्जी को स्थानीय सरकार के सामने विचारार्थ भेजा जा रहा है।"

जैसा कि 'भगत सिंह अपील कमिटीज' द्वारा घोषणा की गई थी कि 17 फरवरी को **'भगत सिंह दिवस'** मनाया गया–एक सी. आई. डी. रिपोर्ट के अनुसार इस दिन लाहौर के दुकानदारों ने अपनी दुकानें नहीं खोलीं। सभी

कॉलेज प्रभावित हुए। डी.ए.वी. एवं सनातन धर्म कॉलेजों में सभी छात्र अनुपस्थित रहे।

दोपहर में एक जुलूस निकला जिसमें बड़ी संख्या में छात्रों ने भाग लिया और जिसमें निम्नलिखित नारे लगाए गए।

"सरकार को खत्म करो।"

"हम तब तक चुप नहीं बैठेंगे जब तक सारे बड़े अधिकारियों को गोली न मार दी जाए।"

"इसके बाद एक सभा हुई जिसमें 15,000 लोगों ने हिस्सा लिया। सरदार सरदूल सिंह, डॉ. सत्यपाल एवं बाबा सोहन सिंह (भकना) मुख्य वक्ता थे। कांग्रेसी नेताओं ने भी जिस तरह भगतसिंह, राजगुरु एवं सुखदेव की तारीफों के पुल बाँधे–उन्हें 'शहीद' 'जननायक' एवं 'अमर नवजवान' की उपाधि दी, उससे लगा कि वे भी पूरी तरह से इस हिंसक आन्दोलन के मुरीद हो गए हैं। डॉ. सत्यपाल तो काफी भावुक हो गए। उन्होंने कहा कि भगत सिंह को दी गई फाँसी मातृभूमि से प्यार करनेवालों के लिए अत्यन्त ही बड़ी चुनौती होगी, यहाँ तक कि महात्मा गांधी भी भगत सिंह से सहानुभूति रखते हैं और उनको दी गई सजा को पूरी तरह से अनुचित मानते हैं। उन्होंने श्रोताओं से कहा कि वह सर टी. बी. सप्रू एवं अन्य जिम्मेदार नेताओं को मिले हैं; और वे सब भगत सिंह को एक राष्ट्रीय नेता मानते हैं। अन्त में उन्होंने कहा कि अगर भगत सिंह को फाँसी दे दी जाती है तो भविष्य में शान्ति की कोई आशा नहीं रह पाएगी।

"उसी दिन अमृतसर में भी एक सभा की गई।"

"आज का प्रोग्राम इस उद्देश्य के साथ रखा गया था कि लोगों को इस कदर उत्तेजित कर दिया जाए कि फाँसी के दिन वे विरोध प्रदर्शनों में हिस्सा लें।"

कमिश्नर की अदालत से अर्जी खारिज होने के फौरन बाद, उन्हीं वकीलों ने जो भगत सिंह और उनके साथियों के लिए कार्य कर रहे थे, अपराधिक प्रक्रिया संहिता की धारा 491 के अन्तर्गत 'बन्दी प्रत्यक्षीकरण' की याचिका पंजाब उच्च न्यायालय में दायर की। इस याचिका पर बहस 24 फरवरी को न्यायाधीश भीडे के समक्ष हुई जिसे उन्होंने खारिज कर दिया।

तथ्यों को संक्षिप्त तौर पर देखने के बाद न्यायाधीश ने कहा–

"एक ही आधार, जो अभियुक्तों को कैद रखने के लिए गैर कानूनी बताया गया है वह है कि ऐसा कोई कानूनी अधिकारी नहीं है जो फाँसी की सजा को कार्यान्वित करने के लिए नया वारंट जारी कर सके।"

सरकार के विद्वान अधिवक्ता ने बहस करते हुए कहा कि जो स्थानीय सरकार फाँसी की सजा के आदेश को स्थगित कर सकती है वही सरकार उन्हें फाँसी पर चढ़ाए जाने के लिए नए वारंट जारी कर सकती है तथा फाँसी दिए जाने में जो बाधाएँ हों उन्हें दूर कर सकती है। इसके अलावा नए वारंट जारी करने की कोई आवश्यकता भी नहीं है कारण ऐसी कोई व्यवस्था है ही नहीं।

जबकि दूसरी ओर अभियुक्तों के अधिवक्ताओं ने कहा कि पहले वारंट की अवधि 27 अक्टूबर, 1930 को ही समाप्त हो गई अतः नया वारंट आवश्यक है और इस बाबत उसने अपराधिक प्रक्रिया संहिता की धाराएँ 381, 389 तथा 400 का हवाला दिया।

कैद गैर कानूनी नहीं है

मुझे इस विषय पर अपना मंतव्य जाहिर करना अनावश्यक लगता है। जैसा कि पहले ही कहा जा चुका है कि इस बात पर क़ोई विवाद नहीं है कि पहला वारंट जो जारी किया गया था वह पूर्णतः कानूनन सही था और यह भी निर्विवाद है कि स्थानीय सरकार को फाँसी की सजा स्थगित करने का अधिकार था, जैसा कि उसने किया भी। सरकारी वकील ने कहा है कि अभी तक कोई अगला आदेश पारित नहीं हुआ है। और कुछ दया याचिकाएँ अभी भी विचारार्थ लंबित हैं। यह सवाल कि सजा का कार्यान्विन कैसे किया जाए यह स्थानीय सरकार के तय करने की बात है। यदि स्थानीय सरकार को यह लगता है कि इस कार्यान्वन में कोई कानूनी अड़चन है, जैसा कि अभियुक्तों के वकीलों का कथन है तो सरकार चाहे तो आ. प्र. सं. की धारा 482 के तहत फाँसी की सजा क़ो आजीवन कारावास में परिवर्त्तित कर सकती है। अतः उपरोक्त बातों से यह स्पष्ट है कि अभियुक्तों को जिस तरह से अभी कैद में रखा गया है वह सर्वथा कानूनन सही एवं उचित है।

इस विषय में, मामले पर और गौर करना बेकार है। अतः मैं इस अर्जी को खारिज करता हूँ।

अधिवक्ता जीवन लाल बलजीत द्वारा भेजा गया 16 फरवरी, 1931 का **टेलिग्राम भारत सरकार के स्तर पर देखा गया**। निष्कर्ष था–''कानूनी तौर पर, स्थिति यह है कि स्थानीय सरकार ने, जिसकी सक्षमता पर कभी कोई प्रश्नचिह्न नहीं लगा, अपने द्वारा जारी वारंट को स्थगित कर दिया; प्रीवि काउंसिल ने 'लीव

टू अपील' की अर्जी खारिज कर दी; उच्च न्यायालय ने बन्दी प्रत्यक्षीकरण की अर्जी खारिज कर दी–अतः अब स्थानीय सरकार को आगे बढ़ने में कोई रुकावट नहीं है और यह स्थानीय सरकार का कर्तव्य भी है कि वह आगे बढ़े, अपने स्थगन आदेश को समाप्त करे और अभियुक्तों को दी गई फाँसी की सजा का कार्यान्वन करे।"

अन्तिम उपाय के तौर पर, भगत सिंह, सुखदेव एंव राजगुरु की तरफ से, अलहिदा आ. प्र. सं. की धारा 80 के अन्तर्गत, एक नोटिस भारत के सेक्रेटरी ऑफ स्टेट को लाहौर जिले के कलक्टर के मार्फत भेजा गया। तब तक यह पता चल चुका था कि ट्रिब्यूनल के आदेश के खिलाफ, प्रीवि काउंसिल के समक्ष दी गई अर्जी खारिज हो चुकी है, हालाँकि अर्जी खारिज होने के आधारों के बारे में जानकारी नहीं थी।

नोटिस में यह बात साफ की गई थी कि प्रार्थियों की मंशा राज्य के सेक्रेटरी के खिलाफ मुकदमा करने की थी जिसने यह आदेश देना था कि फाँसी की सजा का कार्यान्वन करना असम्भव है। उसमें यह निर्देश भी लेना था कि फाँसी की सजा पर हमेशा के लिए रोक लगा दी जाए। यह नोटिस इस प्रकार था–

आ. प्र. सं. की धारा 80 के तहत, लाहौर षड्यन्त्र मुकदमे में फाँसी की सजा प्राप्त कैदी भगत सिंह की तरफ से नोटिस–

नीचे किए गए हस्ताक्षरित वकीलगण, आपको, आ. प्र. सं. की धारा 80 के अन्तर्गत निम्नलिखित नोटिस देते हैं :

1. कि, पहली मई, 1930 को भारत के गवर्नर जनरल ने अध्यादेश संख्या III, 1930 जारी किया और उसके तहत एक ट्रिब्यूनल का गठन किया गया जिसने लाहौर षड्यन्त्र मुकदमे की सुनवाई की एवं फैसला दिया। इस मुकदमे में सरदार भगत सिंह भी एक अभियुक्त थे। ट्रिब्यूनल के आदेश से सरदार भगत सिंह को फाँसी की सजा दी गई थी।
2. कि, उपरोक्त ट्रिब्यूनल के खिलाफ, प्रीवि काउंसिल में 'स्पेशल लीव टू अपील' फाइल की गई पर उसे खारिज कर दिया गया। हालाँकि वह अपील जिन आधारों पर खारिज की गई वे आधार अभी तक प्राप्त नहीं हुए हैं।
3. ट्रिब्यूनल द्वारा फाँसी देने की मूल तारीख 27 अक्टूबर, 1930 थी जो गुजर चुकी है। इसके अलावा अब ट्रिब्यूनल ने काम करना भी बन्द

कर दिया है। अध्यादेश भी समाप्त हो चुका है कारण उसके जारी होने की तिथि से छह महीनों की अवधि बीत गई है। उस ट्रिब्यूनल में किसी और न्यायाधीश की नियुक्ति नहीं हुई है या कोई और ट्रिब्यूनल भी नहीं बनी है जिसे यह अधिकार प्राप्त हो कि वह कानूनन फाँसी पर चढ़ाने के लिए वारंट जारी कर सके जैसा कि आ. प्र. सं. की धाराएँ 381, 389 एवं 400 निर्देशित करती हैं।

4. अतः इन परिस्थितियों में सरकार के लिए या किसी और सरकारी अधिकारी के लिए यह गैर कानूनी एवं गलत होगा कि वह फाँसी देने का आदेश पारित करे या इस आदेश को किसी भी तरह से कार्यान्वित करे। इस दिशा में जारी किया गया कोई भी वारंट शक्ति से परे एवं गैर कानूनी होगा।
5. कि, स्थानीय सरकार एवं अनेक अधिकारियों को उपरोक्त गैर कानूनी आदेश के बारे में चेतावनी दी गई थी तथा यह बताया गया था कि इस प्रकार के आदेश के परिणाम क्या होंगे; पर आज होम सेक्रेटरी से प्राप्त एक टेलिग्राम से पता चलता है कि सरकार शायद सरदार भगत सिंह को फाँसी पर चढ़ाने पर तुली हुई है।
6. सरकार द्वारा इस विषय पर ऐसा रूख अपनाने की वजह से ही यह आवश्यक प्रतीत होता है कि एक सक्षम अदालत में, भारत की काउंसिल में स्थापित सेक्रेटरी ऑफ स्टेट और उन अधिकारियों के खिलाफ एक दीवानी सूट फाइल किया जाए जो सरदार भगत सिंह की फाँसी के लिए वारंट जारी करने जा रहे हैं या उन्हें फाँसी पर चढ़ाने जा रहे हैं। दीवानी सूट इस आशय का होगा कि फाँसी की सजा का कार्यान्वन, उपरोक्त कारणों से नहीं किया जा सकता और उपरोक्त अधिकारियों पर हमेशा के लिए, ऐसे आदेश पारित करने या पालन करने पर रोक लगाई जाए। ये कार्यवाहियाँ जिनकी शिकायत की गई है सर्वथा गैर कानूनी, गलत, अनधिकृत एवं कठोर हैं अतः इन सबको रोकने के लिए एक दीवानी सूट फाइल करना अत्यन्त आवश्यक एवं उचित है।
7. बताए गए उपरोक्त कारणों की वजह से आप से प्रार्थना की जाती है कि सरदार भगत सिंह की फाँसी की सजा को रोकने के लिए उचित कदम उठाए जाएँ और अधिकारियों को ऐसा करने से मना किया जाए। यदि इस नोटिस पर कार्यवाही नहीं होती तो हम उपरोक्त

दीवानी सूट फाइल करने का अधिकार रखते हैं–जैसा कि हमने ऊपर भी कहा है।

आपसे यह प्रार्थना भी की जाती है कि फाँसी की सजा की तामील दो महीनों तक नहीं की जाए जैसा कि दीवानी प्रक्रिया संहिता की धारा 80 का निर्देश है–तथा जो किसी भी दीवानी सूट फाइल करने की प्राथमिक शर्त है, यदि यह सूट सेक्रेटरी ऑफ स्टेट फोर इंडिया के खिलाफ फाइल किया जाता है या किसी जनसेवक के खिलाफ जब जनसेवक अपनी विभागीय कार्यवाही के तहत कोई गलत काम करता है तो। जैसा कि बिल्कुल स्पष्ट है कि किसी कानूनी उपचार को ढूँढ़ पाने के पहले ही यदि फाँसी पर चढ़ा दिया गया तो यह एक ऐसी क्षति (जीवन की) होगी जिसकी भरपाई बाद में किसी भी प्रकार से नहीं हो सकती, न तो मुआवजे से और न किसी और तरीके से। अन्त में हम आपको विश्वास दिलाते हैं कि किसी भी प्रकार के कानूनी नुक्ते को ढूँढ़ने में हम हमेशा आपकी हर प्रकार की मदद करने के लिए तैयार है। कारण, यहाँ सवाल एक ऐसे मुद्दे का है जिसके प्रभाव दूरगामी होंगे।

इस नोटिस को मि. एच. डब्लू इमर्सन, भारत सरकार के गृह विभाग के सेक्रेटरी, को अग्रसारित करते वक्त **मि. ओगिलिवी,** पंजाब सरकार के चीफ सेक्रेटरी है, ने टिप्पणी की थी–"ऐसा लगता है कि यह स्थानीय सरकार का कर्तव्य है कि वह कानून के अनुसार फाँसी का निर्देश दे।" उन्होंने यह निष्कर्ष दो कानूनी बिन्दुओं से निकाला–

(क) कि स्पेसिफिक रिलीफ एक्ट की धारा 56 (d) कहती है कि 'स्थानीय सरकार के किसी विभाग' द्वारा 'जन कर्तव्यों' को रोकने के लिए या बाधित करने के लिए 'इंजेक्शन' (या रोक) नहीं लगाया जा सकता।

(ख) प्रार्थियों ने जो वैकल्पिक उपाय–अपनाए यानी आ. प्र. सं. की धारा 491 के अन्तर्गत बन्दी प्रत्यक्षीकरण की रिट याचिका उच्च न्यायालय में दायर की थी वह खारिज हो चुकी है।

मध्य मार्च में एक क्रान्तिकारी हैंडबिल छपा। इस हैंडबिल द्वारा सरकार को गम्भीर चेतावनी दी गई थी कि यदि भगत सिंह और उनके साथियों को फाँसी दी गई तो उसके परिणाम अत्यन्त गम्भीर होंगे। ऐसे एक हैंडबिल की प्रति बन्नू गिरजाधर के दक्षिणी दरवाजे पर चिपकाई गई/ मिली। इसमें लिखा था :

जैसे को तैसा

अब ब्रितानी तानाशाहों की आत्मा और उनके शरीर एक साथ नहीं रह सकते क्योंकि उन्होंने बेदर्दी से भारत माता को लताड़ा है एवं भारत पर शासन किया है। हम चेतावनी देते हैं कि यदि सरकार ने भगत सिंह एवं उनके तीन साथियों–राजगुरु, सुखदेव एम. एवं हरिकिशन को फाँसी पर लटकाया तो हम अंग्रेजों को उनके ही तरीके से सबक सिखाएँगे, 30-40 गोरों का हर कीमत पर बेदर्दी से खून बहाएँगे और बाद में उनकी भारी मात्रा में अपूरणीय क्षति करेंगे, हर तरह से नष्ट करेंगे।

आर.एम.ओ. एन.डब्लू, एफ.पी.

जब सारी कानूनी प्रक्रियाएँ समाप्त हो गईं, भगत सिंह, राजगुरु एवं सुखदेव द्वारा दायर की गई दया याचिका भी निरस्त कर दी गई तो यह बात साफ हो गई कि किसी भी क्षण अवश्यंभावी घट सकता है। पंजाब सरकार का विचार था 'भलाई इसी में है करांची कांग्रेस होने तक न रुका जाए और फाँसी सोमवार 23 ता. के बाद न हो, हो सके तो जल्दी हो जाए।' भारत सरकार ने इस सुझाव पर टेलीग्राम XY No. 797-5 ता. 17 मार्च 1931 भेजकर अपनी सहमति जताई। साथ ही नई दिल्ली ने सभी स्थानीय सरकारों को टेलिग्राम भेजकर कहा–

"कृपया इमर्सन के 18 फरवरी के अर्ध विभागीय पत्र को, जो लाहौर पड्यन्त्र अभियुक्तों के बारे में है, देखा जाए। उनकी दया याचिका खारिज कर दी गई है। सम्भव है फाँसी 23 ता. के पहले हो पर जैसा कि अर्ध विभागीय पत्र कहता है, आगे की सूचना बाद में दी जाएगी। इस बीच इस सूचना को अत्यन्त गोपनीय माना जाए।"

दूसरे ही दिन पंजाब सरकार की ओर से टेलिग्राम XX नं निल-18 मार्च द्वारा यह पुष्टि की गई कि "भगत सिंह, राजगुरु एवं सुखदेव को 23 मार्च की शाम 7 बजे फाँसी दी जाएगी। लाहौर में यह खबर 24 मार्च की अल्लसुबह दी जाएगी।"

आने वाली दुखद घटना से डरकर जनता ने सरकार की मंशा के खिलाफ आवाज उठानी शुरू कर दी। 20 मार्च को एक काफी बड़ी जनसभा दिल्ली में आयोजित की गई जिसकी अध्यक्षता सुभाष चन्द्र बोस, कलकत्ता के तत्कालीन मेयर करने वाले थे। सरकार को डर था कि यदि यह सभा हुई तो यह निश्चित

है कि भावनाएँ भड़केंगी खासकर तब जब भड़काऊ भाषण दिए जाएँगे। इसे रोकने के लिए और ऐसी अवस्था, जिसके हाथ से बाहर निकल जाने पर गम्भीर परिणाम हो सकते थे, से बचने के लिए सरकार ने महात्मा गांधी की सहायता माँगी।

मि. एच. एम. इर्मसन भारत सरकार के गृह मंत्रालय के सेक्रेटरी ने उन्हें उनके दिल्ली के पते–1, दरियागंज, दिल्ली, पर एक चिट्ठी लिखी–

'भगत सिंह वगैरह की सजा (फाँसी) के तामील होने पर जन आन्दोलन के खतरे की बाबत हमने गत रात्रि बातचीत की थी। इस विषय में मैं आपकी कठिनाइयों को भली-भांति समझता हूँ पर मैं सोचता हूँ कि आपको भी सरकार की परेशानियों को समझते होंगे तथा साथ ही आपको सरकार की यह इच्छा भी समझनी होगी कि रोकथाम के उपायों को, जहाँ तक सम्भव हों, न अपनाया जाए भले ही वे आन्दोलन होने की अवस्था में अपनाए जाने निहायत जरूरी ही क्यों न हों...**यदि आप इस दिशा में, जैसा कि आप उचित समझें, सरकार की मदद कर पाएँ तो सरकार इसकी सराहना करेगी।''**

वैसे जनसभा हुई। जनता को सम्बोधित करते हुए श्री सुभाषचन्द्र बोस ने कहा–

''आज भगत सिंह कोई व्यक्ति नहीं बल्कि एक प्रतीक है। वे आन्दोलन की आत्मा के प्रतीक हैं जिसकी गिरफ्त में पूरा देश है। हम भले ही उनके तरीकों की आलोचना कर सकते हैं पर हमें उनकी निःस्वार्थता की तारीफ करनी ही होगी।''

उस दिन भगत सिंह ने पंजाब के गवर्नर को निम्नलिखित पत्र लिखा :

सेवा में,

राज्यपाल, पंजाब,

महाशय,

अति विनयपूर्वक हम आपका ध्यानाकर्षण इन बिन्दुओं पर करना चाहते हैं–

7 अक्टूबर, 1930 को हमें एक ब्रितानी अदालत, एल. सी. सी. ट्रिब्यूनल, जिसका गठन विशेष लाहौर षड्यन्त्र केस अध्यादेश के तहत हुआ था, एवं जिस अध्यादेश को हिज एक्सीलैन्सी, वायसराय जो कि भारत की ब्रितानिया सरकार के प्रमुख हैं–के द्वारा प्रख्यापित किया गया था, के द्वारा हमें फाँसी की सजा हुई थी, और जिसमें हम पर मुख्य आरोप यह था कि हमने हिज एक्सीलैन्सी, किंग जॉर्ज, इंग्लैंड के राजा के खिलाफ युद्ध छेड़ रखा है।

अदालत द्वारा दिया गया उपरोक्त निर्णय दो बातों को पहले से ही मानकर चलता है :

पहली–कि ब्रिटिश राज्य एवं भारत राज्य के बीच युद्ध जैसी अवस्था है, तथा

दूसरी–कि हमने वास्तव में उस युद्ध में हिस्सा लिया था और इसलिए हम युद्ध बन्दी हैं।

पूर्व अनुमानित दो बातों में से दूसरी बात थोड़ा स्वयं की बड़ाई वाली है, पर फिर भी यह इतनी लुभावनी है कि इसे प्राप्त करने की चाहत पर काबू पाना मुश्किल है।

जहाँ तक पहली बात का प्रश्न है तो कुछ विस्तार में जाना हमारी मजबूरी है। ज़ाहिर तौर पर ऐसा कोई युद्ध नजर नहीं आता जिसकी तरफ यह मुहावरा इशारा करता है। फिर भी, हमें इस पूर्व अनुमान की वैधता के अंकित मूल्य को स्वीकार करने की इजाजत दें, पर इस बात को पूरी तरह समझाने के लिए हमें थोड़ी और व्याख्या करनी होगी।

हम यह घोषित कर ही दें कि **युद्ध की स्थिति मौजूद है और यह तब तक रहेगी जब तक हमारे मेहनतकश भारतीय एवं हमारी प्राकृतिक सम्पदाएँ मुट्ठी भर परजीवियों द्वारा शोषित होती रहेंगी। चाहे वे विशुद्ध ब्रिटिश पूँजीवादी हों या मिश्रित ब्रिटिश एवं भारतीय या पूर्णरूप से भारतीय।** वे अपने कपटपूर्ण शोषण में मिश्रित तथा पूर्णतया भारतीय नौकरशाहों की सहायता से, लगे रहें। इन बातों से कोई फर्क नहीं पड़ता। **भले ही, आपकी सरकार भारतीय समाज के ऊपरी वर्गों के नेताओं को छोटे मोटे फायदे देकर या उनसे समझौते कर अपने पक्ष में करने का प्रयास करे या उसमें सफल भी हो जाए और इस तरह शक्तियों के मुख्य भाग में अल्पकालिक मनोबल का ह्रास कर दे। कोई फर्क नहीं पड़ता यदि एक बार और भारतीय आन्दोलन का हरावल दस्ता यानी क्रान्तिकारी पार्टी खुद को युद्ध के बीचोंबीच अकेला महसूस करे।** कोई बात नहीं कि जिन नेताओं को हम व्यक्तिगत तौर पर जानते हैं और जिन्होंने कभी जो सहानुभूति एवं भावनाएँ हमारे लिए प्रकट की थीं, (पर हम अब यह इस तथ्य से मुँह नहीं मोड़ सकते कि) वे अब इतने बेदर्द हो गए हैं कि उन्होंने जो महिला कार्यकर्त्ता बेघर थीं, वित्तविहीन थीं, जिनके पास एक पैसा भी न था, जो हरावल दस्ते की थीं उन्हें भी न केवल अनदेखा किया बल्कि शान्ति वार्त्ता में उनका नाम भी नहीं लिया और जिन्हें ये नेता अपने अहिंसावादी सिद्धान्त, जो पहले ही काफी पुराना हो चुका है, का दुश्मन मानते हैं–ये वीरांगनाएँ जिन्होंने अपनी पेशानी पर बिना शिकन लाए अपने पतियों, भाइयों और अपने सगे-सम्बन्धियों एवं खुद के भी प्राण उत्सर्ग कर

दिए, न्योछावर कर दिए और जिन्हें आपकी सरकार ने अपराधी घोषित कर दिया है। कोई बात नहीं, यदि आपके प्रतिनिधि इतने नीचे गिर जाएँ कि वे उनके निष्कलंक चरित्र पर आधारहीन, झूठे आरोप गढ़ें जिससे उनके एवं पार्टी के सम्मान को कलंकित किया जा सके।

युद्ध जारी रहेगा

इसका स्वरूप विभिन्न समयों पर विभिन्न रूप धारण कर सकता है। अब यह कभी खुला होगा, कभी छुपा हुआ तो कभी विशुद्ध रूप से आन्दोलनकारी तो कभी हिंस्र, जीवन एवं मृत्यु का संघर्ष। इसका चुनाव अब आपके हाथ में है कि आप क्या चाहते हैं—खूनी या थोड़ा शान्तिपूर्ण। चुनिए जिसे आप चुनना चाहते हैं। पर यह युद्ध अविराम चलेगा बिना इस बात की परवाह किए कि यह छोटी, मोटी अर्थहीन आचार संहिताओं का पालन कर रहा है या नहीं। **यह युद्ध हमेशा नए ओज, साहस (ढिठाई) एवं कभी न झुकने वाले निश्चय के साथ तब तक लड़ा जाएगा जब तक समाजवादी गणतन्त्र की स्थापना नहीं हो जाती और वर्तमान सामाजिक व्यवस्था की जगह एक पूर्णतया नई सामाजिक व्यवस्था नहीं आ जाए जो सामाजिक उन्नति पर आधारित होगी और जिसमें हर प्रकार के शोषण का अन्त होगा और मानव एक सच्चे एवं स्थाई शान्ति के युग में प्रवेश करेगा।** निकट भविष्य में, जल्दी ही अन्तिम लड़ाई लड़ी जाएगी और आखिरी निर्णय लिया जाएगा।

पूँजीवादी एवं साम्राज्यवादी शोषण के दिन अब गिने-चुने हैं। **यह युद्ध न तो हमसे शुरू हुआ और न ही हमारे जीवन के साथ समाप्त होगा।** यह तो ऐतिहासिक घटनाओं एवं वर्तमान वातावरण का अपरिहार्य नतीजा है। हमारा तुच्छ बलिदान इस शृंखला की केवल एक कड़ी होगा जिसे मि. जितेन दास के अद्वितीय बलिदान, कामरेड भगवती चरण के अत्यन्त ही हृदयद्रावक पर पवित्र बलिदान एवं हमारे प्रिय योद्धा आजाद की महिमामंडित मृत्यु ने इतना खूबसूरत बना दिया है।

जहाँ तक हमारी तकदीर का प्रश्न है, कृपया हमें कहने दीजिए कि जब आपने हमें खत्म कर देने का निश्चय ही कर लिया है तो यह तो आप करेंगे ही। आपके हाथों में सत्ता है और सत्ता का होना इस दुनिया में सबसे बड़ा न्याय/ औचित्य है। हम जानते हैं कि आपके जीवन की आचार संहिता 'जिसकी लाठी उसकी भैंस' वाला मुहावरा है। हमारी पूरी 'ट्रायल' उसका सबूत है। हम यह कहना चाहते हैं

कि **आपकी अदालत के फैसले के अनुसार हमने युद्ध छेड़ा है अतः हम युद्ध बन्दी हैं। और हम चाहते हैं कि हमसे वैसा ही व्यवहार किया जाए, यानि कि, हमें गोली मारी जाए न कि फाँसी पर चढ़ाया जाए।** अब यह आप पर निर्भर है कि आप साबित करें कि क्या आपका आशय वही था जो अदालत ने कहा है।

हम आपसे प्रार्थना करते हैं तथा आशा करते हैं कि आप अपने मिलिट्री डिपार्टमेंट को अपनी टुकड़ी भेजने का आदेश देंगे जिससे कि वे हमें प्राणदंड दे सकें।

आपका,
भगत सिंह

21, मार्च को पंजाब सरकार ने आदेश दिया–''सिविल स्टेशन, लाहौर में किसी जुलूस को न निकलने दिया जाए। जुलूस से वास्ता पड़ने वाले मजिस्ट्रेट के पास धारा 144 आपराधिक प्रक्रिया संहिता के आदेश पहले से लिखे होने चाहिए जिनका प्रयोग वे जब और जैसे चाहें कर सकें।''

इस समय परिस्थितियाँ ऐसी थीं कि एक तरफ तो अधिकारीगण फैसले को कार्यान्वित करने की तैयारियाँ कर रहे थे जबकि दूसरी तरफ हमदर्द एवं शुभेच्छु इन तीन देशप्रेमियों को बचाने की हर सम्भव कोशिश कर रहे थे। एक अन्तिम प्रयास के तौर पर 22 मार्च को भगत सिंह एवं दूसरों की तरफ से उच्च न्यायालय में दो ताजी अर्जियाँ दायर की गईं।

पहली अर्जी बन्दी प्रत्यक्षीकरण की (हैबियस कारपस) थी जो जस्टिस (न्यायमूर्ति) भिडे के पिछले फैसले कि स्थानीय सरकार एवं भारत सरकार के पास दीवानी प्रक्रिया संहिता की धारा 401 के अन्तर्गत शक्तियाँ प्राप्त हैं पर आधारित थी। प्रार्थियों के अनुसार–''आ. प्र. सं. की धारा 401 के अन्तर्गत अर्जी खारिज होने के पश्चात्, बन्दी प्रत्यक्षीकरण रिट को दाखिल करने का एक और अवसर प्राप्त हो जाता है।''

दूसरी अर्जी, जस्टिस भिडे द्वारा पिछले बन्दी प्रत्यक्षीकरण रिट को खारिज करने के खिलाफ, प्रिवि काउंसिल में अपील दायर करने की अनुमति प्राप्त करने के लिए थी।

जस्टिस भिडे ने इन दोनों अर्जियों को सुना। उन्होंने 'क्राउन' को नोटिस जारी नहीं किया। हालाँकि उन्होंने दोनों अर्जियों को दूसरे दिन दस बजे सुनने का आदेश पारित किया था।

उपरोक्त घटनाओं की वजह से पंजाब सरकार ने उसी दिन एक गोपनीय पत्र द्वारा भारत सरकार को सूचित करते हुए कहा कि यदि दोनों अर्जियाँ खारिज हो

जाती हैं तो "हमारी तैयारियाँ वैसे ही चलेंगी जैसे कि हमने तय किया है, पर यदि वे (जस्टिस भिडे) फैसले को सुरक्षित रख लेते हैं तो हर चीज गड़बड़ हो जाएगी और हमें अपनी कार्यवाही बिना कोई तारीख तय किए आगे बढ़ानी होगी, जब तक कि अदालत द्वारा कोई फैसला नहीं आ जाता।"

भारत सरकार ने, टेलिग्राम XX no. 846–एस. द्वारा, उसी तारीख को सभी स्थानीय सरकारों एवं प्रशासनों को हालिया स्थिति के बारे में अवगत कराया और उन्हें सलाह दी कि 'इस बीच खुलेआम कोई भी रक्षात्मक उपाय न लिए जाएँ जब तक कि स्थानीय परिस्थितियाँ के कारण ऐसा करने की जरूरत न महसूस हो।'

23 ता. को दया की अर्जियाँ सुनी गईं और खारिज कर दी गईं। इन युवा देशभक्तों के मित्रों ने हर तरफ से आशाविहीन होने पर भी अन्तिम प्रयास के बतौर लाहौर उच्च न्यायालय में एक और अर्जी दायर की जिसे सरसरी तौर पर खारिज कर दिया गया और इस तरह प्राणदंड को कार्यान्वित करने के सारे रास्ते साफ हो गए।

परिणामस्वरूप, भगत सिंह, राजगुरु एवं सुखदेव को 23 मार्च, 1931 को शाम 7 बजे विशेष ट्रिब्यूनल के आदेश पर "तब तक फाँसी पर लटकाए रखा गया जब तक उनके प्राण नहीं निकल गए।"

24 मार्च, 1931 को फ्री प्रेस जर्नल ने फाँसी के बारे में लिखा :

"श्री भगत सिंह, राजगुरु एवं सुखदेव अब इस संसार में नहीं हैं। उनकी मृत्यु में उनकी जीत है, इसमें कोई संदेह नहीं है। नौकरशाही ने उनके सांसारिक अस्तित्व (नश्वर शरीर) को समाप्त कर दिया है पर राष्ट्र ने (उनकी) अमर आत्माओं को खुद में समाहित कर लिया है। इस तरह भगत सिंह, राजगुरु एवं सुखदेव नौकरशाही को परेशान करते हुए हमेशा जिन्दा रहेंगे।...राष्ट्र की नजरों में श्री भगत सिंह एवं उनके साथी आजादी की राह में हमेशा शहीदों के प्रतीक बन कर रहेंगे।"

परिशिष्ट

प्रिवी काउंसिल द्वारा गठित की गई न्यायिक कमेटी का निर्णय

भगत सिंह एवं अन्य–प्रार्थी
राजा सम्राट–विपक्षी

लाहौर षड्यन्त्र केस ट्रिब्यूनल की अदालत से प्रिवी काउंसिल की न्यायिक कमेटी के न्यायाधीशों द्वारा 27/2/1931 को दी गई रिपोर्ट वे तर्क जिन पर रिपोर्ट आधारित है–

सुनवाई में उपस्थित
विस्काउंट डूनेडिन,
लार्ड थैंकर्टन
किलोवेन के लार्ड रसेल,
सर जॉर्ज लॉन्डेस
सर दिनशम मुल्ला
(विसकाउंट इनेडिन द्वारा निर्णय दिया गया)

यह मुकदमा उस कठोर नियम के अन्तर्गत नहीं आता है जिसमें बार-बार कहा गया है कि इस बोर्ड को क्रिमिनल अपील की ट्रिब्यूनल के तौर पर काम करने का अधिकार नहीं है, कारण? यदि इस आपत्ति को मान लिया जाए तो यह क्षेत्राधिकार के मूल प्रश्न पर सीधी चोट होगी। पर साधारणतया यह बात हर उस मुकदमे पर लागू होती है जिसमें 'स्पेशल लीव टू अपील' (अपील करने की विशेष आज्ञा लेना) लेनी होती है और यह साधारणतया उन मुकदमों में नहीं दी

जाती जिन मामलों में गुणागुण नहीं है—या जो तथ्यों एवं कानून पर जीतने लायक नहीं है।

अब यहाँ जो मुकदमा है उसके अनुसार गवर्नरमेंट ऑफ इंडिया एक्ट की धारा 72 के अनुसार गर्वनर जनरल को आदेश पारित करने का कोई अधिकार नहीं है कि वह अभियुक्तों की ट्रायल के लिए विशेष ट्रिब्यूनल का गठन करता, जिसके द्वारा उन्हें सजा हो गई है और जिसके खिलाफ अब वे आवेदन कर रहे हैं। धारा 72 इस प्रकार है :

72. "गवर्नर जनरल आपाताकाल में, ब्रिटिश इंडिया या उसके किसी हिस्से में शान्ति एवं बेहतर शासन के लिए अध्यादेश जारी कर सकते हैं। यह अध्यादेश लागू होने से छः माह तक ही रह सकेगा। इसकी शक्ति वैसी ही होगी जैसी कि भारतीय विधायिका द्वारा पारित कानून की होती है पर इसकी शक्तियों पर वही नियन्त्रण लागू होंगे जो भारतीय विधायिका द्वारा पारित कानूनों पर होते हैं। इस धारा के अन्तर्गत पारित अध्यादेशों को भी वैसे ही अस्वीकृत किया जा सकेगा जैसे कि भारतीय विधायिका के कानून तथा इन्हें भी ऐसे किसी कानून द्वारा नियंत्रित किया हटाया जा सकता है।"

आवेदनकर्त्ता कहते हैं कि यह बोर्ड पता लगाए कि ऐसा कोई आपातकाल नहीं था या इससे सीधे तौर पर यह सवाल उठता है कि इस बात का निर्णय कौन करे कि आपातकाल की स्थिति है या नहीं। आपातकाल एक ऐसी चीज है जिसकी साफ-साफ व्याख्या नहीं की जा सकती। यह एक ऐसी स्थिति है जिसमें कठोर कदम उठाने पड़ सकते हैं और जिसका निर्णय किसी-न-किसी को लेना है। और यह अत्यन्त स्पष्ट है कि वह व्यक्ति गवर्नर जनरल ही होगा कोई और नहीं। कोई और विचार पूरे प्रावधान को ही अनुपयुक्त बना देगा। आपातकाल में तुरन्त कार्यवाही की जरूरत होती है और यह कार्यवाही गवर्नर जनरल द्वारा की जानी है। वही अकेला अध्यादेश घोषित कर सकता है।

फिर भी यदि आवेदनकर्त्ताओं का मत सही है तो गवर्नर जनरल का फैसला बदला जा सकता है अगर (a) यह बोर्ड यह घोषित करे कि जब इस अध्यादेश को इस प्रक्रिया में बन्दी प्रत्यक्षीकरण द्वारा चुनौती दी जाती है तो 'ताज' अदालत के सामने, सकारात्मक तरीके से साबित करे कि आपातकाल की स्थिति थी या (b) बोर्ड की तरफ से एक विवादास्पद एवं लम्बी पड़ताल हो कि आपातकाल की स्थिति नहीं थी और इस तरह जो अध्यादेश घोषित किया गया था वह गैर कानूनी था।

वास्तव में, यह तर्क प्रत्यक्षतः बिना किसी आधार के है और इसलिए इस पर बहस करना ही व्यर्थ है कि अपील सुनी जाए या नहीं।

दूसरी बात यह उठाई गई कि यह अध्यादेश कहीं से भी ब्रिटिश इंडिया की शान्ति एवं सुशासन के लिए सहायक नहीं था। इस पर भी वही टिप्पणी लागू होती है जो ऊपर वाले बिन्दु पर कही गई है। गवर्नर जनरल ही इसका भी निर्णय कर सकते हैं। धारा 72 के अन्तर्गत दी गई शक्ति अबाध है, इसकी कोई सीमा निर्धारित नहीं है, सिवाय इसके कि यह वह नहीं कर सकता जो भारतीय विधायिका नहीं कर सकती, हालाँकि यहाँ यह स्पष्ट किया जाता है कि यह शक्ति अत्यन्त ही अति वाली स्थिति में तब लागू होगी जब भारतीय सुशासन के लिए इसकी अत्यन्त जरूरत हो।

यह भी कहा गया कि अध्यादेश जिस तरह पारित हुआ है उसमें और लाहौर उच्च न्यायालय के संविधान में प्रतिकूलता है और धारा 84 (1) की शर्तें इस अध्यादेश को ऐसी प्रतिकूलता की वजह से अमान्य (शून्य) बना देती हैं। पर जैसे ही इसे स्वीकार किया जाता है, जैसा कि काउंसिल ने निष्कपट रूप से माना है कि एक कानून भारतीय विधायिका द्वारा धारा 65 के अन्तर्गत उन्हीं शर्तों पर पारित किया जा सकता है जिन पर अध्यादेश को और इस तरह प्रतिकूलता वाला बिन्दु लुप्त हो जाता है।

माननीय न्यायाधीशों को यह जोड़ना चाहेंगे कि हालाँकि गवर्नर जनरल ने वह कारण बताने की जरूरत समझी जिसकी वजह से वे इस अध्यादेश को घोषित करने के लिए बाध्य हुए*, पर न्यायाधीशों के मतानुसार, कानूनन उनके लिए ऐसा करना तनिक भी आवश्यक न था।

माननीय न्यायाधीशों ने, इन कारणों की वजह से हिज मेजेस्टी को विनम्रतापूर्वक यह सलाह दी है कि वे इस अर्जी को खारिज कर दें।

●●●

---

* भगत सिंह तथा उसके साथियों का मुकदमा सुनने के लिए गवर्नर जनरल ने 1 मई, 1930 को एक अध्यादेश जारी किया। गवर्नर जनरल ने ट्रिब्यूनल गठन करने के लिए जो आधार पेश किए वह अध्यादेश के पैरा नम्बर 3 में दर्ज हैं। इसमें लिखा गया था, "इस मुकदमे को शुरू हुए 9 महीने बीत चुके हैं, जबकि 607 गवाहों में से केवल 230 की गवाही ही सम्भव हो पाई हैं। इस कार्रवाई में तरह-तरह की अड़चनें तथा दोषियों की तरफ से अदालत में प्रदर्शन जैसी हरकतों द्वारा न्याय प्रशासन की साख पर आँच आने की पूरी सम्भावना को देखते हुए इस मुक़दमे को साधारण न्याय प्रक्रिया के अनुसार किसी भी निश्चित मियाद में निपटाया जाना असम्भव लगता है।"